Henry G. Tietze, geboren 1931 in Kiel, studierte nach mehrjährigen Studienreisen durch Asien und Amerika Betriebswirtschaft, Psychologie und Soziologie. Seit 1972 lebt er als freier Wirtschaftspublizist in München und hat unter anderem eine Reihe erfolgreicher psychologischer Bücher veröffentlicht. 1978 übernahm er die Leitung des Instituts für kooperative Psychologie in München.

Esoterik

Herausgegeben von Gerhard Riemann

Von Henry G. Tietze sind außerdem erschienen:

»*Botschaften aus dem Mutterleib*« (Band 3789)
»*Die Lustkrise*« (Band 3872)
»*Entschlüsselte Organsprache*« (Band 76023)

Vollständige Taschenbuchausgabe 1986
Droemersche Verlagsanstalt Th. Knaur Nachf., München
Lizenzausgabe mit freundlicher Genehmigung
des Ariston Verlages, Genf
© 1985 Ariston Verlag, Genf
Die ungekürzte, gebundene Originalausgabe ist
unter dem Titel »Imagination und Symboldeutung«
im Ariston Verlag, Genf, erschienen.
Umschlaggestaltung Dieter Bonhorst
Illustrationen im Innenteil Archiv Peter Raba
Gesamtherstellung Elsnerdruck, Berlin
Printed in Germany 5
ISBN 3-426-04136-7

Henry G. Tietze:
Imagination und Symboldeutung

Wie innere Bilder heilen und vorbeugen helfen

Mit zahlreichen Abbildungen

Inhaltsverzeichnis

Einführung ....

Kapitel 1: Die blockierten Emotionen ....
1. Das Ziel: die Wiederfindung der Ganzheit ...
2. Zugänge zum Unbewußten ....
3. Das Funktionieren der Hirnhemisphären .....
4. Die Angst und ihre Folgen ....
5. Vorgeburtliche und frühkindliche Erfahrungen
6. Der Heilungsprozeß kraft innerer Bilder

Kapitel 2: Imagination als magischer Ort ....
1. Hirnstromtätigkeit und Bewußtseinszustände .....
2. Die Farbpunktentspannung ....
3. Die Macht der inneren Bilder ....
4. Bilderdenken und abstraktes Denken ....
5. Die Auflösung der Widerstände ....
6. Der Wegbereiter der Imaginationstherapie ....

Kapitel 3: Die Heilkraft der Symbole ....
1. Das Märchen als Spiegel innerseelischer Vorgänge
2. Die Bedeutung des Märchens für das Kind
3. Das Symbol als Abbild seelischer Energie ....
4. Die Gestalten des Unbewußten und ihre Bedeutung .... 9.
5. Reproduktive und kreative Imagination 99
6. Das Symbol als Ausdruck des Selbst 105
7. Das Symbol als Ausdruck kollektiver Menschheitserfahrung ... 108
8. Der Individuationsprozeß 110
9. Symbolsprache – und ein Beispiel aus der Bibel 111

Kapitel 4: Die Symboloperation 116
1. Träume als eine normale Äußerung der Psyche 116
2. Der Sinn der großen Träume 118
3. Die Methode der aktiven Imagination 121
4. Der Dialog mit den inneren Bildern 125
5. Die Fähigkeit des Geschehenlassens 132

Das Symboldrama	135
Katathyme Bilderleben als Symboldrama	135
Zehn Grundsymbole des katathymen Bilderlebens	140
Blumentest	142
Motiv der Wiese	143
Motiv des Berges	146
Das Motiv des Baches	149
Das Motiv des Hauses	152
Das Motiv des Waldes	156
Die Konfrontation mit den Symbolgestalten	157

Kapitel 6: Imagination und Dialog 162
    Die neuen Methoden der Psychoimagination 162
    Die Fokussierung seelischer Konflikte 164
    Die Bildmotive der Doppelbildimagination 166
    Das Körperbild des Imaginierenden 168
5. Die Aneignung des eigenen Körpers 170
6. Die Task-Imagination 174
7. Imagination und Sexualität 175

Kapitel 7: Das verschobene Rollenspiel 180
1. Die Desensibilisierungstechniken 180
2. Die Kontrolle der imaginativen Konditionierung 183
3. Die Aneignung einer positiven Geistes- und Gefühlshaltung .. 186
4. Probleme und Chancen 188
5. Persönlichkeitsstruktur und Krankheit 193
6. Die Steigerungstechnik 196

Kapitel 8: Türen nach innen 199
1. Das neue Zentralanliegen: der Mensch schlechthin 199
2. Die Befreiung von Angst- und Spannungszuständen 202
3. Das den Instinkten entfremdete Bewußtsein 204
4. Der Symbolreichtum der inneren Welt 205

Kapitel 9: Symbole und Wandlung 212
1. Die Symbole des Individuationsweges 212
2. Die »Persona« als Maske des Individuums 216
3. Der »Schatten« als Kehrseite der bewußten Persönlichkeit 219
4. Die weibliche Seite des Mannes: die Figur der »Anima« 223

5. Die männliche Seite der Frau: die Figur des »Animus«	227
6. Die Notwendigkeit Gottes	229
7. Weitere Symbole des Selbst	230
8. Die Wiederherstellung der schöpfungsgerechten Ordnung	233
Kapitel 10: Lexikon der Symbole und ihrer archetypischen Bedeutungen	235
1. Die wichtigsten Natursymbole	235
2. Die wichtigsten Tiersymbole	254
3. Symbole des menschlichen Lebens	267
4. Symbole der Dingwelt und symbolische Vorgänge	288
5. Symbole der Zeit und des Raums	305
6. Kult- und Ritualsymbole	317
Literaturverzeichnis	335
Namen- und Sachregister	338

»Imagination verfügt über alles;
sie erschafft Schönheit,
Gerechtigkeit und Glück,
die in dieser Welt alles sind.«

                              Pascal

Einführung

Die Welt der Imagination – der Träume, Tagträume, Phantasien und Wünsche – hat die Menschen zu allen Zeiten fasziniert. Der Stoff reichte aus, so heißt es, einen Kalifen tausendundeine Nacht lang zu unterhalten. Seit Sigmund Freud und Carl Gustav Jung sind die Träume der Menschen aber auch Gegenstand systematischer wissenschaftlicher Analysen.

Darüber hinaus sind heutzutage künstlich provozierte Tagträume Gegenstand einiger psychotherapeutischer Verfahren. Die *Imaginationstherapien* setzen bei den Tagträumen der Patienten an und versuchen, unbewußte Affekte und Konflikte therapeutisch nutzbar zu machen.

Schon von alters her sind die Menschen beeindruckt von den inneren psychischen Vorgängen, die bei verändertem Bewußtseinszustand auftreten: sei es, daß meditative beziehungsweise introspektive Techniken im Altertum und Mittelalter zu einer vertieften Selbsterkenntnis oder zu dem Versuch einer Überschreitung menschlicher Daseinsgrenzen eingesetzt wurden, sei es, daß die nahe Verwandtschaft mit dem Traumerleben die Möglichkeit erschloß, Licht in das dunkle Labyrinth der eigenen Seele zu bringen. In der Hinwendung zu einer anderen Bewußtseinsebene wurden Möglichkeiten zur Selbsterkenntnis, aber auch Heilkraft erhofft.

Eine ganz besondere Stellung nimmt in diesem Zusammenhang das *Erleben im Traum* ein. Bei Naturvölkern sind Träume seit jeher Gegenstand von prophetischen und magischen Deutungsversuchen gewesen. Die Ansicht, daß die Träume die angeblich »wirkliche« Welt zeigen, wird heute noch von so manchen Naturvölkern vertreten. Die wohl therapeutisch bedeutsamste, viertausend Jahre alte Aussage über den Traum findet sich im Dialog zwischen der ägyptischen Göttin Isis und ihrem Sohn Horus: »Mein Sohn Horus, sage mir, was du gesehen hast, damit deine Leiden durch den Traum verschwinden mögen ...«

Einsichtsvolle Menschen haben also bereits in früheren Zeitepochen versucht, die primären, innerseelischen Quellen zu erschließen, ohne daß es ihnen unseres Wissens gelang, ein formales Konzept im Umgang mit innerseelischen Bildern zu entwickeln.

Was in früheren Jahrhunderten, eher zufallsbedingt, an Heilkraft aus Träumen und Imaginationen in Versenkungszuständen gewonnen werden konnte, wird in der Gegenwart immer mehr gezielt angegangen und nutzbar gemacht. Wir sprechen gegenwärtig bei Imaginationstherapien vom »Privattheater der Seele«. Jeder *Zuwachs an Selbsterkenntnis* bedeutet Erweiterung des Bewußtseins, ein Stück wiedererworbener Freiheit.

Nicht ohne tieferen Sinn haben die Griechen ihrem höchsten Heiligtum, dem Orakeltempel zu Delphi, auf die Marmorstirn geschrieben: »Erkenne dich selbst!« und behauptet, dieser Auftrag sei ihnen von Apollon, dem Gott des Lichtes, offenbart worden. Wie aber soll der Mensch sich selbst erkennen? Wo sich suchen, wo sich finden? Darüber ist der Mensch nie zu voller Klarheit gelangt. Dieses unfaßbare, undurchsichtige, stets bewegte Innere seines Wesens, es entzog sich ihm, kaum daß er danach griff, und irrlichterte weiter im Blickfeld seiner Sehnsucht. Je nach der Anschauung, die er von sich und der Welt hatte, erhielt auch dieses Innere ein anderes Gesicht. Bald versenkt in tiefe Introspektion, in Sündenergründung oder Selbstergrübelung – der Mensch fand Methode um Methode im Bestreben, dieses verborgene Innere eindeutig fassen, gestalten und leiten zu können.

Anscheinend ist es noch keinem Irdischen verliehen worden, das eigene Antlitz so zu sehen, wie es wirklich und wahrhaftig ist. Selbst der Spiegel, wie man ihn auch halten und drehen möge, wie klar und scharf er sei, wird den Menschen immer nur in ewiger Vertauschung, als ein eigenes Gegenüber, widerspiegeln. Aber schon diesem Gegenüber standhaft und

Einführung

unerschrocken ins Auge zu blicken, fordert oft mehr Mut und Demut, als es auf dem Wege erdachter »Systeme« und »Methoden« bezwingen zu wollen, um dann, trotz eifrigen Bemühens, vielleicht doch an ihm vorbeizuschauen: Denn die Seele des Menschen ist göttlicher Natur, und alles menschliche Streben, bis zu ihrem Wesenskern vorzudringen, wird wohl immer nur Stückwerk bleiben.

Der Begriff der *Bilder aus dem Unbewußten* ist relativ neu. Da er ohne den Begriff des Unbewußten nicht zu denken ist, kann er nur für diejenigen Geltung haben, die das Vorhandensein einer unbewußten Psyche akzeptieren. Wir verstehen unter diesen Bildern jede Art sichtbarer Darstellung eines seelischen Inhaltes oder Vorganges; der Inhalt oder Vorgang mag sich durch eine fest umrissene oder eine mehr oder minder vage Vorstellung, einen Zustand oder ein Gefühl äußern, durch eine Erinnerung, eine Traum- oder Wachvision.

»Aus seelischem Material wird also gewissermaßen eine andere Wirklichkeit geschaffen«, sagt CARL GUSTAV JUNG, einer der großen Pioniere in Sachen Psyche, »eine Verstofflichung und Konkretisierung, die unser Gemüt und unser Wahrnehmungsvermögen direkt, unter Umgehung unseres intellektuellen Verstandes anspricht.«

Natürlich enthalten diese Bilder nicht nur unbewußtes Material, und sie können in einer Photomontage, in Stimmungsklecksen, in der Wiedergabe einer Landschaft oder auch in alltäglichen oder mythischen und archetypischen Vorstellungen zum Ausdruck kommen. Was uns trotzdem erlaubt, sie als »unbewußt« zu bezeichnen, ist der »Einfall«, der in ihnen Gestalt erhält, die unbewußt gesteuerte »Wahl« der Bildelemente und -motive, die festgehalten werden. Immer ist es die Art und Weise, die einmalig und eigenständig aus den Tiefen der Seele emporsteigt, und nicht bewußte Entscheidung oder Formulierung, die bei ihrer Entstehung maßgebend ist.

Richtige »Bilder aus dem Unbewußten« ermöglichen uns den Einblick in jene Seelenlandschaft, in der das Unaussprechliche, das nur dunkel Geahnte und bloß dumpf Gespürte, das

Unfaßbare und doch gewaltig Drängende beheimatet ist. Es vermochte sich einst in Kulten und Riten, Mythen und Märchen auszudrücken. Heutzutage tritt es vorwiegend in neurotischen und psychotischen Zuständen, in seelischen und körperlichen Krankheitssymptomen zutage.

Gelingt es nun, durch einen *Darstellungsvorgang* etwas aus diesem »Ungeformten« – das mit um so mehr psychischer Dynamik geladen ist, je tieferer Schicht es entstammt – ans Licht zu ziehen und ihm auf diese Weise »Körper« zu verleihen, so ist die Möglichkeit vorhanden, das vorerst unreflektiert Dargestellte auch verstandesmäßig dem Bewußtsein einzubauen, was einer schöpferisch-gestaltenden Arbeit am eigenen psychischen Wesen gleichzustellen ist. Denn nur an dem, was vergegenständlicht ist, kann Wandlung eintreten. Mit diesem »Stück« unbewußter Psyche kann man dann wie mit einem richtigen Gegenüber eine *Beziehung* aufnehmen, es gleichsam ansprechen und sich mit ihm auseinandersetzen. Eine solche spontane Reaktion auf eigene Seeleninhalte kann uns zu einer seelischen Entspannung und zu einer schöpferischen Schaffensquelle führen.

Historisch gesehen hielten die Analytiker der Gründerzeit nicht allzuviel von den Bildern, die im Laufe einer Psychoanalyse zutage traten. Sie bezeichneten solche bildlichen Vorstellungen als Regression oder Widerstand. Ihrer Meinung nach waren Bilder und Symbole die Folge von Abwehrmechanismen und eine Alternative zur Verbalisation und zur geistigen Vorstellung des Ich. Dieser Argumentation folgend schirmen die Bilder das Gedächtnis ab, sie verhindern die Aufdeckung unbewußter Konflikte und schränken die Kommunikation ein.

SIGMUND FREUD glaubte, daß Phantasie und Tagtraum mit den Abwehrmechanismen des Betreffenden zusammenhängen. Daß die Imagination eine Anpassungsfunktion haben könne, kam erst in den fünfziger Jahren ins Gespräch.

Die Menschheit ist durch ein heimliches Leiden an Händen und Füßen gebunden. Es ist die unbegreifbarste, verheerendste

Einführung

und am weitesten verbreitete aller Krankheiten. Zwar ist es ein physiologisches, ein biologisches Leiden, doch kann es weder durch Diät, Meditation oder tugendhaftes Verhalten noch durch Rausch- oder Arzneimittel, noch durch chirurgischen Eingriff aus der Welt geschafft werden. Es läßt sich nicht an einer bestimmten Stelle lokalisieren. Es ist wirklich die einzige Krankheit, die tatsächlich überall im Körper zu finden ist. Doch kaum jemand ist sich des Leidens bewußt. Ärzte, die es behandeln, wissen nicht, wonach sie suchen sollen, und die meisten anerkennen noch nicht einmal seine Existenz. Es entfaltet dermaßen viele Symptome, daß es wie Hunderte von Krankheiten und nicht wie eine aussieht. Das Leiden heißt *Neurose!*

Die üblicherweise mit dem Ausdruck »Geisteskrankheiten« bezeichneten Leiden sind in Wirklichkeit eine biologische Krankheit – eine Wunde des ganzen Systems, deren Kern aus psychischem und physischem Schmerz besteht. Normalerweise ist Schmerz eine komplizierte Angelegenheit; wir fühlen ihn, wir wissen, wie es ist, wenn etwas schmerzt, wissen, wo er sitzt und gewöhnlich auch, woher er rührt. Doch sind die Schmerzen aus unserer frühen Kindheit, obwohl wir alle sie mit uns tragen, ein vollkommenes Rätsel. Kaum jemand erkennt sie oder nimmt sie als solche wahr. Und doch sehen wir ständig ihre Auswirkungen in der Art, wie wir uns tagtäglich verhalten und unser Leben führen, in unseren sozialen Beziehungen, unseren Konflikten und Krankheitsbeschwerden. Für die meisten von uns ist es schwer vorstellbar, daß so lange zurückliegende Erfahrungen uns noch in der Gewalt haben; nichtsdestoweniger trifft das zu.

Im Zuge einer *Psychoanalyse* entdecken viele Hilfesuchende, wie sehr sie als kleine Kinder unter ihren Eltern zu leiden hatten. Waren sie selbst daran schuld, weil sie den Destruktionstrieb noch nicht im Zaum hatten; sind die Eltern verantwortlich, die sich so grausam verhielten; oder haben sie sich das alles bloß eingebildet? So fragen meist Therapeut und Patient gleichermaßen. Doch die Frage ist irreführend, denn sie versperrt den Zugang zur Wirklichkeit des kleinen Kindes. Mit moralisierenden Bewertungen und Schuldzuschreibungen führen Analytiker fort, was früher die Eltern taten: Sie nehmen die Gefühle des Erwachsenen nicht ernst und lassen die Erkenntnis nicht zu, daß das Kind wahrscheinlich allen Grund zu Wut, Haß, Neid und anderen »bösen« Gefühlsregungen hatte. Um das frühkindliche Leiden zu verstehen, darf der Therapeut nicht zum Richter werden; er muß bedingungslos der Anwalt des Kindes in dem von ihm behandelten Erwachsenen sein.

Wir betrachten *Imaginationstherapie* – Tagtraumtherapie – als einen Prozeß, durch den wir den Menschen helfen, ihre eigenen Erinnerungen, Assoziationen und Lebenspotentiale für die Erreichung ihrer eigenen therapeutischen Ziele nutzbar zu machen. Tagtraumtechniken können den Gebrauch von Fähigkeiten und Potentialen erleichtern, die in einem Menschen bereits vorhanden sind, aber mangels Verständnisses oder Trainings ungenutzt oder unterentwickelt bleiben. Der Imaginationstherapeut exploriert sehr sorgfältig die Individualität des von ihm Betreuten, um festzustellen, welche Lebenserfahrung, welches Wissen und welche seelisch-geistigen Fähigkeiten ihm zur Verfügung stehen, damit er mit seinem Problem fertig werden kann. Der Therapeut erleichtert ihm dann den Zugang zu imaginierten Bildern, die ihm helfen.

Die Bedingung des Nachttraums ist der Schlaf. Je nach Schlaftiefe werden stark abgeschwächte, bewußt nicht mehr registrierte Sinneseindrücke aus der Außenwelt sowie Signale aus dem eigenen Körper mit frei aufsteigenden Assoziationen aus dem Unbewußten verwoben. Diese von SIGMUND FREUD so bezeichnete Traumarbeit liefert dem Schläfer nach dem Erwachen den sogenannten manifesten Trauminhalt, falls nicht alles, sogar die Tatsache, daß ein Traum stattfand, der Verdrängung, das heißt dem Vergessen, anheimfällt. Sache der analytischen Assoziationsarbeit und ihrer Deutungen ist es, den hinter den Traumbildern liegenden latenten Trauminhalt herauszuarbeiten und bewußtzumachen.

Einführung

Ganz anders verhält es sich mit dem Tagtraum, der Imagination. In dem regressiven Bedürfnis, sich unliebsamen, aktuellen oder immer wiederkehrenden Tatsachen zu entziehen, die Realität zu leugnen und sich in frei phantasierender Weise zu korrigieren (was immer mit einer Aufwertung der eigenen Person geschieht), zieht sich der Tagträumer auf sich selbst zurück, nicht in sich, wie es bei der Imaginationstherapie geschieht. Solche Phantasiereisen haben nichts mit Imaginationstherapie zu tun. Es handelt sich um freie, ungesteuerte Phantasie, die meist destruktiv ist. Mit dem Nachttraum gemeinsam hat die Imaginationstherapie, daß die Bildinhalte ungerufen aus dem Unbewußten aufsteigen. Gemeinsam ist also die Herkunft des optischen Materials aus unbewußten Schichten der Persönlichkeit.

Ein wesentlicher Unterschied zwischen dem Nachttraum und der Imagination besteht in der *Steuerbarkeit des Traumgeschehens*. Der Therapeut leitet die »Reise« als »Regisseur«. Tiefenpsychologie und Träume haben etwas Gemeinsames, das noch eine dritte »Partnerschaft« auf den Plan ruft: die Märchenwelt des Kleinkindes. Sie alle drei leben von der Welt der Bilder. Das Märchen spricht von glücklich bewältigten Reifungsgeschichten in einer Bildabfolge von großem Phantasiereichtum, und die Psychotherapie sucht aus der verworrenen, wildwuchernden Phantastik von Traumbildern, Wachträumen und Spontaneinfällen Ansatzpunkte und Wege zu finden für einen Menschen, der in seiner Lebensgeschichte nicht weiterzukommen vermag.

CARL GUSTAV JUNG sagte einmal: »Die Seele ist sich selber die einzige und unmittelbare Erfahrung der subjektiven Wirklichkeit überhaupt. Sie schafft Symbole, deren Grundlage der unbewußte Archetypus ist und deren erscheinende Gestalt aus den Vorstellungen, die das Bewußtsein erworben hat, hervorgeht. Die *Archetypen* sind numinose Strukturelemente der Psyche und besitzen eine gewisse Selbständigkeit und spezifische Energie, kraft welcher sie die ihnen passenden Inhalte des Bewußtseins anzuziehen vermögen. Das Unbewußte liefert sozusagen die archetypische Form, die an sich leer und unvorstellbar ist. Vom Bewußtsein her wird sie aber sofort durch verwandtes oder ähnliches Vorstellungsmaterial aufgefüllt und wahrnehmbar gemacht.« Symbole sind Gleichnisse des Unvergänglichen in Erscheinungsformen der Vergänglichkeit. Nur dem Symbol gelingt es, das Verschiedene zu einem einheitlichen Gesamteindruck zu verbinden. Bis in die geheimsten Tiefen der Seele treibt das Symbol seine Wurzeln.

Wir beginnen auf eine neurotische Art und Weise symbolisch zu leben, sobald wir innere Mechanismen abwehren. Ist ein Gefühl erst einmal vom Verständnis seiner Herkunft abgedrängt, nimmt ein falsches Wissen seinen Platz ein. Ohne darum zu wissen, entwickeln wir aus unseren Urschmerzen heraus unrealistische Vorstellungen, Einstellungen und Verhaltensweisen. Wir machen Menschen, Situationen, Objekte, Vorstellungen und Begriffe zu Symbolen des Schmerzes. *Neurotischer Symbolismus* ist dann die gegenwärtige Repräsentation einer vergangenen, urschmerzhaften Realität. Der Symbolismus entspringt dem Urschmerz und hilft auch, ihn abzuwehren.

Der kanadische Neurochirurg WILDER PENFIELD hat diesen symbolischen Prozeß erklärt. Seine Erklärung beruht auf einer Entdeckung, die er im Zuge eines Gehirneingriffs machte: Wenn er eine Elektrode in einem gewissen Abstand von einer bestimmten Nervenzelle des Patienten – der während des Eingriffs bei Bewußtsein war – ansetzte, so vermochte dieser etwas früher Erfahrenes eher vage wiederzuerleben, etwa: »Ich fühle mich, als ob Räuber hinter mir her wären.« Wenn er die Sonde der Nervenzelle näherte, kam dem Patienten die genaue Erinnerung: »Ich erinnere mich, was ich für eine Angst hatte, als mein Bruder die Spielzeugpistole auf mich richtete.«

Das legt nahe, daß symbolisches Denken – in diesem Fall im Bild der Räuber – tatsächlich eng mit den Hirnzentren, die unsere Gefühle repräsentieren, verknüpft ist. Urschmerz lenkt die Gefühle auf ein symbolisches Gleis ab. Symbolische Erfahrung nimmt mit unterdrückten Gefühlen ihren Anfang. Neh-

Tiefenpsychologie und Träume finden sich gemeinsam in der Märchenwelt des Kindes.
Sie alle drei leben von der Welt der inneren Bilder.

Auch der Erwachsene erlebt seine innere Märchenwelt. Dieser Lebensbaum enthält archaische Elemente, wie sie häufig in Bildern aus sogenannten »früheren Leben« auftauchen können.

Nicht nur im Traum, auch in der Realität schafft sich das Kind seine Märchenwelt. Phantasiewelt und Lebensraum vermischen sich.

Die »innere Welt« des Menschen ist eine magische Welt; sie ist voll von Dämonen, Hexen, Magiern und Göttern.

Einführung

men wir an, das Gefühl sei Angst vor den Eltern, die verdrängt wird und so zu einer konstanten, bleibenden Angst wird. Für das kleine Kind verwandelt sich die Angst in Drachen, die in der Nacht auftauchen, wenn es dunkel ist. Der Drache ist ein Symbol. Er kann zum wiederkehrenden Symbol werden, so daß selbst Bilder von Drachen in einen Angstzustand versetzen können. Das Kind ist nicht wegen des Drachens verängstigt. Der Drache existiert, weil das Kind Angst hat.

Bis zu einem Zeitpunkt der Gehirnentwicklung, von dem ab das Kind Bilder heraufbeschwören kann, um Angst bewußt zu verarbeiten, sieht es sich menschlichem Terror gegenüber – der Art von Entsetzen, das durchaus zum Krippentod des ins Dunkel seines Bettchens abgeschobenen Säuglings führen kann. In diesem Sinne ist der Drache ein Überlebensmechanismus. Wir sollten sehr vorsichtig sein mit dem Austreiben von »Dämonen«, die Kinder erträumen, um ihre Ängste zu verarbeiten.

Kindertherapeuten sollten begreifen, daß diese Bilder eine spezielle Funktion haben, in die sie sich nicht einmischen sollten, ohne die zugrunde liegenden Kräfte zu verstehen. Wenn der *symbolische Prozeß der Imaginationstherapie* erfolgreich verläuft, führt er zu einer dauernden Verringerung des Abstandes zwischen Bewußtem und Unbewußtem und schließlich zu einer Versöhnung der Gegensätze. Sie vereinigen sich in einem Symbol, in dem gewisse bisher unbekannte und unbewußte Gegebenheiten und Tendenzen, die auf ein noch unbekanntes Ziel zustreben, zum Ausdruck kommen. Sobald der verborgene und im Symbol enthaltene Inhalt integriert, das heißt Teil des Bewußtseins geworden ist, hat er seine Funktion erfüllt und verliert seine symbolische Bedeutung.

Ob es ein Versehen war oder ob sich jemand einen eher üblen Jux hatte machen wollen, konnte nicht geklärt werden: es stand nur fest, daß der Bahnarbeiter in einem Kühlwaggon eingeschlossen worden war. Als man ihn anderntags fand, war er tot, offensichtlich erfroren. Er kauerte mit hochgeschlagenem Jackenkragen in einer Ecke und hielt mit beiden Armen seine angezogenen Beine krampfhaft umklammert. Doch dann wurde man darauf aufmerksam, daß in dem Wagen durchaus erträgliche Temperaturen herrschten. Das Kühlaggregat war gar nicht in Betrieb gewesen! Augenscheinlich hatte sich der Eingeschlossene so sehr in die Illusion, erfrieren zu müssen, hineingesteigert, daß er an der eingebildeten Kälte tatsächlich zugrunde gegangen war. Man kann sich so ziemlich alles einreden: jedes Übel, jede Krankheit, sogar den Tod. Umgekehrt indessen kann jeder Mensch kraft seiner »Einbildung« auch Krankheiten besiegen oder – noch wünschenswerter – dem Ausbruch schwerer Krankheiten vorbeugen.

Medicus curat – natura sanat, wußten schon die alten Römer: Der Arzt behandelt, aber heilen kann nur die Natur. Deshalb wird die Natur in uns, werden die *Abwehr- und Selbstheilungskräfte unseres Organismus* auch als der »innere Arzt« bezeichnet – gewissermaßen als körpereigene und körperspezifische Kapazität. Es ist ein unverzeihlicher Fehler, wenn wir ihn viel zu selten konsultieren, weil wir zuwenig Vertrauen in ihn haben. Dieses Vertrauen, der Glaube an seine Fähigkeiten – das ist jedoch das »Honorar«, das er uns abverlangt. Vom Glauben an seine Heilung durchdrungen entfesselt der Kranke sämtliche hilfreichen und ordnenden Kräfte. Noch wissen allerdings die wenigsten Menschen von der Existenz, Macht und Gewalt aller inneren Kräfte, über die sie verfügen.

Auch der innere Arzt, der unsere Gesundheit erhält oder wiederherstellt, wirkt von uns unbemerkt, weil unterhalb der Schwelle unseres Bewußtseins. Dabei reagiert unser unbewußtes Ich überaus empfindsam auf jede Information – was wir uns in Form der Selbstbeeinflussung nutzbar machen können. Unterliegen wir doch ohnedies ständig solcher Autosuggestion, von morgens früh bis abends spät –, meist allerdings unkontrolliert von unserem Bewußtsein. Wer jedoch lernt, diese »Einflüsterungen« zu steuern, vermag auch dem inneren Heilmeister zu erstaunlicher Wirksamkeit zu verhelfen.

Die dazu *geeigneten Mittel* sind Denken, vor allem in Form bildhafter Vorstellung, Fühlen und die Überzeugungskraft des Glaubens. Man muß nur richtig mit diesen Mitteln umgehen – was aber nicht etwa heißt: sie willentlich durchsetzen zu wollen; hat doch jede Willensanspannung eine Verkrampfung, eine »Trotzreaktion« des insofern vom Willen abhängigen, aber gleichwohl autonom agierenden Unbewußten zur Folge. Auf Erkrankungen bezogen heißt das: Wer sein Leiden oder eine Sucht mit Gewalt bekämpfen will, macht alles nur noch schlimmer.

Nicht auf die Stärke des Willens, sondern auf die *Kraft des Glaubens* kommt es also an. Das Unbewußte wird durch bildhafte Vorstellungen beeinflußt. Der Grad ihrer Wirksamkeit hängt ab vom Glauben an sich selbst und vom Vertrauen in den inneren Arzt. Aufgrund einer gläubig-vertrauensvollen Geistes- und Gefühlshaltung können wir nicht nur Berge versetzen, sondern auch jene Kräfte freimachen, die als die Ursachen sogenannter »Wunderheilungen« erkannt werden müssen.

Man kann sich nicht zum Glauben an seine Heilung zwingen, aber man kann sich dazu erziehen.

Nachdrücklich möchte ich auf die drei Todsünden gegen den inneren Arzt aufmerksam machen: Da ist zunächst das negative, das heißt destruktive Denken und Sprechen, das zum geistigen Gift wird. Hinzu kommt die Angst, die aufgrund ihrer selbsthypnotischen Wirkung die Funktionen des Organismus lähmt. Und schließlich die Unheilsuggestion, die den unzufriedenen, ängstlichen, selbstquälerischen Schwarzseher dazu zwingt, den Teufel an die Wand zu malen und geradezu in sein Unglück zu flüchten – wie das Beispiel vom Bahnarbeiter im Kühlwaggon zeigt. Für den Leidenden ist das Hineinwühlen ins eigene Unglück aus Selbstmitleid gefährlicher, als es der gefährlichste Krankheitserreger sein könnte.

Was die *Selbstbeeinflussung* vermag, zeigt der Fall jener fünfundfünfzigjährigen Frau, die Mann und Sohn im Krieg verloren glaubte. Sie erkrankte schwer, und bei einer Operation wurde Leberkrebs festgestellt. Als sie, von den Ärzten aufgegeben, zu Hause lag, kam ihr totgeglaubter Sohn schwerkrank aus der Gefangenschaft zurück. Weil sie sein Leben retten wollte, machte sie sich davon frei, sich ihr eigenes Siechtum auszumalen und ans Sterben zu denken. Statt dessen glaubte sie felsenfest an ihre Lebenskraft – und sie genas, wurde so gesund, daß sie später sogar ihren Beruf wieder aufnehmen konnte. Selbsthilfe durch Selbstbeeinflussung soll nicht etwa den Arzt ersetzen. Aber sie trägt entscheidend bei, seine Behandlung zu unterstützen. Das Motto des seiner inneren Kraft bewußten Patienten heißt daher: »Hilf dir selbst, dann hilft dir auch der Arzt.«

Daß Krebs nicht immer ein tödliches Leiden sein muß, das beweist ständig der amerikanische Arzt Dr. CARL SIMONTON, der mit Imaginationstechniken die Krebszellen seiner Patienten beeinflußt und schon vielen von ihnen helfen konnte. Neben vielem anderem werden wir auch die Arbeit Dr. Simontons in diesem Buch vorstellen. Dieses Buch ist aufgrund des Anliegens entstanden, den Wert und die Wirkungsweisen der *tiefenpsychologischen Imaginationstechniken* herauszustellen, aber auch aufzuzeigen, wie sich jeder einzelne mit Konditionierungstechniken seinen »inneren Arzt« erarbeiten kann.

Henry G. Tietze

1
Die blockierten Emotionen

1. Das Ziel: die Wiederfindung der Ganzheit

Phantasie ist mehr als nur freies Spiel des Geistes. Tagträume können die Grundlage für ein Leben sein, das sinnerfüllt in heiterer Gelassenheit geführt wird. Experimente, die in jüngster Zeit mit Menschen durchgeführt wurden, die unmäßig Alkohol zu sich nehmen oder Drogen konsumieren, um ihr Innenleben anzuregen oder zu dämpfen, haben die Wissenschaftler überzeugt, daß Phantasie von grundlegender Bedeutung für die gesunde Entwicklung des Menschen ist: Wer Schwierigkeiten hat, seine Phantasie zu gebrauchen – sei es zur Bereicherung seiner Erfahrung, sei es als Ersatz für reale Aggression –, ist in jeder Phase seines Lebens gefährdet.

Die meisten von uns haben sicher schon beobachtet, daß phantasielose Menschen schnell gelangweilt sind. Aber diesen Menschen droht Schlimmeres als bloß Langeweile. Sie sind verkrampfter und weniger unabhängig als phantasievolle Menschen. Die Risiken zu schwach ausgeprägter Phantasie schließen ein: Kriminalität, Gewalttätigkeit, Abhängigkeit von gefährlichen Drogen und auch unkontrolliertes Essen – um nur einige Beispiele zu nennen.

Unser Leben wird wesentlich durch unser Denken gestaltet. Nur fanatische Behavioristen würden dies heute noch leugnen. Nach der Phase des Behaviorismus – der das Verhalten des Menschen als Reaktion auf äußere, beobachtbare Reize zu erklären versucht – hat sich die Psychologie in den letzten Jahren wieder verstärkt der Erforschung des Denkens und der Phantasie zugewandt – also den Phänomenen, die nicht direkt beobachtbar sind, weil sie »im« Menschen stattfinden. Diese *kognitive Psychologie* beginnt, den Menschen wieder so zu sehen, wie wir es aufgrund der philosophischen Tradition kennen: als denkendes Wesen, das einen Sinn im Leben sucht und dessen Leben in sich Sinn hat. Wir reagieren ja in der Tat nicht auf äußere Reize, sondern treten jeder neuen Situation mit bestimmten inneren Erwartungen gegenüber, die unsere Reaktionen beeinflussen. Unser Gedächtnis, unsere Phantasie, das, was wir in uns in unseren Selbstgesprächen sagen, macht unsere Begegnungen mit anderen Menschen und der unbelebten Welt erst reichhaltig.

Die Lebenskunst gebietet uns dabei, einen Kurs zwischen zwei Extremen zu steuern: den inneren und den äußeren Reizen. Wir dürfen anderen Menschen gegenüber nicht unsensibel sein, ebensowenig aber uns selbst gegenüber. Bevor wir uns selbst in einer bestimmten Weise verhalten, wäre es wichtig, auf die »innere Stimme« zu hören. Nun gibt es aber Menschen, die ihrer »inneren Stimme« nur wenig Aufmerksamkeit schenken und ihr Verhalten vorwiegend nach den äußeren Einflüssen, die auf sie eindringen, ausrichten.

Wie der russische Physiologe IWAN P. PAWLOW bemerkte, gibt es »zwei Sorten Menschen«: Künstler und Denker. Zwischen ihnen besteht ein deutlicher Unterschied. Die Künstler fassen die Wirklichkeit als ein Ganzes, als einen Zusammenhang auf, eine vollends lebendige Wirklichkeit, ohne irgendwelche Teilungen. Die anderen, »die Denker«, stoßen sie weg, töten sie. Pawlows Sicht der Individuen ist auch auf ganze Gesellschaften anwendbar. Nach seiner Ansicht kann sich eine ganze Menschheitsepoche in einer Denkweise verlieren, die zur Lösung der anstehenden Probleme nichts beiträgt.

Der Mensch der Gegenwart ist immer mehr bereit, seine *Ganzheit* wiederherzustellen durch die Rückkehr zu den nonverbalen Quellen seiner Existenz. Wir erleben solche Rückkehr im Träumen mit; wir erleben das Bild, das dem Wort vorangeht. Während das Wort Subjekt von Objekt trennt, erneuert uns das Bild die ursprüngliche Einheit unseres tiefen Selbst.

Im Bereich der Psychotherapie hat das letzte Jahrzehnt ein rapide anwachsendes Interesse an Imaginationstechniken

1. Das Ziel: die Wiederfindung der Ganzheit

gebracht. Die Imagination kann Zugang zu bedeutenden vorverbalen Erinnerungen bringen oder Erinnerungen in Entwicklungsstufen aufzeigen, da die Sprache noch nicht vorhanden war. Es sieht so aus, als ob vor allem intensive oder traumatische Erfahrungen dazu tendieren, in Bildersprache aufgezeichnet zu werden. Bevor wir uns jedoch mit der Bildersprache der Seele auseinandersetzen, sollten wir uns zunächst über das Wesen der Neurose klarwerden.

Eine *Neurose* ist vor allen Dingen ein System von Verhaltens- und Erwartungsmustern, und die Auflösung der Neurose bedarf der Auflösung dieser Muster. Wenn wir dies nicht zur Kenntnis nehmen, bleibt die Heilung der Neurose immer nur Stückwerk. Das neurotische System erzeugt fortwährend irreale Vorstellungen, Wahrnehmungen, Überzeugungen und Bedingungen – sowohl in geistiger als auch in körperlicher Hinsicht. Das neurotische System ist buchstäblich ein überlagerndes, zusätzliches biochemisches System. Die Behandlung der Neurose ist der Entwirrung der Struktur eines Gens ähnlich. Kennen wir erst einmal die zentralen Kodierungsmechanismen, die die Elemente aneinanderbinden, so fügt sich das Puzzle zusammen. Die moderne Wissenschaft ist der Überzeugung, daß es sich bei der Neurose um zentrale Kodierungsmechanismen handelt. Jede Neurose basiert auf einem grundlegenden Prinzip, und dieses Prinzip ist in den verdrängten Gefühlen und Bedürfnissen des betroffenen Menschen zu finden.

Wenn wir unsere Anstrengungen nicht auf das System als Ganzes richten, werden wir uns in einer fragmentarischen Jagd verlieren; wir rennen dann dieser Einstellung hinterher und jenem Verhalten, dieser Wahrnehmung oder jener Empfindung, ohne Bezug zur Gesamtheit der Struktur, die Hunderte von neurotischen Symptomen ausspuckt – sowohl physische als auch psychische. Buchstäblich Tausende von Verhaltensweisen basieren auf nur wenigen Primärgefühlen.

Eine Neurose entsteht aus dem Widerspruch von Ausdruck und Verdrängung, von Expression und Regression. Alles andere – Empfindungsvermögen, Einstellungen, Erkenntnis, Problemlösungsverhalten, Lernen sowie die übrigen Persönlichkeitsaspekte – ist diesem Widerspruch untergeordnet. Die mannigfaltigen neurotischen Probleme sind nur Abkömmlinge dieser zwei in Widerstreit stehenden Kräfte. Um wirksam zu sein, muß eine Therapie diesen zentralen Widerspruch in den Brennpunkt nehmen. Sie darf sich nicht nur um eine oberflächliche Synthese bemühen. Wenn die Schlüsselprobleme gelöst sind, wird sich alles zusammenfügen.

Imaginationstherapie – Tagtraumtherapie – ist der *Umkehrprozeß der Neurotisierung*. Statt das Unbewußte zu komplizieren, wie dies durch die Verdrängung von Schmerzen geschieht, drückt die Umkehrung Unbewußtes aus, um das Bewußtsein davon zu befreien. Statt eine Abwehr gegen das Erleben von Schmerzen zu errichten, werden die Abwehrformen selbst freigelegt, so daß der bereits im System vorhandene Schmerz in seiner ganzen ursprünglichen Intensität gefühlt werden kann. Statt des neurotischen Ausagierens zum Zweck des Spannungsabbaus wird dieses Ausagieren hinausgezögert, so daß sich die Spannung bis zum Augenblick des Durchbruchs aufbaut. Da die Neurose von »innen« heraus das äußere Verhalten des betroffenen Individuums steuert, muß ihre Behandlung eine »Reise auf dieser historischen Route« in umgekehrter Richtung mit einbeziehen und zwar angefangen bei den allerneuesten Ereignissen bis hin zu den entscheidenden Erfahrungen der frühesten Kindheit. Eine Neurose ist ein unbewußter dynamischer Prozeß. Imaginationstherapie ist ein bewußtmachender Prozeß.

Die Tagtraumtherapie ist um das *Verständnis der Entwicklung* des Neurotisierungsprozesses herum aufgebaut, sowohl in neurophysiologischer als auch in psychologischer Hinsicht. Entwicklung muß in jeder Therapie der Neurose berücksichtigt werden. Wenn man zum Beispiel in der Verhaltenstherapie die Entwicklung negiert, mag es angemessen sein, die Technik eines gemäßigten Schocks anzuwenden – jedesmal etwa, wenn ein Raucher zu einer Zigarette greift. Die Implikation dieser

1. Das Ziel: die Wiederfindung der Ganzheit

Technik ist, daß Rauchen eine schlechte Angewohnheit ist, etwas, das man gelernt hat und das verlernt werden muß, eine Gewohnheit, die durch Strafe abgewöhnt werden kann.

Die Verhaltenstherapie basiert mehr oder weniger auf einer wissenschaftlichen Verfeinerung dessen, was Eltern ihren Kindern sagen. Sie berücksichtigt keine den jeweiligen Gewohnheiten zugrunde liegenden Ursachen. Behandelt wird unmittelbar das Verlangen nach einer Zigarette, statt richtiger das »Verlangen« als das im Bewußtsein manifeste psychologische Resultat einer Entwicklungsgeschichte zu betrachten. Wir greifen zu Zigaretten, wenn wir unsere realen Bedürfnisse nicht fühlen können. Wenn man uns unsere Wünsche durch Strafe, Mahnung oder rationale Begründung ihrer schädigenden Wirkung wegnimmt, läßt man die Ursachen der Neurose und somit sie selbst intakt. Vorausgesetzt, die Vergangenheit läßt uns nicht los und übt beständig Druck auf uns aus, so stellt sich die Frage, wie wir ihr ein Ende bereiten können. Einige Schulen, die Freudsche eingeschlossen, glauben, daß man sie wegreden kann; daß man ein Verständnis davon, was am Anfang falsch gelaufen ist, erlangen kann, so daß sich die Vergangenheit irgendwie auflöst. Im Gegensatz dazu ist Imaginationstherapie ein Prozeß, der auf der Vorstellung basiert, daß Neurose ein Daseinszustand ist. Dieser Therapie liegt die einfache Annahme zugrunde, daß alles was mit uns als Kindern geschieht, sich nicht nach dem Erlebnis verflüchtigt, sondern im Gegenteil als Teil unserer Physiologie bestehen bleibt. Seelischer Schmerz ist nicht nur ein mehr oder weniger zufälliges Geschehen. Er hinterläßt tiefe Spuren und muß durch *Erleben* gelöst werden. Daher muß man seine Anstrengungen darauf richten, durch »Fühlen« die traumatischen Erfahrungen der Kindheit aufzuarbeiten und zu verstehen, wie sich diese frühen Geschehnisse niedergeschlagen haben, wo sie begraben sind und wie die Prozesse verlaufen, die ihre Verdrängung gewährleisten.

Viele Spielarten der Verhaltenstherapie drängen darauf, daß sich das »innere Kind« mit dem Elternbild aussöhnt. Die

Vertreter der Imaginationstherapie versuchen daher immer wieder, mit Hilfe verschiedener Bilder und Begriffe ihre analytische Haltung zu erklären: Sie verstehen sich immer als Anwalt des »inneren Kindes« im hilfesuchenden Menschen. Was er auch erzählen mag, als Anhänger der Imaginationstherapie stehen wir ganz auf seiner Seite und identifizieren uns vollständig mit dem Kind in ihm, das seine Gefühle meist noch nicht erleben kann und sie auf uns delegiert. Es geschieht sehr selten, daß ein seelisch leidender Mensch seinen Eltern Vorwürfe macht; er ist ja gerade daran erkrankt, daß er das als Kind nicht machen durfte. Wenn er im Anfangsstadium seiner Therapie seinen Eltern Vorwürfe macht, dann nimmt er das schnell wieder zurück, hat quälende Schuldgefühle und versucht die Eltern zu verteidigen. Falls so jemand Aggressionen überhaupt erleben kann, dann handelt es sich dabei um erwachsene Formen der Aggression (Verachtung, Ironie, intellektuelle Kritik); sie stammen aus einer viel späteren Zeit, denn die Wut des ganz kleinen Kindes – die ambivalente, ohnmächtige Wut – ist immer zuerst nicht erlebbar.

Es kann auch nicht die Aufgabe des Therapeuten sein, dem Patienten zu einer Versöhnung mit den Eltern zu verhelfen. Wenn der Therapeut selbst erlebt hat, daß seine Wut seine Eltern nicht getötet hat, steht er nicht mehr unter dem Zwang, die Eltern des Patienten vor dessen – ungelebter – Wut zu schützen, indem er auf Versöhnung hinarbeitet. In den meisten Fällen ist der Therapeut die erste Person im Leben des Patienten, dem dieser sich anvertrauen kann. Es ist wichtig, daß diese Person das Vertrauen nicht mißbraucht, daß sie den ohnehin schon Leidenden nicht erzieht, nicht beschuldigt, nicht irritiert, sondern bereit ist, gemeinsam mit dem Patienten über dessen Leben bis dahin Unbekanntes zu erfahren. Denn auch der Patient wird hier sein Leben zum erstenmal kennenlernen.

2. Zugänge zum Unbewußten

In der Geschichte der Psychologie sind die *Emotionen* meistens mit Argwohn behandelt worden. Man hat sie als Eindringlinge in den reinen Geist betrachtet, als etwas, das uns irrational macht. Tatsächlich wird auch heute noch das Wort »emotional« häufig mit »irrational« gleichgesetzt. Inzwischen wächst jedoch das Verständnis dafür, daß nur ungefühlte Emotionen das Bewußtsein verzerren. Gefühle als solche sind durchaus »rational«. Sie haben ihre eigene Logik, und wenn man sie wirklich zuläßt, bekommen viele unserer bis dahin unverständlichen Verhaltensweisen nachträglich durchaus einen Sinn.

Emotionen sind nie sinnlos, es sei denn, sie sind blockiert und können nicht gefühlt werden. Dann sind sie planlos, weil sie das Rationale und Reale überfluten. Dann treiben sie uns in falsche Wahrnehmungen und Fehlinterpretationen und lassen uns verrückte symbolische Dinge tun. Der sogenannte logische Verstand wird nur durch ungefühlte, umgeleitete Emotionen entstellt und verzerrt. Nicht emotional sein heißt deshalb irrational sein. Emotional sein heißt rational sein. Gefühle im Einklang mit dem Intellekt bringen wahre Rationalität hervor. Unsere Aufgabe ist es, beide Potentiale zur Zusammenarbeit zu bringen.

Mit dem Begriff des *Bewußtseins* ist in letzter Zeit seitens obskurer Adepten und Drogenbefürworter viel Mißbrauch getrieben worden unter dem Schlagwort »Bewußtseinserweiterung«. Diese Menschen suchen nach einem Weg, der sie aus ihrem eintönigen Leben auf eine Ebene hebt, die bisher nur einige Auserwählte erreicht haben. Doch haben viele von ihnen das Wesentliche nicht begriffen. Sie haben einige biologische Gesetze und neurologische Tatsachen ignoriert. Die Möglichkeit, das »Bewußtsein zu erweitern«, besteht nicht in einer Transzendierung der Welt, sondern im Hinabsteigen in das Unbewußte. Unterhalb der Ebene des Bewußtseins sind ganze Welten tätig; ein Wirrwarr von Vorstellungen, Impulsen und körperlichen Befindlichkeiten treten dort in Interaktion und tauschen Informationen aus. Wer zu dieser Welt den richtigen Zugang findet, dem zeigt sie sich in der ihr eigenen Weise und Begrifflichkeit.

Wir sind so sehr daran gewöhnt, die Ebenen unterhalb des Bewußtseins zu mißachten, daß wir zum Beispiel glauben, der grundlegende Vorgang des Erinnerns beschränke sich auf eine bewußte, intellektuelle Tätigkeit. Der Körper erinnert sich jedoch auf seine eigene Weise, und es ist möglich, mit dieser Art der Erinnerung in Verbindung zu treten. Deshalb ist Bewußtsein nicht einfach nur ein intellektuelles Phänomen.

Sogar der Aufbau des Gehirns verkörpert eine Erinnerung, und zwar die kodierte Geschichte der Menschheit. Gäbe es die vorausgegangenen Jahrmillionen der Evolution nicht, wäre die Art dieses Aufbaus nicht so, wie sie ist.

Das Gehirn ist konzentrisch in drei Schichten aufgebaut, die auch als Neurophile bekannt sind. Dabei handelt es sich um miteinander in Beziehung stehende Netzwerke von Nervenzellen, von denen jedes über ein eigenes Bewußtsein und einen eigenen Erinnerungsspeicher verfügt. Jedes dieser Netzwerke ist für ein bestimmtes Gebiet menschlicher Tätigkeit verantwortlich. Die dritte Ebene kann nicht die Aufgaben der zweiten übernehmen; der Intellekt kann keine Gefühle auslösen. Jede Ebene besteht aus einem in sich geschlossenen elektrochemischen System. Zwar interagieren die verschiedenen Systeme, doch sind sie nicht austauschbar.

Zum Zeitpunkt der Geburt und einige Monate danach steuert das bis dahin als einziges vollentwickelte innere Gehirn die viszeralen (das heißt alle die inneren Organe betreffenden) Funktionen. Mittel- und Außenhirn haben sich noch nicht voll herausgebildet. In diesem Stadium entsteht die erste Ebene des Bewußtseins. Sie ist zuständig für alle Reaktionen, die mit der Mittellinie des Körpers zu tun haben: Herztätigkeit, Atmung, Blasen-, Magen- und Darmfunktion und Hormonregulierung. Diese erste Ebene ist generell verantwortlich für instinktive Reaktionen. Sie bestimmt zeitliche Abläufe, Rhythmus, Koor-

2. Zugänge zum Unbewußten

dination und Gleichgewicht. Sie ist das *Überlebensbewußtsein*. Die ihr zugeordneten Funktionen bedürfen keines höheren (kortikalen) Bewußtseins.

Danach entwickelt sich der zweite Bereich des Gehirns bis zu einem Grad, der es dem Säugling ermöglicht, emotional zu reagieren und emotionale Bindungen einzugehen. Das ist die zweite Ebene des Bewußtseins. Dieser Teil des Gehirns speichert – im limbischen System – während der Kindheit emotionale Traumata und Reaktionen auf bestimmte Geschehnisse. In den ersten Lebensmonaten ist das Gehirn zum größten Teil mit inneren, viszeralen Reaktionen befaßt und treibt die Differenzierung von Muskelreaktionen wie die von Fingern, Zehen, Armen und Beinen voran. Die neuentwickelte zweite Ebene beschäftigt sich hingegen mit inneren emotionalen Vorgängen und setzt sie in *Beziehung zur Außenwelt*. Gesichtsausdruck, Gang, Körperhaltung und Lautbildung wirken auf diese Bewußtseinsschicht ein. Während die erste Bewußtseinsebene völlig nach innen gerichtet ist, nimmt das Individuum mit der zweiten eine Beziehung zur Außenwelt auf. Das Bewußtsein der ersten Ebene ist reines Körperbewußtsein. Die zweite Bewußtseinsebene hat hingegen mit der Beziehung zu anderen Menschen zu tun. Auch Vorstellungsvermögen und Kreativität sind Funktionen dieser Ebene. Sie stellen das Bilderreservoir der menschlichen Psyche dar. Diese Ebene ist das Verbindungsglied zwischen erster und dritter Ebene, sie fügt den Erfahrungen den emotionalen Gehalt hinzu.

Die Bilder haben auf der zweiten Ebene eine Klarheit, die nach einem Filterungsprozeß auf der dritten Ebene verlorengeht. Träumend und imaginierend kann man aber die Schärfe dieser Bilder wiedergewinnen.

Ein Mensch, der unter solchen Bedingungen bestimmte Kindheitserlebnisse wiederholt, sieht, riecht und hört alles so, als sei er wieder ein Kind. Und tatsächlich versetzt einen der Zugang zur zweiten Ebene buchstäblich und neurologisch in die Kindheit zurück.

Die dritte Ebene entwickelt sich als letzte. Sie ist das *integrierende Bewußtsein,* das dafür zuständig ist, Ereignisse auf der ersten und zweiten Ebene in Beziehung zu bringen. Sie rationalisiert, intellektualisiert und symbolisiert diese Geschehnisse. Sie ist das System des logischen Denkens, der Problemlösungen und des Speicherns von Fakten und Zahlen. Sie ist das »berechnende« System. Sie philosophiert, schafft mathematische Symbole und repariert Maschinen. Sie ist jener Teil, der versucht, der Welt einen Sinn abzugewinnen. Sie ist das zuletzt erlangte Bewußtsein, sowohl hinsichtlich der Gattungsgeschichte als auch der Entwicklung des Individuums.

Die dritte Ebene nimmt symbolisch wahr und reflektiert auftauchende Probleme mittels der Sprache. Sie hat Einsichten – ein Bewußtsein von Gefühlen und von Bewußtsein als solchem –; wogegen die zweite Ebene nur ein Gefühl von Bewußtsein hat.

Jedes höhere Gehirnzentrum, das sich jenseits des Kleinkindalters entwickelt, enthält partielle Aspekte der im tieferen Gehirn eingeprägten Erinnerungen. Tiefliegende Traumata finden derart schließlich symbolischen Ausdruck oder eine Repräsentation auf höchster Ebene.

Aufgrund der neuesten Erkenntnisse über die drei Bewußtseinsebenen begreifen wir allmählich, was Bewußtsein eigentlich ist, was mit dem Bewußtsein im Fall einer Neurose geschieht und welche Rolle es bei der Manifestierung der Neurose spielt. Ganz gleich wie sehr auch ein Mensch sich darum bemüht, sich bestimmte Schlüsselszenen aus seinem früheren Leben ins Gedächtnis zurückzurufen, er schafft den Zugang zu jenen Erlebnissen nur, wenn man ihn auf eine Ebene unterhalb des Intellekts führt. Gerade in diesem Bereich haben die Imaginationstechniken ihre Bedeutung.

In welchem Maß sich schon in der sogenannten pränatalen, also der vorgeburtlichen Phase die Wurzeln zu einer Neurose entwickeln können, mag das folgende Beispiel zeigen: Eine gesunde Siebzehnjährige hatte nach einer komplikationslosen Schwangerschaft einen offenbar völlig gesunden Jungen zur

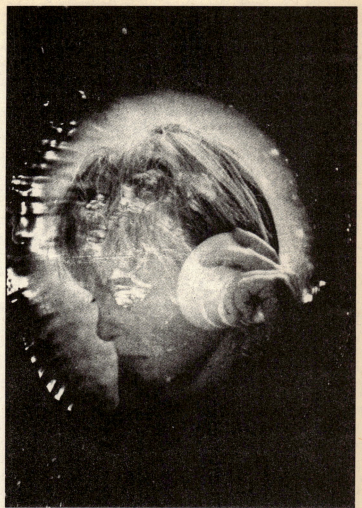

Menschliche Fehlentwicklung kann bereits im Mutterleib beginnen. Die Erwartungshaltung der Mütter, ihre Ängste, ihre Aggressionen übertragen sich ebenso auf das Ungeborene wie ihre Liebe und Fürsorge.

Welt gebracht. Während der ersten zwanzig Stunden nach der Geburt verlief alles normal, dann erbrach das Baby frisches Blut. Auch bei der zweiten Untersuchung machte das Kind einen natürlichen, gesunden Eindruck; nur das Erbrechen hörte nicht auf. Wenige Stunden später war das Kind tot. Die Ärzte standen vor einem Rätsel. Erst das Ergebnis der Obduktion brachte Klarheit und verblüffte die Mediziner: Das Neugeborene hatte an drei Magengeschwüren gelitten.

Normalerweise entwickeln sich Magengeschwüre nur bei Erwachsenen, wenn sie längere Zeit unter Angst und Anspannung stehen. Aber bei Säuglingen? War die Mutter etwa so starken psychischen Belastungen ausgesetzt gewesen, daß sich die Hormone, die Magengeschwüre verursachen, über die Plazenta auf das Kind übertragen hatten? Eine Rückfrage bei der Mutter bestätigte den Verdacht: Zwar war die Schwangerschaft körperlich ohne Schwierigkeiten verlaufen, doch psychisch war die junge Frau in dieser Zeit besonders starken Belastungen ausgesetzt gewesen. Die Eltern hatten die Schwangere gegen ihren Willen gezwungen, den Vater ihres Kindes – einen Alkoholiker – zu heiraten. Als er zunehmend gewalttätig wurde, zog sie zwar zu den Eltern zurück, doch auch hier war sie vor dem Mann nicht sicher. Kurz vor der Entbindung hatte er das Fenster ihres Zimmers mit einem Stein zertrümmert, so daß die Polizei geholt werden mußte.

Hier haben wir den Beweis dafür, daß die Sorgen und Nöte der Mutter sich schon im Mutterleib auf das Kind übertragen können. Wir werden noch im einzelnen auf dieses Problem an anderer Stelle eingehen. Jedenfalls ist heute bekannt, daß man bei einer tiefenpsychologisch angelegten Therapie die vorgeburtliche Zeit mit einbeziehen muß, um das Übel wirklich an der Wurzel zu packen. Dazu ist gerade die Imaginationstherapie gut geeignet, wie ich noch aufzeigen werde.

3. Das Funktionieren der Hirnhemisphären

All unsere Träume, alle Qualen und alles Elend unserer Kindheit existieren ständig in uns. Unsere *frühen Erlebnisse* hinterlassen tiefe Spuren. Das ist auch der Grund dafür, warum jemand, der auf eine ursprünglichere Bewußtseinsstufe geführt wird, hemmungslos weinen, lachen oder leiden kann.

Den Beweis für die gleichzeitige Wirksamkeit verschiedener Bewußtseinsebenen erbrachte der Neurochirurg WILDER PENFIELD, indem er bestimmte Hirnpartien seiner Patienten im Wachzustand mit einer Sonde reizte. Während der Patient eine frühere Szene wiedererlebte, unterhielt er sich gleichzeitig mit dem Arzt.

Man weiß schon lange, daß die beiden *Hemisphären des Gehirns* unterschiedliche Funktionen haben. Linke und rechte Hirnhemisphäre sind jeweils Sitz gänzlich entgegengesetzter Fähigkeiten. Die linke Hemisphäre »beherbergt« das analytische, rationale und logische Denken, wogegen intuitive und das Ganze erfassende seelische Vorgänge – also die mehr künstlerischen Fähigkeiten – ihren Ursprung in der rechten Hemisphäre haben. Es ist überflüssig zu sagen, daß beide Teile erforderlich sind, damit ein ganzes, normales, gesundes menschliches Wesen gegeben ist. Allerdings gibt es nur wenige Menschen, deren Wesen für ein Gleichgewicht von linker und rechter Hemisphäre spricht. In der Regel dominiert eine der beiden Hälften.

Gelegentlich hört man die Behauptung, das Bewußtsein sei in der linken, rationalen Hälfte des Gehirns lokalisiert und das Unbewußte in der rechten, intuitiven Hälfte. Dies trifft nicht zu. Die Sphären des Bewußtseins und des Unbewußten sind nicht anatomisch auf die rechte oder linke Seite verteilt. Jedenfalls gibt es Menschen mit vollentwickeltem Bewußtsein, die primär intuitiv und künstlerisch ausgerichtet sind, genau wie es den umgekehrten Fall gibt.

Nur wenige Menschen sind gleichermaßen rational und intuitiv strukturiert. In Indien und Tibet wird die linke

Körperseite die feminine Seite und die rechte die maskuline Seite genannt. Da die rechte Körperseite von der linken Gehirnhemisphäre, die linke Seite von der rechten gesteuert wird, kann man die linke Hemisphäre maskulin und die rechte feminin nennen. Die nichtdominante rechte Hirnhälfte kann keinen besonders differenzierten Gebrauch von der Sprache machen, aber sie kann emotional reagieren; sie kann fluchen und singen. Sie kann bildhaft träumen, aber sie braucht die dominante linke Hirnhälfte, um sich mittels der Sprache der Träume zu erinnern. Die rechte, kleinere Hemisphäre kann erröten, kichern, angewidert sein und zurückzucken, doch wenn sie von der linken Hauptseite getrennt wird, kann sie nicht genau sagen, warum sie das tut.

Jede Art von Gefühlserlebnis verändert die Hirnwellenamplituden mehr in der rechten als in der linken Hemisphäre. Ein Teil unseres Alltagsbewußtseins verschwindet, wenn wir einen Orgasmus haben, und ein Orgasmus – genau wie andere ekstatische Zustände – ist überwiegend eine Funktion der rechten Hirnhälfte. Vorstellungen und Ideen, wie etwa der Glaube an den Teufel, erweisen sich als Produkte des linken Hirns. Das rechte Hirn steht in enger Verbindung zur zweiten Bewußtseinsebene, das linke zur dritten.

KEN DYCHTWALD erzählt in seinem Buch *Körperbewußtsein* die folgende frappierende Geschichte: »Da ich nun ein neues Forschungsobjekt hatte, nahm ich eine Position direkt gegenüber der Frau ein und beobachtete genauestens, wie sie gestikulierte und ihren Gefühlen Ausdruck verlieh. Während sie so schimpfte und schrie, bemerkte ich etwas Seltsames. Es schien, als ob ihre aus Wut fließenden Tränen fast ausschließlich aus ihrem rechten Auge strömten. In der Annahme, daß etwas mit ihren Tränenkanälen nicht stimmt, glaubte ich ein falsches Objekt für meine Studie über das Weinen gefunden zu haben. Nach einer kurzen Phase des Weinens begann sie sehr traurig zu werden. Damit veränderten sich der Stil und der Rhythmus ihres Weinens ebenfalls von Wut auf Traurigkeit. Was dann geschah, versetzte mich in derartiges Staunen, daß ich fast aufgeschrien hätte. Als ihr Weinen und ihre Emotionen sich von hart nach weich veränderten, verlagerte sich auch die Haupttränenquelle von ihrem rechten auf das linke Auge. Es war, als ob die Tränen ihres rechten Auges im Falle von harten Wutanfällen strömten, wogegen ihr linkes Auge ein Tränenkanal für weiche, verwundbare Gefühle war.« Dychtwald hat noch viele andere Menschen beobachtet, und diese erste Beobachtung bestätigte sich immer wieder.

4. Die Angst und ihre Folgen

Angst wird im allgemeinen als Gefühl der Erregung, begleitet von Übelkeit oder Flauheit im Bauch, wahrgenommen, oft in Verbindung mit Herzklopfen. Diese Symptome sind die Manifestation von seelischem Schmerz im inneren Organsystem. Sie signalisieren, daß amorphe Angst vor unverbundenem Schmerz auf dem Weg ins Bewußtsein ist. Alle Systeme reagieren, um das zu verhindern.

Angst ist eine ursprünglichere Reaktion als Anspannung; sie tritt lange vor der Fähigkeit auf, durch ausreichende neurologische Kontrolle der Muskulatur neurotische Energie mit der Körperwand zu binden. Angst ist durch ein Gefühl der Besorgnis und des Grauens vor einem drohenden Verhängnis charakterisiert. Sie ist ein riesiger Schrecken, der normalerweise einen Durchbruch sehr früher, vorsprachlicher Urschmerzen mit sich bringt; Angst ist der Zustand, der dem Bewußtwerden von Schmerz vorausgeht. Sie ist kein spezifisches Leiden, sondern eher ein Signal des Zusammenbrechens der Abwehr.

Angst ist in erster Linie eine viszerale Reaktion, und das aus gutem Grund, denn sie ist der Hauptreaktionszustand unserer frühen und vorgeburtlichen Existenz. Uralte seelische Verletzungen (Traumata) werden, wenn daran gerührt wird, in Angstzuständen reflektiert. Viele glauben, daß Angst »eingebildete Furcht« sei. Doch in Wirklichkeit ist Angst die Furcht vor tiefvergrabener Vergangenheit. Angst läßt sich nicht von Furcht trennen – sie ist die sehr frühe Furcht, die ihren konkreten Anlaß vergessen hat. Nachdem hochgradig ängstliche Patienten ausreichend mit ihrer frühkindlichen Angst konfrontiert worden sind, sind sie im allgemeinen nicht mehr ängstlich.

Spannung ist den meisten von uns vertraut – leider meistens nur allzu vertraut. Im Gegensatz zur Angst wird Spannung im Muskelsystem und in der Körperwand empfunden. Häufig wird sie als Beklemmung in der Brust erlebt. Als Rücken- oder Halsschmerzen, als Steifheit der Finger oder Zehen, Zähneknirschen oder als verkrampfter Kiefer. Sie kann Folge des gleichen Urschmerzes sein, der Angst erzeugt. Bei flachem oder scharfem Atem ist die Spannung im Brustkorb lokalisiert. Man findet sie im Gesichtsausdruck, in der Haltung, dem Gehen, Augenzwinkern, Stirnrunzeln und so weiter. Auch jemand, der mit den Fingern oder Füßen klopft oder mit den Beinen wippt, drückt Spannung aus.

Spannung ist das Resultat des Zusammenstoßes unbewußter Schmerzen mit Verdrängungsenergien. Sie ist vor allem ein Zeichen dafür, daß die Verdrängung effektiv ist – daß das frühe Trauma in Schach gehalten wird. Spannung resultiert aus dem Gebrauch der Körperwand zur Bindung von Angst und zeigt an, daß eine höhere Entwicklungsebene am Werk ist.

Die *Schmerzenergie* kann auch gefiltert und durch Glaubenssysteme gebunden werden, sie schafft manchmal fanatische Glaubenssysteme, die neue Vorstellungen und Ideen nicht zulassen. Die Energie der Urschmerzen schafft nicht nur geistige Systeme, sondern sie durchdringt die inneren Organe des Körpers ebenso wie die Körperwand, die Muskulatur und die subtilsten seelischen Bilder. Glaubenssysteme absorbieren, was der Körper nicht in Form von Spannung binden kann, und repräsentieren die letzte evolutionäre Reaktion auf den tiefsitzenden Urschmerz. Neurotische Abwehrhaltungen sind Mechanismen zur Vermeidung von Gefühlen. Der Grund, warum wir bestimmte Formen der Abwehr im späteren Leben

4. Die Angst und ihre Folgen

neurotisch nennen, ist der, daß sie der externen Realität nicht mehr angemessen sind. Die primäre Abwehr ist die biologische Form der Verdrängung – das Ausschließen von Urschmerz aus dem Bewußtsein.

Sobald eine Verdrängung wirksam wird, setzt sie Myriaden von Reaktivitäten in Gang, die ARTHUR JANOV »Sekundärabwehren« nennt. Die Sekundärabwehr kann ein bestimmtes zur Gewohnheit gewordenes Aussehen sein – ein Gesichtsausdruck, eine Haltung, eine Art zu gehen oder sich zu bewegen, eine bestimmte Weise des Sprechens –, ein starkes Interesse an bestimmten Ideen oder Vorstellungen, ein völliges Aufgehen in der Arbeit, Zwangsvorstellungen in bezug auf sexuelle Leistungen, eine Gewohnheit wie etwa Rauchen und Trinken, eine unbewußt praktizierte falsche Ernährung, ein Vermeiden von Bewegung oder körperlicher Aktivität – sie kann einfach alles sein.

Gäbe es keinen verdrängten Schmerz, so würden wir einfach fühlen, was wir erleben. Offenheit gegenüber unseren eigenen Gefühlen wäre dann keine Bedrohung unserer seelischen Stabilität.

Ist die primäre Verdrängung unzulänglich, verstärkt sich die Sekundärabwehr. Sobald die Abwehrformen wanken, treten *neurotische Symptome* auf. Wenn man dagegen Drogen oder Tranquilizer verabreicht, um die Verdrängung zu forcieren, so lassen die Symptome und Abwehrreaktionen nach. Der betroffene Mensch kann wieder liebevoll sein, kann wieder lachen und sich für den Augenblick entspannen, weil die Verdrängung eine Verstärkung erfahren hat. Sobald die Medikamente jedoch wieder abgesetzt werden und der alte Urschmerz wieder aufwallt, leiden die Betreffenden erneut unter den alten Symptomen.

Ein Mensch, der auf allen Entwicklungsstufen Abwehrformen entwickelt hat, funktioniert gewöhnlich sehr gut. Er ist sich im allgemeinen seiner seelischen Schmerzen nicht bewußt und kann sich deshalb relativ problemlos mit den äußeren Belangen des Lebens beschäftigen. Er ist jedoch total gespalten; das eine Selbst gibt sich mit der Welt ab, das andere Selbst ist dagegen forwährend mit dem tief vergraben wühlenden Schmerz beschäftigt. Ein solcher Mensch ist nach außen orientiert, und das ist ein Teil seiner Abwehr.

Nur wenn äußere Umstände die Abwehr an ihrer Tätigkeit hindern, beginnt der Mensch zu leiden – wenn keine Möglichkeit zum Planen, Organisieren, Gegen-die-Welt-Aufbegehren oder was immer er normalerweise zu tun hat besteht. Andernfalls funktionieren seine Vorstellungen, Pläne, Rationalisierungen, Erklärungen und Einstellungen im Sinne einer Beruhigung des Schmerzes.

5. Vorgeburtliche und frühkindliche Erfahrungen

Die Psychologie der Gegensätze und ihrer Überwindung kann ohne Übertreibung als jenes Gebiet bezeichnet werden, das den Schweizer Psychologen CARL GUSTAV JUNG zeitlebens am intensivsten beschäftigte. Dem Problem der *Vereinigung der Gegensätze* widmete er besondere Untersuchungen. Ganz allgemein kann man sagen, daß der Mensch, der sich ausschließlich mit dem einen Pol eines Gegensatzpaares identifiziert und damit den Gegenpol ablehnt, verpönt, bekämpft, verdrängt und verneint, einer Spaltung verfällt, die eine Störung seines psychischen Gleichgewichts bedeutet. Kompensatorisch zu dieser einseitigen bewußten Einstellung manifestieren sich dann oft unbewußt gegensätzliche Tendenzen, und zwar in Träumen oder Fehlleistungen; gelegentlich melden sich diese verdrängten Inhalte so nachdrücklich, daß der Betroffene den Gegenpol doch noch zur Kenntnis nehmen muß.

Je nach Grad der Einseitigkeit treten auch Phänomene auf, die Jung unter dem Begriff des »vereinigenden Symbols« beschrieben hat. Um nicht der unheilvollen Spaltung gänzlich anheimzufallen, ist es Aufgabe des Individuums, derartige Gegensätze, wie zum Beispiel Gut und Böse, zu integrieren

5. Vorgeburtliche und frühkindliche Erfahrungen

und sie als natürliche Gegensätze, an denen es selbst teilhat, zu akzeptieren. Diese Vereinigung der Gegensätze im menschlichen Bewußtsein ist nach Jungs Auffassung gleichsam eine Heilung der durch den Erkenntnisakt entstandenen *Spaltung der Natur*. Sie ist ein Akt höherer Erkenntnis, der Voraussetzung seelischer Ganzheit und Gesundung ist.

An diesem Punkt setzen gerade jene Techniken der Imaginationstherapie an, die mit Hilfe der Tagträume nicht nur das Verhalten ändern, sondern gleichfalls mittels symbolischer Aufarbeitung abgespaltene Teile der Psyche wieder integrieren wollen.

Heute ist längst bekannt, daß der *Urschmerz und traumatische Urerlebnisse* schon vor der Geburt dem Individuum ihren Stempel aufdrücken können. Daher ist es wirklich von entscheidender Bedeutung, daß man für das Neugeborene eine warme, beruhigende, eine menschliche Umgebung bereithält; denn das Kind merkt sehr wohl, wie es geboren wird. Es spürt, ob es sanft, zart und liebevoll berührt wird und reagiert darauf. Ebenso nimmt es aber auch das grelle Licht wahr, das elektrische Piepsen und die kalte unpersönliche Atmosphäre, die so oft unnötigerweise die medizinische Entbindung begleiten; und es reagiert entsprechend darauf.

»Möglicherweise ist die wichtigste Zeit unseres Lebens die vor der Geburt«, schreibt die amerikanische Umweltpsychologin LENI SCHWARTZ in ihrem Buch *The World of the Unborn* (Die Welt des Ungeborenen). Da sie ihre eigene Geburt in einer LSD-Sitzung »noch einmal erlebt hat«, glaubt sie fest daran, daß »wir im Mutterleib schon wahrnehmende Wesen sind und unser Unbewußtes die Erinnerung aus dieser Zeit bewahrt und speichert«. Um ihre Hypothese zu stützen, zitiert sie Untersuchungen, die dem Fötus bereits Reaktionen auf Bewegung, Licht und Ton zuschreiben. Daraus zieht sie den Schluß, daß sich künftige Wahrnehmungsstrukturen und Neigungen bereits im Mutterleib bilden.

Auch die Ursachen einer ungünstigen *Mutter-Kind-Beziehung* sollen bereits in der Zeit vor der Geburt liegen. Viele forschende Ärzte sind der Überzeugung, daß der Fötus bereits vor der Geburt Angst, Frustration und andere schmerzliche Gefühle empfindet. Werden solche Gefühle verdrängt, entwickelt sich eine Neurose, die nur geheilt werden kann, wenn die Umstände der Geburt in der Psychotherapie noch einmal erlebt werden. Diese Ärzte haben auch herausgefunden, daß sich bei einigen Frauen in den letzten vier Monaten der Schwangerschaft der Embryo häufiger und heftiger bewegte, wenn die Mutter Angst oder ernsten Kummer hatte. Nach der Geburt waren solche Säuglinge dann reizbarer als andere Kinder der Untersuchungsreihe. Sie hatten größere Schwierigkeiten bei der Nahrungsaufnahme und häufigeren Stuhlgang.

Die Erkenntnisse der Imaginationstherapie stützen diese medizinischen Forschungsergebnisse. Die immer wiederkehrenden *Geburtserlebnisse* unserer Patienten haben mich zu der Überzeugung geführt, daß die Empfindungen der Mutter während der Schwangerschaft ihr Kind sowohl unmittelbar als auch langfristig beeinflussen. Sicherlich ist die Forschung auf diesem Gebiet noch nicht sehr weit vorgedrungen. Ich bin jedoch sicher, daß sich auf diesem Feld in Zukunft bahnbrechende Entwicklungen vollziehen werden. Für werdende Eltern ist die Frage, ob ein solcher Zusammenhang besteht, von elementarem Interesse. Ebenso grundlegend ist die Klärung dieser Problematik auch für die Diskussion um die Abtreibung und besonders für die Frage, wann das Leben des Menschen eigentlich beginnt. Dabei kann man nicht deutlich genug betonen, daß die Einflüsse, die in der pränatalen Phase auf uns einwirken, viel tiefere Spuren hinterlassen, als das später der Fall ist. Der Erwachsene und in geringerem Maß das Kind hatten Zeit genug, Abwehrmechanismen und Reaktionen zu entwickeln, mittels deren sie die Wirkung einer Erfahrung mildern oder abwenden können. Ein Ungeborenes ist dazu außerstande. Wenn es getroffen wird, dann direkt. Das ist der Grund, warum sich die Emotionen der Mutter so tief in die Psyche des Fötus eingraben und warum sie in seinem späteren Leben eine solche Rolle spielen.

6. Der Heilungsprozeß kraft innerer Bilder

Komplexe sind seelische Mächte, deren tiefste Natur auch heute noch nicht voll ergründet ist. Brechen läßt sich ihre Macht nur durch das nochmalige gefühlsmäßige Durchleben der sie verursachenden Ursituationen. Verdrängte und unbewußte Inhalte werden dabei bewußtgemacht, was häufig gegen große Widerstände auf seiten des Patienten geschieht. Hier kann die Symbolarbeit der Psychoimagination ebenfalls eine große Hilfe sein.

Ein rein intellektuelles Verständnis der Vorgeschichte genügt jedoch zur erfolgreichen Bearbeitung von Komplexen nicht. Nur das *emotionale Wiedererleben* befreit. Nur das konkrete Eintauchen in die verursachenden Ursituationen vermag die nötige energetische Umwälzung und Verwandlung zu bewirken. Ein Phänomen des Unbewußten kann nicht allein durch den Intellekt erfaßt werden. Wie ich bereits aufgezeigt habe, ist der Intellekt dabei höchstens im Wege. Als dritte Bewußtseinsstufe behindert er bei dieser »Arbeit« die zweite Stufe. Psychische Fehlentwicklungen können dem Intellekt bekannt sein und dennoch störend weiterwirken. Erst das nochmalige Durchleben der verursachenden Grundsituation(en) sowie ihr Verständnis ermöglichen die Integration der entsprechenden Gefühle und eine Stabilisierung der gestörten Psyche.

Jede Neurose stellt eine lebensgeschichtliche Entwicklung dar, in der die schon im Humanfeld verkümmerte, verborgene Identität sich immer wieder mißverstand, in Enttäuschungen, Leiden und Krisen scheiterte und sich immer wieder suchte. Für manchen Patienten ist charakteristisch das Grundgefühl seiner Austauschbarkeit, seines Mangels an Leidenschaft, an »Herz«, an Betroffenheit und Beteiligung: »Ich könnte ebensogut nicht dasein.« Immer bleibt er abständig, dem Du gegenüber wie einem Kollektiv, kann sich nie voll anvertrauen und rückhaltlos hingeben, immer fühlt er sich von einer Glaswand umgeben. Aber daß er an diesem Zustand leidet und der Leidensdruck so groß wird, daß er den Psychotherapeuten aufsucht, weist ja auf die schmerzliche Entzündung des Wahrheitsgewissens in seinem Unbewußten hin, die doch noch wache Identität, die zu ihrem Auftrag in der Welt heranreifen will – will und nicht will. Kein Heilungsgeschehen ohne Krisen.

Das Erlebnis von Angst, Verwirrung, Zweifel, Unsicherheit und Depression ist charakteristisch für die meisten Menschen, die einen *Prozeß des Wachstums und der Persönlichkeitsveränderung* mit Hilfe einer Therapie durchmachen. Während der Hilfesuchende unter diesen Manifestationen zu leiden hat, kann der Therapeut in ihnen hoffnungsvolle Anzeichen eines dringend notwendigen Prozesses der Persönlichkeitsumwandlung erkennen, der im Patienten stattfindet. Es sind völlig normale, notwendige Stadien im natürlichen Verlauf der Persönlichkeitsentfaltung durch Therapie. Depressionen und Unsicherheit nehmen nur dann pathologische Formen an, wenn ein Problem so überwältigend ist, daß man die unangenehmen Affekte nicht selbst durcharbeiten kann. Wenn wir unseren Patienten helfen, mit diesen Zuständen fertig zu werden, wird uns aufs neue klar, daß die Imaginationstherapie als Förderung natürlicher, dem psychischen Wachstum inhärenter Prozesse verstanden werden kann.

Die moderne psychosomatisch orientierte Medizin ist grundsätzlich der Auffassung, daß Symptome *Formen der Kommunikation* sind. Als solche sind Symptome häufig wichtige Anzeichen oder Hinweise auf Entwicklungsprobleme, die im Begriff sind, ins Bewußtsein zu treten. Was der Patient noch nicht in Form von kognitiven oder emotionalen Einsichten klar artikulieren kann, findet somatischen Ausdruck als körperliches Symptom. Der konventionelle psychoanalytische Zugang zu solchen Problemen ist die Förderung von »Einsicht«, damit die Sprache der Körpersymptome in kognitive und emotionale Erkenntnisse umgesetzt werden kann. Es stellt sich manchmal heraus, daß Patienten, wenn sie über ihre Probleme mit emotionaler Einsicht sprechen können, nicht mehr ihrer körperlichen Symptome bedürfen. Die Imaginationstherapien haben einen wichtigen Beitrag zur Evolution dieser grundlegenden Auffassung der psychosomatischen Medizin geleistet.

Die Therapeuten der Tagtraumtherapien haben Möglichkeiten entwickelt, wie symptomatisches Verhalten direkt auf einer unbewußten Ebene gelöst werden kann. Das heißt, die Symptome können beseitigt werden, indem man mit der Psychodynamik des Patienten dergestalt arbeitet, daß das intellektuelle Bewußtsein nicht weiß, warum das körperliche Symptom verschwindet. Darüber hinaus wird auch das entwicklungsbedingte Problem, das sich in dem Symptom äußerte, auf scheinbar spontane Weise aufgelöst. Die Kranken sind meist davon angenehm überrascht. Sie sagen, sie seien sich gar nicht bewußt gewesen, daß der Therapeut ihre sexuellen Probleme, ihre Erziehungsprobleme oder was auch immer bearbeite. Kommunikation auf zwei Ebenen ist unser Grundsatz bei der direkten Arbeit mit dem Unbewußten. Wir benutzen Worte mit vielen Nebenbedeutungen und Implikationen, so daß die bewußten Bezugsrahmen des Patienten auf einer Ebene Kommunikation empfangen, ihr Unbewußtes jedoch gleichzeitig andere in den Worten enthaltene Bedeutungsmuster verarbeitet.

Wie sehr innere Bilder auf den *Heilungsprozeß* einwirken, mag folgendes Beispiel zeigen: Eine fünfzigjährige Frau kam in die therapeutische Praxis und bat um Hilfe. Seit Jahren konnte sie nur noch mit Hilfe von starken Schlafmitteln schlafen. Zwei Schwerpunkte kamen bei dem Erstgespräch heraus. Sie spürte in sich einen unbändigen Haß gegenüber ihrem Freund, mit dem sie lebte, und sie hatte sporadisch auftretende Selbstmordängste. Heute lebt sie friedvoll mit ihrem Bekannten zusammen, und von den Selbstmordängsten ist ebenfalls nichts geblieben. Im Laufe der Therapie stellte sich heraus, daß sie von ihrer Mutter abgetrieben werden sollte. Dieses Erlebnis lebte unbewußt in der Frau weiter und führte zu den Selbstmordängsten. Die Frau, eine Ballettlehrerin, war ständig in

Bewegung. Sie verbrauchte tagsüber sehr viel Energie, mit dem Resultat, daß sie ständig unter starken Erschöpfungszuständen litt. Symbolisch betrachtet mußte sie ständig agieren, um sich unbewußt zu beweisen, daß sie lebte, lebendig war, daß die Abtreibung mißlungen sei. Bei ihrer Geburt hatte es erhebliche Schwierigkeiten gegeben. Ihre Geburt erlebte dann die Frau in mehreren Sitzungen noch einmal, und sie konnte dabei emotional den Knoten lösen, der sie ein Leben lang unbewußt ständig gezwungen hatte, sich in Aktivismen zu ergehen. Ich möchte die dramatische therapeutische Sitzung mit dem *Geburtserlebnis* hier einmal schildern:

»Ich sehe Wasser. Gleichzeitig sehe ich ein graues, plattes Insekt. Fruchtbare Erde ist da und eine Höhle. Sie ist sehr weit entfernt von mir.« Als die Patientin aufgefordert wurde, die Höhle zu betreten, wandelten sich die Bilder. Eine Höhle, besonders wenn sich in ihr eine Quelle befindet, war in alten Zeiten meist ein heiliger Ort. Sie war der Göttin der Natur geweiht und von Nymphen – weiblichen Naturgeistern – bewohnt. In den Märchen haftet Höhlen immer etwas Magisches an. Die Analogie zum weiblichen Uterus ist naheliegend; denn Höhlen sind in ihrem Innern dunkel, moosig und feucht. Als Imagination deutet die Höhle auf die Problematik des Urweiblichen hin.

Hören wir uns weiter das Sitzungsprotokoll an: »Ich empfinde die Höhle nicht als beengend. Ich sehe einen goldenen Kelch. Das Wasser unter meinen Füßen ist wie ein beweglicher Pfad, auf dem ich marschiere.« Wasser ist das Symbol der unbewußten psychischen Energie. In den mythischen Schöpfungsgeschichten hat das irdische Leben seinen Ursprung im Wasser der Meere. Dies verleiht dem Wasser als Symbol auch einen weiblich-mütterlichen Aspekt. »Die Höhlenwände sind erdig, mit einem intensiven Erdgeruch.« Auch die Erde ist ein mütterliches Symbol. »Ich sehe einen Ausgang, dahinter eine Mondlandschaft. Sie ist fast silberweiß. Auf dem Boden liegen silberweiße, zackige Steine. Die Mondlandschaft ist eine Art Isolierstation. Der andere, gegenüberliegende Ausgang ist

6. Der Heilungsprozeß kraft innerer Bilder

gelblich. Der führt ins Leben (!). Ich bin wieder auf dem Wasser (Fruchtwasser). Es breitet sich aus und wird zum Meer. Ich sehe einen Kreis.«

Der Kreis ist eine unendliche Linie und eine vollkommene geometrische Figur. Das erklärt seine Bedeutung als Ganzheitssymbol. Seit Urzeiten wird dem Kreis eine magische Wirkung zugeschrieben. Bereits die Steinzeitmenschen legten ihre Heiligtümer in Kreisform an. In den Mythen und Mär-

Eine Höhle, besonders wenn sich in ihr eine Quelle befindet, war in alten Zeiten meist ein heiliger Ort. Sie war der Göttin der Natur geweiht und von Nymphen – weiblichen Naturgeistern – bewohnt. Die Analogie zum weiblichen Uterus ist naheliegend, denn Höhlen sind in ihrem Innern dunkel, moosig und feucht.

chen hat der magische Kreis die Bedeutung eines Schutz- und Abwehrzaubers. Eine vergleichbare Symbolbedeutung hat der Kreis auch in der Imaginationstherapie. Alles, was sich in einem Kreis abspielt, hat eine besondere Bedeutung. Allgemein signalisiert das Unbewußte mit dem Kreis eine Konzentration psychischer Energie.

»Der Kreis wird zu einer künstlichen Sonne mit gelblichen Strahlen.« In den vorchristlichen Religionen der Mittelmeerwelt und Südamerikas war die Sonne der oberste Himmelsgott. Die Sonnenstrahlen symbolisieren den göttlichen Samen, dem die Erde ihre Fruchtbarkeit verdankt. Die Sonne ist eines der positivsten Symbole in der Imaginationstherapie. Sie versinnbildlicht stets produktive, schöpferische Energie, die geistige, künstlerische oder andere Bewußtseinsprozesse in Gang bringt.

»Ich spüre einen starken Sogeffekt. Die ganze Sonne ist von Wasser umgeben, außer oben. Das Wasser zieht mich hinein. Es ist auch in diesem Sonneninnenraum. Das ist wieder wie eine Art Universum. Das Wasser bestimmt vollkommen über mich. Ich weiß nicht, wo es hingeht, aber ich kann nichts entscheiden. Ich sehe in der Mitte eine Öffnung, und da zieht's mich hinein. Innen ist gelber Sand. Ich habe das Gefühl, durch eine Röhre gezogen zu werden. Das Wasser ist jetzt weg. Ich rutsche jetzt da sehr langsam hinunter. Es ist, als ob stecknadelgroße Menschen um mich herum sind. Keine Gesichter, einfach eine Masse. Jetzt sind sie wieder verschwunden. Es wird ziemlich dunkel. Jetzt wird es noch dunkler.

Ich bin unten angekommen. Auf einer verschlossenen Öffnung bin ich gelandet. Ich bohre mit dem Fuß hinein.« So wie der Fötus sich gegen den Uterus stemmt. »Ich habe wieder das blöde Gefühl des Ausgeliefertseins. Ich quäle mich durch die Öffnung und falle in die Schwärze, um mich herum zucken verschiedenfarbene Blitze. Ich kann nach wie vor nichts bestimmen. Jetzt habe ich das Gefühl, als ob sich die Energien zusammenziehen, sie bilden einen Schutz um die Füße. Es ist, als ob eine Kraft da ist, die mich auffängt. Ich kann nicht mehr

6. Der Heilungsprozeß kraft innerer Bilder

unterscheiden, ob ich falle oder stehen bleibe. Irgend etwas ist in Bewegung, irgend etwas will mich stärken, es geht ungefähr bis zur Körpermitte. Es ist, als ob der Befehl in der Luft läge, daß diese Energien nur so weit dürften. Ich muß obenherum frei bleiben. Etwas in mir möchte mich aus dem Schutzbereich herausziehen, aber diese Energie hält mich zurück. Zwei Kräfte in mir sind in Widerstreit. Ich habe Angst! Die Angst ist das Gefühl, daß zwei Kräfte an mir reißen, als ob sie (die Angst) mich auseinanderreißen will.«

An diesem Punkt wurde die Frau gebeten, einen Dialog mit den »Kräften« zu führen: »Die untere Energie sagt, die obere sei nicht negativ. Aber ich darf mich ihr nicht überlassen, weil ich ihr noch nicht gewachsen bin. Jetzt bildet sich in der Mitte mein Zentrum. Eine schwarze Kugel, die mich zusammenhält. Ich bin durch die Kugel mit der unteren Energie verbunden. Um meinen Kopf sind Schwingungen, die mich nicht mehr hochziehen können. Die Verbindung von der Kugel nach unten ist ungeheuer stabil.«

Wir müssen uns an dieser Stelle noch mit der schwarzen Kugel beschäftigen. Physikalisch gesehen ist Schwarz keine Farbe, sondern eine Nicht-Farbe. Denn ein schwarzer Körper strahlt weder Licht aus, noch reflektiert er dieses. In der Physik wie in der Imagination hat Schwarz die Bedeutung von Nicht-Licht. Es ist das *Signal für einen seelischen Stillstand*. So steht Schwarz auch für Trauer und Tod. In unserer Sitzung symbolisiert Schwarz Tod und Wiedergeburt. Diese Wiedergeburt verkörpert vor allem die Kugel. Die Kugel ist in der Realität der vollkommene geometrische Körper, sie hat nur eine endlose Seite, und die Entfernung aller Punkte zum Zentrum ist gleich. So ist die Kugel seit Urzeiten ein archetypisches Symbol der Vollständigkeit und Ganzheit. Die Erde, die Sonne, das Universum, aber auch das Atom haben in der menschlichen Vorstellung Kugelgestalt. Die Kugel hat – wie auch alle übrigen kugelförmigen Gebilde – in der Imagination stets einen positiven Informationsgehalt. Sie versinnbildlicht je nach dem Zusammenhang meistens eine psychische Dynamik in Richtung auf ein gemeinsames Zentrum. Unter dieser Dynamik versteht man ein Streben der Psyche nach einer *Vereinigung der Gegensätze* im Leben und der Herstellung des psychischen Gleichgewichts.

Es ist die natürlichste Sache der Welt, auf Schmerz zu reagieren. Wenn wir uns beispielsweise verbrannt haben oder gebissen worden sind, weinen, heulen, schreien wir, schütteln wir die verletzte Hand oder hüpfen herum. Diese natürlichen Reaktionen tragen dazu bei, die Energie des Schmerzes zu verbrauchen und sie schließlich zum Verschwinden zu bringen. Doch wenn *Urschmerz* im Übermaß auftritt und verdrängt wird, verbraucht sich die Energie nicht. Sie bleibt als konstante innere Kraft zurück. Statt sie einem Heilungsprozeß, der ein hochenergetischer Zustand ist, nutzbar zu machen, wird diese Energie umgeleitet und in Wege gelenkt, die das neurotische System fortwährend aktivieren. Der heilende Prozeß der Entspannung ereignet sich nicht. Die Heilungssequenz läuft nicht ab und die Wunde wird nicht geschlossen.

Neurologisch ausgedrückt heißt das, daß ein Übergewicht an Urschmerz durch den Thalamus von den heilenden Strukturen des Hypothalamus abgelenkt und auf das limbische System übertragen wird, um die Energie zu entschärfen und aufzuheizen. Das »Bewußtsein« muß sich jetzt mit einem Übermaß an Energie beschäftigen, das es mit Gedanken überspült hält. Der davon betroffene Mensch – sollte ihm bewußt sein, daß er davon betroffen ist – kann sich in eine psychotherapeutische Behandlung begeben und sich mit der Entwicklung neuer Einsichten in seine Neurose beschäftigen. Wichtig ist aber, daß die Emotionen, die das Trauma ausgelöst haben, wiedererlebt, wiedergefühlt werden. Nur dann kann Heilung wirklich stattfinden. Neurose ist kein abstraktes Konzept oder ein unklares psychologisches Problem. Sie ist eine wirkliche Wunde. Jede Wunde muß schmerzen, um zu heilen. Der Schmerz ist der tätige Heilungsprozeß. Je größer die Verletzungen, desto größer sind die Schmerzen, und desto kritischer und aufreibender ist der Heilungsprozeß.

6. Der Heilungsprozeß kraft innerer Bilder

Für unsere Ballettlehrerin hieß der Urschmerz: »Ich werde abgetrieben.« Aus diesem Erlebnis, dem Erlebnis der mißglückten Abtreibung, resultierte die Angst vor dem Geborenwerden. Die therapeutischen Sitzungen vor der hier geschilderten hatten sehr viel von diesem Schmerz geoffenbart. Es waren Symptome aufgetaucht, die diesen Schmerz für die Frau sehr bedrohlich werden ließen. In der hier geschilderten Sitzung steigerten sich diese Erscheinungen in einem solchen Ausmaß, daß sie zeitweise unter psychogenen Erstickungsanfällen litt. Es ist sehr einfach zu lesen, was in dieser Sitzung geschah; aber wenn man als Therapeut danebensitzt und den Schmerz selbst miterlebt, wenn man aus Körperhaltung und Gesichtsausdruck die riesengroße Angst fühlt und sieht, dann kann man ermessen, was diese Frau in jener Sitzung geleistet hat. Denn was da passierte, war nicht nur eine symbolische Wiederholung der eigenen Geburt, es war auch die Integration des abgespaltenen Teils der Psyche, der dieser Frau ein Leben lang Schwierigkeiten bereitet hatte.

Daß mit dieser Sitzung ein *Heilungsprozeß* in Gang gesetzt worden war, sollte die nächste Sitzung zeigen, die eine Woche später stattfand. Eines möchte ich noch betonen: Mit der Integration des abgespaltenen Teiles der Psyche hatte die Frau noch nicht ihr seelisches Gleichgewicht gewonnen. Es handelte sich in ihrem Fall nicht um eine Spontanheilung. Denn erstens hatte die Frau diese tiefen Bilderlebnisse erst nach etwa einem Jahr Therapie, und zweitens war die Therapie damit noch nicht abgeschlossen. Es hatte sich lediglich eine Tür geöffnet in Richtung auf einen Reifungsprozeß, der noch nicht abgeschlossen war. In der Psychotherapie gibt es keine Spontanheilungen. Heilen heißt reifen, und zum Reifen braucht der Mensch Zeit.

Ich möchte die wesentlichen Aussagen jener Folgesitzung an dieser Stelle wiedergeben, nämlich jene Äußerungen, die aufzeigen, daß sich im Unbewußten der Tanzlehrerin etwas verändert hatte: »Es ist eine Empfindung, als ruhe ich in mir selbst und spüre die ganze Außenwelt. Ich habe das Gefühl, als ob ich die Bilder beschwöre. Vor jedem Bild mache ich eine kurze Drehung. Als würde ich das Bild dirigieren. Das heißt, ich dirigiere. Ich werde nicht mehr dirigiert. Ich stehe wieder in der Mitte des Kreises, aber in einem anderen Zustand. Da ist eine Koppelung vom Kopf zum Bauch. Eine totale Unabhängigkeit von dem, was mich vorher festgehalten hat. Ich bin jetzt ein Individuum!«

Das *Urvertrauen* ist der Eckstein der gesunden Persönlichkeit. Solches Urvertrauen setzt die positive Erfahrung der Mutter voraus, selbst einmal bemuttert worden zu sein. Da dieses Gefühl aber vielen Menschen fehlt, ist es kein Wunder, wenn Neurosen wie eine Erbkrankheit von Generation zu Generation »... bis ins siebte Glied« weitergegeben werden. Nur wer an sich selbst arbeitet und die Konflikte in sich löst, hat die Chance, seinen Kindern ein Urvertrauen mit auf den Lebensweg zu geben.

2
Imagination als magischer Ort

1. *Hirnstromtätigkeit und Bewußtseinszustände*

Die innere Welt des menschlichen Unbewußten ist eine *Welt der Bilder,* und es scheint so, als ob das Unbewußte sehr häufig damit beschäftigt sei, solche Bilder zu produzieren und abzuwandeln. Es ist heute erwiesen, daß jeder Mensch jede Nacht eine Vielzahl von Träumen hat, obwohl er sich nur an einen Bruchteil von ihnen erinnert. Deshalb liegt der Schluß nahe, daß man auch am Tag träumen kann, ohne es bewußt zu erkennen. In der Umgangssprache werden die Worte »Tagtraum« oder »Wachtraum« häufig verwendet, um Phantasievorstellungen zu bezeichnen, die jedem Menschen bekannt sind. Sie kommen aus einer Grenzschicht zwischen bewußt und unbewußt und sind hier nicht gemeint.

Die echten Imaginationen steigen aus der Tiefe des Unbewußten herauf und sind ganz unabhängig vom Bewußtsein. Sie sind daran zu erkennen, daß ihre Bilder nicht abstrakt vorgestellt, sondern ganz real gesehen werden. So verstanden ist die Imagination nicht zu verwechseln mit der Phantasie, die ein bloßes Gedankenspiel ohne tiefere Begründung in der Natur ist.

Wer dem Menschen schöpferisches Vermögen zuerkennt, setzt Sinn und Gültigkeit seiner Schöpfung sowie die Möglichkeit eines Überschreitens der Grenzen der gegebenen Wirklichkeit und des Ich voraus. Der Bereich der schöpferischen Tätigkeit des Menschen ist seine innere Welt, die er erschafft, und aus ihr heraus erhalten seine Werke ihre Erscheinungsform und ihre Bedeutung.

Durch Innenschau werden wir uns dessen bewußt, was WILLIAM JAMES, der Vater der angewandten Psychologie, den Bewußtseinsstrom nannte, der ununterbrochen in uns fließt.

In der Praxis spielen sich die entscheidenden *Vorgänge zwischen Willen und Imagination* ab. Das erinnert an die Äußerung des französischen Apothekers und Psychotherapeuten EMILE COUÉ, daß bei einem Konflikt zwischen dem Willen und der Imagination immer die Imagination siegt. Jedes innere Bild hat in sich selbst eine vorwärtsdrängende Kraft. Oder: Vorstellungen und seelische Bilder tendieren dazu, die physischen Zustände und die äußeren Handlungen hervorzurufen, deren sie zu ihrer Verwirklichung bedürfen. In der Kommunikation zwischen Therapeut und Patient heißt das: Mit Hilfe eines Therapeuten kann eine Art Dramatisierung entworfen werden, in der sich der Patient in seiner inneren Bilderwelt als Handelnder sieht und verschiedene Rollen spielt. Wir werden das noch an anderer Stelle eingehend untersuchen.

Wer nun meint, das alles habe doch große Ähnlichkeit mit der Hypnosetherapie, sieht sich getäuscht. Das zeigt sich am Beispiel der beiden französischen Psychiater R. FRÉTIGNY und A. VIREL. Diese beiden Wissenschaftler stellten eine Untersuchung an, um die psychophysiologischen Begleiterscheinungen des therapeutischen Imaginationsprozesses besser zu verstehen. Sie berichten über eine Anzahl formaler experimenteller Untersuchungen hinsichtlich der meßbaren Reaktionen auf innere und äußere Stimulation, wobei die Versuchspersonen an einen Polygraphen angeschlossen waren. In neun Fällen führten sie therapeutische Sitzungen durch, während sie die physiologischen Reaktionen der Versuchspersonen aufzeichneten. Die Befunde waren äußerst aufschlußreich.

Im Verlaufe der Imaginationstherapiesitzungen gab es deutliche Anzeichen von Alphagehirnwellen-Rhythmen und eine stark modifizierte offene Reaktivität, die charakterisiert ist durch eine minimale Reaktion auf äußere Geräusche oder auf andere als durch die Stimme des Therapeuten ausgelöste Stimulationen. Es wurden keine Anzeichen für Schlafrhythmen gefunden, der Wachheitsgrad war generell ziemlich stabil auf Alphawellenniveau – ohne eine Spur der Wellenformen,

1. Hirnstromtätigkeit und Bewußtseinszustände

die gewöhnlich mit Somnolenz verbunden sind. Die Autoren behaupten, daß die elektrophysiologischen Charakteristika der fortschreitenden mentalen Imagination zwar jenen der Hypnose oder des von J. H. SCHULTZ entwickelten autogenen Trainings ähneln, daß aber der bewußte Imaginationsprozeß gänzlich anders verläuft, und zwar kommt es im Fall der Imagination zu einem wesentlich reichhaltigeren, farbigeren und deutlich spontaneren Phantasieprozeß; außerdem bleibt eine enge Beziehung zu dem Psychotherapeuten bestehen, an

Der Mensch träumt jede Nacht. Das menschliche Unbewußte ist eine Welt der Bilder.

der der Patient ziemlich aktiv teilhat – im Gegensatz zu seiner eher passiven Rolle im Hypnosezustand.

Ein Beispiel für den bisher in diesem neuen Forschungszweig erzielten Fortschritt ist die relativ gut abgesicherte Erkenntnis, daß Imagination und Wahrnehmung nichts anderes als Manifestationen eines ganz normalen Vorgangs im Gehirn sind und wahrscheinlich auch die üblichen Wege im Gehirn nehmen. Hypothesen dieser Art steigern die Bereitschaft, die imaginativen Aktivitäten ohne die für den Schulpsychologen früher typische Skepsis betrachten zu müssen. Dadurch wird die Imagination in einem höheren Maß zugänglich für präzisere experimentelle Untersuchungen in den verschiedensten Situationen, und es wird diesen unsichtbar ablaufenden Prozessen der letzte Hauch von Geheimnis genommen.

Die Fähigkeit der Imagination, physiologische Veränderungen hervorzubringen, wurde vor nicht langer Zeit in umfangreichen Versuchsreihen bewiesen. So registrierte man beispielsweise eine Veränderung der Pupillengröße bei Vorstellungen, die sowohl mittels abstrakter als auch konkreter Begriffe erzeugt wurden. Den Versuchspersonen wurden Schlüsselwörter genannt, die persönliche Bilder entstehen lassen. Dabei wurden der Herzschlag und der galvanische Hautwiderstand gemessen. Man bot den Versuchspersonen in diesem Fall erregende oder neutrale Wörter zur Bildvorgabe.

Die Herzfrequenz steigt deutlich an, sobald es zu erregenden Bildvorgaben kommt; dagegen zeigt der Herzschlag bei ruhigen Bildvorgaben eine entstressende Wirkung. Es gibt übrigens noch eine ganze Reihe weiterer Untersuchungen auf diesem Gebiet.

Nach vorsichtigen Schätzungen wurden über eine Million Meilen EEG-Aufzeichnungen* gemacht, seit HANS BERGER 1924 die winzigen oszillierenden Ströme entdeckte, die das menschliche Gehirn abgibt. Ehe wir nun das Gehirnwellen-

---

* EEG = Elektroenzephalogramm.

training behandeln, wollen wir einige Grundtatsachen über die verschiedenen *Gehirnrhythmen* erwähnen. Gehirnwellenmuster sind nicht sinnlich wahrnehmbar; das heißt, es gibt keine sinnlichen Prozesse, durch die man die Aktivität der Gehirnströme feststellen könnte. Wir spüren gespannte Muskeln, kalte Hände oder ein pochendes Herz; aber es gibt keine Möglichkeit, Gehirnwellen wahrzunehmen. Was wir empfinden oder kontrollieren, ist nicht die Gehirnwelle selbst, sondern ein Bewußtseinszustand.

Das ist der Weg, auf dem wir alle normalerweise unbewußten Prozesse kontrollieren. Obwohl wir zum Beispiel zwischen warmen und kalten Händen unterscheiden können, lernen wir, die Hände oder irgendeinen anderen Körperteil dadurch zu erwärmen, daß wir uns vorstellen, ein Gefühl der Wärme durchflute den Körperteil, in dem die Wärme gesteigert werden soll. Diese Kontrolle wird ermöglicht durch die Entwicklung innerer Empfindungen, die wir normalerweise nicht bemerken.

Wenn wir von Gehirnwellen sprechen, dann handelt es sich dabei um vier Haupttypen von Gehirnwellenmustern: Beta-, Alpha-, Theta- und Deltarhythmen. Die niedrigsten Frequenzen haben die *Deltawellen;* sie sind die längsten und langsamsten. Sie liegen etwa zwischen 0,5 und 4 Hertz. Ein Mensch, der in einer signifikanten Menge Deltarhythmen produziert, schläft im allgemeinen oder ist nicht bei Bewußtsein. Im nächsthöheren Frequenzzustand von 4 bis 8 Hertz liegen die *Thetarhythmen.* Sie erscheinen, wenn ein Mensch schläfrig wird. Die Anwesenheit von Thetarhythmen wird oft von hypnagogen Bildern begleitet. Das hypnagoge Bild kommt ins Bewußtsein, wenn ein Mensch einschläft. Es ist kein tagtraumähnliches Erlebnis, sondern eine Projektion von Impulsen aus unbewußten Quellen. Anders als in einem Tagtraum wird der Inhalt nicht bewußt verfolgt, sondern scheint plötzlich aus dem Nichts aufzutauchen.

Alpharhythmen von 8 bis 13 Hertz entsprechen einem wacheren Zustand als die Thetarhythmen. Obwohl die meisten untrainierten Menschen nicht fähig sind, während der Thetaphase ihr volles Bewußtsein aufrechtzuerhalten, bleibt praktisch jedermann während der Produktion von Alpharhythmen bei Bewußtsein. Alpharhythmen erscheinen im allgemeinen, wenn man die Augen schließt. Man schätzt, daß neunzig Prozent aller Menschen viele hundert Mal am Tag kurzfristig Alpharhythmen erzeugen, wenn sie für einige Sekunden die Augen schließen. Das gleiche gilt, wenn ihre Aufmerksamkeit auf ein inneres Bild oder einen Tagtraum gerichtet ist, selbst wenn sie dabei die Augen offen haben. Wenn man bemerkt, daß die Augen eines Menschen glasig werden, während man mit ihm spricht, kann man davon ausgehen, daß er gerade Alphawellen erzeugt und nicht mehr wahrnimmt, was man sagt, auch wenn er den Klang der Stimme noch hören mag.

Im Gegensatz dazu sind *Betarhythmen* im Frequenzbereich zwischen 13 und 26 Hertz gewöhnlich mit aktiver Aufmerksamkeit verbunden, die auf die Außenwelt, aber auch auf Denkprozesse gerichtet sein kann. Wir reagieren ja in der Tat nicht nur auf äußere Reize, sondern treten jeder neuen Situation mit bestimmten inneren Erwartungen gegenüber, die unsere Reaktionen beeinflussen. Unser Gedächtnis, unsere Phantasie, alles, was wir uns in unseren Selbstgesprächen sagen, macht unsere Begegnungen mit anderen Menschen und der unbelebten Welt erst wirklich reichhaltig.

Die Lebenskunst gebietet uns dabei, einen *Kurs zwischen zwei Extremen* zu steuern: den inneren und äußeren Reizen. Wir dürfen anderen Menschen gegenüber nicht unsensibel sein, ebensowenig aber auch uns selbst gegenüber. Bevor wir uns in einer bestimmten Weise verhalten, ist es oft richtig, auf die »innere Stimme« zu hören. Nun scheint es Menschen zu geben, die ihrer inneren Stimme nur wenig Aufmerksamkeit schenken und ihr Verhalten vorwiegend nach den äußeren Einflüssen, die auf sie eindringen, ausrichten. Dies wissen wir aus psychologischen Untersuchungen, zum Beispiel an Drogenabhängigen und sonstigen Suchtkranken. Ihnen scheint ihre menschliche und natürliche Umwelt ständig zu sagen: »Iß mich – trink mich – küß mich!« Und sie können einfach nicht widerstehen. Eine solche Überempfindlichkeit für äußere Reize kann zu ernsthaften Problemen führen.

2. Die Farbpunktentspannung

Um Alpha- und Thetagehirnwellen zu produzieren, benutzen wir in der Imaginationstherapie bestimmte Tranceinduktionen. Es gibt eine Reihe von Möglichkeiten, sich selbst und andere in einen Zustand herabgesetzten Bewußtseins zu versenken. Wir können sie hier nicht alle aufzeigen, es gibt genügend Literatur zu diesem Thema. Eine Methode möchte ich Ihnen aber vorstellen, die wir Farbpunktentspannung nennen. Dabei werden folgende *Suggestivformeln* dem Patienten vorgegeben:

»Nehmen Sie eine bequeme Haltung ein, schließen Sie die Augen und blicken Sie hinter geschlossenen Lidern leicht nach oben in Richtung Nasenwurzel. Atmen Sie nun tief durch die Nase ein und spüren Sie, während Sie langsam ausatmen, wie eine warme Welle der Entspannung von den Zehen bis zum Kopf durch Ihren Körper fließt.

○ *Rot:* Nun stellen Sie sich in einiger Entfernung einen roten Punkt vor. Ein helles, ein leuchtendrotes Licht. Beobachten Sie, wie das rote Licht immer größer wird und immer näher kommt.

Entspannen Sie dabei Ihre Zehen, die Füße, die Beine; jeder einzelne Muskel lockert sich. Fühlen Sie, wie diese Muskelpartien sich immer mehr lockern. Entspannen Sie auch jeden Muskel des Bauches.

Das rote Licht verblaßt jetzt und verschwindet in der Ferne.

○ *Orange:* Nun stellen Sie sich einen orangefarbenen Punkt vor. Sie erleben, wie das tiefe, satte Orange immer näher kommt und immer größer wird – vergleichbar dem Licht eines Scheinwerfers.

Entspannen Sie dabei den Bauch, alle inneren Organe im Bauch, den Oberkörper, lassen Sie Ihre Schultern und Arme fallen und entspannen Sie Ihr Herz. Fühlen Sie, wie das Herz weit und offen wird. Sie entspannen Ihre Lunge und das Zwerchfell. Fühlen Sie sich immer wieder in diese Entspannung hinein. Fühlen Sie, wie diese Körperpartien sich immer mehr entspannen.

Nun verblaßt das orangefarbene Licht wieder, es verwandelt sich in eine Wolke aus Licht, die sich allmählich auflöst.

○ *Gelb:* Es kommt ein gelber Lichtpunkt auf Sie zu. Er nähert sich wie das Licht eines fernen Autos und wird immer größer und heller. Sonnen Sie sich einen Moment in diesem goldgelben Lichtkreis.

Fühlen Sie sich dabei in Ihren Kopf hinein. Spüren Sie zunächst die Kopfhaut, stellen Sie sich vor, wie sich Ihre Kopfhaut total entspannt, wie jeder einzelne Muskel sich löst. Spüren Sie, wie der Entspannungszustand sich total ausbreitet. Fühlen Sie sich in Ihre Stirn hinein, spüren Sie Ihre Augenbrauen, stellen Sie sich vor, wie sich auch diese Partie total entspannt. Es folgt das Kinn, die ganze Mundpartie, das ganze Gesicht, auch die Augenpartie. Alles um die Augen wird locker und leicht. Lassen Sie das Gefühl der Entspannung von den Augen wie eine Welle durch den ganzen Körper gehen, bis zu den Fußspitzen.

Das gelbe Licht wird allmählich blasser und entgleitet schließlich.

○ *Grün:* Stellen Sie sich einen grünen Lichtpunkt vor. Einen klaren, smaragdfarbenen Lichtpunkt. Beobachten Sie, wie die Farbe immer intensiver wird und immer näher kommt. Entspannen Sie nun Ihren Geist. Versuchen Sie dabei nicht die Gedanken zu verdrängen. Lassen Sie diese kommen, aber hängen Sie ihnen nicht nach. Stellen Sie sich vor, sie kommen und gehen wie eine Wolke, die vorüberzieht.

Stellen Sie sich nun vor, wie dieser Lichtpunkt immer kleiner wird, sich von Ihnen zurückzieht, bis er ganz verschwindet.

2. Die Farbpunktentspannung

○ *Blau:* Stellen Sie sich nun einen Lichtpunkt von hellem, sanftem Blau vor. Beobachten Sie, wie das blaue Licht näherrückt, immer größer wird. Wie es Sie umkreist, bis es Sie völlig einkreist, bis es Sie völlig einhüllt. Spüren Sie jetzt, wie sich Ihr Geist immer mehr entspannt, wie Ihre Gedanken verwehen und Sie geistig immer ruhiger und ruhiger werden.
Das sanfte Blau hebt Sie sanft empor, es wird immer lichter und blasser, bis es wie eine Lichtwolke verschwindet.
○ *Lila:* Sehen Sie nun, wie eine lila Lichtwolke auf Sie zukommt, immer intensiver wird, Sie mit einem starken Gefühl von innerem Frieden umgibt.
Sehen Sie nun, wie der lila Lichtpunkt sich auflöst und nach oben verschwindet.
○ *Violett:* Als letztes sehen Sie einen Lichtpunkt in der Farbe violett. Sehen Sie, wie diese intensive Farbe näherkommt, Sie einhüllt in ein tiefes Gefühl von Frieden und Ruhe.
Geben Sie sich diesem Gefühl absoluter Stille hin . . .
Sie befinden sich jetzt auf einer Bewußtseinsebene, auf der alles Kreative, alles Positive geschieht. Wir gehen jetzt eine Bewußtseinsstufe tiefer, und ich helfe Ihnen, indem ich von zehn bis eins zähle. Sie können sich dabei vorstellen, Sie würden mit einem Aufzug in die Tiefe fahren und jede Ziffer bedeute ein Stockwerk.

10 – 9 – 8 – fühlen Sie, wie Sie immer tiefer fahren – 7 – 6 – 5 – es geht immer noch tiefer und tiefer – 4 – 3 – 2 – 1 – 0.«

Sie mögen sich fragen: Wozu ist eine Tranceinduktion notwendig, wenn ich, sobald ich die Augen schließe, ohnehin Bilder sehe?

Ein fundamentaler Aspekt der therapeutischen Trance (Entspannungszustand) ist die Herbeiführung von Umständen, die es gestatten, konstruktive psychische Prozesse als natürliche Vorgänge zu erleben, ohne daß der Patient eine Anstrengung unternimmt, sie voranzutreiben oder zu dirigieren. Im *Zustand der Entspannung*, der für die meisten Tranceerfahrungen typisch ist, ist es gerade die angenehme Erfahrung, nichts tun zu müssen im Sinne von aktivem Wollen und Handeln, welche die Tranceinduktion notwendig erscheinen läßt. In diesem entspannten Zustand, wenn das Unbewußte die Kontrolle übernimmt, fühlen sich die meisten Menschen wohl und wissen zugleich nicht, wie eigentlich das Unbewußte funktioniert. Nichtwissen und Nichttun sind synonym mit unbewußter oder autonomer Reaktionsbereitschaft, die die Quintessenz der Tranceerfahrungen darstellt.

Ich werde oft gefragt, warum wir farbige Punkte zur Einleitung der Entspannung verwenden. Wir machen das, weil Farben Gefühle vermitteln. »Wie bezeichnend ist die enorme Steigerung ... der Wahrnehmung der Farbe!« rief ALDOUS HUXLEY nach seinem Meskalinexperiment aus, das er in dem Buch *Die Pforten der Wahrnehmung* beschrieben hat. »Meskalin steigert alle Farben zu einer größeren Intensität und läßt den Betrachter unzählige feine Unterschiede erkennen, für die er normalerweise blind ist.« Ohne unter Drogeneinfluß gestanden zu haben, berichten Menschen mit Imaginationserfahrung von den gleichen Resultaten. Die Imaginationstherapie benutzt also die Farbentspannung, um die Menschen, die Hilfe bei ihr suchen, schon an der Pforte zu ihrem Inneren mit Hilfe von Farben zu sensibilisieren.

3. Die Macht der inneren Bilder

Es gilt das psychologische Gesetz, daß jedes innere Bild ein *vorwärtsdrängendes Element* hat, das zur Umsetzung in Handlung tendiert. Dieses Gesetz formulierte schon THÉODULE RIBOT Anfang des Jahrhunderts. Das bedeutet nichts anderes, als daß die Tagtraumbilder ständig in Aktion sind, ähnlich dem nächtlichen Traumgeschehen. Diese Tatsache wiederum machen sich die Therapeuten zunutze, die mit Imaginationstechniken arbeiten. Über die Aktion verändert sich die Symbolik, und durch diese Veränderung findet ein innerseelischer Prozeß statt. Mittels dieser Symboloperationen, über die ich an anderer Stelle noch genauer sprechen werde, wird bewirkt, daß alte negative und schmerzhafte Gefühle noch einmal durchlebt werden, so daß sie auf diese Art aufgearbeitet werden.

Da wir nun allmählich immer tiefer in die Techniken der Imaginationstherapien eindringen, möchte ich zuvor noch auf etwas sehr Wichtiges hinweisen. Der nichtsdestoweniger großen Wirksamkeit der Imaginationstherapien ist eine Grenze gesetzt. Sie liegt in der Tatsache des subjektiven Verhältnisses zwischen Therapeut und Patient. Psychotherapie ist im weiteren Sinn immer Teamarbeit zwischen zwei Menschen, die gemeinsam ein Ziel erreichen möchten. Erst das Zusammenwirken beider kann den Erfolg gewährleisten. Nicht umsonst hat mehr oder minder jeder Therapeut sein eigenes Verfahren, das von anderen Therapeuten in der Regel nur in abgewandelter Form eingesetzt wird. Die große Ausnahme macht diesbezüglich nur das *katathyme Bilderleben* nach Professor HANSCARL LEUNER. Alle Techniken, die sich mit Imagination auf einer tiefen Ebene befassen, setzen eine ganz außergewöhnliche Intuition und künstlerische Gestaltungsfähigkeit des Therapeuten voraus. Auch ist nicht jeder Patient in gleicher Weise fähig, tiefere Grade der Versenkung fruchtbar zu erleben. Das Entscheidende ist das von CARL ALFRED MEIER beschriebene *Problem des seelischen Kraftfeldes*, das für jede tiefenpsychologische Arbeit gültig ist. Schließlich gilt es von der Einstellung »Ich lebe!« zu der Einsicht zu gelangen: »Es lebt mich!«

Will der entwicklungsgestörte Mensch mit seinen intimen seelischen Problemen fertig werden, so müssen die Tiefenbilder, die die Probleme veranschaulichen, im Traum oder in der Imagination an die Oberfläche gebracht werden. Dies anzuregen ist die Kunst des Therapeuten, die man im magischen Sinne auch mit der »Kunst der Beschwörung« vergleichen kann. Ob es gelingt, die »Geister« zu beschwören, ist nicht mehr eigentlich eine Frage der Technik, sondern das ergibt sich aus der persönlichen Gesamtwirkung des Therapeuten auf den Patienten. Darüber sind sich alle auf diesem Gebiet tätigen kompetenten Fachleute einig.

Bei dem einen Therapeuten sieht der Patient nur banales Zeug, beim anderen erlebt er Tiefenbilder in solcher Klarheit und Schärfe, verbunden mit den entsprechenden Emotionen, daß ihm so wirklich neue Einsichten in seine Persönlichkeitsdefekte zuwachsen.

Die Psychotherapie ist in dieser Hinsicht eine Frage der Berufung und weniger der Technik allein. Wer von seiner Persönlichkeitsstruktur her ein Techniker ist, der sollte nicht gerade eine Form der Imaginationstherapie als Basis für sein Wirken und Schaffen wählen. Berufung ist Folge von Begabung und Formung. Jede große Psychotherapie ist einzigartig und unnachahmlich wie das Schaffen eines Künstlers. Dennoch und gerade deshalb können wir daraus lernen. Die Imaginationstherapie hat die Aussicht, einmal eine führende therapeutische Methode zu werden. Die Entwicklungstendenz zeigt, daß die ganze Methode sich auf einen Psychotherapeutenstil hinentwickelt, der dem der Priesterärzte früherer Zeiten sehr ähnlich ist.

Imaginationen wirken erst beim *passiven Geschehenlassen*. Wir haben immer wieder die Erfahrung machen können, daß angespanntes Wollen dem Bilderfluß entgegenwirkt. Dieses passive Verhalten ist für manche Patienten nicht ganz einfach. Ihr ganzes Leben lang haben sie die Dinge vom Verstand her kontrollieren wollen und müssen nun lernen, sich ganz passiv zu verhalten und nicht nur die Dinge, sondern gerade auch die Bilder auf sich zukommen zu lassen. Dabei sind es ja innere Ängste, die sie eine Kontrollfunktion des Bewußtseins haben errichten lassen. Der aktive Wille bewirkt sehr häufig das Gegenteil von dem, was ein Mensch erreichen möchte. Wenn Patienten in einer Biofeedbacktherapie beispielsweise versuchen, ihre Hände zu erwärmen, werden die Hände fast immer kühler. Wenn sie ihr Wollen dann aufgeben, werden die Hände in der Regel bald wärmer. Ein anderes Beispiel für aktives und passives Wollen ist das Einschlafen. Wer sich zum Einschlafen

3. Die Macht der inneren Bilder

zwingen will, der wird immer wacher, bis er schließlich erschöpft, aber hellwach ist. Mit Hilfe des passiven Wollens fühlt man aber sehr schnell, wie man immer müder wird und die unruhigen Gedanken immer mehr zurücktreten.

Die Paradoxie des passiven Willens muß man erlebt haben, um sie zu verstehen. Wenn man sie jedoch erlebt, scheint die Harmonie nach außen zu strahlen. Was wir also in der Imaginationstherapie machen, ist, den Patienten zunächst von einer erwartungsvollen Haltung abzubringen. Wenn wir ihm zuviel versprechen, versetzt er sich in eine angespannte Erwartungshaltung, und wir haben Mühe, ihn davon wieder zu befreien. Der Patient muß am eigenen Leib erfahren, daß es sich bei der Therapie um eine Teamarbeit handelt, daß hier ein *Reifungsprozeß* nachvollzogen wird, der seine Zeit braucht, und daß es vor allem wichtig ist, nicht schon aus einzelnen Therapiesitzungen einen Erfolg ableiten zu wollen. Imaginationstherapie läßt sich mit einem Puzzlespiel vergleichen, in dem einzelne (Seelen-)Teile ins Bewußtsein gebracht werden, um ganz allmählich in mühevoller Kleinarbeit ein Ganzheitsbild entstehen zu lassen.

Der Imaginationstherapeut hütet sich also davor, einem Patienten zuviel über diese Möglichkeiten zu sagen, um die Macht der Bilder eines Erwartungswiderstandes so gering wie möglich zu halten. Außerdem wollen wir zu großen Erwartungen oder übertriebenem Optimismus vorbeugen. Die meisten Menschen fürchten Veränderungen (selbst eine Veränderung zum Guten hin), wenn diese Veränderung bedeutet, daß man etwas Bekanntes aufgeben und gegen etwas Unbekanntes eintauschen muß. Dr. Claus Bick, ein bekannter Hypnosearzt, berichtete mir einmal von einer Patientin, die, nachdem sie ihre krankhaften Symptome mit Hilfe einer Hypnoanalyse verloren hatte, spontan ausrief: »Zwanzig Jahre lang hatte ich diese schreckliche Krankheit, jetzt ist sie weg. Was hab' ich jetzt noch?«

Dieser Ausspruch ist typisch für eine Psychotherapie, die dem Patienten nur die Symptome nehmen will. In einer

Tiefenpsychotherapie, die einen *Reifungsprozeß der Selbstfindung* zum Inhalt hat, erübrigt sich diese Frage. Denn in einem positiven Therapieprozeß gibt der Patient nicht etwas her, für das er nicht einen Gegenwert erhält. Es ist nicht das Ziel der Imaginationstherapie, einem Menschen etwas zu nehmen, sondern ihm durch Wandlung für etwas Altes etwas Neues zu geben.

4. Bilderdenken und abstraktes Denken

In verschiedenen Imaginationstherapien gelangen Reize oder Stimuli als Boten des Unbewußten in das Bewußtsein. Diese Reize sind häufig *Symbole,* die erst interpretiert werden müssen, damit der Patient sie überhaupt versteht. Kleine Kinder erleben ihre Welt in Bildern, und sie denken in Bildern. Wenn man spielende Kinder beobachtet, kann man sehr leicht feststellen, daß sie ihre Puppen, Teddybären und andere Stofftiere wie lebendige Wesen behandeln. Kleine Kinder leben in einer Welt der Bilder, sie kennen nur ihre konkrete Logik, und sie kennen kein abstraktes Denken.

Mit etwa neun Jahren beginnt das Kind zwischen Wörtern und den Dingen, die sie bezeichnen, zu unterscheiden. Die *Sprache* wird allmählich ein eigenständiges Medium – wenn es auch bis zum Abschluß dieses Weges noch eine weite Strecke ist. Die Trennung von Wort und Gegenstand ist der erste Schritt auf dem Weg zum formalen Denken.

Zwingen wir ein Kind vorzeitig zum *abstrakten Denken,* so zerstören wir die lebenswichtige Einheit von Ich und Welt. Das Schreiben und in geringerem Ausmaß auch das Lesen erfordern eine Trennung von Wort und Gegenstand. Es ist ein langer Weg zum abstrakten Denken. Und sehr viele Menschen finden daher als Erwachsene nicht mehr den Weg zurück zur inneren Bilderwelt. Sie sind »verkopft« und kommen weder an ihre inneren Bilder noch an die mit diesen verbundenen Gefühle heran.

4. Bilderdenken und abstraktes Denken

Der Matrixwechsel von Erde zum Selbst (der funktionellen Einheit von Geist, Gehirn und Körper) und vom Selbst zum Geist-Gehirn-System allein, der genetisch vorprogrammiert ist, erfordert aber eine solche *Trennung von Ich und Welt*. Diese Trennung ähnelt der körperlichen und seelischen Trennung von Säugling und Mutter, Ich und Urprozeß. Die Frage ist nur: Wann soll diese funktionelle Differenzierung eintreten? Nach dem biologischen Plan irgendwann im zehnten oder elften Jahr, wenn konkrete Verhaltens- und Empfindungsweisen in Umrissen klar dastehen und eingeübt worden sind. Eine vorzeitige Trennung hat ähnliche Folgen wie eine Frühgeburt: der körperliche und seelische Zusammenhang wird zerschlagen, und es entsteht ein Gefühl der Isolation und Verlassenheit, das wir mit dem Begriff Individualität wegzurationalisieren versuchen.

Bei den Imaginationstherapien betreten Reize, Stimuli, als Information das Bewußtsein. Diese Reize sind häufig symbolhafter Ausdruck, der erst im gesamten Bildablauf seinen Sinn erhält.

Die Kluft zwischen jener Zeit, da der Mensch in Bildern dachte, und der des abstrakten Denkens ist also notwendig. Nun ist es allerdings so, daß viele Menschen auch später noch eine Verbindung zwischen beiden Welten herstellen können. Wenn wir uns vor Augen halten, daß die meisten Wurzeln zu späteren Lebensschwierigkeiten in Kindern angelegt werden, die unter sieben Jahre alt sind, also in Kindern, die noch voll im Bilderdenken leben, dann ist es auch verständlich, warum viele Psychotherapeuten zu diesen Zentren nicht vorstoßen können, und zwar weil eben diese »gedachten Bilder« im Althirn gespeichert sind, zu dem es keine Verbindung über das abstrakte Denken gibt. Mit anderen Worten: Jede Psychotherapie, die über den Kopf abläuft, die das logisch abstrakte Denken benutzt, um an die Lebensschwierigkeiten eines Menschen heranzukommen, muß schon im Ansatz scheitern.

Und gerade in dieser Tatsache sind die Erfolge der Imaginationstherapie begründet, weil sie eben an die Informationen des Althirns herangeht und zugleich die Verbindung zu jenen Hirnteilen herstellt, in denen unser abstrakter Wortschatz gespeichert ist. Die Verbindung beider Techniken und die Bewußtwerdung der entsprechenden inneren Prozesse setzt einen Reifungsprozeß in Gang, der der Persönlichkeitsentwicklung des Patienten dient.

5. Die Auflösung der Widerstände

Nun gibt es aber Menschen, denen es kaum gelingt, Bilder aus den inneren Schichten ihres Unbewußten aufsteigen zu lassen. Wir sprechen in einem solchen Fall von *Bildvermeidungen*. Schauen wir uns einmal einige der verschiedenen Arten von Bildvermeidungen an:

1. Die Testperson sieht überhaupt keine Bilder. Dahinter steht eine bestimmte Angst vor Bildern, weil die Testperson fürchtet, daß sie von bizarren Bildern überschwemmt werden und die Kontrolle über sich verlieren könnte. In

einem solchen Fall müssen die angstbesetzten Vermeidungen erst mit anderen Therapieverfahren aufgearbeitet werden, um den Zugang zu den inneren »Bildschichten« freizulegen. Ein guter Anfang kann es in einem solchen Fall sein, die Nachtträume der Testperson mit Unterstützung des Therapeuten durchzuarbeiten.

2. Es gibt Patienten, die zwar Bilder sehen, aber eine innere Hemmung haben, über diese Bilder zu sprechen, sie in Wortassoziationen umzusetzen. Hintergrund einer solchen Vermeidung kann sein, daß der Patient befürchtet, klar denken zu müssen und über die dabei auftauchenden Assoziationen zu berichten. Der Therapeut wird in einem solchen Fall immer wieder behutsam den Patienten auffordern, die Bilder zu beschreiben, und um eine assoziative Deutung bitten. Hier geht es sehr stark um den sich entwickelnden Vertrauensprozeß zwischen Arzt und Patient.

3. Der Patient ist nicht imstande, lexikalische Darstellungen in Bilder umzusetzen. So kommt es zu Bildvermeidungen, weil der Patient die Gefühle fürchtet, die ihm beim Auftauchen der Bilder bewußt werden könnten. Der Therapeut wird dem Patienten in diesem Fall dabei behilflich sein, die Begriffe in ein Bild umzusetzen, indem er das passende Bild anbietet.

4. Vage, verschwommene Bilder können bedeuten, daß sich ein Problem anbietet, das der Patient nicht gern bewußt erleben möchte. Er fürchtet dieses fliehende Bild und wehrt sich unbewußt, es klarwerden zu lassen, ganz einfach weil er Angst hat, sich schlecht zu fühlen oder schlecht zu benehmen.

5. Bei Selbstbilddarstellungen verschwinden die Bilder urplötzlich. In einem solchen Fall hat der Patient Angst, in sich die Bedeutungen seiner gegenwärtigen Haltung Bild werden zu lassen. Dahinter steht die Angst, das daraus resultierende Selbstbild könnte nicht seinem Wunschbild entsprechen.

Bildvermeidungen in allen fünf Punkten können immer wieder auch bei jenen Patienten auftreten, die sonst klares Bildmaterial liefern. Eine spontan aufkommende Vermeidung weist dann darauf hin, daß sich in diesem Fall sogenannte Primärprozesse anbieten, die auf Abwehr stoßen, weil das Material unangenehme Emotionen mit sich bringen kann.

Zwischen dem Patienten und dem Therapeuten besteht eine *Absprache,* daß der Patient alles produzierte Bildmaterial, die begleitenden Gefühle und symptomatische körperliche Veränderungen dem Therapeuten bekanntgibt und dieser ihm dabei hilft, sich die Symbolik bewußtzumachen. Das hört sich ganz einfach an, ist aber häufig ein sehr schwieriges Unternehmen. Denn oft ist das Bildmaterial begleitet von Beklemmung, Beunruhigung und Ängsten auf seiten des Patienten, was sofort zur Bildvermeidung führen kann. Häufig zeigen sich Ängste in trivialen, kindischen und oft bizarren Bildern. Der Patient fühlt sich erniedrigt, beschämt und weigert sich, über diese Bilder zu sprechen. In einem solchen Fall wird der Therapeut seinen Patienten nicht drängen, sondern er gibt ihm Zeit, sich über das, was sich da in ihm abspielt, klarzuwerden. Es gibt bestimmte Bildausschnitte, angesichts deren sich eine Beklemmung steigern kann, selbst dann, wenn diese Ausschnitte harmlos erscheinen. Solche Bilder stellen sich häufig als angstbehaftete Bildträger von unverarbeiteten Vorstellungen und unterdrückten Impulsen heraus.

Das eben Gesagte zeigt deutlich, wie intuitiv ein Therapeut vorgehen muß, der dem in »Bildern« unerfahrenen Patienten wie ein Lotse durch die krisenhaften Bilder hindurchhelfen muß. Für den Therapeuten ist es nicht immer leicht, die auf seiten des Patienten auftretenden inneren Widerstände aufzulösen. Es gibt herausfordernde Imaginationen, die in offener Opposition dem Therapeuten trotzen, indem sie ihm zeigen, daß keine seiner Bemühungen den Widerstand umgehen kann. Gewisse Patienten wollen Schwindelbilder vortäuschen; sie fabrizieren Bilder. Das geschieht allerdings selten. Die Aufdeckung solcher »Falschbilder« ist schwierig und erfordert

5. Die Auflösung der Widerstände

eine jahrelange Erfahrung im Umgang mit Imaginationen. JOSEPH SHORR vom Institute for Psycho-Imagination-Therapy in Los Angeles, Kalifornien, hat eine *Liste von Widerstandsmustern* herausgegeben. Diese Liste enthält vor allem die Widerstände solcher Patienten, die sich bereitwillig auf die Bildersprache einlassen. Es handelt sich also um Widerstände von Personen, die gewöhnlich einen guten Bilderstrom haben:

1. Unberichtete Imaginationen: Falls bestimmte Bildsequenzen große Angstgefühle, Scham- und Schuldgefühle nach oben zu bringen drohen, kann der Patient sagen, er sehe Bilder, aber er habe Schwierigkeiten, sie jetzt zu enthüllen. Ermutigung durch den Therapeuten oder ein Wechsel zum Dialog kann diese Barriere brechen und schließlich dem Patienten erlauben, die Bilder preiszugeben.
2. Nebelige, umwölkte oder unordentliche Bildersprache: Dieses Symptom ist vor allem dann aufschlußreich, wenn es nur sporadisch auftritt. Bei Gefühlen wie Freude oder Ärger baut der Patient vielleicht einen Widerstand auf. Hier kommt es auf das Fingerspitzengefühl des Therapeuten an, diese Dinge in der richtigen Weise anzusprechen und abfließen zu lassen.
3. Comic-strips-Bilder: Falls solche Bilder gelegentlich auftreten, zeigt sich in ihnen ein Widerstand. Manchmal erkennt der Patient seine eigene Abwehr. Solche Bilder weiterlaufen zu lassen und nicht darauf einzugehen wäre falsch. Der Grund der Vermeidung und des Widerstandes muß untersucht werden. Zu diesem Zweck kann man den Bilderfluß stoppen, um den Patienten wieder an den Punkt der Vermeidung heranzuführen.
4. Distanzierung vom Therapeuten: Wenn Bildmaterial auftaucht, das gegen das Schamgefühl oder die ethischen Grundsätze des Patienten verstößt, dann distanzieren sich manche Patienten vom Therapeuten. Sie erleben ihn plötzlich als »weit weg«. Das kommt beispielsweise vor, wenn sexuelle Bilder auftauchen, die sehr aktiv erlebt werden. Dann wünschen sich manche Patienten den Therapeuten

möglichst weit weg, damit der an ihren inneren »Schweinereien« nicht teilhaben kann.
5. Die Unfähigkeit, sich das eigene Selbst vorzustellen. Beispielsweise haben manche Patienten große Schwierigkeiten, ihr Gesicht im Bild zu erkennen, andere sehen nur ihren Rücken. Es handelt sich dabei um Widerstände von Scham und Schuld. Ist das erst behoben, sind solche Patienten meist in der Lage, ihr Gesicht und die Vorderansicht ihres Körpers zu sehen.

Diese Liste ist natürlich nicht vollständig, zeigt sie doch nur wenige von vielen möglichen Widerständen an. Wir dürfen nicht vergessen, daß jeder Mensch eine einmalige Persönlichkeitsstruktur hat. Jeder reagiert auf seine Weise, und es obliegt dem Therapeuten, mit Feingefühl an die Widerstände heranzugehen.

Der Psychotherapeut HERMANN MAASS schreibt in seinem Buch *Der Therapeut in uns – Heilung durch aktive Imagination:* »Wie alle Produkte des Unbewußten, zum Beispiel die nächtlichen Träume, sind auch Imaginationen nicht ohne weiteres verständlich. Die *Bildersprache*, in der sich das Unbewußte ausdrückt, ist von unserem gewöhnlichen rationalen Denken so weit entfernt, daß sie wie eine Fremdsprache wirkt. In ihr gibt es weder eine uns voll durchschaubare Grammatik noch erkennbare, feste Regeln. Nicht einmal die Bedeutung der Standardfiguren steht fest. Schulmäßig lehrbar ist diese Sprache deshalb nicht. Trotzdem kann man sie lernen – allerdings nur durch eigene Erfahrung.

Vom therapeutischen Standpunkt aus gesehen ist das Verstehen als solches von relativ geringer Bedeutung. Der Patient hat Erlebnisse, die ihn beeindrucken und die sein Ich verändern, fast ohne daß er es selbst bemerkt. Wichtig ist das *Verstehen der Bilder* in erster Linie für den Therapeuten, damit er im Strom der Bilder, die er ja miterlebt, nicht die Orientierung verliert. Das Wissen um die Bedeutung der Vorgänge in der Imagination gibt ihm Sicherheit, und diese Sicherheit braucht der Patient, um den Gefahren begegnen zu können, in die er unvermeidlich gerät. Jeder Therapeut wird die Bilder in ein ihm vertrautes Denksystem einordnen, und niemand kann für sich in Anspruch nehmen, die ›objektiv‹ richtige Deutung zu kennen. Wichtig ist, Ordnung in das scheinbare Chaos zu bringen. Auf welche Weise das geschieht, scheint mir nicht wesentlich zu sein.«

Die Unfähigkeit, überhaupt Bilder zu sehen, kann auf krankhafte Prozesse oder mangelnde Übung zurückgehen. Überstarke Ich-Verbote stehen häufig im Wege. Systematisches Üben kann in letzterem Fall gelegentlich das Übel beseitigen. Es sind ja gerade solche Menschen, die sich ständig kontrollieren müssen, diejenigen, die keine Bilder sehen. Es gilt also die Kontrollfunktion zunächst einzudämmen; das kann nur auf Vertrauensbasis geschehen. Es ist nicht immer leicht, einen Zustand der *Leere des Bewußtseins* herzustellen. Kommt es bei vollkommener Ruhe nicht zu inneren Bildern, kann das an einer affektiven Blockade liegen: Der Ausbruch von Affekten (Verstimmung, Trauer, Zorn, Ärger usw.) blokkiert den Ausgang. Oft kann man diese Blockaden brechen, wenn man sich auf den hemmenden Affekt konzentriert und ihn auf diese Weise anreichert und verdeutlicht. Erst dann können die inneren Bilder, die mit der affektiven Stimmung zusammenhängen, auftauchen. Auch kann man sich auf eine Phantasie oder auf ein Traumbild erinnernd einstellen und so die Tätigkeit des Bildersehens anregen.

Eine gute Hilfe für die Produktion von inneren Bildern ist die Konzentration auf äußere Vorlagen.

6. *Der Wegbereiter der Imaginationstherapie*

Erste klinische Anwendungen des Phänomens aufsteigender Imaginationsinhalte finden sich bei ERNST KRETSCHMER, der die Imagination im hypnoiden Zustand als »Bildstreifen-Denken« bezeichnet hat. Er machte schon 1922 darauf aufmerksam, daß für das Bildstreifen-Denken die gleichen

Gesetzmäßigkeiten gelten wie für den Traum, die von Sigmund Freud um die Jahrhundertwende herausgearbeitet wurden. Mit dieser Erkenntnis war der Weg dafür geebnet, durch imaginative Bildvorstellungen dem Traum analoge psychische Struktur- und Prozeßmerkmale zu erfassen. Der »Königsweg zum Unbewußten« – Freuds *via regia* – über den Traum konnte nun auch über die Imagination beschritten werden. Forscher wie Carl Happich und N. Fredeking gehören ebenfalls in die Reihe der Schrittmacher der Imaginationstherapien.

Von allen europäischen Psychotherapeuten, die mit der Imagination arbeiteten, ist R. Desoille wohl der bedeutendste. Er war ein Pionier in der Entwicklung der neuen Methoden. Desoille begann damit, die Methoden des Arztes N. Caslant für die Erforschung einer Reihe bewußter und unbewußter Erfahrungen anzuwenden, geriet aber immer mehr auf das Gebiet der Psychotherapie und entwickelte die Technik des »Wachtraums«, wie er sie nannte. R. Desoille hatte keine formale Ausbildung in Psychiatrie oder Psychologie genossen, und seine anfänglichen Versuche und die Entwicklung seiner *Wachtraumtechnik* (le rêve éveillé dirigé) ängstigten offensichtlich einige der formal ausgebildeten Psychotherapeuten. Desoille wurde kritisiert, zum einen weil er Laien in seiner Technik ausbildete, zum anderen wegen seiner Neigung, seine wissenschaftlichen Vorläufer auf diesem Spezialgebiet zu ignorieren. Trotzdem dürfte er den Hauptanstoß zur Entwicklung der modernen imaginativen Techniken gegeben haben. Es ist von entscheidender Bedeutung, daß erst mit der Annahme von Desoilles Methoden durch namhafte Wissenschaftler der Weg für die systematische Erforschung und klinische Anwendung der verschiedenen Imaginationstechniken geebnet worden ist. In Frankreich waren es in erster Linie die beiden Wissenschaftler R. Frétigny und A. Virel, die diese Methode wissenschaftlich aufarbeiteten.

Bewußtseinspsychologisch betrachtet ist die Bezeichnung »Wachtraum« recht unglücklich gewählt. Es handelt sich hier

6. Der Wegbereiter der Imaginationstherapie

nämlich nicht um Zustände, die dem Traumbereich im eigentlichen Sinne zuzuordnen sind, sondern eben um Imaginationszustände, die mit dem Traum nur vom Inhalt her manche Aspekte gemein haben. R. Desoilles Methode basiert primär auf *aufsteigenden und absteigenden Imaginationsübungen.*

Er begründet seine Technik folgendermaßen: »Diese anregenden Bilder, bewundernswert in ihren Bewegungen längs einer vertikalen Achse, die absichtlich während eines Drittels der therapeutischen Sitzung beibehalten werden, haben auf diese Weise grundlegende latente Bewußtseinszustände von größtem Interesse bei den meisten meiner Patienten sichtbar werden lassen. Warum gerade die Verlagerung von unten nach oben oder von oben nach unten? Warum hat die Verlagerung immer sensorische und affektive Bilder in großer Menge hervorgerufen? Weil diese Verlagerung einen mächtigen Archetypus (Urbild) darstellt, an den ursprünglich die Vorstellung des Sonnenaufgangs, ihres Steigens am Himmel und ihres Untergangs geknüpft ist. Die Haltung des Menschen ist aufrecht, das Gehirn ist am Gipfel, im Kopf lokalisiert, und dort befinden sich alle edlen Funktionen: der lebende Mensch, der gesunde Mensch, der Sieger. Alle diese Haltungen symbolisieren »Aufrichtigkeit«. Im Gegensatz dazu der Besiegte, der Kranke, der Tote; sie haben alle eine liegende Position. Diesen Bildern assoziieren sich Tausende von Erinnerungen, die einen dynamogen, die anderen hemmend.«

Desoille führt weiter aus, daß alle erfolgreichen Aktionen uns sozusagen wachsen lassen, uns in die Höhe heben, und umgekehrt lassen alle Mißerfolgsgefühle uns in uns zusammenfallen, zusammenschrumpfen. Auf der einen Seite das anregende Bild, das uns aufrecht und aufrichtig erscheinen läßt, und auf der anderen Seite das Bild eines gebeugten, niedergedrückten Menschen. Diese Haltungen werden durch entsprechende Gefühle ausgelöst. Genauso ist es bei der Imagination. Auch da geben, je nach Auf- oder Abstieg, die begleitenden Gefühle und Bilder zu erkennen, an welchem Punkt eines inneren Prozesses wir stehen.

Daß diese Theorie nur bedingt richtig ist, werden wir in einem der folgenden Kapitel über das *katathyme Bilderleben* nach Professor HANSCARL LEUNER sehen. Denn auch zu Leuners Technik gehören Übungen, die mit einem Aufstieg verbunden sein können, zum Beispiel die Bergbesteigung. Jedoch sind diese aufsteigenden Bilder nicht immer positiv, noch enthalten sie in jedem Fall positive Gefühle. Wie ich noch zeigen werde, können sich gerade im Aufstieg dramatische, stark emotionale Szenen abspielen.

Das soll allerdings nicht heißen, daß R. DESOILLE sich generell geirrt habe. Er hat uns äußerst wertvolle Anregungen gegeben. Doch lassen sich, entgegen seiner Annahme, auch im Abstieg sehr stark stabilisierende Bilder erleben. Es gibt beispielsweise Patienten, die sich nach einem Abstieg in eine Höhle sehr wohl fühlen. Da Höhlen häufig Mutterleibserinnerungen symbolisieren, kann ein Mensch, der eine angenehme »Erinnerung« an seinen Aufenthalt im Mutterleib hat, sehr wohl in der Abstiegssituation positive Bilder und Gefühle erleben.

Die wichtigsten *Symbole des Aufstiegs* waren bei Desoille immer das Schwert und die Vase. Er ging dabei folgendermaßen vor: Zuerst wurde der Patient in einen Zustand innerer Ruhe versetzt, damit er sich ganz auf das Innenleben seiner Bilder konzentrieren konnte. Danach wurde ihm ein Ausgangsbild suggeriert, das uneingeschränkt die Billigung des Patienten haben mußte.

Dann wurde der Patient aufgefordert, über das suggerierte Bild so viele Details wie möglich zusammenzutragen: Formen, Farben und Gefühle, die das Bild auslöste. Desoille vertrat die Ansicht, daß man den Patienten auf diese Weise zu einer fruchtbaren Zusammenarbeit mit dem Therapeuten bewegen könne. Im nächsten Arbeitsschritt bat man den Patienten, das Bild in einen Hintergrund zu versetzen, der auf Anhieb die Vorstellung eines imaginären Raumes hervorruft. Das Ausgangsbild wurde beibehalten, während der Patient sich selbst in dem Raum sehen sollte. Wichtig war, daß er darauf achtete,

6. Der Wegbereiter der Imaginationstherapie

wie er sich bewegte. Wenn möglich, sollte er auf einen Ausgang, eine Tür oder ein Fenster zugehen, durch die er nach draußen gelangen konnte. Mit Hilfe derartiger Techniken vergrößerte sich der Raum. Desoille bat dann seinen Patienten, zuerst einer Straße zu folgen, dann einen Bergpfad zu ersteigen, um schließlich bis an die Wolken zu gelangen. Wenn der eine oder andere Patient Schwierigkeiten hatte, zu den Wolken hinaufzukommen, dann ermunterte ihn der Therapeut, sich auf den Flügeln eines mächtigen Vogels emporzuschwingen. Bei allen gerade genannten Bildern handelt es sich um Symbole des Aufstiegs.

Die Bewegungen im Raum waren also zuerst auf die Höhe hin orientiert. In späteren Sitzungen stand der Abstieg im Vordergrund. Die *Bildmotive des Abstiegs* sind Desoille zufolge Wegweiser in eine Märchen- und Fabelwelt. In dieser Welt werden nicht nur die alltäglichen Gefühle des Patienten symbolisch sichtbar, sondern es tauchen ebenfalls Empfindungen auf, die er bewußt noch nie gehabt hat. Aus eigener Erfahrung kann ich sagen, daß beides möglich ist. Man darf jedoch nicht vergessen, daß in den unbewußten seelischen Schichten eines Menschen ein großes Angst- und Aggressionspotential gespeichert sein kann. Und bevor ein Mensch fähig ist, in sich eine Welt der Harmonie entstehen zu lassen, ist eine Menge therapeutischer Arbeit zu leisten. Es sei denn, man gibt einem Patienten Bilder vor, die die »drohende« Innenwelt nicht berühren, sondern ihm eine heile Welt vorgaukeln, in der er jedoch nicht lebt. Wir werden im Zusammenhang mit der Beschäftigung mit dem katathymen Bilderleben noch sehen, wie sehr sich diese im Laufe jahrelanger Forschungsarbeit entwickelte Therapie von Desoilles Methode unterscheidet.

Allerdings gibt auch Desoille zu, daß der Aufstieg ebenfalls angsterfüllte Bilder mit sich bringen und der Abstieg ohne Angst verlaufen kann.

Desoille unterscheidet folgende *Bildtypen:*
○ die Bilder der realen Welt;
○ die Bilder der Fabel (oder des mythischen Aufstiegs; darin

kommen Feen, Engel, Erzengel, Gottvater, die Jungfrau Maria und andere Gestalten vor);
O die mystischen Bilder des Aufstiegs, die sich in Visionen lichtdurchfluteter Quellen, begleitet von Gefühlen der Freude, Liebe oder einfach von Gegenwart, verwandeln;
O die Bilder der Geschichte vom Abstieg, die Visionen einer Feuersbrunst, die nichts verbrennt, auslösen (in einer sehr großen Tiefe sind die Bilder der Seele nicht mehr furchterregend); diese Visionen geben dem Patienten ein Gefühl von kosmischer Stärke, an der er teilhat, ohne daß diese Stärke als gut oder böse erscheint.

Schauen wir uns nun eine *Fallbeschreibung* Desoilles an. Er berichtet von einer jungen Frau, Lise, die unter Verfolgungswahn litt und leicht zu beeindrucken war. Das Anfangssymbol für den Aufstieg bot sich förmlich an, nachdem Lise, »gehetzt von den Erinnerungen« an eine Vase aus Steingut, die sie auf einem Grab gefunden und mitgenommen, sich dann jedoch von ihr abgestoßen gefühlt hatte, in die Praxis kam. Lise war geplagt von Gewissensbissen. Sie hatte die Vase zurückgetragen, ohne den tieferen Sinn ihres Handelns zu erkennen. Sie litt gemeinsam mit ihrem Mann an einer »Krankheit der Einsamkeit«. Hier der schriftliche Bericht der Patientin: »Monsieur Desoille bittet mich, eine Vase zu sehen. Diese Vase ist von einem tiefen, intensiven Blau. Auf seine Bitte hin fülle ich sie mit wunderbaren Rosen. Ich gehe dann zu einem Fenster, durch das ich die Bäume eines wunderschönen französischen Gartens sehe. Gebeten von Monsieur Desoille, in diesen Garten hinunterzugehen, wandere ich durch die Alleen. Ein Mann erhebt sich von einer Bank. Er hat eine Zeitung in der Hand und scheint verschüchtert zu sein. Er spricht mich an, sagt mir, daß ich eine schöne Vase, schöne Blumen habe. Ich gebe ihm eine Rose, und er steckt sie an seine Jacke. Ich erkenne René, meinen Mann, wie er zärtlich mit mir spricht, genau wie in der ersten Zeit nach unserer Heirat.

Dann bittet mich Monsieur Desoille, einen Gebirgspfad zu suchen und den Aufstieg mit René zu wagen. Wir sind in einer

6. Der Wegbereiter der Imaginationstherapie

Stadt im Westen – und ich glaube, es ist Besançon, denn es gibt dort eine Festung. Wir steigen mühsam empor, und dort angekommen, scheint René nicht mehr zu wissen, was er mit der Rose machen soll. Er befestigt sie in einer der Schießscharten der Festung, so tief, wie sein Arm reicht. Ich habe immer noch die Vase mit den anderen Rosen. Aber die Rose, die René dort befestigt hat, wächst und wächst und wird phantastisch. Als Monsieur Desoille mich auffordert, eine Wolke zu rufen, damit sie uns emporhebe, streckt die Rose die Arme, die

R. Desoille benützte unter anderem die Bilder der Fabel oder der Mythologie des Aufstiegs.

Blätter nach uns aus. Sie löst sich von der Festung, öffnet sich dann riesengroß, und wir strecken uns in der Höhlung ihrer Blätter aus, das erscheint uns wie ein riesiges, weiches Bett.

In diesem Augenblick scheint sich mein Begleiter zu verändern. Ich bin überhaupt nicht mehr sicher, daß es mein Mann ist. Dieser neben mir ausgestreckte Mann sagt: ›Und das ist die Geschichte der Rose.‹ Er umarmt mich zärtlich, und die Rose schließt sich über uns. Wir steigen so eingewickelt hinauf. Mein Begleiter nimmt ein Blütenblatt, pustet es an und schickt es hoch hinauf. Das Blütenblatt steigt langsam, ganz langsam und wird klein, sehr klein. Ich höre eine Stimme sagen: ›Sie haben gewollt, daß die Rose lebendig ist; sie ist es, schauen Sie!‹

Ich blicke hinauf: auf der Schwelle dieses großen Himmels erscheint ein sehr großes Gesicht. Es scheint mir, daß ich es kenne, es ängstigt mich. Es bläst ein leichter Luftzug, der uns einwickelt, aber uns schwebend zwischen Himmel und Erde hält wie eine Schwebebahn.

Monsieur Desoille fragt mich dann, was aus der Vase geworden ist. Sie schwebt ratlos jetzt in unserer Nähe, die Rosen schweben auch ein bißchen. Das ›große Gesicht‹, das das in die Lüfte fortgeflogene Blütenblatt mit seinem ›großen Mund‹ aufgesogen hat, ruft jetzt die Vase, die um das Gesicht herumtänzelt und immer höher und höher fliegt. Monsieur Desoille, der uns bewegungslos in unserer Rose sieht, sagt uns, daß wir uns ebenfalls aufsaugen lassen sollen von dem Licht, das von oben kommt.

In der Rose liegend schweben wir nun in das Licht hinein. Wir sind leicht und ganz erfüllt von diesem von oben kommenden Licht, von ihm umhüllt. Der neben mir liegende Mann gleitet dann unter mich – Gesicht zum Himmel – und legt die Arme um mich, sein Gesicht ist für mich jetzt nicht mehr sichtbar, aber es spiegelt sich in einer Wolke über uns. Es lächelt mir durch diese Spiegelwolke zu – wie in meiner Jugend –, und ich erkenne das Lächeln von Jean Gabriel, der, von dessen Grab ich die Steinvase fortgenommen habe. Aber das riesige Gesicht, immer über uns, betrachtet uns, und das ängstigt mich.

Ich glaube, daß das jetzt das Gesicht meines Mannes ist, der mich von oben beobachtet. Er bläst Luft durch den Mund, um zu verhindern, daß wir hinaufsteigen, er hat das Blütenblatt, das fortgeflogen ist, aufgesaugt. Jetzt läßt dieser Mund einen roten, seltsam transparenten und leuchtenden Schein entweichen. Auf die Bitte von Monsieur Desoille hin versuche ich, das Innere des Mundes zu sehen: ich sehe einen ganz roten Saal, gleichermaßen durchsichtig und leuchtend, mein Mann sitzt im Innern seines eigenen Mundes, leuchtende und rote Mädchen sind neben ihm ausgestreckt und sehen aus wie indische Tänzerinnen; ich glaube, daß das die Rosen sind, die noch in der Vase waren, die in die Höhen fortgeflogen und in diesen Mund eingetreten sind und die sich in rote Frauen verwandelt haben. Wir gehen auch in diesen großen, leichtgeöffneten Mund, Jean Gabriel und ich. Wir bieten meinem Mann, der Herr und Meister geworden ist, Geschenke an. Ich gebe ihm eine mit einer rubinfarbenen Flüssigkeit gefüllte Schale, und Jean Gabriel hält ihm seinen Mantel hin, der rot gefüttert ist.

Auf die Frage von Monsieur Desoille: ›Welches Gefühl ruft dieser Mantel hervor?‹ antworte ich, daß Jean Gabriel Tänzer war, daß er im ›Feuervogel‹ von Igor Strawinsky getanzt hat, und er gibt meinem Mann die Liebe, deren Feuerquelle er gewesen ist. Danach bittet mich Monsieur Desoille wieder abzusteigen.«

Diese Imaginationsübung zeigt deutlich die Aspekte einer inneren Versöhnung und eines *inneren Ausgleichs*. Lise hatte eine alte Liebe in sich begraben, aber scheinbar handelte es sich um eine »lebendige Leiche«, die noch in ihrem Innern wirksam war. Mit Hilfe dieser Übung konnte ein Ausgleich stattfinden. Unzufriedenheit mit dem eigenen Ehemann taucht auf, der immerzu liest. Das zeigt sich im Bild des Mannes im Garten, der Zeitung liest. Verschlossen und wie eine Festung ist der

Ehemann darüber hinaus, und das wird in der Imagination durch die Festung symbolisiert. Die Imagination verweist auf einen tiefer sitzenden Konflikt zwischen der Liebe zu dem Ehemann und dem früheren Freund. Die beiden Themen des Aufstiegs – das Schwert und die Vase – klären uns über die Vorstellung, die sich Patienten von sich selbst machen, auf. Diese Motive beziehen sich hauptsächlich auf die Gegenwart und die Zukunft. Einfluß der Umwelt und innere Konflikte zeigen sich in ihnen ebenfalls.

Die Bildmotive des Abstiegs setzen den Akzent hauptsächlich auf die Schwierigkeiten und Hindernisse, auf die der einzelne im Laufe seines Lebens gestoßen ist. Es sind die unbewußten und die vergessenen Hindernisse, die schwere und ernste Hemmungen hervorgerufen haben. R. Desoille zufolge erhellen diese Bildsequenzen auch die instinktiven, schlecht nachprüfbaren Reaktionen, die die Patienten beim Erleben der Schwierigkeiten und Hindernisse empfunden haben mögen. Wenn der Aufstieg häufig von unterstützenden Bildern im Raum begleitet ist, so verlangt der Abstieg in die Tiefe dagegen oft – um vom Patienten akzeptiert zu werden – Darstellungen von Schutz. Desoille vertrat die Ansicht, daß solche vom Psychotherapeuten suggerierten Darstellungen vom Patienten selbst übernommen werden können. Der Patient schöpft derart aus jener Quelle seine kreativen Imaginationen, und später, wenn der Patient die Bedeutung dieser Bilder verstanden hat, werden sie in die reale Wirklichkeit des Patienten integriert sein, so daß sie günstige Reaktionen in furchterregenden Situationen hervorrufen.

In der Desoilles Wachtraumtherapie sind die Symbole des Abstiegs folgende: Zauberstab, Zauberschwert als Schutz – Krake – Meduse – Drachen – Zauberer.

Abschließend läßt sich über Desoilles Arbeit sagen, daß vieles, was er uns gezeigt hat, auch heute noch Gültigkeit besitzt. Manches ist inzwischen von namhaften Wissenschaftlern weiterentwickelt und in neue Formen und Techniken integriert worden. Die Symbolik, deren sich Desoille bediente,

6. Der Wegbereiter der Imaginationstherapie

unterschied sich in mancherlei Hinsicht von derjenigen C. G. JUNGS. Darum bin ich nicht näher auf seine spezielle Symbolsprache eingegangen. Es wäre verwirrend, wenn wir im Rahmen der Imaginationstherapie verschiedene Symboldeutungen zugrunde legten. Darum liegt diesem Buch nur die von C. G. Jung praktizierte Symboldeutung zugrunde.

3
Die Heilkraft der Symbole

1. Das Märchen als Spiegel innerseelischer Vorgänge

Die Welt, in der sich die eigentliche Imaginationshandlung abspielt, ist derjenigen des Märchens häufig ähnlich. In ihr sind wunderbare Erscheinungen wie sprechende Tiere, Hexen, Zwerge und Verwandlungen der mitwirkenden Gestalten selbstverständlich. Die Gesetze von Raum und Zeit verlieren ihre Gültigkeit.

Man könnte die Sphäre, in der sich Märchen und Imaginationen abspielen, im Gegensatz zu unserer »profanen Welt« als *magisches Reich* bezeichnen. Dieses magische Reich ist oft in geheimnisvollen Regionen angesiedelt; die Orte sind der Himmel, die Erde, der Wald, der See, das Meer, die ferne Insel, der Mond, der Berg, die Höhle. GERARDUS VAN DER LEEUW hat diese magischen Gefilde zusammenfassend als »Land der Seele« bezeichnet und sie folgendermaßen charakterisiert: Jener Ort ist im Bewußtsein des primitiven Menschen ein unwegsames einsames »Jenseits«, das sich widersinnigerweise zugleich unmittelbar neben den »Wohnungen« – den Innenräumen – des Menschen befindet. Im symbolischen Erlebnis von Tod und Wiedergeburt kann es gleichzeitig der graue Ort der Toten und ebenso der Paradiesgarten sein, der »Garten der Götter«.

In Märchenhandlungen und Imaginationsinhalten haben sich diese Eigentümlichkeiten des »Landes der Seele« erhalten. Das magische Reich, das der Imaginierende betritt, sein *Unbewußtes,* hat alle oben erwähnten Eigenschaften und Aspekte. Auffallenderweise findet sich innerhalb des imaginierten Bildes fast immer ein konstruiertes (meist geometrisch aufgeteiltes) Zentrum: eine Burg oder ein Schloß, ein viereckiges Haus oder ein See mit einem Berg oder einer Insel in seiner Mitte. In

1. Das Märchen als Spiegel innerseelischer Vorgänge

diesem Zentrum ereignet sich meistens der wesentliche Vorgang der Imagination. Alle diese Bilder und Bildaspekte nennen wir Symbole. Das bedeutet: Unser Unbewußtes drückt sich symbolhaft aus; unsere Konflikte, unsere Ängste, unsere Hemmnisse zeigen sich nicht in ihrem wahren Antlitz, sondern verbergen sich in Symbolen.

Um diese Symbole, um unsere eigene Innenwelt besser verstehen zu lernen, wenden wir uns zunächst den Märchen zu, die strukturell mehr Gemeinsamkeiten aufweisen, als gemeinhin angenommen wird. Wie für OTTO RANK, so ist auch für C. G. JUNG und seine Schule das Märchen keineswegs ein bloßer Ableger von Schlaf-, Wach- oder Ekstaseträumen, sondern es hat mit diesen Phänomenen den Quellgrund gemeinsam: es ist ein bildhafter Ausdruck von Vorgängen im menschlichen Unbewußten oder zwischen Bewußtem und Unbewußtem. Die Jungianer bestreiten nicht, daß sich im Märchen auch zwischenmenschliche Beziehungen spiegeln, glauben jedoch die Faszinationskraft der Märchen rühre im wesentlichen daher, daß sie primäre – oder wenigstens neben anderen auch – innerseelische Prozesse zum Ausdruck bringen und einen Lösungsentwurf der Kollektivphantasie für eine bestimmte menschliche Grundproblematik anbieten. Während für SIGMUND FREUD die Traumdeutung der »Königsweg« zum individuellen Unbewußten war, so sehen die Jungianer in der Interpretation von Märchen und Mythen einen Weg zur Erschließung des kollektiven Unbewußten.

Wegen dieses Aspektes sind Märchen so hilfreich für Kinder. Sie helfen ihnen über schwierige Wandlungsphasen wie Trennungsangst, Schuleintritt und andere Schwierigkeiten hinweg. Sie fördern die Ich-Stärkung, deren viele Kinder so sehr bedürfen. Man kann davon ausgehen, daß Märchen den Kindern eine ungeheure *Projektionshilfe* bieten. Seelische Konflikte werden von Kindern auf Puppen, Stofftiere und anderes Spielzeug projiziert. Da sich nicht alle Spannungen im spontanen Spiel abbauen lassen, sind gerade in schwierigen Übergangsphasen Märchen so hilfreich. Märchen bieten dem

Die Welt, in der sich die eigentliche Imaginationshandlung abspielt, ist der des Märchens häufig sehr ähnlich. Immer wieder wandelt sich das Bild in Zeit

und Raum, immer wieder sind neue, phantastische Kombinationen möglich. Oder es tauchen Elemente auf, die zum Bild nicht zu passen scheinen.

Kind die Möglichkeit, innerseelische Konflikte auf die Märchenfiguren zu übertragen. Gute Feen, weise Männer und hilfreiche, sprechende Tiere stehen dem Kind unterstützend zur Seite.

Praktizierende Psychiater und Psychotherapeuten verwenden das Märchen auch zur *Diagnose*. Das Lieblingsmärchen eines Menschen gibt Aufschluß über seine seelische Struktur. Wer beispielsweise »Hans im Glück« als sein Lieblingsmärchen angibt, scheut wahrscheinlich Bindungen und strebt eher rückwärts als vorwärts. Nicht nur Kinder, auch erwachsene Patienten werden beim Erzählen oder Spielen von Märchen aktiver und kontaktfähiger. Schüchterne Patienten verlieren ihre Hemmungen sehr schnell, wenn sie Tiere darzustellen haben. Psychotherapeuten, die mit Märchen arbeiten, erleben immer wieder, daß gestörte Menschen über tieferliegende Probleme nur im Anschluß an die Märchentherapie zu sprechen vermögen. So sind Märchen besonders geeignet zur Behandlung von Pubertätskrisen, Neurosen und leichterer Schizophrenie.

Es mag sich die Frage aufwerfen, warum wir in einem Buch über Imagination so ausführlich auf das Märchen eingehen. Die Imagination drückt sich in seltsamen, oft auch mythischen Bildern aus; sie holt aus dem Schatzhaus der Psyche ungewöhnliche, vielfach numinos geladene Gebilde und Gestalten herauf, für deren Verständnis es angezeigt ist, auf die Welt der kollektiven Bilder zurückzugreifen, wie sie in Sagen und Märchen, in Mythen und Dichtungen oder in kultur- oder religionsgeschichtlichen Symbolen der Menschheitsgeschichte enthalten sind, auf jene Vorstellungswelt, in der Drachen und Schlangen, Hort und Höhlen, Bäume und Blüten, Götter und Dämonen ihre Heimat haben und in unvergänglichen Sinnbildern zu uns sprechen.

2. Die Bedeutung des Märchens für das Kind

Viele »aufgeklärte« Menschen fragen sich, warum eigentlich von Müttern, Großmüttern und anderen Bezugspersonen den Kindern Märchen erzählt werden, in denen so viele Greueltaten vorkommen. Da werden Kinder, besonders Waisenkinder, von ihren Pflegeeltern gepeinigt, ausgesetzt und verstoßen oder sogar ermordet. Bei der Geburt eines Mädchens droht der Vater seinen zwölf Söhnen den Tod an. Da werden Kinder von einer Hexe gefangen und gemästet, um später gegessen zu werden. Ein Knabe wird von seiner Mutter bestialisch geschlachtet und seinem Vater zum Mahl vorgesetzt. Solche Vorgänge lassen sich bei den Gebrüdern Grimm und anderen Märchenerzählern nachlesen.

Trotzdem werden derartige Märchen immer wieder erzählt, und es gibt nicht wenige Pädagogen, die solche Greuelgeschichten verbannt wissen möchten. Trotzdem werden diese Märchen fast zwanghaft immer wieder aufgetischt, als bereite es den Erzählenden eine geradezu sadistische Freude. CHARLOTTE BÜHLER sieht in diesem Vorgang allerdings ein archetypisches Geschehen: »Wir möchten glauben, daß nicht nur Kinder, sondern auch die Erzählerinnen, die den Kleinsten bereits vom Wolf, der das Rotkäppchen ›verführt‹ und verschlingt, berichten, dem alten Erzählstoff unbewußt ein unerschütterliches Vertrauen schenken. Ihre Bereitschaft, das Märchenverlangen der Kinder noch und noch zu stillen, gründet anscheinend in einem geheimen inneren Wissen um die Notwendigkeit auch der grausigsten Bestandteile im Märchengeschehen.«

In den Märchen stecken *archetypische Symbole*, also urbildliche Sinnbilder, und ihre eigentliche Wirkung üben die Märchen in den tieferen Schichten der Seele aus, nämlich dort, wo die Ängste und Konflikte der Kinder beheimatet sind. Aufgrund der Möglichkeit, solche Ängste und Konflikte in das Märchengeschehen hineinzuprojizieren, können diese »inneren Blockaden« gelöst werden.

CHARLOTTE BÜHLER und JOSEPHINE BILZ berichten von einem Kleinkind, das durch die Geschichte vom Rotkäppchen und dem Wolf zunächst in große Schwierigkeiten geriet, sich dann aber doch dem bösen Wolf stellte: »Das zweieinhalbjährige, in der ersten Trotzphase stehende Mädchen ist ein empfindliches, lebhaftes Kind. Eines Tages erhielt es ein Bild als Geschenk beim Einkauf. Rotkäppchen und der Wolf waren zu sehen, und zwar die Szene, wo der Wolf, mit Nachthemd und Nachthaube der Großmutter angetan, das heranstürmende Rotkäppchen erwartet. Die Kleine, die das Märchen nur kannte bis zu der Begegnung von Wolf und Rotkäppchen im Wald, wollte nun wissen, warum der Wolf im Bett liege.

Das bekannte Zwiegespräch zwischen Wolf und Rotkäppchen hörte sich das Kind mit großer Aufmerksamkeit an. Schätzungsweise ein dutzendmal mußte der Dialog zwischen Rotkäppchen und dem Wolf hergesagt werden. In den folgenden Nächten schlief das Kind unruhig, es erwachte und äußerte Angst vor dem bösen Wolf. Man konnte dem Kind nicht anders und wohl auch nicht besser helfen, als daß man das Bild hervorsuchte, den Wolf herausschnitt und verbrannte. Nun war das Kind in den Nächten wieder ruhiger, tagsüber aber fragte es öfter noch interessiert nach dem Wolf. Immer wieder wurde ihm bedeutet, daß der böse Wolf verbrannt sei und daß es überhaupt keine Wölfe gebe, nur ganz weit weg in Rußland. Einige Wochen nach diesem Vorfall wollte der Vater des Kindes mit der Kleinen einen Ausflug in den nahegelegenen Wald unternehmen. Die besorgte Mutter sagte dem Kind, als es für den Spaziergang gerüstet wurde: ›Jetzt gehst du mit dem Papa in den Wald zu den Häslein.‹ Die Kleine zog strahlend ab. Noch auf der Treppe traf ein älterer Hausbewohner die beiden Ausflügler. Er fragte im Vorbeigehen die Kleine, wohin sie denn gehen wolle. Zur größten Überraschung antwortete das Kind, und zwar sehr bestimmt und ohne Zögern: ›In den Wald zum 'Ußlandwolf!‹ Nicht die harmlosen Häslein, sondern das kinderfressende Ungeheuer, dessen Bild verbrannt worden war, bildete den Anziehungspunkt. Selbst dieses sensible

Das Kind im Auge Gottes. Eine Imagination, die der Photograph Peter Raba graphisch darstellte. Sie zeigt, wie tief religiös innere Bilder erlebt werden können.

Die Bergbesteigung weist immer auf eine Vaterproblematik hin. In der Imagination bedeutet das ebenfalls Probleme mit dem inneren Gottesbild.
Die Berge waren zu allen Zeiten die Heimat der Götter.

Manchmal treten die Bilder sehr verschwommen auf. Derartig vernebelte Bilder weisen immer auf innere Widerstände hin.

Imaginationen mit Rosen führen in den meisten Fällen zu den inneren Konflikten. Der Autor hat daraus eine spezielle Therapieform entwickelt.

Kind, das wegen der Wolfsgeschichte Nacht für Nacht in Angst geraten war, wünschte sich aus eigener Initiative heraus eine Begegnung mit dem Rußlandwolf. Es zeigt damit eine Bereitschaft, sich dem zu fürchtenden Übermächtigen zu stellen.«

Dieses Kind mußte doch wohl über Kräfte verfügen, die die Auseinandersetzung mit dem angsterregenden, aber faszinierenden Wolf geradezu suchten. Die vorsichtige Mutter sagt: »Du gehst zu den Häslein!«; das Kind aber will zum Wolf. Nicht die drolligen, aber ungefährlichen Häslein regen seine Phantasie an, sondern der böse Wolf, dem es sich zu stellen gilt.

Ganz offensichtlich bedürfen Kinder, um seelisch zu reifen, der Schreckensgestalten der Märchenwelt. Diese Funktion kann keine noch so wohlmeinende falsche Fürsorglichkeit ersetzen. Man könnte sagen, der eigenwillige Wunsch des Kindes, den schon verbrannten Wolf wieder neu zu beleben, bezeuge, daß der Wolf notwendig zu einer Szene des kindlichen Seelendramas gehöre. Die Rolle, die das geheime Textbuch des Lebens für den fälligen Auftritt im Gesamtspiel vorsieht, läßt sich anscheinend nicht ausschießlich mit Hilfe gutmütiger Pflanzenfresser erlernen.

3. Das Symbol als Abbild seelischer Energie

CARL GUSTAV JUNG definierte das *Symbol* unter anderem als »Wesen und Abbild psychischer Energie«. Das Wort Symbol (symbolon), das aus dem griechischen Verbum *symballein* = »zusammenwerfen« gebildet wurde, mußte sich die verschiedenartigsten Definitionen und Deutungen gefallen lassen. Alle Interpreten sind sich aber darin einig, daß der Begriff etwas bezeichnet, hinter dessen gegenständlichem, sichtbarem Sinn noch eine unsichtbare, tiefere Bedeutung verborgen liegt. »Symbole sind«, so versichert JOLANDE JACOBI, »Gleichnisse des Unvergänglichen in Erscheinungsformen der Vergänglichkeit; beides ist in ihnen ›zusammengeworfen‹ miteinander zur Sinneinheit verschmolzen. Das Symbol erweckt Ahnung, die Sprache kann nur erklären ... Bis in die geheimsten Tiefen der Seele treibt das Symbol seine Oberfläche.«

Nur dem Symbol gelingt es, das Verschiedene zu einem einheitlichen Gesamteindruck zu verbinden. Worte machen das Unendliche endlich, Symbole führen den Geist über die Grenzen des Endlichen, Werdenden hinaus in das Reich der unendlichen, seienden Welt. Sie erregen Ahnungen, sind Zeichen des Unsagbaren und unerschöpflich wie das Numinose. Das Symbol ist ein Mittler zwischen dem Unbewußten und dem Bewußten. C. G. Jung sagt: »Lebendig ist ein Symbol aber nur dann, wenn es ein best- und höchstmöglicher Ausdruck des Geahnten und noch nicht Gewußten auch für den Betrachtenden ist. Unter diesen Umständen hat es lebensfördernde und lebenerzeugende Wirkung.«

Der *Individuationsprozeß*, der seelische Entwicklungsweg des einzelnen Menschen, dauert von der Geburt bis zum Tod. Aufgabe der ersten Lebenshälfte ist die Bearbeitung und Bewußtmachung der Probleme des sogenannten »Schattens« und somit die Stärkung des Ich. Die Angst vor dem Leben und den Forderungen nach Anpassung an die Umwelt und die Tendenz, sich in seine Phantasien zurückzuziehen und ein Kind zu bleiben, haben – besonders bei jungen Introvertierten – schon manchen Individuationsprozeß aufgehalten. Gelingt es jedoch, die tiefen unbewußten Bereiche anzuregen und ihre Schätze, zum Beispiel den in Träumen und Imaginationen erlebbaren Symbolreichtum, fruchtbar zu machen, so kann dadurch die seelische Entwicklung mächtig gefördert werden. Welch große Bedeutung den Symbolen im Verlauf des Individuationsprozesses, auch in seiner ersten Hälfte zukommt, hat man bislang unterschätzt.

Ich bin mir bewußt, daß meine Erläuterungen zum *kollektiven Unbewußten,* seinen Figuren und Symbolen nur das herausgreifen können, was wichtig ist, und daß auch andere Betrachtungsweisen möglich sind. So gibt es unterschiedliche

Symbolinterpretationen der Freudschen und der Jungschen Schulen. R. Desoille sah manches wiederum noch anders als beispielsweise C. G. Jung. Um der Einheitlichkeit der Deutung willen habe ich mich in diesem Werk vornehmlich an die Symbolinterpretation der Jungschen Schule gehalten. Das auch deshalb, weil ich mich in meiner praktischen Arbeit nach ihr voll und ganz ausrichte. Vor allem habe ich auf allzu umfangreiche Deutungsversuche verzichtet und mich auf das unbedingt Notwendige beschränkt. Ein Buch würde auch nicht ausreichen, um die Bedeutung der Symbole für das Seelenleben auszuloten. Trotzdem habe ich den Versuch unternommen, am Schluß dieses Buches ein Symbollexikon einzubauen, das nicht mehr sein kann und soll als eine Hilfestellung für alle Leser, die sich – als Therapeuten oder Privatinteressenten – für die Symboldeutung interessieren.

4. Die Gestalten des Unbewußten und ihre Bedeutung

Der bereits zitierte Autor Hermann Maass kam aufgrund seiner langjährigen Praxis zu folgenden Schlüssen: »Nach meiner Erfahrung führt jede längere Imaginationsserie zum Aufbau einer relativ feststehenden inneren Struktur. Es scheint eine der Aufgaben der Imagination zu sein, eine in jeweils unterschiedlicher Weise deformierte Struktur – in der sich die individuelle Problematik abbildet – so lange umzubauen, bis eine Form erreicht ist, die man als ›normal‹ bezeichnen kann.

Zur Benennung der verschiedenen Figuren benutze ich die von C. G. Jung angegebenen Bezeichnungen. Das imaginierende Ich ist identisch mit dem Bewußtsein. Neben ihm steht eine zahlenmäßig nicht festgelegte Gruppe gleichgeschlechtlicher und ungefähr gleichaltriger Personen, die ›Schattenfiguren‹. Sie repräsentieren psychische Funktionen, die mehr oder weniger unbewußt, aber bewußtseinsfähig sind. Dazu kommt beim Mann noch eine weibliche Figur, die ›Anima‹, die seine Gefühlseite und seine Beziehungsfähigkeit repräsentiert. Bei der Frau gibt es in der Regel mehrere männliche Figuren, die ihre Geistseite repräsentieren und die Jung als ›Animus‹ bezeichnet.

Diese relativ wenigen um das Ich gescharten Figuren bilden den Kern der Persönlichkeit, ihre individuellen Seite ab. Diese Beschreibung der personifizierten Funktionen des Unbewußten ist allerdings eine Vereinfachung, die nur die vordergründige Bedeutung der Figuren berücksichtigt. Der ›Schatten‹ und mehr noch ›Anima‹ oder ›Animus‹ können Hintergrundaspekte aufweisen, die in ungeahnte Tiefen hinabreichen.

Häufig steht neben diesen Figuren noch eine kollektive Größe, etwa die Bevölkerung eines Dorfes oder einer Stadt. Dieser andere Pol hat nichts mit dem umfassenderen ›kollektiven Unbewußten‹ zu tun, sondern mit der konkreten kollektiven Umwelt, der ›Gesellschaft‹. Der Mensch ist nicht nur ein einmaliges Individuum, sondern auch ein soziales Wesen, und in der Beziehung zwischen dem Individuum und den verschiedenen Gruppen, denen es angehört, drückt sich sein Verhältnis zu dem gesellschaftlichen Umfeld aus, in dem es lebt.

Zum kollektiven Unbewußten gehören alle Figuren, die eine allgemeingültige überpersönliche Bedeutung haben, also die meisten Märchenfiguren wie Könige, Prinzen, Feen, Hexen, Zwerge und andere mehr, ebenso Götter und Dämonen. Daß solche Figuren stets auch eine ganz persönliche, vom Imaginierenden abhängige Prägung besitzen, ändert nichts an ihrer kollektiven Grundbedeutung.

Von besonderer Wichtigkeit sind meist die *Elternbilder* und ihr archetypischer Hintergrund. Ein stabiles und zuverlässiges Elternbild scheint für die innere Sicherheit notwendig zu sein, und gerade hier liegt häufig ein Problem. Wenn die Eltern ihre natürlichen Aufgaben nicht angemessen erfüllt haben – aus welchem Grund auch immer –, so können magische Hintergrundfiguren vorübergehend an ihre Stelle treten, um bestimmte Entwicklungsprobleme sichtbar und lösbar zu machen. Dafür kommen in Frage: König und Königin, Hexe

4. Die Gestalten des Unbewußten und ihre Bedeutung

und Zauberer, Götter und Göttinnen und andere archetypische Gestalten mehr.

Die realen Eltern kommen in der Imagination nur selten vor. Es ist nicht zu bestreiten, daß die Eltern durch ihre Handlungen, mehr noch durch ihre eigene Persönlichkeit und innere Problematik, den Reifungsprozeß ihrer Kinder erheblich beeinflussen und eventuell stören können. Solche Einflüsse tragen zur Aktivierung bestimmter Inhalte des kollektiven Unbewußten bei, und die damit zusammenhängenden Bilder erscheinen in den Imaginationsinhalten. Den Zusammenhang zwischen den auftauchenden Bildern und den wirklichen Eltern zu suchen ist nicht notwendig; sobald die Bilder Leben gewinnen, werden sie ein Teil der Persönlichkeit des Imaginierenden. Wenn er sich mit ihnen auseinandersetzt, so ist das einerseits eine *Konfrontation* mit den Teilen der Elternpersönlichkeit, die er in sich aufgenommen hat, andererseits und vor allem aber eine Konfrontation mit sich selbst.

Fruchtbar wird die Auseinandersetzung nur dann, wenn das Ich bereit ist, die Verantwortung für die inneren Bilder zu übernehmen, unabhängig von ihrer Herkunft. Wenn das geschieht, dann besteht die Chance, daß die Bilder sich wandeln; und diese Wandlungen sind Ausdruck einer neuen Entwicklung. Was als Vater- oder Mutterbild erscheint, ist demnach im allgemeinen ein mehr oder weniger kollektives Bild, das in Form und Inhalt keine direkte Beziehung zu den realen Eltern erkennen läßt. Das Vaterbild personifiziert hauptsächlich die Bewußtseinsseite, das Mutterbild den unbewußten Bereich. Aus der allgemeinen Macht des Unbewußten ergibt sich das besondere Gewicht dieses Bildes.«

Vielleicht sollten wir uns an dieser Stelle noch einmal mit dem *Begriff des Archetypus* beschäftigen, wie C. G. JUNG ihn interpretiert hat: »Hier muß ich die Beziehung zwischen Instinkten und Archetypen erläutern: was wir Instinkte nennen, sind physiologische Impulse, die mit den Sinnen ›außen‹ wahrgenommen werden. Gleichzeitig erscheinen sie aber auch ›innen‹ in Phantasien und verraten ihre Gegenwart oft durch symbolische Bilder. Diese ›inneren‹ Erscheinungen sind es, die ich Archetypen nenne. Ihren Ursprung kennt man nicht; sie tauchen jederzeit auf, überall in der Welt.«

An anderer Stelle sagt Jung: »Archetypen sind gleichzeitig Bilder und Emotionen. Man kann nur dann von einem Archetypus reden, wenn diese beiden Aspekte vorhanden sind. Ein bloßes Bild ist nur eine Wortillustration ohne besondere Folgen. Wenn das Bild aber mit Emotionen geladen ist, gewinnt es an Numinosität (oder psychischer Energie); es wird dynamisch und hat zwangsläufig Wirkungen.«

Nach Jung übersetzt die Psychologie die archaische Sprache des Mythos in ein modernes, als solches erkanntes »Mythologem«, das ein Element des Mythos »Wissenschaft« bildet. Diese »aussichtslose« Tätigkeit ist lebender und gelebter Mythos und darum für Menschen entsprechenden Temperaments befriedigend, ja sogar heilsam.

Gelingt beispielsweise in der therapeutischen Arbeit mit Imaginationsinhalten eine solche Übersetzung, so werden die in den unbewußten Inhalten gebundenen Triebkräfte ins Bewußtsein überführt und bilden dort eine neue Kraftquelle. In diesem *Akt der Bewußtwerdung* wird unsere persönliche Bewußtseinswelt mit der Urerfahrung der Menschheit neu verbunden, und »der historische, allgemeine Mensch in uns reicht dem eben gewordenen individuellen Menschen die Hand«. Der verlorengegangene oder verriegelte Zugang zu den Wurzeln und Quellen unseres seelischen Lebens ist wieder offen. Hieraus erklärt sich auch die erlösende Wirkung, die eine Begegnung und Auseinandersetzung mit den Archetypen für eine erkrankte, aus der natürlichen Ordnung herausgefallene Psyche haben kann. Wenn ein Mensch sich in einer sehr ernsten und zunächst scheinbar ausweglosen psychischen Lage befindet, dann pflegen sich archetypische Träume einzustellen, die eine Fortschrittsmöglichkeit aufzeigen, an die man »von alleine« nicht gedacht hätte.

Eine besondere archetypische Figur ist der »alte Weise«, der manchmal wie ein biblischer Patriarch aussieht, stets jedoch –

wenn er auftritt – eine vertrauenswürdige Figur für das Ich ist. Er ist mehr als eine Vaterfigur; er verkörpert eine Art übergeordnetes Bewußtsein, das, im Unbewußten lokalisiert, vom Ich unabhängig und ihm weit überlegen ist. Diese Auffassung steht in völligem Widerspruch zu der üblichen Definition der Begriffe Bewußtsein und Unbewußtes. Aus diesem Grunde hat Jung die Figur in Verbindung mit dem »Selbst« gebracht. Das *Selbst* ist definiert als das Zentrum der Gesamtpersönlichkeit, die Bewußtes und Unbewußtes umfaßt. Demnach ist das Ich ein Teil des Selbst, aber nicht umgekehrt. Der alte Weise ist ein Mittler zwischen dem Ich und dem Selbst. Im *Eranos-Jahrbuch* 1962 schreibt HENRY CORBIN: »Nur der Mensch, der seinem inneren Führer folgt, kann seinerseits Führer anderer werden; die Menschen erkennen sich wieder im Bild (Imago), das ihn selbst führt. Es hängt alles davon ab, ob der Mensch seinen Engel oder seinen Dämon zum Führer macht. Das Prinzip dieser Wahl ist dabei so verborgen, daß man ihm ohne ein Denken nicht näherkommen kann, das den Begriff ›Präexistenz‹ einschließt.«

5. *Reproduktive und kreative Imagination*

Im Zusammenhang mit der Erläuterung des Prinzips der Imagination haben wir auch das fundamentale Gesetz erwähnt, daß nämlich jedem Bild eine vorwärtsdrängende Kraft innewohnt. Wir erweitern diese Aussage jetzt dahingehend, daß jede Bewegung zuerst als Vorstellung vorhanden sein muß, bevor sie ausgeführt werden kann. Der Klarheit halber wollen wir zwischen reproduktiver und kreativer Imagination unterscheiden. Es ist ein grundlegender Unterschied zwischen dem bewußten Hervorbringen (Visualisieren) eines zuvor ausgewählten Bildes und dem Imaginieren, das spontan und kreativ ist, meist auf unbewußter Ebene abläuft und dann dem Bewußtsein das Produkt oder Ergebnis seiner Aktivität präsentiert.

Im ersten Fall können wir bewußt und überlegt ein Vorstellungsbild oder -bilder dessen hervorbringen, was wir schon einmal gesehen haben; hier geht es also um *reproduktive Imagination*. Wir können auch bewußt ein Bild von etwas heraufbeschwören, das wir noch nie gesehen haben; dabei setzen wir schon bekannte Bildelemente in einer neuen Kombination zusammen; in gewisser Weise gelangen wir derart zu einer Art Neuschöpfung. Aber bei dieser Art von Imagination handelt es sich um das bewußte Erschaffen eines statischen Bildes. Deshalb ist ein solches Bild eine Schöpfung ganz anderer Art als die Produkte der spontanen Kreation. In der Regel ist es jedoch so, daß wir zunächst reproduktive Bilder schaffen, die sich dann zu spontanen, kreativen Bildern entwickeln.

Am deutlichsten wird das an einer Imaginationsform, die von mir selbst entwickelt und täglich eingesetzt wird. Wir nennen sie die *Rosenimagination*.

ROBERTO ASSAGIOLI, Begründer der sogenannten Psychosynthesis, einer besonderen Form der Imaginationstherapie, umriß einmal folgendes Vorstellungsbild: »Wir wollen uns vorstellen, daß wir einen Rosenstrauch betrachten. Wir sehen vor uns einen Stiel mit Blättern und einer Rosenknospe. Die Knospe ist grün, denn die Kelchblätter sind noch geschlossen, aber ganz an der Spitze kann man einen rosafarbenen Punkt erkennen. Wir wollen uns das lebhaft vorstellen, indem wir das Bild in den Mittelpunkt unseres Bewußtseins rücken. Jetzt beginnt eine langsame Bewegung. Die Kelchblätter fangen an, sich allmählich zu entfalten, drehen ihre Spitzen nach außen und enthüllen rosafarbene Blütenblätter, die noch geschlossen sind. Die Kelchblätter öffnen sich weiterhin, bis wir die ganze zarte Knospe sehen können. Jetzt folgen entsprechend die Blütenblätter, sie öffnen sich langsam, bis eine voll aufgeblühte Rose zu sehen ist. Nun versuchen wir, den Duft der Rose zu riechen und ihren charakteristischen und unverwechselbaren Geruch in uns aufzunehmen; er ist zart, süß, lieblich. Wir riechen ihn mit großer Freude.

5. Reproduktive und kreative Imagination

Erweitern wir jetzt unsere Visualisierung und schließen den ganzen Rosenstrauch mit ein; wir stellen uns die Lebenskraft vor, die von den Wurzeln zu der Blume aufsteigt und den Vorgang des Öffnens bewirkt. Schließlich wollen wir uns mit der Rose selbst identifizieren; genauer: wir wollen sie in uns hineinnehmen. Symbolisch sind wir die Blume, diese Rose. Dasselbe Leben, das das Universum durchpulst und das Wunder der Rose bewirkt hat, bringt in uns ein ähnliches, sogar größeres Wunder hervor, die Erweckung und Entfaltung spirituellen Seins und dessen, was davon ausstrahlt.«

Assagioli berichtet, daß die Ergebnisse dieser Übung recht unterschiedlich waren. Aber in vielen Fällen standen sie in keinem Verhältnis mehr zur Einfachheit der Übung. Bei manchen Patienten kam es zu einem Prozeß wirklicher Selbstfindung und zur Entfaltung bisher latenter innerer Qualitäten, deren Wirkung sicherlich den Reifungsprozeß beschleunigte.

Blumen gelten im Osten und Westen als ein Symbol der Seele; sie werden für das spirituelle Selbst, das »Göttliche«, angesehen und eingesetzt.

Die Blume gilt im Osten wie im Westen als ein Symbol für die Seele, für das spirituelle Selbst und das »Göttliche«. In China war es das Bild der goldenen Blüte, in Indien und Tibet der Lotus, der, mit den Wurzeln in der Erde, dem Stiel im Wasser und den Blütenblättern im Sonnenlicht, diese symbolische Bedeutung annahm. In Persien und in Europa diente häufig die Rose als Sinnbild der Seele.

Die Rose war seit Urzeiten ein Symbol der Liebe. In der Imagination verkörpert sie das Weibliche in seiner Gefühlsfunktion. In der mittelalterlichen Alchimie bezeichnet die Rose die letzte Stufe des alchimistischen Wandlungsprozesses vor der Erlangung des Lebenselixiers. Aus diesem Grund spielt auch die Rose als Symbol der Vollkommenheit in der Psychologie eine solche Rolle. So versinnbildlicht beispielsweise das Rosenkreuz die zu ihrer vollen Schönheit erblühte Seele.

Die im Bild der Rose mögliche Entfaltung der menschlichen Psyche entspricht einer tiefen Realität, einem grundlegenden Lebensgesetz, das sowohl die Funktion des menschlichen Geistes beherrscht als auch den Prozeß der Natur.

In unserer therapeutischen Arbeit gingen wir einen Schritt weiter als Assagioli und gaben jeder Rose, die wir öffneten, einen bestimmten Namen: Rose der Liebe, Rose der Weiblichkeit, Rose der Autorität, Rose der Urheilkraft, je nach dem Konflikt, an dem wir ansetzen wollten. Dabei stellt sich der Imaginierende vor, er sei däumchenklein und sitze im Kelch der jeweiligen Rose, um dann mit einem Aufzug im Innern des langen Stengels hinunterzufahren, wobei jeder Dorn ein Stockwerk bedeutet. Bis hierher handelt es sich noch immer um eine reproduktive Imagination. Aber sobald der Imaginierende »unten« ankommt, in die Welt des vorgegebenen Begriffs »hineinfällt«, entfaltet sich eine ihm unbewußte Welt, die mit dem Bild der Rose in einem Zusammenhang zu stehen scheint. Und jetzt beginnt die spontane *kreative Imagination*.

Nehmen wir das Beispiel eines dreißigjährigen Mannes, der starke innere Widerstände in sich trug, eine angefangene Doktorarbeit in Germanistik zu Ende zu führen. Ein starker,

5. Reproduktive und kreative Imagination

autoritärer Vater, der sehr leistungsbezogen lebt und in diesem Sinne seinen Sohn erzogen hat, ist Hintergrundfigur dieser Schwierigkeit. Der Patient berichtete, er sei von seinem Vater sehr viel und sehr hart geschlagen worden. Nach etwa vier Wochen Therapie konfrontierte ich den Patienten mit dem Bild der »Rose der Züchtigung«. Lesen Sie das Protokoll dieser Sitzung:

»Es geht einen blaugekachelten Gang hinunter. Das sieht aus wie in einem Badezimmer. Plötzlich stehe ich vor einem großen eisernen Tor. Es öffnet sich, und dahinter sehe ich einen großen roten Teppich und eine große Götzenstatue. Aus den Nasenlöchern kommen kleine Würmer heraus.« Ich fordere den jungen Mann auf, in die Nasenlöcher hineinzugehen. »Innen ist roter Samt. Es geht aufwärts, und da steht ein blauer Rokokostuhl; ein kleines Räucherfaß ebenfalls. Ich zünde den Docht an. Der Rauch breitet sich aus und wird zu einer Art Geist, so wie der Geist aus der Flasche in orientalischen Märchen. Es sieht alles ziemlich chinesisch aus. Der Rauch und damit der Geist verflüchtigen sich. Ich sehe kleine Gongs. Ich schlage auf den ersten. Es kommt ein chinesisches Pferd. Das sieht ein wenig feindlich aus. Aus dem Pferd wird eine Chinesin: eine junge hübsche Frau; sie verwandelt sich aber sofort in einen großen bedrohlichen Mund, und der Mund wiederum verwandelt sich in einen Mann in einer Ritterrüstung mit einem Schwert in der Faust.«

An dieser Stelle wird der Patient aufgefordert, selbst eine Rüstung anzulegen und zu kämpfen. Anhand solcher Szenen läßt sich herausfinden, inwieweit sich ein Individuum mit der Außenwelt auseinandersetzt, ob es seine natürlichen Aggressionen verdrängt oder sich durchsetzen kann und will. »Ich brauche nicht viel zu tun, aber der strampelt sich ziemlich ab mit seinem Schwert. Ich haue sein Schwert weg, haue ihn um und knie auf ihm. Auf dem Gesicht trägt er jetzt eine ganz blaue Maske. Ich schneide ihm die Maske ab, der Körper löst sich auf, und ich sehe nur die übriggebliebene Maske. Die setze ich mir auf. Jetzt schlage ich den kleinsten Gong, und es kommen fünf junge Chinesinnen – auch sie tragen Masken vor dem Gesicht. Jede von ihnen hat ein kleines Folterinstrument, eine ein Messer, die nächste einen Strick, die dritte einen Topf mit kochendem Wasser, die vierte ein Büschel Dornenzweige, die fünfte eine giftige Schlange, von der sie sich geißeln läßt. Die fünf Chinesinnen geben mir eine Schmuckkassette, die ein Bild enthält. Das bin offensichtlich ich. In die Kassette soll ich meine Tränen hineintun. Das Kästchen läuft über, und die Tränen überschwemmen den ganzen Raum. Sie sind ganz heiß. Die fünf Frauen benutzen ihre Instrumente zur Selbstgeißelung und klagen und jammern.

Jetzt schlage ich auf den größten Gong. Der Nebel und das Wasser (die Tränen) sind weg. Der Boden ist grün, die Frauen nehmen ihre Masken ab. Danach sind Masken und Folterwerkzeuge plötzlich verschwunden. Es sind hübsche junge Frauen. Sie gehen auf eine große Bühne, deren Vorhang sich beim Gongschlag geöffnet hat. Ein großes Orchester ist da, die Mädchen tanzen, ich bin die Hauptfigur dieses Stückes. Die Mädchen und ich sind ohne Masken, aber ein männlicher Schauspieler trägt eine Maske. Ich nehme meinen Speer und werfe ihn auf den Schauspieler. In dem Moment, wo ihn der Speer trifft, fällt er wie Asche zusammen. Ich lege meinen großen Feldherrenmantel um, schlage noch einen Gong. Es kommen nun drei Pferde. Auf einem Pferd sitzt eine Art Ratgeber. Ich reite los, der Ratgeber begleitet mich. Das dritte Pferd hat keinen Reiter. Wir kommen durch einen lichten Wald. Der Ratgeber steigt ab und macht Feuer, kocht für mich, füttert die Pferde, deckt mich zu.

Am nächsten Morgen reiten wir weiter, kommen auf eine Anhöhe und sehen ein riesiges Zeltlager. Es sind Bewaffnete mit Pferden. Wir werden schon erwartet. Kaum sind wir angekommen, bricht schon das ganze Heerlager auf. Wir stoßen auf eine feindliche Armee, die von einem Mongolen-Kaiser angeführt wird. Es kommt zur Schlacht: Ich kämpfe mit dem Mongolen-Kaiser. Der verletzt mich am Arm. Aber immer wenn er tödlich zuschlagen will, hält mein Ratgeber seinen Mantel vor mich, und der andere Kaiser sieht mich nicht. Das Seltsame ist, daß so etwas bei denen üblich zu sein scheint. Der hat auch einen Ratgeber mit Mantel. Seiner ist gelb, meiner blau. Wir setzen uns jetzt alle hin, und die Ratgeber setzen sich gegenüber. Die scheinen miteinander kämpfen zu wollen, indem sie sich ansehen, aber stattdessen umarmen sie sich und gehen weg. Der andere Kaiser und ich verbeugen uns voreinander und gehen getrennt weg.«

Auslöser dieser Imagination war, wie gesagt, die »Rose der Züchtigung«. Das gesamte Bildgeschehen war auf den Begriff Züchtigung abgestellt, und es tauchten deshalb sehr viele Aggressionshandlungen auf. Interessanterweise gestaltete sich aber die letzte Szene versöhnlich; statt weiterzukämpfen, ging man friedlich auseinander.

So eine Übung erweckt nun den Anschein, als sei dieses Problem bereits gelöst; dieser Eindruck täuscht jedoch. Spontanheilungen aufgrund solcher Imaginationen sind äußerst selten. Heilung im psychotherapeutischen Sinn bedeutet immer *Reifung und Entwicklung*. Dabei ist es Ziel aller Bemühungen des Individuums, zu einer ausgereiften Persönlichkeit zu werden, das heißt den Weg der Individuation (Selbstwerdung) zu beschreiben, wie Carl Gustav Jung ihn beschrieben hat.

6. *Das Symbol als Ausdruck des Selbst*

Mögen dem Menschen unserer Zeit alte Mythen von der Entstehung des Menschen und erst recht bestimmte Vorstellungen vom Kosmos als einem Riesenmenschen seltsam erscheinen, eines ist uns Heutigen begreiflich, daß nämlich der Mensch in seiner Auseinandersetzung mit der Umwelt immer von sich selbst ausgeht, also dazu neigt, sich in der Welt und die Welt in sich gespiegelt zu sehen. Tatsächlich repräsentiert jeder Mensch auf mikrokosmischer Ebene die ganze Welt. Das Feste, das Flüssige und das Luftförmige sind Aspekte seiner

Leiblichkeit ebenso wie das Vegetative, das Animalische, das Lichthafte und das Dunkle. Papst GREGOR DER GROSSE (540–604) sagte in Übereinstimmung mit dieser uralten Überlieferung, das Sein habe der Mensch mit den Steinen gemeinsam, das Leben mit den Bäumen, das Fühlen mit den Tieren und das Erkennen mit den Engeln.

Indische Weisheit lehrt, dem Himmelsgewölbe entspreche der Rücken, der Erde das Fleisch, den Bergen das Knochengerüst, dem Wasser das Blut, dem Meer der Bauch, der Vegetation das Haar, dem Metall das Knochenmark, den Planeten Finger und Zehen.

Nicht nur in den Paulusbriefen ist der Leib ein Gleichnis für die nach Fähigkeiten und Funktionen gegliederte menschliche Gesellschaft. Im feudalistisch-paternalistischen Denken, das zugleich kollektivistisch war, galt der durch seine göttliche Abstammung legitimierte Herrscher als Haupt des menschlichen Ordnungsgefüges, dessen Repräsentant er jeweils war.

So ist das Symbol eine dem Ursprung nach aus der unmittelbaren Erfahrungswelt des Menschen gewonnene bildhafte Erklärung seiner eigenen Situation in Natur und Gesellschaft. Diese *integrative Funktion* betont auch C. G. JUNG: »Wer es erfahren hat, daß ›von Natur aus‹ durch das Symbol Gegensätze so einen können, daß sie nicht mehr auseinanderstreben und sich bekämpfen, sondern sich gegenseitig ergänzen und das Leben sinnvoll gestalten, dem wird die Ambivalenz im Bild eines Natur- oder Schöpfergottes keine Schwierigkeiten bereiten. Er wird im Gegenteil den Mythos von der notwendigen Menschwerdung, der essentiellen christlichen Botschaft, als schöpferische Auseinandersetzung des Menschen mit den Gegensätzen und ihre Synthese im Selbst, der Ganzheit seiner Persönlichkeit, verstehen. Die notwendigen inneren Gegensätze im Bild des Schöpfergottes können in der Einheit und Ganzheit des Selbst versöhnt werden. In der Erfahrung des Selbst wird nicht mehr wie früher der Gegensatz ›Gott und Mensch‹ überbrückt, sondern vielmehr der Gegensatz im Gottesbild.«

6. Das Symbol als Ausdruck des Selbst

Die wesentliche Aufgabe des Menschen besteht somit nach Jung in der bewußten Vergegenwärtigung des Selbst als *paradoxer menschlicher Ganzheit*, wie sie auch im christlichen Gottesbild ihren Ausdruck findet. Die moralisch ambivalente Gottesgestalt der religiösen Tradition enthüllt sich dabei als Bild »des inneren Gottes«, des Selbst. Bezüglich des Gegensatzes von Gut und Böse entwickelte C. G. Jung für eine ganzheitlich orientierte Psychologie die folgende Perspektive: »Das Denken vieler Positivisten, abgeleitet von falschen Glaubensvorstellungen, strebt nach Vollkommenheit, das heißt nach Identifikation mit dem Guten und nach Verdrängung des Bösen; die natürliche Entwicklung der menschlichen Seele läßt erkennen, daß nicht Vollkommenheit, sondern Vollständigkeit anzustreben ist. Erst wenn wir den ›Pfahl im eigenen Fleische‹ wahrnehmen, die eigene Mangelhaftigkeit und die eigene Unvollkommenheit wahrnehmen, ist ein Weiterkommen auf dem sogenannten Individuationsweg möglich.«

Viele individuelle Symbole bleiben einmaliger, privater Besitz eines einzelnen oder einiger weniger. Sie helfen dabei das Unaussprechliche zu verdeutlichen, Brücken zu schlagen vom nur dunkel Geahnten zum Altvertrauten, und machen derart dem Individuum seine abgesonderte Existenz erträglich. Doch erst wenn aus dem individuell geprägten Symbol das dahinterstehende allgemeingültige archetypische Symbol als Produkt des »kollektiven Unbewußten« in Erscheinung tritt, kann ein solches Urbild eine lösende und erlösende Wirkung ausüben. Wann immer ein solches Symbol aus der Tiefe auftaucht, hat es einen gewissen Erleuchtungscharakter. Das Wunderbare an den Imaginationsübungen ist, daß sie uns einen Weg zeigen, der uns zu uns selbst führen kann, wenn wir bereit sind, uns mit den beglückenden ebenso wie mit den erschreckenden Bildern unserer Innenwelt auseinanderzusetzen.

7. Das Symbol als Ausdruck kollektiver Menschheitserfahrung

Wer die Bildersprache der Seele wirklich verstehen will, muß sich der Mühe eines sorgfältigen Studiums uralter Kulte, Riten und Mythen unterziehen, um von innen heraus zu verstehen, was wir Symbolsprache nennen. Das Denken in Analogien und der bedingungslose Glaube an die personale Beziehung des Menschen zu den Kräften des Kosmos – eben jene Haltung, die wir heute als durch Symbole vermittelte Weltaneignung bezeichnen – haben das Leben der Menschen seit undenklichen Zeiten bestimmt, und erst der westliche Mensch unserer Zeit hat dieses Weltverständnis aufgegeben beziehungsweise verloren. Die Genauigkeit und instinktive Sicherheit, mit denen die Menschen früherer Zeiten ihre Umwelt wahrnahmen, bewirkten, daß die Bilder, in denen sie dachten und kommunizierten, für sie durchaus präzise Beschreibungen bestimmter Sachverhalte waren.

Wir wissen heute, daß Kinder im Vorschulalter eidetisch, das heißt bildhaft wahrnehmen. Diese *Fähigkeit des eidetischen Wahrnehmens* ist ein Grundpotential des Menschen, das sich jederzeit zu neuem Leben erwecken läßt. Dazu bedarf es aber des Übersteigens jener Grenzen, die eine einseitige Auffassung von Rationalität dem Menschen von heute gesetzt hat.

Wir können mit Gewißheit sagen, daß beispielsweise alte Märchenbilder nicht Zufallsbilder sind, sondern *symbolische Verdichtungen grundlegender Erfahrungen*. Sie verdanken ihre Entstehung gewiß nicht einem beliebigen, zufallsabhängigen Assoziationsvorgang oder einer folkloristisch angehauchten Volksphantasie, sondern objektiven seelischen Gesetzmäßigkeiten. Dafür sprechen die streng objektivierte Typenform des Märchens und die Tatsache, daß immer wieder Bestandteile allgemeiner Mythen Eingang in die Bilderwelt des Märchens gefunden haben.

Psychologie und Gesellschaftswissenschaften verfügen inzwischen über ziemlich genaue Kenntnisse hinsichtlich der sozialen Struktur religiös geprägter Gesellschaften. In solchen menschlichen Zusammenschlüssen gingen die Leitimpulse und Maßstäbe für die gesamte physische und geistige Lebensführung immer von zentralen Volksgruppen aus. In diesen *Elitegruppen* waren die Aufgaben der Forschung, des religiösen Kults und der Erziehung der staatstragenden Kräfte zentriert. Als Repräsentanten der Lebensordnung fungierten entweder an der Spitze dieser Elite stehende Priesterkönige oder »weltliche« Könige, häufig Heerkönige, die nur für eine bestimmte Zeit von den übrigen Potentaten gewählt waren. Macht und Einfluß eines Königs waren nur so lange gesichert, wie sein »Heil«, nüchterner: wie sein Erfolg seine herausgehobene Stellung rechtfertigte. Ein König bezog seine Legitimation aus dem Höchstmaß an göttlich-irdischer Harmonisierung, das er zu bewirken wußte.

Auf ihr schweres Amt vorbereitet wurden die zukünftigen Leitfiguren vorindustrieller Gesellschaften von Vertretern der oben beschriebenen Eliten. Weise Männer hatten maßgeblichen Einfluß auf Selbst- und Weltverständnis der übrigen Gruppenmitglieder. Jahrtausendelang waren sie die Vorbilder des sich allmählich herauskristallisierenden »autonomen« Individuums. Die »Mythen« waren die in einer unerschütterlichen Tradition verankerten bildhaft-plastischen Niederschläge des Nachdenkens über den Ort des Menschen in Natur und Gesellschaft. Sie banden den einzelnen seelisch in das Weltganze ein, jedoch nicht despotisch, sondern integrativ. Sie gaben den diffus gärenden Gefühlen der Menschen Form und Richtung. Junge Menschen, denen es bestimmt war, später einmal selbst Führungspositionen einzunehmen, hatten eine Reihe von Einweihungsprozeduren zu bestehen. Sie wurden in diesen Initiationen bis an die Grenzen ihrer körperlichen und seelischen Leistungsfähigkeit gefordert, um sie auf ihre verantwortungsvolle Aufgabe vorzubereiten.

8. Der Individuationsprozeß

Betrachten wir das bis hier Gesagte einmal nicht als äußerliches Geschehen, sondern als innere Realität, verlagern wir diesen Mythos also nach innen, dann haben wir die Welt des Unbewußten, und der Weg der Einweihung wäre dem *Individuationsweg* gleichzusetzen, wobei die Leiden des Menschen als »Einweihungsstufen« gekennzeichnet sind, die überwunden werden müssen, um dadurch einen »höheren« Reifungsgrad zu erlangen. Unter den in den Träumen und Imaginationen des Individuums auftauchenden Symbolen verdienen besonders jene Aufmerksamkeit, die den sogenannten Individuationsvorgang unterstützen – einen von C. G. JUNG beobachteten und durch analytische Arbeit förderbaren, natürlichen und in jedem Menschen angelegten, mehr oder minder bewußten seelischen Entfaltungsprozeß –, der auf die Erweiterung des Bewußtseinsfeldes und die Ausreifung der Persönlichkeit zielt.

Jede tiefenpsychologisch ausgerichtete Imaginationstherapie setzt es sich zum Ziel, im Patienten diesen Prozeß zu fördern und ihm die Chance zu bieten, sich voll zu entfalten. Die Symbole des Individuationsprozesses säumen den Weg in bunter Folge und kennzeichnen wie Meilensteine seine Etappen. Sie gründen in bestimmten Archetypen, die im Material des Unbewußten, beispielsweise in unseren Träumen, Tagträumen und Phantasien, regelmäßig in Erscheinung treten und das Individuum dazu drängen, sich mit ihrer »Botschaft« auseinanderzusetzen. Es gibt unter den Symbolen des Individuationsprozesses einige besonders *bedeutsame Figuren*, die in menschlicher oder gegebenenfalls auch in unter- oder übermenschlicher Gestalt auftreten und sich in eine Reihe von Typen einordnen lassen. Solche Figuren sind der Schatten, der alte Weise, das Kind, die Mutter (Ur-Mutter – Erdenmutter) in der Funktion übergeordneter Persönlichkeiten. Des weiteren erscheint als Verkörperung des männlichen Aspektes der Frau der Animus, wogegen die Anima die weibliche Seite des Mannes repräsentiert. Zu diesen herausragenden Symbolen gehören auch die das Selbst bezeichnenden Sinnbilder. Als bildlicher Ausdruck eines allerhöchsten Wertes stehen häufig Götterfiguren oder andere Bilder des Unzerstörbaren. Eine strenge Abgrenzung läßt sich nicht vornehmen.

Der Individuationsprozeß stellt, wenn er als bewußtes Streben nach Ganzheit vollzogen wird, eine dialektische Auseinandersetzung zwischen den Inhalten des Unbewußten und des Bewußtseins dar. Die Symbole haben für diesen Prozeß die *Funktion von Brücken* zwischen den beiden Bereichen des Seelenlebens. Sie geben noch undeutlich im Unbewußten verborgen liegenden Entwicklungstendenzen eine Form und machen sie somit bewußtseinsfähig. Wie von Anfang an jedem Samen das ganze Lebewesen als verborgenes Ziel innewohnt, das mit allen Mitteln erstrebt wird, so ist auch die Seele des Menschen, mag er sich dieser Tatsache auch nicht bewußt sein oder sich dagegen sträuben, von Anfang an auf volle Entfaltung und Ganzheit ausgerichtet. Der Individuationsweg – wenn auch vorerst nur als Potential – ist daher dem Lebenslauf des Menschen zutiefst vorgezeichnet, und von ihm abzuweichen, ist mit der Gefahr seelischer Störung verbunden.

9. Symbolsprache – und ein Beispiel aus der Bibel

Nach der üblichen Definition ist ein Symbol »etwas, das für etwas anderes steht«. Diese Definition erscheint zunächst unbefriedigend. Ihr Sinn wird jedoch deutlicher, wenn wir uns klarmachen, daß wir beispielsweise ständig Wörter, die eigentlich äußere Sinneswahrnehmungen bezeichnen, zur Beschreibung seelischer Vorgänge benutzen.

Ein Symbol dieser Art bezeichnet ein äußeres Geschehen, während das, wofür es steht, sich sinnlicher Wahrnehmung entzieht. Die Symbolsprache ist ein Medium, in welchem wir ein inneres Erlebnis so ausdrücken, als sei es eine Sinneswahrnehmung. In der *Symbolsprache* dient die Außenwelt als Bild für die Innenwelt, für seelische und geistige Erfahrungen.

Wenn wir ein Symbol »als etwas, das für etwas anderes steht« definieren, so erhebt sich jedoch die grundlegende Frage: Was bildet denn den Zusammenhang zwischen dem Symbol als äußerem Bild und dem inneren Erleben, wofür es steht?

Zunächst einmal gibt es drei verschiedene Arten von Symbolen: das konventionelle, das zufällige und das universelle Symbol. Wie uns bald klar sein wird, erfüllen nur die beiden letzten Arten des Symbols die von uns gesetzten Bedingungen, nur sie beschreiben innere Erlebnisse in der Weise von Sinneserfahrungen.

Das *Symbol als konventionelles Zeichen* ist nichts weiter als eine bestimmte sprachliche Festlegung. Wenn wir das Wort »Tisch« sehen oder das Lautgebilde »Tisch« hören, dann stehen die Buchstaben T i s c h für einen sinnlich wahrnehmbaren, in seiner Funktion eindeutig beschreibbaren Gegenstand da. Worin besteht nun also der Zusammenhang zwischen dem Wort Tisch und dem Ding Tisch? Gibt es irgendeine innere Beziehung zwischen ihnen? Offenbar nicht. Das Ding Tisch hat mit dem Klanggebilde Tisch nichts zu tun, und der einzige Grund, weshalb das Wort ein Symbol für das Ding ist, besteht in der Übereinkunft, dieses besondere Ding mit jenem besonderen Namen zu bezeichnen.

Das genaue Gegenteil des Konventionellen ist das *zufällige Symbol*, obwohl sie eines gemeinsam haben: In beiden Fällen besteht kein ursächlicher innerer Zusammenhang zwischen Symbol und Gegenstand. Nehmen wir an, jemand hat ein trauriges Erlebnis in einer bestimmten Stadt gehabt; sobald er den Namen dieser Stadt hört, wird er ihn leicht mit seiner damaligen trüben Stimmung in Zusammenhang bringen. Im Wesen der Stadt liegt normalerweise natürlich nichts, das an sich traurig wäre. Das mit der Stadt zusammenhängende persönliche Erlebnis ist es, das sie zum Sinnbild einer Stimmung macht.

Die gleiche Reaktion könnte sich in Verbindung mit einem Haus, einer Straße, einer bestimmten Kleidung, einer Seereise oder anderen assoziationsträchtigen Objekten ergeben.

9. Symbolsprache – und ein Beispiel aus der Bibel

Die *universellen Symbole*, also die Urbilder der Seele, wie wir sie schon beschrieben haben, begegnen uns in Traum- und Imaginationsinhalten, in Märchen und Sagen und in den großen religiösen Büchern, zum Beispiel auch in der Bibel. Sehen wir uns einmal eine solche *symbolische Geschichte aus der Bibel* an:

Es wird uns berichtet, Jonas sei nach Jaffa gegangen, wo er ein Schiff findet, das ihn nach Tarsus bringen soll. Auf hoher See erhebt sich plötzlich ein Sturm, und während alle übrigen von Angst und Schrecken befallen werden, begibt sich Jonas in das Schiffes Bauch und fällt in einen tiefen Schlaf. Die Schiffsleute glauben, Gott habe den Sturm gesandt, weil jemand auf dem Schiff ist, den er strafen will; sie wecken Jonas, der ihnen erzählt hat, er habe Gottes Geboten zu entfliehen versucht. Jonas fordert sie auf, ihn ins Meer zu werfen, worauf der Sturm sich legen werde. Die Seeleute (die ihren bemerkenswerten Sinn für Menschlichkeit bezeugen, indem sie alles Mögliche versuchen, Jonas von seinem Ersuchen abzubringen) ergreifen ihn schließlich und werfen ihn ins Wasser, das gleich darauf zu tosen aufhört. – Jonas wird von einem großen Fisch verschlungen und bleibt drei Tage und drei Nächte lang im Bauch des Fisches. Er betet zu Gott, dieser möge ihn aus seinem Gefängnis befreien; Gott veranlaßt den Fisch, Jonas auf das Festland auszuspeien, und Jonas begibt sich nach Ninive und erfüllt das Gebot Gottes und rettet so die Einwohner der Stadt.

Die Geschichte wird erzählt, als ob diese Ereignisse wirklich stattgefunden hätten. Sie ist indessen in symbolischer Sprache gehalten, und alle beschriebenen Ereignisse sind Sinnbilder für die seelischen Erlebnisse des Helden. Wir finden da eine ganze Stufenleiter von Symbolen: das Besteigen des Schiffes, das Hinabsteigen in den Schiffsbauch, das Einschlafen, das Verweilen im Meer und im Bauch des Fisches. All diese Symbole stellen die gleiche seelische Erfahrung dar: einen Zustand der Absonderung und Geborgenheit, einen gesicherten Rückzug von jeder Verbindung mit anderen menschlichen Wesen. Sie repräsentieren den Zustand des Embryos im Mutterleib. So verschieden der Schiffsbauch, der tiefe Schlaf, das Meer, der Bauch des Fisches auch in Wirklichkeit voneinander sind, sind sie doch bildhafter Ausdruck desselben Seelenzustandes, und zwar einer Mischung aus Absonderung und Geborgenheit.

In der Geschichte spielen sich die Ereignisse in Raum und Zeit ab: Zuerst das Hinabsteigen in das Schiffsinnere; dann das Einschlafen; dann der Sturz ins Meer; endlich das Verschlungenwerden durch den Fisch. Das Geschehen vollzieht sich in einer chronologischen Folge, und obgleich manche Begebenheiten einen offensichtlich unwirklichen Charakter haben, hat der Verlauf in Bezug auf Raum und Zeit seinen logischen Zusammenhang. Begreifen wir jedoch die Absicht des Verfassers, uns nicht den Ablauf äußerer Ereignisse zu erzählen, sondern die *Erlebnisse eines Menschen,* der zwischen seinem Gewissen und dem Wunsch, seiner inneren Stimme zu entflie-

Ein Schiff in Träumen und Imaginationen ist immer als Lebensschiff zu verstehen. Das »Lebensschiff« zeigt, wohin der Kurs geht, ob der Imaginierende der eigene Kapitän ist oder, wie häufig, sich durch andere Menschen und Dinge leiten läßt.

hen, hin- und hergerissen ist, dann sehen wir, daß die verschiedenen aufeinanderfolgenden Handlungen ein und denselben Seelenzustand darstellen und daß die zeitliche Folge nur ein Ausdruck der wachsenden Intensität dieser Stimmung ist.

In dem Versuch, den Verpflichtungen seinen Mitmenschen gegenüber zu entfliehen, sondert sich Jonas immer mehr von ihnen ab, bis im Bauch des Fisches das Gefühl der Geborgenheit in das der Gefangenschaft umschlägt und ihn zwingt, Gott um Befreiung aus seiner selbstverschuldeten Lage zu bitten. So mündet Jonas' Flucht in die schützende Absonderung in die Furcht, eingesperrt zu sein, und er fängt sein Leben von neuem an dem Punkt an, wo er sich zu entziehen versucht hatte.

Es besteht also ein Unterschied zwischen dem Gehalt der manifesten und der latenten Geschichte. Der Zusammenhang der äußeren Geschichte liegt in der Kausalität der äußeren Ereignisse begründet. Jonas fährt über das Meer, weil er Gott entfliehen will; er schläft ein, weil er müde ist; er wird über Bord geworfen, weil man ihn als die Ursache des Sturmes ansieht, und der Fisch verschlingt ihn, weil es im Meer auch menschenfreundliche Fische gibt. Jedes Ereignis kommt durch ein vorangegangenes zustande. Der letzte Teil der Geschichte ist unrealistisch, aber nicht unlogisch. Auf der symbolischen Ebene ist die Logik jedoch eine andere. Die verschiedenen Begebenheiten sind miteinander nur durch ihren inneren Zusammenhang mit dem gleichen Erlebnis verbunden. Was als eine Kausalkette äußerer Ereignisse erscheint, stellt eine Verbindung von Erfahrungen dar, die miteinander durch ihre Verknüpfung mit einem ganz *konkreten seelischen Zustand* zusammenhängen. Dieser Zusammenhang ist in sich ebenso schlüssig wie die vordergründige Geschichte – doch ist seine Logik von anderer Art.

Wir können aus dieser Geschichte aber noch etwas anderes lernen: Die Bibel ist nicht nur ein großes Religionsbuch – sie kann unter dem Gesichtspunkt der symbolischen Darstellung elementarer Lebensfragen eine große Lebenshilfe sein. Wir müssen nur lernen, ihre Symbolsprache zu verstehen.

4
Die Symboloperation

1. Träume als eine normale Äußerung der Psyche

Einer der Grundsätze der analytischen Psychologie besagt, daß Traumbilder symbolisch zu verstehen sind. Traumsprache darf nicht beim Wort genommen worden. Es geht darum, den geheimen, verborgenen Sinn zu ergründen. Dieser Grundgedanke der Traumforschung hat moderne Traumforscher zu Kritik und Widerspruch herausgefordert. In den einschlägigen Schriften aller Zeiten und Völker ist von bedeutsamen und weissagenden, von unheilkündenden und heilenden Träumen, die von den Göttern geschickt wurden, die Rede. Wenn eine Überzeugung so alt ist und die Menschen immer wieder daran festhalten, dann muß sie einen wahren Kern enthalten – einen psychologisch wahren Kern.

Es ist für viele wissenschaftliche Trauminterpreten kaum denkbar, daß ein »irgendwo im Himmel« existierender Gott unsere Träume verursacht oder uns samt Zukunftswissen schenkt. Übersetzen wir jedoch derartige Bilder in die Begriffe der Psychologie, so erscheinen uns die Überzeugungen der Alten schon viel verständlicher. CARL GUSTAV JUNG hat diesen Gesichtspunkt in seinem Buch *Symbole der Wandlung* folgendermaßen umrissen: »Der Traum entsteht aus einem uns nicht bekannten Teil der Seele und beschäftigt sich unter anderem mit der Vorbereitung des kommenden Tages und dessen Ereignissen.«

Wie der alte Glaube sagt, spricht die Gottheit oder der Dämon in symbolischer Sprache zum Schlafenden, und der Traumdeuter muß die Zeichen in die Alltagssprache übersetzen. Zeitgemäß ausgedrückt heißt das: Der Traum ist eine Serie von Bildern, die anscheinend widerspruchsvoll und unsinnig sind; er enthält aber seelisch-geistiges Material, das, wenn übersetzt, einen klaren Sinn ergibt. Man könnte sagen, Träumen sei eine andere Form des Denkens. Träume können uns die Augen öffnen über Tatsachen, die wir in unserem Leben nicht wahrhaben wollen, die wir wegschieben, aus unserem Bewußtsein drängen. Sie geben uns Auskunft über unser wirkliches Befinden.

Es ist nicht so einfach, die Botschaft eines Traumes zu lesen, seinen *Symbolgehalt* zu entschlüsseln. Gerade jene Träume, in denen die Archetypen wirksam sind, setzen auf seiten des Interpreten psychologisches Einfühlungsvermögen, Kombinationsfähigkeit, Intuition, Welt- und Menschenkenntnis voraus und vor allem ein spezifisches Wissen, bei dem es ebensosehr auf ausgedehnte Kenntnisse der Symbolik des Traumes wie auf ein gewisses Sichhineinfühlen in den Traum und in die Psyche des Träumers ankommt. Man bedarf aber keinesfalls eines sechsten Sinnes, um Träume zu verstehen. Es genügt aber auch nicht, in einem Traumlexikon die entsprechenden Symbolerläuterungen nachzuschlagen, sind diese Texte doch zwangsläufig zu allgemein gehalten und gehen am individuellen Fall vorbei. So sehr sich die Träume auf ein bestimmt geartetes Bewußtsein und auf eine bestimmte seelische Situation beziehen, so tief liegen ihre Wurzeln in dem unerkennbar dunklen Hintergrund der Psyche verborgen; diesen Hintergrund kennen wir alle unter dem Begriff »Unbewußtes«. Wir wissen nichts über sein eigentliches Wesen, das viel zu geheimnisvoll ist, um es in allen seinen Facetten analysieren zu können. Was wir jedoch kennen, sind gewisse *Wirkungen des Unbewußten*, aus denen wir Schlußfolgerungen über seine Natur ableiten. Der Traum ist eine ungemein häufige und normale Äußerung der unbewußten Psyche und liefert daher das meiste Erfahrungsmaterial zu ihrer Erforschung.

Da der Sinn der meisten Träume nicht mit den Tendenzen des Bewußtseins zusammenfällt, sondern eigentümliche Abweichungen von dessen Inhalten aufweist, müssen wir annehmen, daß das Unbewußte als Matrix der Träume eine *selbständige Funktion* hat. C. G. Jung bezeichnete diese Unabhängigkeit als die »Autonomie des Unbewußten«. Der Traum gehorcht nicht nur nicht unserem Willen, sondern er stellt sich sogar recht häufig in grellen Gegensatz zu den Absichten des Bewußtseins. Das ist jedoch nicht immer der Fall. Manche Symbole tauchen in einem bestimmten Traumkontext sozusagen als »Hauptfigur« auf und in einem anderen Traum nur als »Nebenfigur«. Das macht das Verstehen solcher Symbole nicht immer einfach. Es zeigt aber auch, daß wir Symbole immer nur im Kontext des gesamten Bildablaufs erkennen und deuten können.

2. Der Sinn der großen Träume

Wie schon mehrfach erwähnt, sprechen wir von einem persönlichen und einem kollektiven Unbewußten, das gleichsam eine tiefere Seelenschicht als das bewußtseinsnähere persönliche Unbewußte darstellt. Die bedeutungsvollen, sogenannten *großen Träume* entstammen dieser tieferen Schicht. Die Bedeutsamkeit solcher Träume verrät sich – abgesehen einmal vom subjektiven Eindruck – schon durch ihre plastische Gestaltung, die nicht selten dichterische Kraft und Schönheit zeigt. Solche Träume ereignen sich meist in schicksalsträchtigen Abschnitten des Lebens, so in der ersten Jugend, in der Pubertätszeit und um die Lebensmitte. Ihre Deutung ist oft mit beträchtlichen Schwierigkeiten verknüpft, weil das Material, das der Träumer zu ihrem Verständnis beitragen kann, zu spärlich ist. Die archetypischen Bilder spiegeln eben nicht mehr ausschließlich persönliche Erfahrungen wider, sondern auch sozusagen allgemeine Ideen, deren Hauptbedeutung in dem ihnen eigentümlichen Sinn und nicht in irgendwelchen persönlichen Erlebniszusammenhängen besteht.

C. G. JUNG berichtet beispielsweise von einem Mann, der von einer Schlange geträumt hatte. Diese Schlange bewachte in einem unterirdischen Gewölbe eine goldene Schale. Außer einer Riesenschlange, die der junge Mann in einem Zoo

2. Der Sinn der großen Träume

gesehen hatte, war er noch nie mit Schlangen in Kontakt gekommen. Oberflächlich betrachtet handelte es sich um einen nichtssagenden Traum. Das *Schlangensymbol* deutete jedoch einen wichtigen Zusammenhang an. In den verschiedensten Mythen symbolisieren nämlich Schlangen und Drachen, Hort und Höhle eine Bewährungsprobe des Helden. Daraus wird ersichtlich, daß das Schlangenbild in jenem Traum ein Motiv des Unbewußten war und auf eine allgemeinmenschliche Problematik hindeutete. Da der Träumer in seinem Alltagsleben dieses Problem verdrängt hatte, konfrontierte ihn das Unbewußte mit ihm im Traum.

Ein Mensch in der Lebensmitte fühlt sich noch jung, und Alter und Tod liegen für ihn noch in der Ferne. Etwa mit sechsunddreißig Jahren überschreitet das Individuum die Schwelle von der Jugend zum Alter, ohne sich in der Regel dieser Tatsache in ihrer ganzen Tragweite bewußt zu sein. Ist die betreffende Person nun ein Mensch, der seiner ganzen Veranlagung und Begabung nach die Verdrängung einer solch elementaren Lebensfrage nicht erträgt, so wird ihm die Erkenntnis dieses Moments vielleicht im Zorn eines archetypischen Traums aufgedrängt. Vergeblich wird er sich bemühen, den Traum zu verstehen, da dem Träumer die Bedeutung jener mythischen Bilder nicht bekannt ist.

Dieser Traum bedient sich der *Symbolsprache des kollektiven Unbewußten,* weil er ein ewiges, unendlich sich wiederholendes menschliches Problem und nicht nur eine persönliche Gleichgewichtsstörung auszudrücken hat. All jene Augenblicke des individuellen Lebens, in denen die allgemeingültigen Gesetze des menschlichen Schicksals die Absichten, Erwartungen und Anschauungen des persönlichen Bewußtseins durchbrechen, sind zugleich entscheidende Stationen des Individuationsprozesses. Dieser Prozeß zielt auf die spontane Verwirklichung des ganzen Menschen ab. Das Ich-Bewußtsein ist nur ein Teil des vollständigen, lebendigen Menschen.

Je mehr der einzelne bloßes Ich ist, desto mehr spaltet er sich vom kollektiven Menschen, der er auch ist, ab und gerät sogar in einen Gegensatz zu diesem. Da aber alles Lebende nach seiner Ganzheit strebt, findet in Ergänzung der unvermeidlichen Einseitigkeit des bewußten Lebens eine beständige Korrektur dieser Einseitigkeit von seiten des allgemein menschlichen Wesens in uns statt – mit dem Ziel einer schließlichen *Integration des Unbewußten ins Bewußtsein* oder, besser, einer Assimilation des Ich an eine umfassende Persönlichkeit.

Solche Überlegungen drängen sich auf, wenn man sich mit dem Sinn der »großen Träume« auseinandersetzt. Sie verwenden nämlich zahlreiche Bilder aus jenem Mythos, in dem das Leben des Heros oder des großen, fast göttlichen Menschen gestaltet ist. Ein solcher Mensch hat schwere Prüfungen zu bestehen, wie sie auch dem Initianden abverlangt werden. Auf seinem gefährlichen Weg begegnet der Held Drachen, hilfreichen Tieren und Dämonen. Auch der alte Weise, der Tiermensch, der verborgene Schatz, der Wunschbaum, der Brunnen, die Höhle und der ummauerte Garten sind Bilder aus diesem der Alltagswelt so weit entrückten Bezirk. Der Grund dafür liegt darin, daß ein solcher Traum von der Verwirklichung eines Persönlichkeitsteiles handelt, der noch nicht ist, sondern der erst zu werden im Begriff ist.

Woher kommt es, daß Träume sich symbolisch ausdrücken, das heißt, woher rührt die Fähigkeit symbolischer Darstellung, von der wir in unserem bewußten Denken doch anscheinend keine Spur entdecken können? Im Alltag denken wir – ohne uns dessen allerdings bewußt zu sein – immer auf der Grundlage bestimmter Obervorstellungen, und jede Einzelvorstellung ordnet sich – von uns meistens unbemerkt – der jeweils vorherrschenden Obervorstellung unter. Dieses Denken ist auf die äußere Wirklichkeit gerichtet; daher heißt es *gerichtetes Denken*. Es will an der Wirklichkeit etwas verändern oder sich bestimmte Gegebenheiten zunutze machen. Das Medium dieses Denkens ist das Wort oder die Sprache.

Wir erleben fast täglich, wie sich unsere Phantasien beim Einschlafen mit den Träumen verweben, so daß zwischen den Träumen des Tages und der Nacht der Unterschied gar nicht so groß erscheint. Es gibt also zwei Formen des Denkens: das gerichtete Denken und das des Träumens. Das Wirklichkeitsdenken arbeitet mit der sprachlichen Mitteilung, ist mühsam und erschöpfend, träumen hingegen ist mühelos, sozusagen spontan. Die Assoziationskette des Traumes entwickelt sich aus unbewußten Motiven. Gerichtetes Denken zielt auf Neuerwerb und Anpassung; es imitiert die äußere Wirklichkeit und sucht auf sie zu wirken. Der Traum wendet sich von der äußeren Wirklichkeit ab und befreit subjektive Tendenzen, ist jedoch hinsichtlich der äußeren Anpassung unproduktiv. Nur in der *Innenschau* stoßen wir auf die Figuren aus Märchen, Fabeln und Mythen, nur innen finden wir jene Dinge, die die Menschheit im Laufe ihrer Evolution genetisch gespeichert hat; nur in den tiefsten Schichten der Seele begegnen wir schließlich dem Urwissen.

3. Die Methode der aktiven Imagination

Ich habe schon darauf hingewiesen, daß Imaginationstherapien sich mit dem Reifungsprozeß des einzelnen befassen, sie helfen dabei, abgespaltene Teile der Psyche zu reintegrieren.

HERMANN MAASS schreibt: »Glücklicherweise haben solche von der normalen Reifung ausgeschlossenen Teile der Psyche eine natürliche Tendenz, Versäumtes nachzuholen. Das gelingt allerdings nur dann, wenn das Ich dazu gebracht werden kann, seine eingeschliffene Abwehrhaltung aufzugeben.«

Die Aufgabe dieser Abwehr ist genau das Ziel eines therapeutischen Prozesses, der sich mittels Imagination vollzieht. Neben R. DESOILLE und anderen gehörte C. G. JUNG zu den ersten, die die therapeutischen Möglichkeiten der Imagination entdeckt und ausgenutzt haben. Maass folgert: »Er unterscheidet zwischen passiver und aktiver Imagination. Passives Imaginieren bedeutet ein Anschauen bestimmter Bilder, wobei das Ich sich irgendwo in sicherer Entfernung befindet. Therapeutisch ist diese Art zu imaginieren wertlos. Beim *aktiven Imaginieren* ist das Ich selbst Teil des Bildes, steht mit den auftretenden Figuren in direktem Kontakt und tritt ihnen handelnd gegenüber. Nur auf diese Weise kann ein therapeutischer Prozeß in Gang kommen.

C. G. Jung selbst hat seine Patienten zu Hause imaginieren lassen und das von ihnen berichtete Ergebnis dann mit ihnen besprochen. Diese Praxis machte die Methode des aktiven Imaginierens allerdings zu einem exklusiven Verfahren für einige wenige besonders begabte Patienten.

Professor HANSCARL LEUNER hat nachgewiesen, daß die Erfolgsaussichten erheblich wachsen, wenn die Imaginationen in der Therapiestunde durchgeführt werden. In der therapeutischen Situation – unter dem Schutz und geführt durch den Therapeuten – ist ein hoher Prozentsatz der Patienten ohne besondere Schwierigkeiten in der Lage, die inneren Bilder aufsteigen zu lassen und sich ihnen zu stellen. Praktisch geht das so vor sich, daß der imaginierende Patient dem Therapeuten fortlaufend berichtet, was er sieht und erlebt, und dieser eingreift, wenn es notwendig erscheint.

Dabei stellt sich die Grundsatzfrage, ob und in welchem Umfang der Therapeut die Rolle eines Führers übernehmen soll und darf. Das ist ein schwieriges Problem, das übrigens in jeder Psychotherapie auftaucht, ganz unabhängig von der angewandten Methode. Nach meiner Ansicht sollte man die Führung dem Unbewußten des Patienten überlassen; doch das Ich bedarf einer gewissen Hilfestellung, damit es seiner Aufgabe nicht ausweicht.

Zuerst muß der Patient sich in der ungewohnten Situation zurechtfinden und lernen, mit den imaginierten Personen und Symbolen umzugehen. Seine Aufgabe besteht darin, zu jeder im Bild erscheinenden Figur eine *Beziehung* herzustellen. Das geschieht vorwiegend durch das Gespräch.«

Lassen Sie mich das an einem Beispiel veranschaulichen: Gisela R., eine junge Frau, die unter Orgasmusschwierigkeiten litt, brachte folgenden Traum mit: »Mir träumte, daß ich auf dem Oktoberfest in München bin. Ich habe mich in diesem Traum als kleines Mädchen gesehen, das ein mit roten Herzen bemustertes weißes Kleidchen trägt. An den vielen Schaubuden und Karussells vorbei entferne ich mich vom Festplatz und komme dann plötzlich zu einer Höhle, vor der ein grimmiger Wächter steht. Ich mache einen riesigen Bogen um diese Höhle und laufe weg...«

Dieses »einen riesigen Bogen machen und weglaufen« deutet darauf hin, daß sich in der Höhle etwas Unangenehmes befinden muß. Wir stellten also in der Imagination diesen Traum wieder ein, ließen die junge Frau ihn praktisch noch einmal träumen und forderten sie dann auf, die Höhle zu betreten. Sie stieß zunächst auf Schwierigkeiten, weil der Wächter sie nicht einlassen wollte. Die Patientin versuchte nun einen Dialog mit dem Wächter, der aber nicht zustande kam. Sie wurde daraufhin gebeten, sozusagen ein »Tischleindeckdich« zu imaginieren, einen Tisch mit vielen Speisen und mit einer Flasche Wein. Zuerst mißtrauisch, aber dann doch mutiger, setzte sich der Wächter an den Tisch und vergaß über seinem Mahl das kleine Mädchen, das sofort in die Höhle lief. Im Höhleninnern gab es eine Reihe von Gängen und Abzweigungen, aber die junge Frau fand den richtigen Weg in einen Höhlenraum, in dem sehr viele alte Frauen an die Höhlenwände gekettet waren. Die Patientin wurde aufgefordert, die Frauen zu fragen, wer sie seien. Eine von ihnen antwortete: »Wir sind deine Orgasmen und du hast uns hier eingesperrt, nun befrei uns endlich!«

Die alten Frauen waren in Lumpen gekleidet, über und über mit Spinnweben überzogen. Nach einigen Widerständen gelang es der jungen Frau, die Frauen loszuketten und sie ins Freie zu lassen. Sie selbst verließ die Höhle als letzte und mußte zu ihrem Erstaunen feststellen, daß der Wächter sich verwandelt hatte. Er glich jetzt einem Jugendfreund von ihr, mit dem sie ein sehr bitteres Erlebnis gehabt hatte. Ihre eigene Mutter hatte diesen jungen Mann verführt, und die Patientin hatte zufällig beobachten können, wie die beiden sich im Garten ihres Elternhauses geliebt hatten. Sie entwickelte daraufhin einen derartigen Haß auf Mutter und Freund, daß sie ihre Orgasmen »einsperrte« mit dem Erfolg, daß es ihr aus eigener Kraft nicht mehr gelang, Zugang zu diesen Verdrängungen zu bekommen.

Hätten wir nun die Frau die Imagination daheim machen lassen, dann hätte sie erstens den Wächter nicht überlisten können, und zweitens wäre sie überhaupt nicht in die Höhle hineingegangen. Denn ihre inneren Widerstände wären zu groß gewesen, um dieses Problem allein anzugehen. Es gibt immer Schwierigkeiten in solchen Bildgeschichten, und darum ist eine Anleitung notwendig. Wir führen die Patienten immer nur so lange, bis sie die Grundregeln des aktiven Imaginierens erlernt haben, und ziehen uns dann zurück. C. G. JUNG selbst sagte über die Erforschung der aktiven Imagination: »Meine Experimente verschafften mir die Erkenntnis, wie hilfreich es vom therapeutischen Gesichtspunkt aus ist, die hinter den Emotionen liegenden Bilder bewußtzumachen.« Er sagt weiter: »Diese ist eine von mir angegebene Methode der Introspektion, nämlich die Beobachtung des Flusses innerer Bilder: man konzentriert die Aufmerksamkeit auf ein eindrucksvolles, aber unverständliches Traumbild oder auf einen spontanen visuellen Eindruck und beobachtet, welche Veränderungen am Bilde stattfinden. Dabei muß natürlich alle Kritik ausgeschaltet und mit absoluter Objektivität das Vorkommende beobachtet und aufgezeichnet werden.«

In der aktiven Imagination konzentriert sich der Patient auf ein seelisches Phänomen, beispielsweise auf ein Bild. Zunächst jedoch muß er sich innerlich leer machen, das heißt alle störenden Einflüsse ausschalten. Er darf durch nichts abgelenkt werden. Nichts Störendes darf ihn bedrängen.

Sobald die *innere »Leere«* hergestellt ist und das erste Bild vor dem inneren Auge erscheint, wird der Patient aufgefordert, »ins Bild hineinzugehen«. Auf dem Weg der Assoziation wird sich dann jedes Bild früher oder später umgestalten. Mittels des Heraufholens des inneren Bildmaterials gelingt es, psychische Energie aus dem Unbewußten zu befreien und die Auflösung der abgespaltenen und autonomen Komplexe vorzubereiten. Mit Hilfe dieser Methode ist eine direkte Affektbehandlung möglich. Durch aktives Eingreifen kann man sich in den Besitz der im Bild erscheinenden Libido (psychische Energie) bringen und derart verstärkten Einfluß auf das Unbewußte gewinnen.

Mittels des Dialogs mit den inneren Figuren werden bis dahin unbewußte Aspekte der Psyche dem Bewußtsein integriert. Es kommt zu einer *Synthese zwischen bewußten und unbewußten Tendenzen.* Die Schwierigkeiten, denen sich der Imaginierende in einer solchen Situation gegenübersieht, sind ein bildhafter Ausdruck seiner eigenen psychischen Schwierigkeiten. In dem Maße, wie ein Patient die in seinen Imaginationen auftretenden Schwierigkeiten meistert, überwindet er auch seine realen Schwierigkeiten. Wie wir am Beispiel der jungen Frau, die mit den alten Frauen in der Höhle einen Dialog führen mußte, bevor sie den Sinn des Bildes verstand, gesehen haben, sind es häufig gerade diese Dialoge, die sehr hilfreich sein können.

4. Der Dialog mit den inneren Bildern

Am Anfang der aktiven Imagination tauchen oft Zweifel auf, ob man die Worte, die eine innere Figur spricht, dieser nicht eventuell selbst in den Mund gelegt habe. Der Therapeut beläßt es meist bei diesen Zweifeln; er geht zunächst nicht darauf ein, weil er weiß, daß diese inneren Figuren mit der Zeit Dinge äußern werden, die unmöglich aus dem Bewußtsein kommen können. Solche Äußerungen sind der Beweis dafür, daß nun wirklich das Unbewußte zu sprechen begonnen hat.

Wir wollen das am Beispiel von Irene O., einer jungen Schauspielschülerin, einmal verfolgen. Die junge, etwa achtundzwanzigjährige Frau ähnelt eher einem vierzehnjährigen Knaben als einer Frau. Ihr Körper ist schmächtig, und die

Frisur verstärkt noch den Eindruck von Burschikosität. Sie berichtet während ihrer Imagination: »Ich bin an einen Pfahl gefesselt und habe ein Messer in der Hand. Plötzlich steht mein Vater vor mir. Ich fühle Aggressionen in mir hochkommen. Aber auch ein Gefühl von Hilflosigkeit steigt in mir auf. Ich frage ihn, warum ich an den Pfahl gebunden bin. Er bezeichnet mich als Spinnerin und lacht.«

Unterbrechen wir einmal die Imagination an dieser Stelle. Der Vater bezeichnet Irene als Spinnerin. Wir können zu diesem Zeitpunkt noch nicht sagen, ob es sich um eine echte Antwort aus dem Unbewußten handelt. Es scheint viel eher die Aussage über das eigene schlechte Selbstbild zu sein, das sicherlich früher einmal wesentlich durch den Vater geprägt worden ist. Zunächst läßt sich nur sagen, daß von einem Gefühl der Unzulänglichkeit die Rede ist. Doch verfolgen wir die Imagination weiter: »Ich will mich befreien, aber er will mich daran hindern. Er sagt, ich sei an den Pfahl gebunden, damit ich keine Dummheiten mache.« Auch an dieser Stelle klingen noch die vielleicht aus Kindheitstagen nachhallenden elterlichen Zurechtweisungen durch. Diese Ermahnung scheint nicht von archetypischen Inhalten geprägt. »Er fährt fort und meint, ich könne die Familie in Verruf bringen. Jetzt bin plötzlich nicht mehr ich die Frau, sondern es ist eine mir fremde Frau. Ich binde sie los, sie ist ganz schwach. Ich biete meinem Vater einen Apfel an (Nähren). Er akzeptiert ihn jedoch nicht, sondern wirft ihn weg. Ich will die Frau in einen Raum bringen und alles zumachen. Ich setze mich mit der Frau in die Sonne, und sie betrinkt sich plötzlich. Sie klammert sich fest an mich und weint. Ich soll sie nicht im Stich lassen. Da ist ein tiefer Vulkantrichter. Ich komme in ein Labyrinth von Gängen und Grotten. Da sitzen Menschen am Feuer. Sie sagen: ›Feuer ist Leben.‹ Ich bin mit der Frau zu einem See gegangen. Ich bade mit ihr. Das tut ihr gut. Das Wasser ist klar, man kann auf den Grund sehen. Da sehe ich Kieselsteine, Krebse, Fische, eine Schlange ist auch da. Die Frau fragt mich, warum ich Angst vor Schlangen habe. Ich sage ihr, daß ich mit

4. Der Dialog mit den inneren Bildern

einer Schlange nichts anfangen kann. Danach begegnen wir einem alten Mann. Der Mann ist mein Vater, der scheint argwöhnisch gegenüber der Frau. Ich gebe ihm wieder einen Apfel und sage, er soll gehen. Er ist freundlicher geworden und sagt: ›Paß auf die Frau auf, damit niemand sie kaputtmacht.‹«

Dieser letzte Satz des angeblichen Vaters läßt uns aufhorchen. Sagt er doch nichts anderes aus, als »lasse die Weiblichkeit in dir nicht verkümmern«. Wir haben es hier mit einem mächtigen *Animus* zu tun, der es der Frau bislang nicht erlaubt hatte, zur Frau zu werden. Hinter diesem Animus steht offenbar ein eifersüchtiger, moralisierender, spießiger Vater, der eine starke Negativbindung zu seiner Tochter unterhält; dieser negative Animusaspekt hindert sie daran, eine Frau zu werden und als solche mittels einer Wandlung des Animusbildes sich anderen Männern nähern zu können. Denn schon ihr burschikoser Körper signalisiert: »Ich bin gar keine richtige Frau, ihr braucht euch nicht um mich zu bemühen.«

Der Imaginierende muß sich völlig auf das sich ihm bietende innere Bild konzentrieren und den »Film« ohne zu manipulieren ablaufen lassen. Dabei herrscht völlige Freiheit. Der Imaginierende muß das Bildfragment in seiner Entwicklung objektiv beobachten. CARL GUSTAV JUNG sagt dazu: »Das Phantasiebild hat alles in sich, dessen es bedarf.« Er nennt die Imagination »die mütterliche Schöpfungskraft des männlichen Geistes... Alles Menschenwerk entstammt der schöpferischen Phantasie... Auch geht die Imagination normalerweise nicht in die Irre, dazu ist sie zu tief und zu innig verbunden mit dem Grundstock menschlicher und tierischer Instinkte.«

Die Imagination muß den nötigen Spielraum haben. Der Imaginierende muß dem Unbewußten stets freie Hand lassen. Die Psyche soll so wenig wie möglich manipuliert werden, vielmehr soll sie sich frei entfalten können. Der Therapeut verfolgt aufmerksam die Entwicklung der Imagination und erlebt über den Rapport den Handlungsablauf mit. Er hat keine führende, sondern eher eine Art Geburtshelferrolle.

C. G. Jung begann 1913 seine *Selbstanalyse,* wobei er eine Technik wählte, die unbewußte Phantasien anregte und diese ins Bewußtsein strömen ließ. Er zeichnete jeden Tag seine Träume auf und schrieb Phantasiegeschichten nieder, wobei er jeder Richtung, die seine Imagination einschlug, folgte. Er stellte sich vor, wie er sich in die Erde und in unterirdische Galerien und Höhlen eingrub, wo er vielen merkwürdigen Gestalten begegnete. Und dann überprüfte er jedes Bild seines Unbewußten und setzte es, soweit wie möglich, in die Sprache des Bewußtseins um. Diese Methode hat sich nun in den letzten siebzig Jahren zu einer Therapieform entwickelt, die große Chancen bietet, abgespaltene Teile der Psyche zu reintegrieren und Polaritäten miteinander in Einklang zu bringen.

An einem Beispiel möchte ich verdeutlichen, welche Methode der aktiven Imagination C. G. Jung seinen Patienten anriet. In einem Brief an einen ratsuchenden Patienten, der an einem Übermaß von Phantasien litt, schrieb er am zweiten Mai 1947: »Bei der aktiven Imagination kommt es darauf an, daß Sie mit irgendeinem Bild beginnen. Zum Beispiel gerade mit dieser gelben Masse aus Ihrem Traum. Betrachten Sie das Bild und beobachten Sie genau, wie es sich zu entfalten oder verändern beginnt. Vermeiden Sie jeden Versuch, es in eine bestimmte Form zu bringen, tun Sie einfach nichts anderes als beobachten, welche Wandlungen spontan eintreten. Jedes seelische Bild, das Sie auf diese Weise beobachten, wird sich früher oder später umgestalten, und zwar aufgrund spontaner Assoziationen, die zu einer leichten Veränderung des Bildes führen. Ungeduldiges Springen von einem Thema zum anderen ist sorgfältig zu vermeiden. Halten Sie an dem von Ihnen gewählten Bild fest und warten Sie, bis es sich von selbst wandelt. Alle diese Wandlungen müssen Sie sorgsam beobachten, und Sie müssen schließlich selbst in das Bild hineingehen. Kommt eine Figur vor, die spricht, dann sagen auch Sie, was Sie zu sagen haben, und hören Sie auf das, was er oder sie zu sagen hat. Auf diese Weise können Sie nicht nur Ihr Unbewußtes analysieren, sondern Sie geben auch dem Unbewußten eine

4. Der Dialog mit den inneren Bildern

Chance, Sie zu analysieren. Und so schaffen Sie nach und nach die Einheit von Bewußtsein und Unbewußtem, ohne die es überhaupt keine Individuation gibt.«

Heutzutage ist es allerdings nicht mehr üblich, selbstanalytisch zu arbeiten, denn die Nachfolger Jungs haben längst erkannt, daß es zu viele *Vermeidungspunkte* gibt, die der Patient in der Regel zu umgehen sucht. Vergegenwärtigen Sie sich ein Beispiel: Eine junge Frau kommt mit Depressionen in die Behandlung; sie hat große Schwierigkeiten, sich auf die Imagination zu konzentrieren. Als sie eine Höhle betritt, sieht sie plötzlich mitten in der Höhle einen großen Baum.

Hören wir uns das Protokoll dieser Sitzung einmal an: »Ich sehe kleine undefinierbare Gestalten, Zwerge. Sie haben lange, abstehende Haare, runde Gesichter und Augen, die mich anstarren. Erst kommen mir die Augen streng vor, dann wieder gütig, schließlich verschmitzt. Ich fühle mich ein wenig unsicher. Es scheint der Spiegel meiner Seele zu sein. In der Höhle ist ziemlich grelles Licht. Es hängen Zapfen von der Decke, und mir scheint, sie glühen. Es wird jetzt niedrig, und ich muß mich bücken. Rechts ist eine große Holztür. Es ist ein großer Raum. Erst kommt mir das wie ein Weinkeller vor, dann wie ein große Kirche. Jedenfalls sind Bänke da. Ich gehe um etwas herum, weiß aber nicht, was es ist.«

Hier haben wir eine deutliche Vermeidungssituation. Immer wenn eine sogenannte »Wahrheit« auftaucht, irgend etwas ins Bewußtsein drängen will, dann können derartige Vermeidungen auftreten. Die Patientin wurde aufgefordert, noch einmal zurückzugehen und zu warten, bis das Bild deutlicher würde und sie erkennen könne, was sie da eigentlich vermeide.

»Es könnte ein riesengroßer Baumstamm sein. Vorne hat er ein lustiges Gesicht. Er ist ein lustiger Kobold. Ihn freut das Leben. Ich komme mir von dem Kobold beschützt vor.« Die Patientin wurde gebeten, den »Kobold« nach seinem Namen zu fragen. Die Antwort lautete: »Ich bin deine Lebensfreude!« Hier haben wir deutlich den Gegenpol zu der Depression. Schuldgefühle sexueller Natur hatten sie die »Lebensfreude«

verdrängen lassen und jenes freudige Gefühl sozusagen symbolisch in die Höhle, in den Mutterleib, verlagert.

Die Aussage »Ich bin um etwas herumgegangen« zeigt deutlich die Vermeidung. In einer Selbstanalyse wäre sie sicherlich um diesen Punkt herumgegangen, weil sie instinktiv gefühlt hätte, daß da etwas sein könne, das sie sich nicht anschauen wollte. Darum ist es immer besser, die Inhalte der Imagination mit einem Therapeuten durchzuarbeiten.

An diesem Punkt wird die *Ambivalenz des Ich* als des Repräsentanten des Bewußtseins in seiner Beziehung zum Unbewußten deutlich. Einerseits – und das ist seine eigentliche Funktion – wirkt das Ich als Instrument der Zentroversion in dem Sinne, daß es die Funktion hat, die Energien des Unbewußten in ein immer umfassenderes Bewußtsein zu integrieren; auf der anderen Seite versucht es, diese Energien abzuwehren oder zu verdrängen, sei es aufgrund seiner Identifikation mit dem Über-Ich kollektiver Normen, sei es infolge pathogener Störungen.

Ein integriertes Ich, das sich ohne schwere Hemmungen entwickeln konnte, ist elastisch und anpassungsfähig und wird zu einem Organ der Assimilierung und Kommunikation. In einem solchen Fall wird das Ich zum Mittler zwischen Subjekt und Objekt, letzteres als inneres und äußeres Objekt verstanden, das heißt als das Unbewußte (die autonome, objektive Psyche) einerseits und als äußere Realität andererseits. Das Subjekt ist das Ich selbst, das im Prozeß einer fortlaufenden Wechselwirkung zwischen sich selbst – als zunächst rudimentärem, aber zunehmend sich festigendem und differenzierendem Ich-Bewußtsein – und dem Nicht-Ich (inneres und äußeres Objekt) sich dauernd verändert und erweitert.

Dies aber ist nur möglich, wenn die Ich-Funktion als Bewußtsein in der psychischen Grundstruktur potentiell angelegt ist. Mit anderen Worten: Wir müssen das Vorhandensein eines *archetypischen, vorbewußten Ich* in der biopsychischen Struktur annehmen. Dieses potentielle vorbewußte Ich wird durch den Kontakt mit seiner Umgebung aktualisiert. Die äußeren Objekte haben ihren Gegenpol in den inneren Objekten, die in ihrer Gesamtheit die archetypische Struktur der Psyche ausmachen. Aus diesem Grund sind auch neurotische Patienten mit einem ungenügend entwickelten Ich fähig, unter Anleitung eines Therapeuten aktive Imagination zu betreiben. In diesem Imaginationsprozeß kann auch ein unterentwickeltes Ich mit archetypischen Bildern in Verbindung treten und sich durch den Kontakt mit ihnen festigen und differenzieren. In einem Prozeß der Wechselwirkung zwischen Unbewußtem und Bewußtsein aktivieren die Archetypen gewisse Aspekte des Bewußtseins, und das Bewußtsein tritt seinerseits aktiv zu den Grundmustern der archetypischen Struktur in Beziehung.

Neben diesem Prozeß der Wechselwirkung zwischen dem Ich und der transpersonalen Grundschicht der Psyche gibt es auch autonome Prozesse, in deren Verlauf archetypische Bilder spontan ins Bewußtsein treten. Vermag das Ich sich in differenzierter Weise auf diese Bilder zu beziehen und sie zu integrieren, dann sprechen wir von »Erleuchtung«, »Vision« und so weiter. Das Ich-Bewußtsein erfährt im Verlauf dieses Prozesses eine Erweiterung. Der Unterschied zwischen den Visionen beispielsweise der biblischen Propheten und denjenigen eines »Medizinmannes« besteht darin, daß erstere die Inhalte des kollektiven Unbewußten bewußt assimilierten, wogegen sich der Medizinmann mit den archetypischen Bildern identifiziert und ihnen als passives Sprachrohr dient, ohne sie zu assimilieren.

Wo die Energie der auftauchenden Bilder die Kraft des Ich-Bewußtseins übersteigt, kann auch ein *zerstörerischer Prozeß* ausgelöst werden. Dieser Prozeß kann von einer vorübergehenden Inflation, in der sich das Ich mit den archetypischen Bildern identifiziert, bis zu einer Psychose führen, in der das Ich-Bewußtsein völlig überschwemmt und zerbrochen wird. Gerade diese Gefahr verkennt so mancher Laienheiler, der nicht in der Lage ist, die Struktur einer ich-schwachen Persönlichkeit zu erkennen. Überhaupt gehören alle Imaginationstherapien in die Hand eines Fachmannes.

Psychische Vorgänge sind sehr real, wenn auch nicht augenscheinlich; sie sind so real, daß Jung seinen Schülern verbot, sich während einer aktiven Imagination lebende Personen ihrer Umgebung vorzustellen, weil er beobachtet hatte, daß solche Imagination eine Wirkung auf die darin Mitwirkenden haben kann.

Die Beibehaltung des Ich-Bewußtseins während der Imagination ist eine schwierige Aufgabe, weil man einen subtilen Balanceakt an der Schwelle des Unbewußten durchführen muß. Ist das Bewußtsein zu klar, so bricht der Bilderstrom leicht ab; ist das Bewußtsein hingegen getrübt, so schläft man leicht ein.

5. Die Fähigkeit des Geschehenlassens

Jung sagte einmal: »Die Versuchung, aus allem eine Absicht und eine Methode zu machen, ist für mich so groß, daß ich mich absichtlich sehr abstrakt ausdrücke, um nichts zu präjudizieren, denn das Neue soll weder dieses noch jenes sein, ansonsten daraus ein Rezept gemacht wird, das man ›maschinell‹ vervielfältigen kann, und es wäre wiederum ›das richtige Mittel‹ in der Hand des ›verkehrten Mannes‹. Es hat mir nämlich den tiefsten Eindruck gemacht, daß das schicksalhafte Neue selten oder nie der bewußten Erwartung entspricht und, was noch merkwürdiger ist, den eingewurzelten Instinkten, wie wir sie kennen, ebenfalls widerspricht und doch ein seltsam treffender Ausdruck der Gesamtpersönlichkeit ist – ein Ausdruck, den man sich völliger gar nicht denken könnte.«

Und was tun die meisten Menschen, um einen Fortschritt in ihrer Persönlichkeitsentwicklung herbeizuführen? Leider nur sehr wenig. Sie wissen nicht, daß dieser Fortschritt auch die *Fähigkeit des Geschehenlassens* voraussetzt. Diese Haltung ist gelegentlich ein wesentlicher Bestandteil einer kreativen Psychotherapie. Diese Fähigkeit ist eines der Geheimnisse der großen Meister: es ist das Geschehenlassen, das »Tun im

Nichtstun«; das Sichgehenlassen, wie Anfang des vierzehnten Jahrhunderts Meister ECKHART sich ausdrückte; diese Haltung ist oft der Schlüssel, der die Tür zum inneren Weg öffnet. Man muß auch psychische Vorgänge passiv hinnehmen können. Das scheint eine der schwierigsten Künste unserer Zeit zu sein. Es gibt zu viele Leute, deren Bewußtsein ständig helfend, korrigierend und negierend in alles eingreift und die nicht die Geduld haben, der sich in Entwicklung befindlichen Psyche Ruhe und Zeit zu lassen. Ich spreche vor allem von jenen Therapeuten, die ständig meinen, sie müßten etwas tun, damit das »Karussell der Entwicklung« läuft.

Imaginieren heißt aber auch meditieren, und in der *Meditation* liegt das passive Geschehenlassen. Für den Imaginationstherapeuten ist es wichtig zu wissen, daß nicht aktives Wollen den Prozeß vorantreibt, sondern einzig und allein zunächst die Tatsache, daß die Bilder im Patienten in ihrer Entwicklung objektiv beobachtet werden. Nichts wäre einfacher als das, könnte man meinen; aber gerade hier beginnen die Schwierigkeiten. Vielen Therapeuten bereitet es offensichtlich Schwierigkeiten, konzentriert, aber schweigsam neben dem Imaginierenden zu sitzen und sich alles anzuhören. Ich kenne das aus eigener Erfahrung: Der Anfänger hat immer das Gefühl, etwas tun zu müssen. Gelingt es jedoch zu schweigen, so folgt die nächste Versuchung am Ende der jeweiligen Sitzung. So mancher Therapeut ist nämlich versucht, nachträglich das gesamte miterlebte Drama zu deuten, zu klassifizieren, zu ästhetisieren, zu degradieren und abzuwerten.

Im analytischen Gespräch mit dem Patienten kommt es nicht darauf an, ihm fertige Deutungen und Auslegungen anzubieten; vielmehr geht es darum, dem Patienten bei dieser analytischen Arbeit als Lotse zu dienen, ihm also durch das Gefühl der Geborgenheit die Möglichkeit zu der eigenen Erkenntnis zu eröffnen. Denn das Bewußtsein des Patienten soll ja als Subjekt die *Botschaft des Unbewußten* integrieren, und da wäre jede fertig angebotene Deutung ein sehr großer Fehler.

Die Therapieform der aktiven Imagination liefert reichlich empirisches Material aus dem Unbewußten. Sie fördert Urstoff aus den Tiefen des Unbewußten zutage, den es zu bearbeiten gilt. Die aktive Imagination bringt die im Menschen liegenden schöpferischen Keime zur Entfaltung.

5
Das Symboldrama

1. *Das katathyme Bilderleben als Symboldrama*

Die aus dem Gang über die Wiese, dem Aufstieg zum Berg und dem Eintritt in die Kapelle bestehende Drei-Stufen-Imagination, die CARL HAPPICH in den zwanziger Jahren entwickelt hat, ist von klarer Einfachheit und gerade deswegen von großer Wirksamkeit. Die von HANSCARL LEUNER entwickelte Methode des katathymen Bilderlebens (griechisch: *kata* = »gemäß«, *thymos* = »Seele«) hat zwar gewisse Ähnlichkeiten mit den Verfahren von C. HAPPICH und R. DESOILLE, ist aber eine eigene, unabhängig von den vorgenannten Therapeuten entwickelte Technik. H. LEUNER versuchte anfangs nur nachzuweisen, daß die tiefpsychologische Symbollehre zutreffend sei. Im Laufe der Jahre entwickelte er aus seinen allgemeinen tiefenpsychologischen Experimenten zunächst ein diagnostisches und endlich ein therapeutisches Verfahren. Er erarbeitete sein Verfahren also unabhängig von C. HAPPICH und R. DESOILLE, obwohl ihm diese bekannt waren.

Das katathyme Bilderleben (Bild-Erleben) basiert auf zwei Voraussetzungen, und zwar: daß erstens das Erleben des Menschen – und sei es auch nur in der Phantasie – und die entsprechend der Bedürfnisstruktur des Individuums damit verbundene Freisetzung emotional-affektiver Impulse eine tiefgreifende Auseinandersetzung der betreffenden Person mit sich selbst darstellt; zweitens daß diese phantasiegetragene Auseinandersetzung am besten unter den empirisch gewonnenen Einsichten der Tiefenpsychologie zu betrachten und aufzuschlüsseln ist.

Die Methode des katathymen Bilderlebens hat sich seit ihren Anfängen innerhalb der Psychotherapie zu einer international anerkannten *Tagtraumtechnik* entwickelt. Unter den imaginativen Verfahren nimmt sie eine Sonderstellung schon deswegen ein, weil die Möglichkeit einer systematischen Strukturierung des breitangelegten imaginativen Erlebnisfeldes einerseits und ein großes Angebot vielfältiger technischer Instrumente andererseits zu ihren Vorzügen zählen.

Wie kam nun Professor H. LEUNER zu den *zehn Standardmotiven* seiner Methode? Er ließ Versuchspersonen beim »Auftreten etwaiger emotionaler Störimpulse und im Falle schwer lösbarer, akuter emotionaler Konflikte« die Frage beantworten: »Was ist mein Problem?« Bei der Versenkung in diese Fragestellung tauchten bestimmte imaginative Inhalte auf, die bei verschiedenen Personen regelmäßig recht ähnlich waren. An solchen Bildern lassen sich »oft eindrucksvoll die latenten Ängste, Fehlerwartungen und Ambivalenzen« eines Individuums veranschaulichen. »Tiefere Emotionen werden angerührt, leichte kathartische Reaktionen gefördert, und mit Hilfe von Assoziationen und Realeinflüssen wird die Auseinandersetzung mit zunehmender Einsicht gefördert, und die neurotischen Fixierungen können sich lösen.«

Professor Leuner übernimmt nicht den Jungschen Begriff des »Archetypus«, sondern führt die archaischen Erscheinungen auf *regressives Material* aus der persönlichen Vergangenheit des Imaginierenden zurück. Ähnlich wie auch R. DESOILLE stellte er fest, daß die archaischen Gestalten sich oft in wichtige Bezugspersonen aus der Vergangenheit des Imaginierenden verwandeln.

Das katathyme Bilderleben, das in der Praxis auch den zutreffenden Namen »Symboldrama« erhalten hat, kann also jener Gruppe von Psychotherapieverfahren zugeordnet werden, die das unmittelbare Erleben in der interaktionellen Auseinandersetzung mit der eigenen Person und ihrer Umgebung zum therapeutischen Prinzip erhoben haben. Als ihre Prototypen können das Psychodrama nach J. L. MORENO und das Rollenspiel aufgefaßt werden. Das katathyme Bilderleben bewirkt unter anderem folgende Veränderungen im Patienten: Lockerung allgemeiner, im Tagesbewußtsein wirksamere

1. Das katathyme Bilderleben als Symboldrama

Abwehrmechanismen und Zensurschranken aufgrund des das Bewußtsein leicht herabsetzenden (Alpha-)Zustands; *Aufdeckung der Konflikte in Gestalt* symbolisch verkleideter Phantasien; *Freisetzung von unterdrückten Impulsen und Befriedigung archaischer Bedürfnisse* im Rahmen einer kontrollierten Rückführung. In den Symbolgestalten zeigen sich zugleich die gegengerichteten Abwehrmechanismen, die somit durchlebt werden können. Man kann also mit Recht sagen, das katathyme Bilderleben sei sehr gut geeignet, sich mit innerseelischen Prozessen jeder Art auseinanderzusetzen, um auf diese Weise eine *innere Befreiung* zu erreichen.

Das katathyme Bilderleben (abgekürzt KB) liegt also zwischen den übenden beziehungsweise stützenden Verfahren (Suggestion, Hypnose, autogenes Training) einerseits und der aufdeckenden Psychoanalyse andererseits. Sein stufenweiser Aufbau in Grund-, Mittel- und Oberstufen erlaubt sowohl ein pragmatisch übendes Vorgehen als auch eine psychoanalytische Bearbeitung im Sinne einer *Aufdeckung von vor- und unbewußtem Material.* Damit füllt diese Methode eine bestehende Lücke zwischen den stützenden und den aufdeckenden therapeutischen Verfahren. Theoretisch ist das katathyme Bilderleben der Tiefenpsychologie zugeordnet und der Psychoanalyse verpflichtet. Es erkennt eine unbewußte Triebdynamik und dagegengerichtete Abwehrhaltungen sowie die Bedeutung von Übertragung und Gegenübertragung an.

Die dabei auftretenden Imaginationen werden als *spontane Manifestationen des Drängens der Seele,* sich selbst darzustellen, verstanden. Bei den meisten Menschen ist diese Imaginationsfähigkeit vorhanden. Von besonderer Bedeutung ist, daß im symboldramatischen Erleben sogenannte »selbstregulierende Tendenzen« im Ich und somit *Selbstheilungskräfte der Psyche* angeregt werden. Es herrscht die Grundannahme vor, daß »der Patient allein durch die symboldramatische Entwicklung, unter nur leichter Lenkung durch den Therapeuten, seinen therapeutischen Weg mit Befreiung von der Symptomatik in eigener Regie zu vollziehen vermag« (Leuner).

Beim symboldramatischen Erleben kommt es, wie schon angedeutet, zu einer leichten Herabsetzung des Bewußtseins bei geschlossenen Augen und zu kontrollierten Regressionen. Dabei werden psychische Funktionen reaktiviert, die ihren Ursprung vorwiegend in früheren Entwicklungsstadien haben.

In klinisch-experimentellen Untersuchungen konnte Professor H. LEUNER nachweisen, daß die im katathymen Bilderleben imaginierten Bilder bestimmten affektiven Handlungen auf seiten der Imaginierenden entsprechen. Das berechtigt, von einem *projektiven Zusammenhang* zu sprechen, und bedeutet, daß die individuelle Ausgestaltung von Bildern die vorherrschende, unter Umständen die neurotisch-affektive Problemlage eines Menschen in symbolischer Weise widerspiegelt. Somit kann das katathyme Bilderleben auch als ein hochsensibles Diagnoseinstrument zur Erfassung innerpsychischer Konstellationen und Konflikte angesehen werden, mit dessen Hilfe jede feine Änderung in der affektiven Struktur durch den kundigen Therapeuten herausgelesen werden kann.

Der mittlerweile ausreichend belegte Zusammenhang zwischen den manifesten Inhalten des Tagtraums und der zugrunde liegenden Psychodynamik (Antriebsimpulse und entgegengerichtete Abwehr) setzt den Patienten und den Therapeuten in die Lage, die Imaginationen des Patienten konsequent zu bearbeiten und zu analysieren. Im Mittelpunkt des therapeutischen Vorgehens steht dabei die *Operation am Symbol*. Diese Technik basiert auf der Erfahrung, daß sich vom Patienten wiederholt durchlebte Bilder verändern. In diesem Sinne spricht man von einem Wandlungsphänomen, das einerseits in spezifischer Form auftritt, beispielsweise nach der Abreaktion eines Affektes, andererseits aber auch unspezifisch in Erscheinung tritt, etwa wenn im Laufe der therapeutischen Arbeit auch nicht direkt angesprochene Symbole sich »synchron« zu anderen Symbolwandlungen ändern.

Das Wandlungsphänomen bietet die Möglichkeit einer Verlaufs- und Erfolgskontrolle des therapeutischen Prozesses.

1. Das katathyme Bilderleben als Symboldrama

Therapeut und Patient können an solchen Wandlungen erkennen, wieweit die Reorganisation der Ich-Struktur des Patienten bisher gediehen ist.

Ein besonderer Beitrag Professor Leuners zur Tiefenpsychologie liegt wohl in der von ihm geleisteten Herausarbeitung des Unterschiedes zwischen sogenannten »fixierten« (stereotypen) und »labilen« (flukturierenden) Bildern. Die *fixierten Bilder* tauchen immer in der gleichen Weise auf und können sich über sehr lange Zeiträume halten. Sie gelten als die eigentlichen Äquivalente (bildlichen Entsprechungen) der neurotischen Abwehr- oder Charakterhaltung. In ihrer Starrheit und Rigidität des Auftretens sind sie typisch für neurotische und psychosomatisch gestörte Menschen und verdienen in der therapeutischen Arbeit die größte Beachtung. Labile Bilder hingegen erscheinen weniger problematisch und problemträchtig. Sie verändern sich von Sitzung zu Sitzung und lassen auch keine so starken Gefühlsstörungen erkennen, wie sie in Verbindung mit den fixierten Bildern auftreten.

Über die Methode des katathymen Bilderlebens und die Deutung der dabei auftauchenden Bilder sagt Professor Leuner: »Zunächst kümmern wir uns natürlich um den Inhalt, den wir in unseren eigenen Vorstellungen mitvollziehend nacherleben. Aufgrund der Symbolkenntnis und der Kenntnis der Vorgeschichte unseres Probanden machen wir uns Gedanken über die Bedeutung der Inhalte (a); dann achten wir genau auf den mitschwingenden Gefühlston und die emotional affektiven Reaktionen, etwa in Form von Augenzwinkern, der vertieften Atmung, der Pausen in der Beschreibung und so weiter sowie von Verhaltensweisen, die sich bis zur motorischen Abreaktion von starken Affekten steigern können (b); schließlich beachten wir, wie sich der Betreffende im Bilderleben verhält, etwa ob er die Aufgabe zaghaft anpackt oder ob er mutig zugreift, ob er Gefahren meidet oder ob er sich ihnen bewußt stellt und so fort. Wir können daraus auf sein Verhalten im realen Leben, auf unbewußte Verhaltenstendenzen und Charaktereigenschaften schließen (c).«

2. Die zehn Grundsymbole des katathymen Bilderlebens

Die zehn Grund- oder Ausgangssymbole des katathymen Bilderlebens sind:

1. Das Motiv der Wiese. Die Wiese ist eine Bühne der agierenden Symbolgestalten. Auf ihr spiegeln sich akute Stimmungen und Probleme.
2. Das Motiv einer Bergbesteigung mit Rundblick über die Landschaft. Die Schwierigkeiten des Aufstiegs, die Berghöhe und die Art der imaginierten Landschaft geben Aufschluß über die Probleme der aktiven Durchsetzung und des eigenen Anspruchs.
3. Das Motiv des Bachs, der durch die Wiese fließt und dessen Verlauf in Richtung auf seine Quelle oder Mündung ins Meer verfolgt werden kann. Der Bach steht als Symbol für die fließende seelische Dynamik, die beim Neurotiker oft »gestaut« oder »verschüttet« ist. Die Quelle ist ein Symbol der Fruchtbarkeit, des Ursprungs und der Wiederherstellung.
4. Das Motiv des Hauses, das der Imaginierende auf dem Weg durch die Landschaft entdeckt. Er wird aufgefordert, es zu durchsuchen. Das Haus gilt als Symbol der Persönlichkeit. Aus der Art des Hauses (Burg, Schloß, Mietkaserne, Hochhaus, Hütte und so weiter) ergeben sich Rückschlüsse auf die Persönlichkeitsstruktur. Die Art, wie die Küche erlebt wird, verweist auf die orale Sphäre, aus der Art, wie Wohn- und Schlafzimmer gesehen werden, erhält man Hinweise auf die anale und sexuelle Sphäre. Gegenstände auf dem Dachboden oder im Keller repräsentieren Kindheitserinnerungen.
5. Beziehungspersonen läßt man entweder im Bild oder symbolisch verschlüsselt (Vater etwa als Elefant, Mutter als Kuh) auf der Wiese oder anderswo imaginieren. Auch Vorgesetzte, Ehepartner, Kinder, Geschwister können herbeizitiert werden. Die anschließenden Phantasiebilder

geben Aufschluß über das Verhältnis zu diesen Personen (das dem Imaginierenden zuvor häufig gar nicht recht bewußt war).
6. Motive, die die Einstellung zur Sexualität zum Ausdruck bringen: Männliche Personen imaginieren zu diesem Zweck einen Rosenstrauch. Die Art, wie der Imaginierende etwa eine Rose pflückt oder auch nicht, kann Aufschluß über sexuelle Hemmungen oder Übersteigerungen geben. Weibliche Personen imaginieren die folgende Szene: Die Patientin wandert müde durchs Land. Ein Autofahrer hält an und will sie mitnehmen. Aus der Reaktion der Frau lassen sich Rückschlüsse auf ihr Verhältnis zur Sexualität ziehen.
7. Das Motiv der Prüfung der eigenen aggressiven Impulse oder der Einstellung gegenüber aggressiven Personen: Ein Löwe im Zirkus oder in der Wildnis wird imaginiert. Aus der Weise, wie der Imaginierende die Szene weiterentwickelt, lassen sich Rückschlüsse über sein Verhältnis zur Aggressivität ziehen.
8. Das Motiv der Entwicklung des Ich-Ideals: Man läßt den Imaginierenden spontan den Namen einer gleichgeschlechtlichen Person nennen. Darauf folgt die Imagination der zu dem Namen gehörenden Person. Meist erscheint dabei eine bekannte Person mit Eigenschaften, die der Imaginierende selbst haben möchte.
9. Der Blick von der Wiese ins Waldesdunkel oder in eine Höhle: Dabei werden meist archaische Tier- und Menschengestalten (passiv) imaginiert. Häufig treten bei dieser Übung tiefverdrängte Konflikte der Rivalität oder Homophilie zutage.
10. Das Motiv des Sumpfloches, in das der Imaginierende hineinschauen soll: Dabei tauchen wiederum häufig archaische Tier- oder Menschengestalten auf (Frosch, Fisch, Schlange, nackter Mann, Frau). Das in dieser Imagination in Erscheinung tretende archaische Material ist meist sexuellen und ödipalen Inhalts.

3. Der Blumentest

Eine Therapie mit dem katathymen Bilderleben beginnt meist mit dem sogenannten Blumentest. Dieser Blumentest wird in der Regel nach dem Erstgespräch durchgeführt. Er soll abklären, ob und inwieweit ein Patient Bilder im Sinne des katathymen Bilderlebens überhaupt sehen kann. Professor HANSCARL LEUNER beschreibt den Blumentest folgendermaßen:

»Wir bitten den Patienten, sich für einen einfachen, sehr kurzen Test zur Verfügung zu stellen. Wir bitten ihn dann, sich in einem Sessel möglichst bequem hinzusetzen, und veranschaulichen unseren Wunsch dadurch, daß wir ihm mit wenigen Worten bedeuten, er möge sich so locker und bequem wie möglich hinsetzen, als ob er nach anstrengender körperlicher Arbeit einen kurzen entspannten Mittagsschlaf halten möchte. Wir warten ab, bis der Patient nach einigem Probieren die entsprechende Position eingenommen hat. Dann fragen wir ihn relativ unvermittelt, ob er sich jetzt eine Blume vorstellen könnte. Das Motiv einer Blume wählen wir deshalb, weil es in der Regel angenehm und liebenswürdig ist und Blumen kaum jemals ausgesprochen negative Akzente in sich tragen. Tritt ein solcher negativer Akzent auf, kann man bei diesem Test davon ausgehen, daß bei dem Patienten ganz erhebliche pathologische Impulse andrängen (beispielsweise eine schwarze Rose, eine Blume, die bald verwelkt, eine Blume aus Stahl oder Ähnliches).

Dieses *informelle Vorgehen* löst bei dem Patienten infolge der mangelnden Vorbereitung keine Erwartungsspannung aus. In der Tat ist es sehr verblüffend, daß beinahe alle (auch relativ schwer gestörte) Patienten auf diesen Versuch eingehen und sich eine Blume vorstellen können. Der Patient wird dann gebeten, die Blume zu beschreiben. Dabei lege ich Wert auf die Schilderung der Farbe, auf einen Blick in den Blumenkelch und konzentriere die Imagination dann auf einen taktilen Reiz, indem ich ihn bitte, den Blütenkelch mit einer Fingerspitze zu berühren. Auch das geschieht in der Überzahl der Fälle.«

Nach diesem Blumentest, den die meisten Therapeuten anwenden, wird in der ersten therapeutischen Sitzung in der Regel zunächst das Motiv der Wiese eingestellt.

4. Das Motiv der Wiese

Schauen wir uns nun als erstes Beispiel eine sogenannte *Wiesenübung* an, die Professor Leuner mit einem gesunden Menschen während eines Seminars durchgeführt hat.

Der Proband sitzt entspannt in dem Sessel, das Gesicht erscheint locker, er atmet ruhig und öffnet dann nach etwa einer halben Minute die Lippen und beginnt langsam und leise zu sprechen, zunächst etwas schwer verständlich. Bald ist die Stimme aber kräftig und deutlich.

Proband: »Ja, ich sehe Gras vor mir, langes, fast hohes Gras. Es bewegt sich sanft im Winde, sonst kann ich aber nichts erkennen.«

Professor Leuner: »Lassen Sie bitte das ruhig erst einmal ganz auf sich wirken.«

Proband: »Ja, das ist angenehm, ein schönes, sanftes Gras, ein gutes Gefühl.« Eine Minute Pause.

Professor Leuner: »Versuchen Sie bitte, sich weiter umzublicken, damit Sie auch die Ausdehnung der Wiese, ihre Grenzen und überhaupt alles, was es noch gibt, erkennen können.«

Proband: »Ja, jetzt habe ich den Blick gehoben, ich sehe eine saftig-grüne Wiese vor mir. Sie ist nicht allzugroß, hier und da sind einige Blumen verstreut. Jetzt wird es deutlicher, ich sehe die blauen Farben und die kleinen gelben Blümchen. Das Gras erscheint jetzt niedriger, das Ganze hat jetzt etwas Liebliches, etwas Freundliches. Die Wiese ist freilich nicht allzugroß. Die Sonne scheint – es ist fast wie im Frühling, alles noch etwas unberührt, ausgesprochen freundlich und heiter. Die Wiese ist rechts und links relativ schmal und eingeengt durch einen Wald mit hohen Nadelbäumen. Das Ganze erstreckt sich aber weit nach hinten und scheint hinten breiter zu werden. Ich kann außerordentlich weit blicken. Ganz hinten erhebt sich eine Anzahl von Bergen, in der Ferne sogar vielleicht ein Gebirge mit schneebedeckten Gipfeln.«

Professor Leuner: »Es würde mich interessieren zu erfahren, ob es sich bei diesem Bild um eine Ihnen bekannte Landschaft handelt oder ob sie allein aus der Phantasie geboren ist.«

Proband: »Nein, eine solche Wiese habe ich noch nie gesehen, das ist etwas ganz Neues. Ich möchte doch sagen, mehr aus der Phantasie.«

Professor Leuner: »Können Sie sonst noch etwas erkennen?«

Proband: »Ja, jetzt sehe ich links vorn einen Einschnitt, es ist – ja es ist wirklich – ein kleiner Bach, der durch die Wiese rinnt. Er ist nicht besonders breit, hat aber ganz klares, sauberes Wasser. Ich hätte fast Lust, daraus zu trinken.«

Professor Leuner: »Tun Sie es doch!«

Proband: »Ja, jetzt liege ich schon auf den Knien und stütze mich mit der linken Hand am Ufer ab; der Bach ist höchstens fünfzig Zentimeter breit, und ich schöpfe mit der rechten Hand das Wasser. Es ist schön kühl, angenehm. Ich trinke mit der hohlen Hand . . .«

Lassen Sie uns diese Wiesenübung hier abbrechen. Sie zeigt ganz deutlich, wie sich das imaginierte Bild immer weiter entwickeln läßt. Eine solch üppige Wiese erleben in der Regel nur gesunde Menschen, aber auch jene Neurotiker, die ein solches Bild unbewußt als *Abwehrmechanismus* entwickeln. Im vorliegenden Fall handelt es sich um einen relativ gesunden Menschen.

Um Ihnen eine Vergleichsmöglichkeit zu bieten, möchte ich aber im folgenden auch noch die Wiese eines gestörten Menschen vorstellen.

Therapeut: »Versuchen Sie doch einmal, sich eine Wiese vorzustellen, irgendeine Wiese oder sonst, was Ihnen vor Augen kommen will.«

4. Das Motiv der Wiese

Patientin: »Ich sehe eher ein Stoppelfeld mit abgebrannten Stoppeln; die Erde ist schwarz, verbrannt, hin und wieder steht noch eine Stoppel aus der Erde heraus. Es ist sehr öde, sehr verlassen, sehr verkommen.«
Therapeut: »Und das Wetter?«
Patientin: »Grau, der Himmel ist grau, bedeckt.«
Therapeut: »Schauen Sie sich einmal an, wie das Ganze begrenzt ist.«
Patientin: »An der einen Seite des Stoppelfeldes ist ein Wald, und an den anderen Seiten ist es von einem Zaun eingegrenzt, von einem Jägerzaun.«
Therapeut: »Und wie wirkt das Ganze stimmungsmäßig auf Sie?«
Patientin: »Ja, ich stehe auf dem Feld und möchte in den Wald laufen, weil der Wald grün ist. Das Feld bedrückt mich, der Zaun bedrückt mich, er engt mich irgendwie ein; er kommt . . . er kommt auch immer näher auf mich zu, macht das Feld kleiner, und ich möchte auf den Wald zulaufen. Ich kann nicht, ich bin mit den Füßen verwurzelt in dieser verbrannten Erde; ich möchte die Füße herauszerren aus dem Boden, aber es geht doch nur schwer. Der Boden ist zäh, und er zieht meine Füße immer wieder zurück . . .«

Brechen wir auch diese Übung ab. Was ich deutlich machen wollte, ist der Unterschied zwischen einer positiv und einer negativ verlaufenen Wiesenübung.

Das Wiesenmotiv hat – wie wir sehen werden – als *Anfangsmotiv* für das katathyme Bilderleben große Bedeutung. Darum herum ranken sich weitere Motive, die naturgemäß mit der Wiese in Verbindung stehen. Wie bereits betont, eignet sich die Wiese wegen der überwiegend angenehmen Bildinhalte besonders als Eingangsmotiv. Sie ruft Phantasien des Gartens Eden hervor, bringt Bilder mit Sommersonnenschein, zeigt den Prozeß der Fruchtbarkeit der Natur und bietet die Möglichkeit, sich auszuruhen. Neurotisch gestörte Menschen projizieren ihre Probleme jedoch bereits in dieses Bild. So kann die Wiese bei Depressiven unfruchtbar, braun und abgebrannt sein; Menschen mit zwanghafter Persönlichkeitsstruktur, die sich eingeengt fühlen, erleben häufig eine eingegrenzte, eingezäunte Wiese.

5. Das Motiv des Berges

Die Berge überdauern Menschen, Fauna und Flora. So sind sie Zeichen der Dauer und der Festigkeit im Verfall. Sie scheinen dazu bestimmt, daß der hilfesuchende Beter seine Augen zu ihnen erhebt (Psalm 121, 1).

Die Erde strebt im Berg zum Himmel auf. Den Gipfel berührt der erste Sonnenstrahl, ihn umlagern die Wolken, er ist die dem Himmel nächste, vom Himmel bevorzugte Stelle der Erde. Nach altem, überall verbreitetem Glauben sind Berge als Stätten der Gottbegegnung heilig. Bauten und Altäre bezeugen diese besondere Heiligkeit. Es genügt, an den Berg Sinai, den Golgatha, den Ölberg als Stätte der Todesangst und der Himmelfahrt und daneben an die zahllosen Wallfahrtsberge überall auf der Welt zu erinnern. Der Tempelberg in Jerusalem, der jetzt den Felsendom trägt und auf dem einst der jüdische Tempel stand, war Opferstätte schon in der Vorzeit. Ähnlich haben sich an vielen Stätten vergleichbare Traditionen im Wechsel der Zeiten erhalten. Die Kreuze auf den Alpengipfeln sind ebenfalls Zeugen der Ehrfurcht, die man der Höhe zollt.

Der Berg ist auch die Mitte des umliegenden Landes, das man von seinem Gipfel aus überblicken kann. An solch exponierter Stelle wird die Festung, die Burg des Herrschers erbaut; sie ist sehr oft Ausgangspunkt einer Siedlung. Von da aus ergibt sich häufig die Vorstellung des Berges als Weltmitte.

Die Größe und Gewalt des Berges, seine Einsamkeit und Unwirtlichkeit, seine Gefahren, die Mühen seiner Besteigung, all das gibt ihm eine majestätische Aura und regt die Phantasie dazu an, ihn mit Göttern und Geistern zu besiedeln. Der Berg wird zum Berg Gottes, zum Thronsitz Gottes.

5. Das Motiv des Berges

Wenn der Therapeut einem Patienten aufträgt, von dem Grundmotiv Wiese aus einen Berg zu besteigen, um von dort aus einen Rundblick zu haben, so werden in dieses Motiv von seiten des Patienten regelmäßig ganz bestimmte, *charakteristische Konflikte* hineinprojiziert. Wie wir gesehen haben, hat das Symbol des Berges viele Bedeutungen, aber im allgemeinen haben sie alle einen gemeinsamen Kern: der Aufstieg steht für Leistung, Selbstbewußtsein und das Gefühl, dem eigenen Lebensweg gewachsen zu sein; er kann die männliche oder väterliche Welt bedeuten, so daß der Aufstieg beim männlichen Patienten häufig Konkurrenzprobleme, die sich im Leben zunächst am Vater entzündeten, widerspiegeln. Die Höhe des jeweiligen Berges zeigt etwas von dem Ehrgeizstreben.

Mancher kennt den Ausspruch: »Der heutige Tag steht wie ein Berg vor mir.« Die Bergbesteigung in der Imagination bezieht sich daher häufig auf die Bewältigung bestimmter Aufgaben, die vor uns liegen. Die Höhe eines imaginierten Berges gibt somit auch Auskunft darüber, ob sich bestimmte Patienten große, kaum zu bewältigende Aufgaben zugemutet haben oder ob sie sich mit »einem kleinen Berg« begnügen und darum wohl auch weniger Probleme haben. Folgerichtig imaginieren Menschen, die einen hohen Anspruch an sich selbst stellen, einen sehr hohen, kaum zu bewältigenden Berg. In diesem Zusammenhang zeigt sich deutlich die Ehrgeizsituation des einzelnen.

Die *Bergbesteigung* kann auch als Identifikation mit dem Vater oder einer anderen väterlichen Figur (Chef, Hausbesitzer, Schwiegervater usw.) erlebt werden. Wenn jemand den Gipfel eines Berges anstrebt und erreicht, stellt er sich gewissermaßen an den Platz, der dem (Gott-)Vater zusteht. Je nach Zusammenhang kann die Bergbesteigung also auch auf einen Konflikt mit dem eigenen Vater hindeuten. Denken wir beispielsweise nur an Söhne berühmter Männer; sie haben es nicht selten schwer, eine ähnliche Position im Leben zu erreichen wie der Vater. In einem solchen Fall ist der Gipfel des Berges durch den Vater besetzt.

Die Unfähigkeit, einen Berg zu besteigen, weist auf eine Neurose erheblichen Grades hin; sie deutet auf mangelnde Bereitschaft oder Motivation zur Leistung hin. Die Fähigkeit von der Spitze des Berges aus die Landschaft zu überblicken, ist ein Zeichen für ein gesundes Seelenleben. Der gestörte Mensch unterliegt Einschränkungen des Ausblicks, wobei die Eigenschaften der wahrgenommenen Landschaft wiederum charakteristische Hinweise auf Störungen und Störungsformen bieten.

Schauen wir uns einmal so eine *Bergübung* an, die einem jungen Mann dabei geholfen hat, sein Vaterproblem zu lösen. Auch dieser Fall stammt aus der Praxis von Professor H. LEUNER: »Ich behandelte einmal einen achtzehnjährigen intelligenten jungen Mann, der sehr stark stotterte. Meine vorausgegangenen hypnotischen Behandlungen hatten zwar eine deutliche Besserung gebracht, jedoch trat die Sprachstörung immer noch in Gegenwart des eigenen Vaters auf. Es schien recht eigenartig, daß vor allem männliche Autoritäten Angst erregten und ihn in seiner Durchsetzung hinderten. Ich habe den jungen Mann dann einen Berg besteigen lassen. Es war ein nicht sehr hoher, aber spitzer, fast zuckerhutartig geformter Berg, auf dem sich unter einem Schutzdach eine Bank befand. Beim Ausblick von hier sah er jenseits des Tales einen langgestreckten, behäbigen und großen Berg liegen, auf dessen Gipfel ein hoher Turm stand. Mir schien naheliegend, daß der kleine Berg mit dem Wetterschutz ihn selbst meinte und der große behäbige, voluminöse Berg mit dem emporragenden Turm seine Vorstellung vom Vater signalisierte.

Ich regte ihn nun an, durch das Tal auf den väterlichen Berg zu wandern und forderte ihn – dort angekommen – auf, den Turm zu besteigen. Das gelang auch gegen leichte Widerstände. Als er jedoch den Turm erstiegen hatte und eine Eisentür öffnen sollte, zog ein Gewitter heran. Es regnete, blitzte und drohte einzuschlagen. Offenbar schien im Erleben des jungen Mannes eine Vermessenheit darin zu liegen, sich ungestraft auf den Standpunkt des eigenen Vaters zu stellen oder dessen Position zu erobern. Ich forderte ihn auf, die Angst vor dem Gewitter, dessen Blitze jedoch nicht einschlugen, auszuhalten und machte ihm Mut. Nach dieser einmaligen Sitzung hörte die Sprachstörung endgültig auf und trat während der einjährigen Nachuntersuchung nicht wieder auf.«

6. Das Motiv des Baches

Das nächste Motiv, das im Zusammenhang mit der Wiese steht, ist der Bach. Von der Quelle, über das Rinnsal, über den Bach, den Fluß, den Strom und schließlich das Meer ist alles ein ewiges, unaufhörliches *Fließen*. Dieses Fließen ist das Grundmotiv des Baches. Je ungehinderter der Bach dahinströmt, desto gesünder ist das Seelenleben des Imaginierenden. Das Bachmotiv hat genau wie der Berg eine Reihe von Facetten. Kernpunkt aber ist das Fließen und somit die fließende seelische Entwicklung; denn das Wasser ist das Symbol des Lebens überhaupt. Der altgriechische Philosoph THALES (um 600 v. Chr.) hat das Wasser für den Anfang und das Ende aller Dinge gehalten. So gesehen stellt der Bach auch eine Verbindung zwischen Geburt (Quelle) und Tod (Meer, Ende) dar. Lebewesen haben sich zuerst im Wasser entwickelt und von dort aus das Land und die Luft erobert. Da Wasser unaufhörlich in Bewegung ist, ist es auch ein *Symbol der Bewegung*, der bewegten Zeit, der Veränderung, des Werdens überhaupt. Wir sprechen vom Strom der Zeit, vom Strom des Lebens. »Alles fließt«, sagte schon der altgriechische Philosoph HERAKLIT (um 500 v. Chr.).

Wegen seiner Formlosigkeit ist das Wasser aber auch Symbol des Chaos, des ungestalteten Anfangs und sich auflösender Formen. Weil es sich rasch verflüchtigen kann, steht es gelegentlich auch symbolisch für das Unbeständige, Vergängliche, Trügerische. Doch erneuert sich das Wasser aus verborgenen Quellen in einem beständigen Kreislauf. Das vordergründig betrachtet zur Selbstaufgabe tendierende Element erweist letztlich eine unerhörte Kraft der Selbstbehauptung. Aus diesem Grund haftet dem Wasser zugleich etwas Mysteriöses und Widersprüchliches an, das den Menschen von jeher in seinen Bann gezogen hat. Das Wasser entlockt der Erde das Leben; es erhält Mensch, Tier und Pflanze. Der Ausdruck »lebendiges Wasser« ist geradezu sprichwörtlich. Wer einmal an einem Sonnentag in aller Stille an einem Bachlauf gesessen hat, der kennt gewiß die beruhigende, entspannende Wirkung leise dahinplätschernden Wassers. Seine Fähigkeit, Schmutz abzuwaschen beziehungsweise fortzuspülen macht das Wasser schließlich zum wichtigsten *Symbol der Reinheit und Reinigung.*

Wasser ist jedoch zugleich das grundlegende Symbol der Fruchtbarkeit. Wo immer die Natur fruchtbar ist, da muß auch Wasser sein: ein Rinnsal, ein Bach, ein Fluß, ein Weiher, ein See.

In der Therapie mit dem katathymen Bilderleben wird der Patient gebeten, nachdem er den Bach gründlich betrachtet und beschrieben hat, sich zu entscheiden, ob er den Bachlauf verfolgen möchte in Richtung Meer oder in Richtung Quelle. Hier kann es gelegentlich zu Entscheidungsschwierigkeiten kommen, weil offenbar viele glauben, der Weg zur Quelle sei leichter. Die Erfahrung hat gezeigt, daß die Verfolgung des Baches mit der Strömung mit gewissen Schwierigkeiten verbunden ist; es können dabei Störungen, Vermeidungen und Verhinderungen auftreten, und daher erscheint es ratsam, zunächst den Bach in Richtung Quelle zu verfolgen.

Noch etwas zur *Symbolik der Quelle:* Zum Bereich des Erdwassers gehören nicht nur der Teich und der See, sondern auch die Quelle. Während beim Brunnen der Gefäß- und Elementarcharakter des Weiblichen noch deutlich ist – nicht zufällig ist er im Märchen oft genug das Tor zur Unterwelt –, ist im Symbol der Quelle der aufsteigende, sich Bahn brechende Charakter des »Geborenwerdens« und der schöpferischen Bewegung stärker als der des Enthaltenseins. Aber auch die Quelle steht in einem engen Zusammenhang mit der

6. Das Motiv des Baches

mütterlichen Erde. Aus dem Schoß der Erde entspringt die reine, erfrischende und kühle Quelle. Sie symbolisiert die spendende mütterliche Welt, die »orale mütterliche Versorgung und somit auch die Mutterbrust«. Kommt es also im Bilderleben zu einer Störung der Quelle, so kann man daraus schließen, daß es eine Störung im Bereich der mütterlichen Versorgung gegeben hat. Orale Defizite lassen sich deutlich in der Arbeit mit der Quelle erkennen.

Wenn also in der Imagination die Quellbilder sich nicht richtig entfalten oder wenn der Imaginierende Schwierigkeiten hat, mit dem Quellwasser richtig umzugehen, dann sind das im allgemeinen Symptome für eine gestörte Mutterbeziehung. Solch ein Symptom ist die Unfähigkeit, von dem Quellwasser zu trinken, weil es »schmutzig« ist, sich »Bakterien« darin befinden oder das Wasser »vergiftet« ist. Manchen Patienten schmeckt das Wasser unangenehm oder sauer. Für andere ist es extrem heiß oder kalt. In wieder anderen Fällen hat das

Wasser ist das Symbol des Lebens. Das zur Selbstaufgabe tendierende Element erweist eine unerhörte Kraft der Selbstbehauptung.

Quellwasser eine *heilende »magische« Wirkung*, wie das Beispiel des Münchener Therapeuten Günter Krapf zeigt: Ein etwa achtjähriges Mädchen mit einer großen, sehr häßlich und unangenehm wirkenden Warze am Daumen kam in Begleitung der Großmutter in die Praxis. Krapf bat das Mädchen während der Imagination, den Daumen eine Weile in den Bach hineinzuhalten und abzuwarten. Er gab keinen weiteren Kommentar und ließ das Mädchen und die Großmutter heimgehen. Als das Mädchen nach drei Tagen wiederkam, berichtete es, daß die Warze eingetrocknet und abgefallen sei.

Auch der Bach bietet eine Reihe von *Vermeidungsmotiven*. So kann es passieren, daß der Bach nach einer Weile in der Erde verschwindet, der Bachlauf also austrocknet. Es kann jedoch auch passieren, daß der Bach unterirdisch weiterfließt. In einer solchen Situation wird der Therapeut den Patienten auffordern, den trockenen Bachlauf weiterzuverfolgen, um zu schauen, ob das Wasser an einer anderen Stelle wieder aus der Erde herauskommt. Eine andere Verhinderung ist es, wenn der Bach in einem Teich, Weiher oder Dorftümpel endet, in einem stehenden Gewässer also.

Zweck des Bachmotives ist es jedoch, den kontinuierlichen Fluß zu beobachten und weiterzuverfolgen. Darum wird der Therapeut bemüht sein, den Bach aus Tümpel oder See wieder hinauszuleiten. Der Patient muß also nach einem Abfluß aus dem stehenden Gewässer suchen. Dahinter steht die Absicht, eine Stauung des Wassers zu vermeiden, da gestautes Wasser nichts anderes als gestaute Energie bedeutet. Was immer den Fluß des Baches unterbricht oder behindert, es kommt immer darauf an, daß der Patient nach einem Ausweg aus der Situation sucht.

7. Das Motiv des Hauses

Der wichtigste Schauplatz des menschlichen Daseins ist das von einem schützenden Dach und bergenden Wänden umgebene Haus. Hier ist der einzelne so recht eigentlich bei sich; zu Hause, daheim zu sein bedeutet soviel wie geschützt und sicher in einer vertrauten, abgeschlossenen Umgebung zu verweilen. Die offene Natur ist nur in dem Maße Heimat, wie sie das Haus als Mittelpunkt hat. Natur, in der man kein Haus findet, ist unheimlich. Nur das Haus bietet das Gefühl der Geborgenheit. Selbst Nomaden, deren Leben sich im Freien abspielt, errichten doch unter dem freien Himmel ihr Zelt; seine Mobilität entspricht der Unrast ihres Wanderlebens. Das Haus hingegen ist etwas Beständiges, Unverrückbares, wie es die Höhle ist und war.

Eine negative Bedeutung hat das Bild des Hauses gelegentlich, wenn sich draußen ein Symbol der Freiheit und Weite befindet, demgegenüber das mit Mauern umschlossene Innere eines Hauses als Beschränkung empfunden wird. Wenn die Tore verschlossen bleiben, wird das Haus zum Gefängnis. Das Bild des Hauses symbolisiert jedoch gleichermaßen die große Welt. Der Fußboden entspricht dem Erdreich, Stufen und Treppen erinnern an Bodenerhebungen, bedeuten Aufstieg, Zimmerdecke und Dach erinnern an das Himmelsgewölbe, die Beleuchtung an die Himmelslichter. Auch Feuer und Wasser gibt es in einem Haus, und selbst die Vegetation umgibt das Haus und schmückt sein Inneres. In vielen Häusern kommen zu alledem noch Haustiere hinzu, so daß sich ein in sich geschlossener Mikrokosmos bildet.

Türen und Fenster sind die Verbindungsstellen zur äußeren Welt, Symbole ebenso der Abgeschlossenheit wie der Offenheit. Sind Tür und Tor meist gesichert durch Schloß oder Riegel, damit kein Unwillkommener eindringe, so dient das Fenster vor allem der Ausschau; es soll Licht und Luft, nicht aber neugierige Blicke einlassen, darum gibt es zum Schutz gegen Indiskretion Vorhänge. Dient die Tür dem Betreten wie dem Verlassen des Hauses, so gilt das Fenster nur dem Blick nach draußen. Einsteigen in ein Fenster bedeutet immer Heimlichkeit, steht im Ruch des Verbotenen. Macht eine Tür, wenn sie verschlossen ist, die Öffnung der Wand sozusagen rückgängig, so ist das geschlossene Fenster ebensogut Öffnung des Zimmers wie das offene. Zum Begriff der Tür gehört, daß sie jederzeit geöffnet werden kann, obwohl sie nicht offensteht.

Große Gebäude sind dazu bestimmt, Versammlungen Raum zu bieten oder Macht zu repräsentieren; sie erweitern das beschriebene Grundschema ins Kolossale und damit ins Ungewöhnliche. Die Türen werden zu Portalen, von oder über denen unter Umständen Bildwerk zu dem Eintretenden spricht. Die Treppen erweitern sich zu Treppenhäusern, die Korridore zu Galerien und Wandelgängen. Die Decken sind gewölbt und reich geschmückt. Die Außenseite solcher Gebäude ist häufig mit Türmen bewehrt oder von aufstrebenden Formen gekrönt. Das Heiligtum, das in der Regel zur großen Form tendiert, will ein Symbol des Himmels sein; das gilt vor allem von antiken Tempeln und den großen Kathedralen. Aber auch andere Kulturräume haben entsprechende Sakralbauten hervorgebracht. Der Himmel gilt daher den meisten Menschen als Haus mit vielen Wohnungen, mit Einlaßtoren und Wächtern. Dort ist das ewige Zuhause; draußen herrschen Finsternis und Heulen und Zähneknirschen.

Schon SIGMUND FREUD sah im Haus ein *Symbol der Persönlichkeit*. Diese Sicht ist bei Erwachsenen besonders ausgeprägt. Kinder und unreife Personen hingegen halten das eigene Elternhaus für das Haus schlechthin. Die Imagination des Hauses ist deshalb wertvoll, weil sie es erleichtert, das häusliche Leben des Patienten zu diagnostizieren. Gerade auch in diesem Bild werden im Verlauf der Therapie die persönlichkeitsverändernden Tendenzen sichtbar. Gelegentlich kommt es auch vor, daß der Eintritt in ein Haus als *Sexualmotiv* angesehen wird.

Sich ein Haus vorzustellen, gelingt in der Regel recht gut. Je nach Art der Störung zeigt sich entweder eine kleine Hütte, gelegentlich eine unbewohnte Scheune, dann wiederum ein »piekfeines« Wohnhaus, in dem sich die Wunschwelt des

7. Das Motiv des Hauses

Patienten zu erkennen gibt, oder ein reines Zweckgebäude ohne Wohnräume. Aufschlußreich für die orale Sphäre des Menschen ist beispielsweise die Küche; aber auch Wohnräume, Schlafzimmer und Einrichtungsgegenstände wie Schränke und Kommoden lassen Schlußfolgerungen zu. Das Öffnen eines Schrankes oder einer Kommode zeigt häufig alte Konflikte auf, die sozusagen im Schrank versteckt wurden. Reale oder alte Kleider, bestimmte Wäschestücke, sie alle geben Aufschluß über innere Realitäten des Imaginierenden. So kann der Keller eines Hauses Erinnerungsstücke aus der Vergangenheit enthalten. Auch Abhängigkeiten von Eltern, Großeltern und Geschwistern zeigen sich im Motiv Haus. Das Motiv des Hauses führt ganz unmittelbar auf die Problematik des Patienten hin und bedeutet für ihn eine intensive – nur vorsichtig einzuleitende – Konfrontation mit häufig tief verdrängten Konflikten.

Das Heiligtum kann ein Symbol des Himmels sein; das gilt vor allem von den antiken Tempeln und der großen Kathedrale.

8. Das Motiv des Waldes

Einen weiteren Aspekt des Unbewußten verkörpert der Wald, der in vielen Märchen als der magische Bereich wunderbaren Geschehens dargestellt ist. Der Wald ist dem See oder dem Meer vergleichbar, ein dunkles Reich voll unbekannter Gestalten, die *noch nicht domestizierte Natur*. Wie im Wasser die Nixen, so leben im Wald die Waldfrauen oder die Buschmütter. Im Rauschen des Waldes erkannten die Germanen die »Stimme der Götter«, und für die Primitiven hausen meistens gerade dort die Toten und andere Geister. »Der Wald«, sagt HEINRICH ZIMMER, »birgt das Abenteuer des Lebens und der Seele mit ihrem Abgrund voll Mächten und Bildern, von Stimmen raunend...«

Die Beobachtung des Waldrandes im katathymen Bilderleben zielt beispielsweise darauf ab, Beziehungspersonen oder Symbolgestalten, die unbewußte *Ängste oder eigene Strebungen* verkörpern, ans Licht zu bringen. Bei Kindern ist das Symbol des Waldrandes noch vielgestaltiger als bei Erwachsenen. Der Waldrand ist einerseits ein Symbol des Unbewußten und steht für Unheimlichkeit und Verborgenheit. Der Wald bringt *verdrängtes Material* zum Vorschein; aus den Tiefenschichten der Psyche steigen Symbolgestalten auf, die sich dann auf der offenen Wiese zeigen. Kinder erleben den Wald als bergend und verbergend, er gibt ihnen sozusagen Schutz.

Der Wald hat eine andere therapeutische Funktion als die bisher besprochenen Symbole und Motive. In der Waldimagination geht es nicht mehr darum, eine bestimmte Leistung zu vollbringen, sondern dem Patienten wird die Möglichkeit geboten, erstmals relativ gezielt unbewußtes Material zutage zu fördern, und zwar solches Material, das ihm in Form bestimmter Symbole frei aus seinem Unbewußten zufließt. Der Wald ist einer der undurchschaubaren Bereiche auf Erden. Im Wald kann alles oder nichts verborgen sein. Auch gibt es dort wilde Tiere, die wiederum einen bestimmten Konflikt symbolisieren können. Aber im Wald leben ebenso Gestalten, die wir aus den Märchen kennen: Räuber, Riesen, Zwerge, Feen und auch böse Hexen. Im Wald haust das Unheimliche mit dem Beschützenden zugleich. Der Gefahrenaspekt führt dazu, daß einige Patienten den Wald scheuen, weil sie dunkel ahnen, daß ihre Ängste und Aggressionen in einer entsprechenden Imagination auftauchen könnten.

Es gibt aber auch Menschen, vor allem Kinder, die den Wald nicht als bedrohlich empfinden. Sie finden sich auf lichtdurchfluteten Waldwiesen und erleben das Lichtspiel der Sonne im Wald. Der Wald wirkt auf sie anziehend und beruhigend; manchmal reagieren sie mit einer Gefühlsmischung aus *Lust und Angst*. Kein Motiv der Unterstufe des katathymen Bilderlebens ist so vielgestaltig und differenziert wie der Wald. Darum benötigt der Therapeut für die Waldszene besonderes Fingerspitzengefühl. An dieser Stelle möchte ich daher noch einmal ausdrücklich betonen: Alle Imaginationstherapien sollten nur von gründlich ausgebildeten Therapeuten durchgeführt werden. Wer nicht über das gesamte Spektrum psychotherapeutischer Erfahrungen verfügt, wer nicht selbst eine Imaginationstherapie durchgemacht hat, dürfte kaum die richtigen Voraussetzungen für diese Therapieform mitbringen.

9. Die Konfrontation mit den Symbolgestalten

Die im katathymen Bilderleben auftretenden Symbole und Symbolgestalten können für den Patienten manchmal erschreckend sein. Sie drohen ihn anzugreifen und machen ihm gelegentlich Angst. Der Therapeut muß nun für sich entscheiden, ob er in das Bildgeschehen eingreifen will, indem er dem Patienten rät, die Flucht zu ergreifen, oder ob er ihm eine andere Verhaltensweise anbietet. Therapeutisch gesehen ist die Fluchtmöglichkeit nicht die beste, wenn man berücksichtigt, daß es sich bei den Symbolgestalten um abgespaltene Antriebs- oder Wunschtendenzen des Patienten handelt. Wenn beispielsweise ein wütender Löwe auf den Patienten zukommt oder eine gefährlich züngelnde Schlange oder aber eine böse Hexe auftaucht, dann wird der Patient, zumindest der im Imaginieren noch wenig Erfahrene in Panik geraten.

Die nachfolgenden von Professor H. LEUNER erarbeiteten Techniken zeigen dem Therapeuten, wie er in das Bildgeschehen eingreifen kann, um wie ein Regisseur das Bild in die therapeutisch richtigen Bahnen zu lenken. Dieses *Regieführen* erfordert auf seiten des Therapeuten gute Sachkenntnisse und ebensoviel Fingerspitzengefühl. Leuner sagt, der Therapeut arbeite richtig, wenn er sich wie ein Raubtierdompteur verhalte. Ein Dompteur versteht zunächst einmal die Tiere freundlich zu stimmen. Dazu füttert er sie meistens mit irgendwelchen Leckerbissen. Professor Leuner nennt diese Methode die *Technik des Nährens und Anreicherns,* weil »es darum geht, daß der Erfolg der Aktion tatsächlich in einer Befriedigung der jeweiligen Symbolgestalt im oralen Sinne liegt«. Ob das gelingt, hängt davon ab, womit die Symbolgestalt »gefüttert« wird.

In diesem Zusammenhang begehen Therapeuten häufig Fehler. Die Nahrung für die Symbolgestalt muß der Gestalt gemäß sein. Das bedeutet: Man kann einem Löwen nicht eine Schale Milch hinstellen oder einem Elefanten einen Haufen Fleisch vorwerfen. Hören wir Professor Leuner selbst: »Ich würde Ihnen aus bestimmten Gründen raten, nicht aggressiv gegen das Tier vorzugehen, mag es Sie auch geärgert haben. Ich habe den Eindruck, das Tier ist hungrig und braucht etwas Ordentliches zu fressen. Das wäre nach meiner Erfahrung der beste Weg, das böse Tier zu besänftigen und es sich dann gewogen zu machen.«

Der Therapeut bietet dem jeweiligen Tier also die richtige Nahrung an oder diskutiert das Problem mit seinem Patienten aus. Oft steht man als Therapeut vor der Frage, was man zum Beispiel einer Hexe anbietet. In den meisten Fällen nehmen die Symbolgestalten das Angebotene an und beginnen gierig zu fressen. Wichtig ist weiterhin, daß nicht nur etwas zu fressen angeboten wird, sondern daß reichlich Nahrung verabreicht

9. Die Konfrontation mit den Symbolgestalten

wird. Der Nahrungsbedarf der Symbolgestalten ist wesentlich größer, als ein psychisch gestörter Mensch es sich vorstellen kann. Erst nach reichlicher Versorgung wird die Symbolgestalt (der abgespaltene Teil der Psyche, der Konflikt) »müde« und legt sich meistens zum Schlafen nieder. So verlieren solche Schreckenserscheinungen ihre Gefährlichkeit. Der Patient kann sich dem Ungeheuer jetzt nähern und die am Anfang der Übung noch gefährliche Gestalt sogar streicheln. Sollte noch ein Rest von Angst im Patienten vorhanden sein, läßt sich dieses Gefühl mit Hilfe eines einfühlsamen Therapeuten leicht überwinden, und auch ein solcher Patient kann sich schließlich der Symbolgestalt nähern und sie streicheln. Diesen Vorgang nennt Professor Leuner das *Prinzip des Versöhnens*.

Es sind nicht nur, wie mancher Leser an dieser Stelle vielleicht annehmen mag, feindliche Symbolgestalten, die in der Imagination auftauchen. Es kommen ebenso freundliche Tiere, mütterliche Gestalten, liebenswürdige Zwerge und gutmütige Riesen vor, überhaupt alle möglichen, aus Märchen bekannten helfenden und tröstenden Wesen. Sie sind dem Patienten Führungsgestalten, denen dieser sich gerne anvertraut. In ihrer Nähe fühlt er sich geschützt und geborgen. Häufig lassen sich diese freundlichen Gestalten auf einen Dialog mit dem Patienten ein und geben manchmal Antworten, die diesem bestimmte innerseelische Zusammenhänge klarwerden lassen.

Für feindliche Symbolgestalten gilt, daß sie manchmal im ersten Durchgang die Nahrung verweigern und weiterhin böse sind; in einem solchen Fall verzichtet man zunächst auf die Technik der Versöhnung und läßt es zu einer *Konfrontation* kommen. Dabei handelt es sich um eine sehr wirksame und vor allem eine direkte Methode des Umgangs mit feindlichen Symbolgestalten. Angst und andere Affekte lassen sich mit Hilfe dieser Technik rasch abbauen. Darum führt diese Technik auch häufig zu einer raschen Symptomwandlung und bewirkt infolgedessen einen positiven Verlauf der Therapiestunde.

Der Therapeut fordert seinen Patienten auf, beispielsweise einen Löwen, der die Nahrung verweigert hat, genau zu beobachten. Er läßt sich den Ausdruck der Augen beschreiben und fordert dann den Patienten auf, dem Löwen direkt in die Augen zu sehen und diesem Blick des »bösen Tieres« standzuhalten. Der Löwe wird sozusagen mit dem Blick »gebannt«. Wenn man so vorgeht, wird die Angst freigesetzt, und im gleichen Augenblick verändert die Gestalt ihr Äußeres. Während die Techniken des Nährens und Anreicherns sowie des Versöhnens der Unterstufe zuzuordnen sind, gehören die Konfrontation und das *Prinzip des Schrittmachers* zur Mittelstufe. Die Schrittmacher sind jene positiven Gestalten, denen sich der Patient anvertraut.

Zur Oberstufe gehören die Techniken des »Erschöpfens und Minderns« sowie das Prinzip der magischen Flüssigkeit.

Professor Leuner hatte beobachtet, daß einige seiner Patienten feindliche Symbolgestalten sofort nach deren Auftreten zu attackieren begannen. Dahinter standen häufig Haßimpulse, und die zum Ausdruck kommenden Aggressionen richteten sich in vielen Fällen gegen Teile der eigenen Persönlichkeit. Darum entwickelten die Fachleute die *Technik des Erschöpfens und Minderns.* Statt des direkten Angriffs auf die feindliche Symbolgestalt wird der Patient angeleitet, seine Aggressionen zu dosieren und sozusagen nur »scheibchenweise« zu schädigen. Zu diesem Zweck wird der Patient aufgefordert, die feindliche Symbolgestalt durch die »Gegend zu jagen«, um sie auf diese Weise allmählich soweit zu erschöpfen, daß sie vor Erschöpfung zusammenbricht und »stirbt«. Folge dieser Methode sind häufig eine Wandlung in der Symbolik ebenso wie konkrete Verhaltensänderungen auf seiten des Patienten.

Das *Prinzip der magischen Flüssigkeit* geht von der Voraussetzung aus, daß Flüssigkeiten symbolischen Charakters überwiegend für heilende Tendenzen stehen. Jede Art von Wasser – die Quelle, der See, das Meer, der Bach oder der Fluß – läßt sich zu diesem Zweck verwenden. Professor Leuner zeigt das an einem Beispiel: »Eine Patientin mit einem dauernd nervösen

9. Die Konfrontation mit den Symbolgestalten

Erregungszustand verlangte täglich zwanzig Minuten während des katathymen Bilderlebens im Meer zu schwimmen, was ihr große Freude bereitete und sie beruhigte. Nach sechs Tagen war ihr Zustand wesentlich gebessert. Sie konnte das Krankenhaus verlassen, und die in Aussicht gestellte Operation der Schilddrüse wurde abgesagt.«

Aber nicht nur Wasser hat als »magische« Flüssigkeit seine Wirkung; auch andere Flüssigkeiten wie die Milch einer Kuh, eine flüssige Medizin oder sogar Urin können eine heilsame Wirkung hervorrufen.

Wesentlich ist zu erkennen, daß beim Imaginieren immer solche Symbolgestalten auftreten, die dem *Konflikt* des Betreffenden entsprechen. Wir haben hier das katathyme Bilderleben aus Platzmangel vereinfacht darstellen müssen. Es gibt zu diesem Thema eine umfangreiche Fachliteratur, in der sich weitere differenzierte Abhandlungen finden (siehe auch das Literaturverzeichnis). Wer tiefer in die Methoden dieses wohl am meisten praktizierten Imaginationsverfahren eindringen möchte, möge sich anhand der einschlägigen Literatur informieren. Therapeuten, die sich in dieser speziellen Therapierichtung ausbilden lassen möchten, können sich an die Internationale Gesellschaft für katathymes Bilderleben, Friedländerweg 30, D-3400 Göttingen, wenden. Diese Gesellschaft hilft auch all jenen, die nach einem Therapeuten suchen, durch Bekanntgabe der Anschriften von Therapeuten, die in der unmittelbaren Nähe des Interessenten praktizieren.

6
Imagination und Dialog

1. Die neuen Methoden der Psychoimagination

Ein weiterer Schrittmacher moderner Imaginationstherapie ist der amerikanische Psychotherapeut JOSEPH E. SHORR. Sein Verfahren basiert maßgeblich auf dem Dialog des Patienten mit bestimmten vorgebenen Bildern, aber auch auf imaginierten Reisen in den eigenen Körper. Nach Shorrs Meinung verlagern sich nämlich die Konflikte in den Körper und können deshalb dort auch lokalisiert und aufgelöst werden. Shorrs therapeutische Bedeutung ist nicht allein in seiner Imaginationstechnik begründet, sondern ebenfalls in einer von ihm entwickelten Projektionsmethode. Der Amerikaner, der seine Imaginationstherapie Psychoimagination nennt, arbeitet am Institute for Psycho-Imagination-Therapy in Los Angeles, Kalifornien.

Die Methode seiner sogenannten *Doppelbildimagination* (englisch »Dual-imagination«) ist von beeindruckender Wirksamkeit. So fordert Shorr einen Patienten beispielsweise auf, eine Straße zu imaginieren, auf der zwei Tiere unterwegs sind, die sich über den Imaginierenden, sein Leben und sein Verhalten unterhalten. Die beiden Tiere repräsentieren meistens in aller Deutlichkeit die beiden Seiten eines Konflikts. Wenn Shorr den Patienten dann dazu auffordert, die Tiere miteinander kämpfen zu lassen, so zeigt sich dabei in der Regel die Art des Konflikts.

Eine weitere Technik, die sogenannte *Imagination der Aufgabenbewältigung* (englisch »Task-imagination«), konfrontiert den Patienten mit einer Phantasiesituation, in der sich dieser durch ein Problem »hindurcharbeiten« muß, indem er zum Beispiel eine Brücke über einen Abgrund baut oder sich einen Weg durch einen undurchdringlichen Dschungel bahnt.

1. Die neuen Methoden der Psychoimagination

Während der Patient die Situation im Bild erlebt, zeigen sich seine Widerstände in aller Deutlichkeit.

Immer wieder läßt J. E. Shorr seine Patienten zwei Gegenstände einer Kategorie imaginieren: zum Beispiel zwei verschiedene Kräfte, zwei Impulse, zwei Puppen, Bäume, Tiere usw. In den meisten Fällen kommt es zu einer Polarisierung zwischen den zwei gleichartigen Gegenständen oder Kräften. Shorr läßt diese »Dualbilder« dann miteinander sprechen, es findet sozusagen im Patienten ein *innerer Dialog* statt.

Shorr fragt den Patienten beispielsweise: »Stell dir vor, was dein Herz zu deinem Kopf sagt!« Oder: »Was sagt deine linke Gehirnseite zu der rechten?« Oder: »Stell dir zwei verschiedene Tiere in einer menschlichen Situation vor: Was geschieht?«

Schauen wir uns einmal ein *Beispiel einer Doppelbildimagination* oder Dualimagination an, wie diese Shorr aus seiner eigenen Praxis beschreibt: »Einmal forderte ich eine Patientin auf, sich vorzustellen, sie trage zwei verschiedene Ohrringe. Ich bat sie, mir diese Ohrringe zu beschreiben:

Patientin: »Der eine ist ein großer, ringförmiger Ohrring; der andere ist ein Perlenstecker.«

Shorr: »Was fällt dir sonst noch dazu ein?«

Patientin: »Den großen ringförmigen Ohrring trage ich zu einem geschlitzten Kleid – irrsinnig sexy!«

Shorr: »Was ist mit dem Perlenstecker?«

Patientin: »Ich sehe das Bild der Jungfrau Maria vor mir.«

Shorr: »Wenn du dir die beiden auf dem Tisch vor dir vorstellst, was siehst du?«

Patientin: »Sie würden sich voreinander verstecken. Ich glaube nicht, daß der ringförmige Ohrring von dem Perlenohrring gesehen werden möchte ... Es ist ein Kampf zwischen Gut und Böse ... Ich habe diese Beziehung zu dem Mann ... Und mein Mann weiß nichts davon ...«

Man kann an diesem Beispiel deutlich erkennen, wie in der Imagination der Konflikt deutlich Gestalt annimmt. Allerdings darf man nicht vergessen: Auf lange Sicht reicht es natürlich nicht, dem Patienten nur seine Konflikte bewußtzumachen. Er muß auch lernen, diese Konflikte auf eine neue Weise auszudrücken. Schließlich geht es um die *Auflösung eines inneren Konfliktes* und nicht um ein imaginäres Spiel, in dem sich zufälligerweise auch die Konflikte verdeutlichen. Pillen, Spritzen und Tropfen sind beispielsweise eine Maßnahme, um Schmerzen und Krankheitssymptome zu mildern, die Krankheit selbst und insbesondere die Ursache der jeweiligen Krankheit sind damit noch nicht behoben. Es gibt zu viele Therapeuten, vor allem in der Hypnosetherapie, die, aus welchen Gründen auch immer, in der Regel nur die Symptome mit einer sogenannten zudeckenden Therapie zuschütten. Gerade die Imaginationstherapien aber bieten die Möglichkeit, verdrängtes Material sichtbar zu machen und es dann zur Auflösung zu bringen.

2. Die Fokussierung seelischer Konflikte

Fokussierende Methoden, also Methoden, die das grundlegende Problem in den Brennpunkt nehmen, sind darauf ausgerichtet, den Patienten aus seiner psychischen Sackgasse zu befreien. Alles, was wir unterdrücken, vermeiden, verzerren, stärkt den Konflikt. Daher sollte der Therapeut Methoden anwenden, die zu einer produktiven *Auseinandersetzung mit dem Konflikt* führen. Ein weiteres Hauptanliegen jeder Therapie ist die Veränderung des Selbstbildes. Jedoch braucht der Patient die Hilfe des Therapeuten, um sein Selbstbild zu verändern.

Hören wir uns einmal den Bericht einer Patientin an, die durch die von JOSEPH E. SHORR entwickelte fokussierende Methode an den Brennpunkt ihrer *Sexualstörungen* geriet:

»Ich sprach darüber, daß ich mich wegen meiner Vagina schäme. Ich schäme mich, weil sie naß ist. Ich wünsche mir, sie zu verstecken. Ich tue so, als sei sie nicht da. Ich möchte sie verleugnen und vermeiden. Joe fragte mich, wem meine

2. Die Fokussierung seelischer Konflikte

Vagina gehört. Ich sagte: ›Sie gehört meiner Mutter.‹ Dann forderte Joe mich auf, daß ich meiner Mutter sagen solle, daß meine Vagina nicht ihr, sondern mir gehört. Oder in anderen Worten: Er forderte mich auf, einen Weg zu finden, um sie in meinen Besitz zu bringen, sie von meiner Mutter zurückzunehmen. Ich hielt meine Hand über die Vagina und versuchte das. Jedesmal wenn ich etwas sagte, kam es in einem bettelnden, bittenden Tonfall heraus, obwohl die Worte lauteten: ›Sie gehört mir!‹ Ich kämpfte und kämpfte immer wieder und jedesmal sagte Joe: ›Du bettelst‹, und er sagte es immer und immer wieder. Und er forderte mich auf, lauter zu sprechen. Das wurde ein wahnsinniger Wortwechsel zwischen mir, Joe und meiner Mutter. Gerade als es den Anschein hatte, daß ich es nie schaffen würde, drehte Joe die Dinge – glaube ich – um, und ich fühlte mich dem Ziel näher, als ich angenommen hatte. Und der Vorschlag, meine Vagina aufzugeben, öffnete die Schleusen . . . Aus meinem tiefsten Wesen heraus . . . vielleicht aus meiner Vagina . . . hinauf durch den Magen, meine Brust, meine Kehle und meinen Mund.

Ich begann, meine Mutter anzuschreien. Ich konnte zum erstenmal die volle Empörung, die Qual, den Zorn, den Haß, den Mißbrauch und den Schmerz fühlen, als ich sie eine bösartige, teuflische, ekelhafte alte Hexe nannte. Ich schrie immer weiter und trat und schlug gegen die Wände mit aller Kraft, ich schlug und wälzte mich in Zorn und in Verzweiflung auf dem Sofa. Ich erinnere mich, wie ich dann schrie: ›Sie gehört mir, verstehst du? Sie ist mein. Sie gehört mir!‹ Das Schrille war aus meiner Stimme verschwunden, und tiefer klingende Töne kamen herauf. Es war das erste Mal seit meiner frühesten Kindheit, daß ich mich ganz und vollständig fühlte. Ich konnte meine eigene Gegenwart und mein Sein fühlen.

An diesem Nachmittag nach der Sitzung geschah es zum erstenmal, daß ich ohne Angst Auto fuhr. Ich fuhr glücklich in der Stadt umher und fühlte, daß ich dazugehörte, daß ich existierte, daß ich mein eigener Herr sei, und mußte nicht nach fremder Zustimmung greifen und schnappen.«

Die Psychoimaginationstherapie geht von der Prämisse aus, daß die inneren Konflikte eines Menschen aus dem Gegensatz von zwei etwa gleich starken und unvereinbaren Kräften resultieren, von denen keine ohne seelische Folgen wie Schmerz, Furcht, Schuld oder andere Strafen Befriedigung finden kann. Natürlich muß man, um diesem Konflikt auf die Spur zu kommen, das Wechselspiel beider Kräfte durchschauen.

Ein interessantes Phänomen taucht auf, wenn der Therapeut den Patienten bittet, sich zwei Gegenstände, Kräfte oder Personen derselben Kategorie vorzustellen. Fast immer bilden sich dabei Gegensatzpaare. Noch deutlicher wird diese *Bipolarität*, wenn man den Imaginierenden auffordert, die Gegensätze in einem imaginierten Gespräch mit Attributen, zum Beispiel in Form von Eigenschaftswörtern, zu versehen. Mit Hilfe eines solchen »Streitgesprächs« ist es möglich, Wesen und Struktur des jeweils behandelten Konflikts genauer in den Blickpunkt zu bekommen.

Dual- oder Doppelbildimagination ist also deshalb so fruchtbar, weil sie eine Dynamisierung des Bildgeschehens bewirkt.

3. Die Bildmotive der Doppelbildimagination

Es gibt keine absolute Formel für die fallbezogene konkrete Ausgestaltung des Prinzips der Dualimagination. Wenn man dem Patienten vorschlägt, sich zwei Bäume, zwei Tiere oder zwei Frauen vorzustellen, macht man gewöhnlich die Erfahrung, daß einige Bilddetails emotional neutral und andere affektbeladen sind. Es ist schwer vorherzusagen, worauf der Patient mit starken Emotionen reagieren wird. Daher schlage ich vor, den Patienten zuerst mit neutralen Bildinhalten zu beschäftigen und erst anschließend in die affektgeladenen Bilder hineinzugehen, und zwar entsprechend der Bereitschaft des Patienten, empfindliche Stellen zu berühren.

3. Die Bildmotive der Doppelbildimagination

Das Hauptanliegen einer solchen Therapie ist es, das Bewußtsein des Patienten für seinen zentralen Konflikt und die daraus resultierende Weltsicht zu stärken. Um diesen Zweck zu erreichen, hat JOSEPH E. SHORR eine ganze *Reihe von Bildmotiven* entwickelt, die der Therapeut je nach individueller Problematik einsetzen kann:

1. Bilder, die jeweils zwei Gegenstände vergleichen: zwei Schaukelstühle, Tische, Zimmer, Badewannen, Häuser und anderes mehr.
2. Bilder, die lebendige Organismen, jedoch keine Menschen nebeneinanderstellen: zwei Blumen, Bäume, Tiere und dergleichen mehr.
3. Bilder, die zwei Menschen miteinander vergleichen: Frauen, Männer, Kinder.
4. Bilder, die den Patienten hinsichtlich seiner Impulse und divergierenden Energien zeigen. Zum Beispiel: »Über Ihnen ist eine Kraft, was fühlen Sie?« Oder: »Sie erwachen auf einem Feld in der Nacht und spüren Fußstapfen auf Ihrem Körper. Welcher Körperteil ist davon betroffen, und wer geht da über Ihren Körper?«
5. Dialoge zwischen zwei vom Patienten imaginierten Ich-Bildern. Zum Beispiel: »Sie befinden sich in einem Käfig, und davor steht Ihr zweites Ich. Sprechen Sie mit Ihrem Ich außerhalb des Käfigs.«
6. Dialoge zwischen verschiedenen Organen oder Zonen des Körpers. Zum Beispiel: »Hören Sie, was Ihr Herz zu Ihrem Kopf sagt?« Oder: »Was sagt die linke Hirnhälfte zur rechten?«
7. Bilder, in denen Organe oder Zonen der Körper zweier Personen miteinander in Kommunikation treten. Zum Beispiel: Gespräch zwischen zwei Herzen oder ein Gespräch zwischen Vagina und Penis.
8. Bilder von räumlichen Beziehungen oder Verhältnissen. Zum Beispiel: »Sie gehen durch einen seichten Fluß und sehen etwas auf beiden Seiten.« Oder: »Sie sehen etwas vor sich. Drehen Sie sich um. Was gewahren Sie hinter sich?«

9. Doppelbildsituationen, in denen eine veränderte Rollenaufteilung imaginiert wird: Beispielsweise zwei Tiere in einer menschlichen Situation oder andere ausgefallene Kombinationen. Es ist immer der Hauptzweck solcher Imaginationen, den zentralen Konflikt und die durch ihn gebundenen Energien aufzuzeigen.

Die zweigeteilten Bilder repräsentieren meistens die zwei Teile der Ich-Persönlichkeit, die in Konflikt miteinander liegen. Der Dialog ist ein natürlicher Ausdruck der »Vorwürfe«, welche die gegensätzlichen Kräfte einander zu machen haben.

4. Das Körperbild des Imaginierenden

Jeder von uns versucht, sein Körperbild mit den Augen der anderen zu sehen. Wir beurteilen daher unser Spiegelbild aufgrund einer Reihe von sozial und kulturell anerkannten Kriterien der Schönheit und »Vollkommenheit«.

Unser *idealisiertes Körperbild* hängt aber auch mit den Körperbildern zusammen, die wir bei geschlossenen Augen von uns haben. Eine derartige Selbstbeobachtung mag mit innerer Genugtuung verbunden sein oder mit deren Gegenteil: Abscheu, Selbsthaß. Dabei haben, wie JOSEPH E. SHORR aufgezeigt hat, die Menschen die Tendenz, einen Körperteil, zum Beispiel Augen oder Brust, als Inbegriff ihrer Identität zu empfinden – was beim Imaginieren zum Ausdruck kommt.

Darüber hinaus läßt sich auch die Introjektion der Elternfiguren provozieren. Zu diesem Zweck fordert man die Patienten auf, sich vorzustellen, in welchem Teil ihres Körpers ihre Eltern wohnen. Je nach persönlichem Hintergrund können sie ihre Eltern in ihrem Herzen, ihren Gedärmen, Armen, Beinen, Geschlechtsteilen, Mund, Augen und anderen Körperteilen sehen. Die meisten Patienten sind nicht übermäßig überrascht durch den Hinweis, daß bestimmte elementare Erfahrungen gewissen Organen zugeordnet sind. Wenn die Mutter oder der Vater feindlich in der Brust des Imaginierenden »wohnt«, so ist

4. Das Körperbild des Imaginierenden

die Elternfigur in Wirklichkeit die falsche Identität des Patienten oder sein verinnerlichter neurotischer Konflikt. Der Patient wird daher aufgefordert, die »schlechte« Elternfigur aus seinem Körper »auszutreiben« und ihren Einfluß zu beseitigen. Erst wenn das geschehen ist, kann das Individuum eine gesunde und unabhängige Identität entwickeln. Die folgende Aufreihung zeigt verschiedene *Möglichkeiten der Körperimagination* in Form der zu stellenden Fragen oder der anzustrebenden Imaginationsinhalte:

1. »In welchem Körperteil wohnt Ihr Körperinneres?«
2. »In welchem Körperteil wohnen Ihre Angst, Ihr Zorn, Ihre Liebe, Ihr Haß, Ihre Freude, Schuld, Scham?«
3. »In welchem Körperteil wohnt Ihre Mutter oder Ihr Vater?«
4. »Betreten Sie Ihren Körper. Beschreiben Sie die Reise.«
5. »Lassen Sie Vater oder Mutter Ihren Körper betreten. Beschreiben Sie die Reise.«
6. »Betreten Sie den Körper von Vater und Mutter. Beschreiben Sie die Reise.«
7. Doppelbild-Körperimagination. Zum Beispiel: Bild der Brust, Bild des Rückens. Oder: Eine Kraft, die in den Kopf hineingeht, eine Kraft, die aus dem Kopf herauskommt.
8. Inneres Gespräch zwischen verschiedenen Körperteilen. Zum Beispiel zwischen Kopf und Herz, Kopf und Eingeweiden, Kopf und Genitalien oder zwischen Herz und Eingeweiden, Herz und Genitalien und so fort.
9. Gespräch zwischen dem Imaginierenden und anderen Personen von Kopf zu Kopf, Kopf zu Herz, Kopf zu Eingeweiden und so fort.
10. Imaginieren von Tabuzonen und Handlungen der Selbstberührung: »Wie nah erlauben Sie einem Fremden, an Sie heranzutreten? Welche Teile Ihres Körpers können Sie am leichtesten berühren, welche nur unter Schwierigkeiten?«
11. »Erfühlen Sie Ihren Körper. Welcher Teil erscheint Ihnen am attraktivsten oder welcher am unattraktivsten?« Oder:

»Fühlen Sie Ihren Körper. Welcher Teile sind Sie sich am meisten bewußt?« Oder: »Sensibilisieren Sie Ihren Körper. Welches ist der geheimste Teil?«
12. »Stellen Sie sich vor, Sie halten das Gesicht Ihrer Mutter oder Ihres Vaters mit Ihren Händen umschlossen. Was geschieht?« Oder: »Ihre Mutter, Ihr Vater hält Ihr Gesicht mit den Händen umschlossen. Was ist?«
13. »Ihre Mutter, Ihr Vater und Ihr Körper verschmelzen miteinander, dann trennen Sie sich wieder. Was sehen Sie?«

5. Die Aneignung des eigenen Körpers

Verfolgen wir nun einmal die *imaginierte Körperreise* eines jungen Mannes. Es handelt sich um einen Patienten von JOSEPH E. SHORR. Die Aufgabenstellung lautete: »In welchem Körperteil wohnt deine Mutter?«

»Ich erinnere mich eigentlich nicht genau daran, was passierte. Ich weiß noch, daß ich schon zwei Tage lang unter starken Magenschmerzen gelitten hatte. Alles war seit drei Wochen in der Schule außerordentlich gut gegangen. Karen und ich hatten gerade die beiden besten Wochen unserer Beziehung gehabt. Zum ersten Mal in meinem Leben fühlte ich mich in einer Beschützerrolle stark, fühlte ich mich kontaktfähig, selbstbestimmt und war zugleich in Karen sehr verliebt. Mein Phantasiegebilde eines sonnigen Winternachmittags wurde jeden Tag wahr. Ich fühlte, alles ging gut, nur wurden unerklärlicherweise mein Nacken und meine Schultern härter als Stahl – mehr als ich je erlebt hatte ...

Zurück zu den Magenschmerzen. Anfangs dachte ich, ich hätte Grippe. Aber ich hatte sehr starke Schmerzen, ganz oben in meinem Magen. Auch hatte ich stets den Eindruck, ich müßte mich übergeben, aber ich konnte nicht. Ich habe mir sogar den Finger in den Hals gesteckt, aber es ging nicht. Ich konnte mich nicht übergeben.

5. Die Aneignung des eigenen Körpers

Dienstag ging ich zur Arbeit. Ich sprach, bevor ich wegging mit meiner Kollegin Helen, und sie sagte, es höre sich so an, als hätte ich ein Magengeschwür. Genau da wurde ich sehr deprimiert, zornig, weinerlich, und ich fühlte mich einsam. Ich ging nach Hause und war wirklich böse, ich fühlte mich beschissen, schuldig, weil ich ein Magengeschwür hatte. Ich fühlte mich beschissen, weil ich immer noch so verklemmt war und immer kämpfte und so unproduktiv war, daß ich ein Geschwür hatte. Ich war auch wütend auf unseren ganzen Freundeskreis und schwankte hin und her zwischen Schuld und Zorn. Dann rief ich Bill an, einen unserer Freunde. Das wenige, an das ich mich aus dieser Unterhaltung erinnere, waren seine Worte: ›Ich mache mir Sorgen, weil du solche Schmerzen hast.‹ Auch sagte er: ›Ich bin wirklich gern bei dir und Karen, wenn ihr glücklich seid.‹ Als ich den Hörer auflegte, war ich weit geöffnet. Ich weinte allein für mich und ohne Zögern. Zum erstenmal überließ ich mich dem Schmerz meiner Eingeweide und weinte ohne jeden Gedanken und ohne jede Begründung ... Und dann hatte ich das Bedürfnis, ›Mama‹ zu rufen. Ich wünschte mir jemanden herbei, der mich liebte und der für mich sorgte. Ich wünschte mir eine Mutter, aber ich wußte, ich wollte nicht meine Mutter. Und es machte mich zornig, als ich dann feststellte, daß ich niemals eine Mutter gehabt hatte ...«

Beenden wir hier die Ausführungen des Patienten und verfolgen wir die von J. E. Shorr geleitete Gruppensitzung, in deren Verlauf sich der von dem Patienten geschilderte Konflikt löste, so daß für seinen Magen nun eine reelle Heilungschance bestand:

Shorr: »Welcher Teil von dir tut dir weh?«

Patient: »Mein Magen, genau in der Mitte meiner Eingeweide.«

Shorr: »Kannst du den Teil irgend jemandem geben?«

Als Shorr das sagte, konnte der Patient nur weinen. Er fragte seinen Therapeuten immer wieder, ob er das wirklich von ihm verlange, und es schien ihm unmöglich zu sein. Er erweckte den Eindruck, als gäbe er den verletzlichsten und zugleich liebsten Teil her.

Ein Gruppenmitglied: »Kein Wunder, daß es weh tut. Es tut immer weh, und du warst immer sehr allein damit.«

Patient: »Was mich stört ist, daß ich niemals etwas zu meinem Schmerz dazubekam, auch jetzt nicht.«

Gruppenmitglied: »Du mußt etwas dazubekommen haben.«

Patient: »Ja, ich mußte zu Hause bleiben. Ich brauchte nicht zur Schule zu gehen und unter Druck etwas zu erreichen. Ich bekam Schutz von meinem Vater. Ich brauchte mich nicht in der Schule unter den anderen Kindern allein zu fühlen. Ich fühlte mich so, als hätte ich etwas Liebes bekommen. Wenn sie es auch nur benutzten, um mich dazu zu bringen, daß ich mich um sie kümmere. Sie hatten einen Weg in mich hinein durch meinen Schmerz, und ich hatte einen Weg zu ihnen hinein mit meinem Schmerz.«

Shorr: »Wem gehört dein Magen?«

Patient: »Mir. Es ist ein guter Magen. Er hat außen eine gute Farbe. Aber innen ist alles durcheinander.«

Shorr: »Gib dem Teil einen Namen.«

Patient: »Ich.«

Shorr: »Wie fühlt sich dein übriger Körper?«

Patient: »Gut. Es gehört mir alles.«

Gruppenmitglied: »Dann darf dein Magen nicht dir gehören!«

Patient: »Nein, das nicht. Er ist der beschissenste Teil von mir.«

Shorr: »In welchem Teil deines Körpers wohnt deine Mutter?«

Patient: »In meinem Magen.«

Gruppenmitglied: »Stimmt es nicht, daß du immer noch deine Mutter willst und daß du das Bedürfnis hast, nach ihr zu rufen?«

Patient: »Ja . . . Nein . . . Ich möchte eine Mutter, aber ich will nicht meine.«

5. Die Aneignung des eigenen Körpers

Shorr: »Faß hinein und hol sie heraus!«

Patient: »Sie hält sich mit Greifarmen fest . . .« (Pause) »Sie durchdringt mein ganzes Fleisch.«

Shorr: »Wirf sie hinaus, sie hat Angst vor dir!«

Patient: »Ja, das stimmt wirklich . . . Genau, das ist es. Sie hat eine irre Angst vor mir. Ich schreie sie an, und sie zieht sich zusammen wie ein Seeigel. Nicht ich bin in Wirklichkeit der Geängstigte; sie ist es. – Ich erinnere mich an einen Traum, in dem ich mich über meiner Mutter ergoß und sie dann anschrie, daß ich sie töten würde. Ich ziehe sie jetzt mit meiner Hand heraus und halte sie hoch und spreche über sie, und je mehr ich spreche, desto mehr ist sie wieder in meinem Magen.«

Shorr: »Reiß sie raus und wirf sie in das Feuer. Schrei sie an und sag ihr, sie soll machen, daß sie wegkommt.«

Die Zumutung, sie in das Feuer zu werfen, bezog sich auf einen Traum, den der Patient über das Ende der Welt gehabt hatte.

Eine lange Zeit hatte er das Gefühl, er könne sie nicht anschreien. Und er konnte einfach nicht hineinlangen und sie herausholen. Dann beschloß er, aufzustehen und es zu versuchen. Er mußte es einfach. Sein Magen tat so schrecklich weh. Er konnte sie nicht länger drinnen lassen. Dabei half es ihm, daran zu denken, daß sie Angst vor ihm hatte. Aber er konnte es trotzdem nicht.

Gruppenmitglied: »Du bist nicht allein, wir sind alle hier.«

Shorr: »Ich werde ganz nahe bei dir sein.«

Patient: »Ich weiß, ihr habt mich gern, und ihr werdet hier sein. Aber ich habe Angst, daß ich, wenn ich erst einmal angefangen habe zu schreien, nicht mehr in der Lage sein werde, nach euch zu rufen, wenn ich euch wirklich brauche. Das ist genau das Gefühl, das ich immer bekomme, wenn ich krank bin und Angst habe, daß ich ganz allein bin und niemanden zur Hilfe holen kann, wenn ich sie wirklich brauche.«

Shorr: »Du brauchst nicht erst nach mir zu rufen. Ich bin ohnehin hier, direkt neben dir.«

Und da hatte der Patient es geschafft. Und er schrie! Er schrie mit seiner ganzen Kraft, mit dem Schmerz seines ganzen Lebens. Er schrie mit dem Zorn seines ganzen Lebens. Er schrie mit allen seinen Eingeweiden. Er schrie, sie solle sich davonscheren. Er schrie aus tiefster Seele, ohne zu zögern.

Und seine Mutter kam heraus und ist nie mehr in ihn hineingekommen.

6. Die Task-Imagination

Einige Imaginationsforscher haben festgestellt, daß sich bedeutende therapeutische Ergebnisse erzielen lassen, wenn der Therapeut den Patienten auffordert, schwierige symbolische Mächte anzusehen und sie in Bilder umzuformen, die leichter zu handhaben sind.

Die verschiedenen Formen dieser Gegenüberstellung sind das Anstarren, Töten, Erschöpfen oder das Mit-magischer-Flüssigkeit-Einreiben der bösen Mächte, und sie dienen dem Zweck ihrer Umformung und der Reduzierung ihrer Bedrohlichkeit.

JOSEPH E. SHORR beschreibt noch andere Wege und stellt der Imagination des Patienten bestimmte Aufgaben. Diese Therapie heißt *Imagination der Aufgabenbewältigung* oder, in Anlehnung an das Amerikanische, Task-Imagination, und sie bietet weitere Möglichkeiten der Konfliktdurcharbeitung. In der Task-Imagination ergeht an den Patienten die Aufforderung, eine bestimmte Situation wiederzuerleben und zu meistern. Ziel der Therapie ist es, über eine Veränderung der Selbsteinschätzung die Persönlichkeit umzuwandeln.

Während H. LEUNER Standardmotive anbietet, wie wir im vorhergehenden Kapitel gesehen haben, verwendet J. E. SHORR eine Vielzahl von Motiven. Zum größten Teil besteht die Task-Imagination nicht aus symbolischen, sondern aus konkreten Bildern, obwohl diese Bilder manchmal symbolische Formen annehmen können.

In der Task-Imagination kann der Patient innere Konflikte enthüllen und die Art und Weise kennenlernen, wie er auf andere Menschen zugeht beziehungsweise sich vor ihnen schützt. Wesentlich an dieser Technik ist das Noch-einmal-Tun oder das Wiedererleben bestimmter Situationen in einer Weise, die den Konflikt bloßlegt und schließlich löst.

Hier einige *Haupttypen* der Task-Imagination:

1. Das Kraftmotiv: »Stellen Sie sich vor, tausend Stufen zu ersteigen.« Oder: »Bauen Sie eine Brücke über eine Schlucht.«
2. Entschlossenheit, Übersicht und Mut: »In einem Schneesturm müssen Sie einen Weg zur Rettung finden.« Oder: »Treiben Sie diese Herde Wildpferde eine Meile weit.«
3. Neuanfang nach Niederlagen und Demütigungen: »Erleben Sie sich als ungeborenes Kind im Mutterleib, das nochmals neu geboren wird.« Oder: »Stellen Sie sich ein Baby vor, das gerade laufen lernt.«
4. Ausräumen alteingeschliffener, destruktiver Gefühle: »Sie befinden sich in einem Tank mit widerlicher Flüssigkeit. Wie fühlen Sie sich? Suchen Sie einen Ausweg aus dieser Situation.« Oder: »Sie befinden sich in einem Abwasserkanal voll fauligem Wasser, und es wimmelt von Ratten. Wie befreien Sie sich?«
5. Ordnung schaffen – Unordnung beseitigen: »Imaginieren Sie ein Haus, in dem Sie für den Hausputz verantwortlich sind.« Das Symbol des Hauses steht, wie gesagt, für die Persönlichkeit, Hausputz somit für inneres Aufräumen.

7. *Imagination und Sexualität*

Natürlich kommt es vor, daß in Imaginationsinhalten auch Bilder deutlich sexuellen Gehalts auftauchen. Empirische Untersuchungen haben gezeigt, daß sexuelles Bilderleben manchmal so lebendig ist, daß die physiologische Reaktion darauf Herzklopfen sein kann; selbst die Temperatur kann sich bei derartigen Bildern erhöhen; der Imaginierende atmet schneller; und gelegentlich kommt es sogar zum Orgasmus.

Sicherlich können auch andere Bilder wiederbelebt werden, aber gerade im sexuellen Bereich sind solche Bilder sehr konkret. Sexuelle Themen sind ein fruchtbares Gebiet für die Imagination. Sie enthalten wegen ihres Bedeutungsranges in unserem Leben Kraft und Energie. Sexuelle Vorstellungsbilder haben wir während des Sexualaktes oder etwa auch beim Masturbieren. Darüber hinaus gibt es jedoch noch andere Bilder, die sich auf die wechselseitigen Strategien im Verhältnis zwischen den Geschlechtern beziehen oder die allgemeine Situation (Annahme oder Ablehnung) vorwegnehmen. Auch sadistische oder masochistische Bilder können auftauchen, ebenso wie Vorstellungen über Herrschaft, Zurückweisung, Eifersucht, »Herzbrüche«, Freude, Sünde und anderes mehr.

Da sexuelle Konflikte eng mit Gefühlen der Scham und Angst zusammenhängen und meistens auf tiefe Verletzungen zurückgehen, fällt es den meisten Menschen sehr schwer, darüber zu sprechen. Um dennoch an diese Konflikte heranzukommen, beginnen wir daher zunächst mit allgemeinen Imaginationssitzungen, die keine offensichtlich sexuellen Obertöne haben, in denen jedoch der Patient, ohne es zu merken, schon vieles über seine sexuellen Probleme mitteilt. Das Gebiet sexueller Bilder ist so weit, daß man schon enzyklopädisch vorgehen müßte, um sie vollständig zu erfassen.

Einige *Standardübungen* zur Aufdeckung sexueller Schwierigkeiten sind die folgenden Vorstellungen:

1. Der Therapeut läßt drei Türen imaginieren: Die Erfahrung zeigt, daß die Entscheidung des Patienten fast immer auf die mittlere Tür fällt, die dann fast ausschließlich Bezug nimmt auf Sexualität, auf Liebesbeziehungen oder auf deren Ermangelung. Das gilt auch dann, wenn das Bildmaterial nicht klar sexueller Natur ist. Die linke und die rechte Tür lassen nicht immer klare Schlußfolgerungen zu; wenn der Patient aber die Mitteltür wählt, kommt es meistens zu einer Erhellung des Konfliktes.

Da sexuelle Konflikte mit den verletzlichsten, den zartesten, den am meisten Scham auslösenden und mit den schuldbeladensten Gefühlen zu tun haben, sind sie schwer für sich und andere zu enthüllen. Das dargestellte Motiv könnte die Schattenseite der Frau darstellen, das Ungeahnte, Dunkle, Nebelhafte.

Häufig läßt der Therapeut den mit sexuellen Schwierigkeiten behafteten Menschen durch ein Loch sehen. Paradiesische, aber auch sexuelle Motive sind das Resultat.

Frau auf der Flucht als sexuelles Motiv.

Als sexuelles Motiv ist auch dieses Bild zu werten! Die sexuell reife Frau gefangen in einer imaginären Fruchtblase. Die Frau möchte viel lieber zurück in den Mutterschoß, anstatt selbst Mutter zu werden.

2. Das Imaginieren von Geschlechtsteilen. Zum Beispiel: »Stellen Sie sich ein Tier vor, das aus dem Penis oder aus der Vagina kommt.« Oder: »Entfernen Sie den Fussel vom Nabel!« (eines nahestehenden Menschen).
3. Bestimmte Geschlechtsimaginationen: Diese Übungen lassen geschlechtsbezogene Haltungen beziehungsweise Absichten erkennen: »Begleiten Sie eine Gruppe weiblicher (männlicher) Gefangener einen Kilometer weit – zu einer anderen Station. Beobachten Sie, was passiert. Was tun Sie, was fühlen Sie?«
4. Imaginationen, die die Eltern mit einschließen. Zum Beispiel: »Duschen Sie mit Vater oder Mutter.« Oder: »Starren Sie auf den nackten Rücken von Vater oder Mutter. Lassen Sie die Eltern das gleiche tun.«
5. Imaginieren der sexuellen Aktivität mit anderen. Zum Beispiel: »Imaginieren Sie das Liebesspiel einer anderen Person mit Ihnen.« Oder: »Imaginieren Sie den Liebesakt mit einem Idol.«

JOSEPH E. SHORR wendet seine Techniken zielstrebig an, wie wir sehen konnten. Seine Arbeit zeigt, wie diese Methoden dem Patienten helfen, sich seiner neurotischen Konflikte deutlicher bewußt zu werden und unterscheiden zu lernen zwischen seinen fremdbestimmten und seiner verschütteten, wahren Identität. Der Patient soll erkennen, wie er durch seine Eltern festgelegt worden ist; er soll sehen, wie selbstzerstörerisch er auf andere reagiert, und merken, wie sehr er auf die Bestätigung durch andere angewiesen ist und wie unfähig er ist, im Leben anderer einen wichtigen Platz einzunehmen.

Die meisten Bücher über Psychotherapie folgen alten, ausgetretenen Pfaden und bieten dem Therapeuten wenig Neues oder Wertvolles, auf das er sich stützen könnte. Wer als Therapeut dieses Buch liest und sich mit den Arbeiten H. LEUNERS, C. G. JUNGS, J. E. SHORRS und R. DESOILLES wirklich auseinandersetzt, dem werden sich neue therapeutische Möglichkeiten erschließen, wie er den vielen seelisch leidenden Menschen, die zu ihm kommen, helfen kann.

7
Das verschobene Rollenspiel

1. Die Desensibilisierungstechniken

Zu den am weitesten verbreiteten Imaginationstechniken gehören die Desensibilisierungstechniken, die sich vor allem in den USA und in Großbritannien durchgesetzt haben. Die Popularität der Desensibilisierungstechniken hängt zweifellos auch mit der Tatsache zusammen, daß sie extrem einfach zu erlernen sind. Dabei handelt es sich um eine *stützende Therapie*. Die Bezeichnung »stützende Psychotherapie« setzt sich immer mehr durch, weil sie im wesentlichen das trifft, worum es geht, nämlich dem Patienten für schwierige Situationen Stützung zu geben. Früher sprach man in Kreisen der Psychotherapeuten und besonders der Psychoanalytiker gerne von zudeckenden oder pragmatischen Verfahren. Da beide Begriffe nicht treffend genug sind, wurde der Terminus »stützend« gewählt.

Betrachten wir nun die wesentlichen Elemente der Methode. An erster Stelle steht die *Entspannung*, wie sie im autogenen Training, in der Farbentspannung oder im sogenannten Alphatraining praktiziert wird. Die Muskelentspannung trägt entscheidend dazu bei, die mit bestimmten Vorstellungen verbundene Angst zu reduzieren. Entspannung kann auch die Intensität und die Wirkung der imaginierten Bilder steigern.

Es gibt eine Vielzahl von Psychotherapeuten, die sich mit den Desensibilisierungstechniken auseinandergesetzt haben. Sie alle hier aufzuführen, ist aus Platzgründen nicht möglich. Daher wollen wir hier nur die Arbeitsweise der bekanntesten Therapeuten erklären.

Wenden wir uns zunächst der Arbeit Joseph Cautelas zu. J. Cautela wirkt an der psychologischen Fakultät des Boston College in Boston, Massachusetts. Seine Methode hat eine

1. Die Desensibilisierungstechniken

allmähliche *Veränderung der »verdeckten Konditionierungen«* zum Ziel. Das Verfahren zielt darauf ab, den Reaktionsmechanismus eines Menschen neu einzustellen, indem man ihn – im Gegensatz zu seinen bisherigen Befürchtungen – positive Konsequenzen seines Verhaltens imaginieren läßt. Cautelas Auffassung der »verdeckten Konditionierung« beinhaltet, daß verdecktes Verhalten manipuliert werden kann und daß sich mit Hilfe seiner Therapie auf vorhersagbare Weise verdeckte oder offenbare Verhaltensmuster umstrukturieren lassen. Während sich der herkömmliche Behaviorismus nur mit beobachtbaren Reaktionen des Organismus beschäftigte, anerkennt die Konzeption der verdeckten Konditionierung auch andere *Kategorien von Verhalten:*

○ verdecktes psychologisches Verhalten (Gedanken, Gefühle, Bilder);
○ verdecktes physiologisches Verhalten (Aderschlag, Puls, Hirnstromaktivität, Verdauungssekretion);
○ offenbares Verhalten.

Diese Kategorien gelten nicht als voneinander unabhängige Abläufe, sondern als aufeinander bezogene und voneinander abhängige Prozesse. Man nimmt an, daß alle diese Vorgänge denselben Gesetzen gehorchen.

Konditionierungstechniken haben den Zweck, daß zugleich mit bestimmten Vorstellungsbildern bestimmte Lebensschwierigkeiten überwunden werden. In der Regel wird der Patient auf die folgende Weise instruiert: »Jetzt lehne dich zurück, entspanne dich und versuche, dir die Szene, die ich dir vorgebe, vorzustellen. Versuche dir vorzustellen, daß du dich wirklich dort befindest. Konzentriere dich nicht nur darauf, das Bild zu sehen, sondern mache auch von deinen anderen Sinnen Gebrauch. Es ist nicht nötig, dich selbst bei der Durchführung dessen, was ich beschreibe, zu beobachten; doch solltest du versuchen, so zu empfinden, als ob du tatsächlich gegenwärtig bist und die Situation erlebst. Laß uns zuerst die Szene klar vorstellen, schließe die Augen und versuche alles, was ich beschreibe, zu imaginieren.«

Als typisches Beispiel möchte ich Sie mit dem Fall einer Patientin bekanntmachen, die Professor ARNOLD LAZARUS von der Rutgers University in New Jersey wegen *Flugangst* behandelte: »Eine Frau suchte mich auf. Sie war in leitender Position und hatte sich diese Stelle in einem von Männern beherrschten Unternehmen erarbeitet. Sie hatte eine panische Angst vor Flugreisen. Aber ihre Stellung erforderte es, daß sie viel mit dem Flugzeug reisen mußte.«

Diese Frau hatte einmal einen Film über Flugzeugabstürze gesehen und seither entsetzt jede Flugreise vermieden. Sie trug sich schon mit dem Gedanken, ihre lukrative Stellung wegen dieser Angst aufzugeben. Lazarus sagte ihr, sie solle versuchen, sich vorzustellen, daß sie in einem Flugzeug sitze, das sein Ziel sicher und unversehrt erreicht. Dieses Bild gelang ihr nicht, irgend etwas ging dabei immer schief. Als deutlichstes Bild drängte sich ihr immer die Szene auf: »Hier spricht Ihr Flugkapitän. Zwei Motoren unserer Maschine sind ausgefallen. Bitte legen Sie die unter Ihren Sitzen befindlichen Schwimmwesten an. Die Maschine verliert an Höhe. Bitte vermeiden Sie jede Panik.«

Die Frau trug derart schreckliche Bilder von Flugzeugabstürzen mit sich herum, daß ihre Phobie durch logische Argumente allein nicht überwunden werden konnte. Sie mußte andere Bilder »in ihrem Kopf« entwickeln, und zwar eine Reihe von positiven Bildern: solche der Bequemlichkeit, der Leistungsfähigkeit und Sicherheit des Flugverkehrs.

Zunächst unterhielten sich Lazarus und seine Patientin über Katastrophen niedrigen Wahrscheinlichkeitsgrades, und der Professor betonte die Tatsache, daß wir im Leben von Tausenden solcher Möglichkeiten umgeben sind. Er erklärte seiner Patientin, sie könne auch in der Badewanne ausrutschen, sich den Schädel brechen und sterben. Aber würde sie deshalb Badewannen meiden? Außerdem könnte ihr auch die Decke auf den Kopf fallen und sie töten, oder sie könnte stolpern und sich den Hals brechen. Es sei also völlig sinnlos, sich über Unfälle niedrigen Wahrscheinlichkeitsgrades den Kopf zu zerbrechen. Klug dagegen sei es, Unfälle mit hohem Wahrscheinlichkeitsgrad zu vermeiden, doch die Gefahren des Flugverkehrs gehörten in die Kategorie niedriger Wahrscheinlichkeit. Sie müsse demnach auch Angst vor dem Autofahren haben, Baustellen meiden und Badewannen aus dem Weg gehen. Aber das tue sie ja nicht.

Die Hauptbehandlungsstrategie lag darin, mit ihr in ihrer Vorstellung zunehmend angenehmere Flugreisen zu unternehmen. Während sie in einem bequemen Sessel ihrem Therapeuten gegenübersaß, stellte sie sich vor, wie sie im Flugzeug interessante Menschen traf, in der ersten Klasse angenehm aß, einen spannenden Film sah. Als sie mit solchen Bildern immer größere Fortschritte machte, fügte Lazarus noch ein paar Turbulenzen, einige »Luftlöcher« sowie die üblichen Fluggeräusche wie das Ausfahren der Räder und das Öffnen der Landeklappen hinzu. Etwa zwei Monate später, nach acht Sitzungen, unternahm sie ihr erste Flugreise, einen relativ kurzen Flug von New York nach Washington. Sie hatte für alle Fälle für die Rückreise einen Platz im Zug gebucht, entschloß sich dann aber, auch die Heimreise per Flugzeug zu machen.

»Ich war begeistert«, sagte sie anschließend. »Ich hatte nicht die geringste Angst, fühlte mich die ganze Zeit wohl und absolut sicher.« Und dann sagte sie zum Spaß: »Dafür habe ich jetzt Angst davor, über die Straße zu gehen oder ein Bad zu nehmen.«

2. Die Kontrolle der imaginativen Konditionierung

Nach einer Konditionierungssitzung wird der Patient gefragt, ob die Szene klar war und wie er sie empfunden hat. Sollte es Schwierigkeiten gegeben haben, wird die Szene in der nächsten Sitzung detailliert wiederholt. Falls auch die Wiederholung nicht wirksam genug ist, wird das Spiel so lange fortgesetzt, bis sich eine neue Betrachtungsweise der Schwierigkeiten eingestellt hat. In der Regel werden die Patienten dazu angehalten, die entsprechenden Vorstellungsübungen auch daheim zu machen. Wenn es dem Patienten schwerfällt, plastische Bilder zu produzieren, sollte die Therapie auch Entspannungs-, Visualisierungs- und Konzentrationsübungen mit einbeziehen.

Entspannungsübungen sind deshalb nützlich, weil Anspannung und Angst die Konzentration erschweren. Man könnte den entsprechenden Vorgang mit einem Beispiel aus der Flugabwehr vergleichen. Spannungen verursachen einen Radarbrei; erst wenn dieser »Brei« wegfällt, lassen sich die Signale auf dem Bildschirm deutlich unterscheiden. Ein Minimum an *Lebhaftigkeit der Vorstellungen* ist für eine erfolgreiche Behandlung verdeckter Konditionierungen wesentlich. Die größte Wirkung erreicht der Patient, wenn er zu diesem Zweck alle seine Sinne aktiviert. Wenn jemand also Schwierigkeiten hat, ein Flugzeug zu visualisieren, so würde man das Motorengeräusch hinzunehmen; weiterhin muß er das kinästhetische Gefühl des Abhebens der Maschine erleben, ebenso die physiologischen Reaktionen eines beschleunigten Herzrhythmus oder eines flachen Atems und die entsprechenden Gefühlsqualitäten wie Angst oder Erhebung. Es ist sehr wichtig, daß der Patient nicht nur imaginiert, sondern die Szene möglichst real mit allen Sinnen erlebt.

Im Zuge solcher *Imaginationsübungen* wird der Patient angewiesen, verschiedene Objekte im Raum zu betrachten, dann die Augen zu schließen und diese Gegenstände zu beschreiben. Das wird so lange wiederholt, bis der Patient fähig ist, eine ziemlich genaue Beschreibung eines beliebigen Objektes zu geben. Er wird ebenso ermutigt, seine Aufmerksamkeit auf Situationen und Gegenstände außerhalb der Praxis des Therapeuten zu lenken und eine genaue Darstellung derselben zu geben, wobei der Geschmack, die Berührung, der Klang, der Geruch und besonders auch affektive Reaktionen mit einbezogen werden.

Die Entwicklung der *Bildkontrolle* ist für die Konditionierungstechniken äußerst wichtig, weil von dieser Fähigkeit der

2. Die Kontrolle der imaginativen Konditionierung

Heilerfolg direkt abhängt. Unabhängig davon, wie stark die Lebhaftigkeit der Imaginationen im einzelnen auch sein mag, sind die Aussichten für den Heilerfolg gering, wenn es dem Patienten nicht gelingt, das Bild zu kontrollieren. Es ist nämlich das größte Hindernis für eine Verhaltensänderung, wenn der Patient zwar äußerst lebhafte Imaginationen zu durchleben vermag, jedoch unfähig ist, positive Bilder und Gefühle aufrechtzuerhalten, und somit immer wieder zu seinen negativen Vorstellungen zurückkehrt.

So passiert es gelegentlich, daß derartige Patienten, wenn sie in ihrer Vorstellung beispielsweise auf Schiern einen Hang hinunterfahren, stürzen oder, wenn sie in die Badewanne wollen, ausrutschen. Das sind *Vermeidungsbilder;* sie müssen so lange wiederholt werden, bis sich eine positive Änderung einstellt.

Der Therapeut sollte dem Patienten immer wieder klarmachen, daß es sich um dessen Phantasie handelt, die zu ihm gehört, die er selbst erschafft und die er – so er will – in jeder wünschenswerten Weise verändern kann. Daher besteht der Therapeut immer wieder darauf, der Patient solle die Szene nochmals laut beschreiben, jedoch mit positivem Ausgang. Dadurch verändert sich allmählich der negative Aspekt eines Vorstellungsmusters.

Eine weitere Möglichkeit, die Bildkontrolle zu stabilisieren, besteht darin, den Patienten dazu anzuhalten, so oft wie möglich Situationen herbeizuführen, vor denen er Angst hat. Das hilft dem Patienten, sich bewußt zu werden, welche Situationen in ihm Furcht auslösen, und beruht auf der Überlegung, daß erkannte und sofort unterbrochene Gedanken leichter zu kontrollieren und auszuschalten sind als unbewußte.

Schon nach kurzer Zeit werden sich die meisten Patienten der *auslösenden Faktoren* für bestimmte Angstgefühle bewußt. Sie sollten ihre analytischen Erkenntnisse dann schriftlich fixieren, um in Zukunft sehr schnell in der Lage zu sein, Streßsituationen zu identifizieren, sich zu entspannen und verdeckte Negativprozesse durch positive und passende zu ersetzen. Ist es dem Therapeuten und dem Patienten gelungen, gemeinsam geeignete Übungsszenen zu konstruieren; so sollte der Therapeut den Patienten zur regelmäßigen und sorgfältigen Ausführung seiner »Hausaufgaben« ermutigen. Diese Hausaufgaben bestehen darin, daß der Patient dreimal am Tag für etwa fünfzehn Minuten die in der Therapiestunde eingeübten Imaginationssequenzen zu Hause wiederholt. Viele tägliche Wiederholungen über viele Wochen sind notwendig, um diese Technik des positiven Denkens zu verinnerlichen. Besonders wirksam läßt sich die Übung gestalten, wenn:

1. die Hausaufgaben während der Therapiestunden niedergeschrieben werden, so daß die Anweisungen klar sind;
2. der Patient angewiesen wird, den Verlauf der Übungssitzungen in ein Notizbuch einzutragen;
3. der Patient ermutigt wird, auftauchende Probleme aufzuschreiben und zu versuchen, Lösungen für diese zu finden;
4. der Therapeut nie den Patienten wegen Nichtübens kritisiert, sondern eine unterstützende Haltung einnimmt;
5. der Therapeut immer wieder darauf hinweist, wie wichtig die Übungssitzungen für den Heilerfolg sind.

3. Die Aneignung einer positiven Geistes- und Gefühlshaltung

Die hier aufgeführten Techniken der positiven Konditionierung ähneln sehr stark den vielen Anregungen zum positiven Denken, die beispielsweise Dr. JOSEPH MURPHY in seinem Buch *Die Macht Ihres Unterbewußtseins* und in seinen anderen Werken anbietet: Es geht dabei um die Aneignung einer positiven Geistes- und Gefühlshaltung. Mancher Leser, der bereits andere meiner Bücher gelesen hat, wird sich vielleicht wundern, daß ich an dieser Stelle die Techniken empfehle, nachdem ich doch früher Konditionierungen abgelehnt habe. Lassen Sie mich meinen Standpunkt erklären.

Unterschrift: _____

Tel.:

Akademiker ○   Anderes ○
Angehöriger ○

Bediensteter

in: _____

Übungsschein:
Übungsschein:
Übungsschein:
Übungsschein:
Übungsschein:

bezahlt.

Diese Karte ist dem Übungsleiter
bei Verlangen vorzuweisen.

bis 25.3. per Celia

8050 –Frei 70–12

UNIVERSITÄTSSPORTINSTITUT
der Universität Klagenfurt

TEILNEHMERKARTE

Matr. Nr.: 9808618 WS/SS 19

Familienname: Bourido

Vorname: CHEMSEDDINE

Akademiker/Angehöriger

Anschrift: Pinzgauerstr. 15, München

3. Die Aneignung einer positiven Geistes- und Gefühlshaltung

Nicht jeder Patient, nicht jeder seelisch gestörte Mensch ist bereit, eine manchmal doch sehr schwierige tiefenpsychologische Behandlung mit fokussierenden Techniken auf sich zu nehmen. Das mag an den für eine große Therapie fehlenden Mitteln liegen oder ganz einfach an seelischen Widerständen gegen eine solche Therapie. Nach wie vor ist es meine persönliche Meinung, daß die Umschaltung von Negativ auf Positiv, langfristig gesehen, nicht so ohne weiteres möglich ist, weil es nicht allein auf das positive Denken ankommt, sondern entscheidend auch auf die Gefühle. Erst die *Einheit Denken-Fühlen-Wahrnehmen* kann uns zu uns selbst führen.

Zu oft habe ich erlebt, daß Menschen, die sich konditionieren ließen oder sich selbst konditionierten, irgendwann wieder in eine negative Verhaltensrolle zurückfielen, weil uralte, in der Kindheit etablierte Programme sie daran hinderten, ihr positives Potential dauerhaft auszuleben. Wir sollten dabei auch nicht vergessen, daß der Mensch polar angelegt ist, daß das Negative also ebenso zum Menschen gehört wie das Positive. Erst in der Überwindung des Schattens, in der Vereinigung der Pole finden wir die Einheit, die wir anstreben. Wenn ich die Konditionierungstechniken hier aufführe, dann vor allem deswegen, weil sie einmal in einem Buch über Imaginationstechniken nicht fehlen dürfen, dann aber auch, um jenen Menschen Mut zu machen, die sich eine regelrechte psychotherapeutische Behandlung nicht zutrauen.

Wenn ich sage, daß ich in einigen Punkten mit J. Murphy nicht übereinstimme, dann soll damit nicht gesagt sein, daß sein sicher wertvolles Buch nicht schon vielen Menschen geholfen hätte. Immer wieder habe ich Berichte bekommen, wie wunderbar sich nach der Lektüre dieses Buches manches im Leben des einzelnen geändert hat. Aber ich habe auch andere sagen hören, daß ihnen J. Murphys Konditionierungen zu simpel seien. Murphy, der übrigens in seinen späteren Werken die Wichtigkeit der Gefühlshaltung ebenfalls betont, vermittelt den Einstieg all jenen, die auf der Suche nach dem Besseren sind und über seelisch-geistige Mechanismen wenig wissen; ihnen ist J. Murphys Schrifttum, das zu begeistern vermag, sicher anzuraten. Es ist wie in der Schule: keiner hat mit den Schulbüchern der oberen Klassen begonnen.

4. Probleme und Chancen

Der Präsident der Biofeedback Research Society (des Jahres 1976), ERIK PEPER, ließ vor einigen Jahren in größten amerikanischen Universitäten sämtliche in der medizinischen Literatur auffindbaren Berichte über *Spontanheilungen von Krebs* zusammenstellen. Die Ausbeute betrug vierhundert Artikel.

Bei Sichtung des Materials fiel auf, daß die Lebensweise und Behandlung der gesundeten Krebspatienten keinerlei einheitliches Prinzip erkennen ließ. Einige waren nach Lourdes gepilgert, andere hatten in Arizona eine Grapefruitkur gemacht, noch andere hatten sich in die Berge begeben, um in großer Höhe zu leben. Da »spontane Rückbildung« ein medizinischer Ausdruck ist, der bedeutet, daß die Ursache der Rückbildung unbekannt ist, und da alle Rückbildungen dennoch einen gemeinsamen Nenner haben müssen, erhebt sich die Frage: Welcher Faktor oder welche Faktoren bewirken die Verbesserung des physischen und beziehungsweise oder psychischen Befindens der gesundeten Menschen?

In diesem Zusammenhang gewinnt die von CARL SIMONTON aufgrund umfangreicher Studien der einschlägigen Literatur behauptete Verbindung zwischen Streß auf der einen und Krebs auf der anderen Seite eine besondere Bedeutung. Seine *Krebstherapie* besteht in der Veränderung bestimmter seelischer Haltungen auf seiten des Patienten mittels gezielter Imaginationen.

Ausgehend von der Möglichkeit, daß Krebskranke vielleicht in ähnlicher Weise einem bestimmten Typus angehören wie die Opfer gewisser Herzkrankheiten, wiesen Dr. Simonton und seine Frau darauf hin, daß Krebspatienten sich meistens der

Vorstellung widersetzen, daß ihr eigenes Wesen und ihre Einstellung etwas mit dem Leiden zu tun haben könnten.

Die herzkranke Persönlichkeit ist beispielsweise sozial wesentlich zugänglicher als die Persönlichkeit des Krebskranken, der meist eine starke Neigung zu Selbstmitleid und ein ungünstiges Bild von sich selbst hat. Daher scheint es notwendig zu sein, zunächst einmal diese Haltung und dieses Selbstbild zu verändern. Außerdem muß der Patient mit Hilfe der Imagination dem Körper sagen, was er tun soll, um eine Verlangsamung oder einen Aufschub des Krankheitsprozesses zu bewirken. Untrennbar mit diesen Maßnahmen verbunden ist der Glaube des Patienten selbst, seiner Familie und anderer Menschen, die ihm etwas bedeuten, an einen positiven Ausgang. Ebenso wichtig ist jedoch die *positive Haltung* der Ärzte oder Therapeuten. Es ist klar, daß die Überzeugungen des Patienten seinen Körper von innen her beeinflussen, während die Haltung seiner Mitmenschen von außen auf ihn einwirkt.

Wie die Simontons festgestellt haben, ist eine Hauptschwierigkeit von Krebspatienten ein Selbstbild, in dem sie sich als Opfer der Krankheit sehen. Ein fast unüberwindliches Problem ergibt sich, wenn der Patient davon überzeugt ist, daß die Krankheit von außen kommt, daß sie gleichbedeutend ist mit dem Tod, daß die Behandlung schlecht ist und der Patient selbst wenig oder nichts tun kann, um gegen die Krankheit anzukämpfen. Der Begriff »ankämpfen« ist eigentlich schon falsch gewählt, weil die Krebszelle genau das ja schon tut, nämlich gegen den eigenen Organismus ankämpft, um ihn zu vernichten.

Aber es gibt Krebspatienten, die klugerweise nicht gegen die Krankheit ankämpfen, sondern sich mit ihr auseinandersetzen. Solche Patienten nehmen die Imagination zu Hilfe und stellen sich vor, daß es ihnen gut gehe. Ein solches Verhalten könnte natürlich eine Selbsttäuschung sein, und der Krankheitsprozeß würde trotzdem fortschreiten. Ich selbst habe einmal mit einer Krebskranken gearbeitet und konnte dabei feststellen, daß sich ihre Blutwerte innerhalb von zwei Wochen um fünfzig Prozent verbesserten. Natürlich reichen zwei Wochen nicht aus, um einen krebskranken Menschen gesund zu machen. So ein Mensch müßte sehr lange an sich arbeiten, um dauerhafte Erfolge zu erzielen. Diese Frau hatte jedoch nur zwei Wochen Zeit; sie kam aus einer anderen Stadt, und ich wünsche ihr nur, daß sie weitergemacht hat. In diesen vierzehn Tagen haben wir immer wieder imaginäre Körperreisen gemacht. In ihrer Vorstellung hat die Patientin alle von der Krankheit befallenen Organe mit einer »magischen Flüssigkeit« eingerieben, um so den Körper und dessen Abwehrkräfte zu stabilisieren. Wenn wir krebskranke Patienten erfolgreich behandeln wollen, müßten wir, um Erfolg zu haben, eigentlich die ganze Familie in die Therapie mit einbeziehen.

Wenn jemand unter einer »gewöhnlich tödlichen Krankheit« leidet, kann die Familie tatsächlich seine Genesung verhindern – nicht weil die Angehörigen möchten, daß der Betreffende stirbt, sondern weil sie sich dem Etikett »normalerweise tödlich« unterwerfen. Sie fügen sich der angeblichen Unvermeidlichkeit des Todes – und widersetzen sich unbewußt der Veränderung, welche die Genesung bedeuten würde. Darin besteht eine der erstaunlichsten Erkenntnisse, die die Simontons bei ihrer Arbeit mit Krebspatienten gewonnen haben.

Häufig unterhöhlen die Angehörigen und andere Menschen aus der Umgebung die *Motivation* des Kranken, noch einen letzten Versuch zur Heilung seiner Krankheit zu unternehmen. Tut er es, so bekommt er Aussprüche zu hören wie: »Du bist verrückt, auf diese Weise wirst du niemals deine Krankheit los.« In manchen Fällen hat sich die Haltung der Familie als katastrophal erwiesen: der Krebs kehrte wieder, und die Patienten starben bald daran.

Auch für Kranke oder vielleicht gerade für sie gilt: Jeder trägt die Verantwortung für sich selbst. Zweifellos wird von der Familie, sicherlich ungewollt, dem Heilungsprozeß oft entgegengearbeitet, und zwar in Form unbewußter Suggestionen, die dann seitens des Kranken zu verhängnisvollen Auto-

4. Probleme und Chancen

suggestionen werden können. Mit anderen Worten: Es liegt an jedem einzelnen, ob er sich etwas einimpfen oder ausreden läßt oder ob er nach eigener Überzeugung und Verantwortung handelt. Sicher spielt die Familie meist eine große Rolle bei psychosomatischen Erkrankungen. Aber gerade die *Eigenverantwortlichkeit*, die Verantwortung für sich selbst, für das eigene Leben, für die Krankheit und ihre Heilung ist es ja, was von jeder Psychotherapie angestrebt wird. Und genau diese Eigenverantwortlichkeit ist es, die jene schon totgesagten Kranken wieder ihr Leben in die Hand nehmen ließ mit dem Gefühl: »Und ich versuch's trotzdem!«

Dr. CARL SIMONTON sagt über seine Therapie: »Ich glaube, daß wir alle – spirituell gesprochen – mit einem spezifischen Ziel geboren werden. Wir werden aber auch in eine spezifische Umwelt hineingeboren. Also treffen wir in der Zeit um unsere Geburt herum eine Reihe von Entscheidungen, um zu überleben. Es ist klar, daß diese Entscheidungen während der Kindheit außerhalb unseres persönlichen Bewußtseins liegen. In dieser unbewußten Form treffen wir eine schier unendliche Zahl von Entscheidungen hinsichtlich der Natur unseres Selbst und der Welt und der anzuwendenden Überlebensstrategien. Hierin sehe ich eine ganz wichtige Grundlage für das Entstehen von *Harmonie oder Disharmonie*. Denn so viele von uns sind weit von ihrem individuellen Lebensweg entfernt. Und ich bin – wieder philosophisch gesprochen – der Meinung, daß unser aller Lebensziel die Erfahrung von Glück ist. Wenn wir jedoch auf unserem Lebensweg – und nicht irgendwo im Abseits – wären, dann würden wir auch das größtmögliche Glück erfahren, das uns innerhalb unseres Lebens jeweils beschieden sein kann. Aufgrund der Struktur der Umgebung aber, in die wir hineingeboren werden, schlagen wir nicht unseren eigenen Weg ein. Später stehen uns dann wiederum verschiedene Mechanismen zur Verfügung, um diesen Irrtum zu korrigieren. Als einen davon sehe ich die Krankheit an.

Krankheit ist ein Alarmsignal, ein Signal, den Weg zu verlassen, auf dem wir uns gerade befinden, und uns in

Richtung auf unseren Idealweg zu bewegen. Was aber die konkrete Veränderung anbetrifft, so läßt sich nicht verstandesmäßig herausfinden, wie diese aussehen soll. Denn der irrtümliche Weg, auf dem man sich befindet, beruht ja auf einer Unzahl zumeist unbewußter Entscheidungen. Es wäre daher dumm zu glauben, man könne den neuen Weg bewußt aufspüren. Hier ist für mich der Punkt, an dem Vertrauen in das Universum, Glaube und andere Faktoren wichtig werden.«

Nach Dr. CARL SIMONTON ist die *Depression* das zentrale Problem des Krebskranken. Und das ist schon seit der Zeit des griechisch-römischen Arztes GALEN (129–199 n. Chr.) immer wieder gesagt und gezeigt worden. Dieser berühmte Arzt stellte schon damals fest, daß besonders depressive Frauen dazu neigen, Krebs zu bekommen. Allerdings unterscheidet sich die Depression von Krebskranken von der üblichen Depression: Es handelt sich dabei um eine verborgene Depression. Es sieht so aus, als ob Menschen, die Krebs bekommen, im Durchschnitt eine schlechtere Beziehung zu ihren Eltern gehabt haben als die restliche Bevölkerung. Solche Menschen werden also in eine Umgebung hineingeboren, die ihnen feindlicher erscheint, als das bei anderen Leuten der Fall ist. In der Folge unternehmen sie Versuche, die Elternliebe zu »ergattern«. Sie müssen sich also anders verhalten, als sie sind; zunächst ihren Eltern, dann der ganzen Welt gegenüber.

Wenn wir jetzt wieder an das ideale Lebensziel und an den individuellen Lebensweg denken, dann sind Krebspatienten von dieser Ideallinie im Vergleich zu allen anderen Menschen – die auch krank sein mögen – am weitesten entfernt. Nun braucht es aber eine ungeheure Energie, so weitab vom eigentlichen Weg zu leben und alle fehlgeleiteten Vorstellungen vom eigenen Leben und von der Struktur der eigenen menschlichen Umgebung und des Universums aufrechtzuerhalten. Und je mehr Energie der Betreffende in die Aufrechterhaltung dieser Phantasiewelt steckt, desto weiter ist er von seiner Ideallinie entfernt und desto tiefer entwickelt sich in ihm ein Gefühl absoluter Hoffnungslosigkeit.

Die Besonderheit dieser Form der Depression jedoch ist es, daß sie nicht bewußt registriert, sondern unterdrückt wird. Leute, die spätere Krebspatienten vor der Krankheit gekannt haben, sagen meistens, man habe sie als ganz glücklich empfunden. Aber dieses äußere Image ist nur ein Teil der in der Kindheit und später aufgebauten Strategien, um Zuwendung zu erlangen. Niemand hat gerne traurige Menschen um sich.

Sicher kann man diese Struktur des Krebskranken nicht verallgemeinern, und partiell finden sich Komponenten in jedem von uns. Doch bei Krebskranken scheint sie viel ausgeprägter zu sein.

5. *Persönlichkeitsstruktur und Krankheit*

Nach diesen Ausführungen könnte man meinen, daß Krankheit ein Produkt des Bewußtseins sei. So kann man es auffassen, wenn man unter Bewußtsein auch das gesamte *Seelenleben* inbegriffen versteht. Niemand will bewußt Krebs haben. Krankheit ist ein Produkt unserer Lebensführung, und unsere Lebensführung ist eine Folge unseres Bewußtseins im weitesten Sinne.

Das wirft die Frage auf: Wie müßte ein Bewußtsein beschaffen sein, das eine Lebensführung gestattet, die nicht krank macht. Wenn für ein krankes Bewußtsein seelische Disharmonie typisch ist, muß ein gesundes Bewußtsein durch größtmögliche *Harmonie* gekennzeichnet sein. Ein solches Bewußtsein bedeutet ja auch, daß alle inneren Organe, Organsysteme und vor allem die feinen Hormone der Drüsen innerer Sekretion wie bei einem Uhrwerk, das »geschmiert« läuft, harmonisch zusammenwirken.

Wenn wir den Menschen als Ganzes, also als Einheit von Körper, Geist und Psyche betrachten, dann ist seelische Gesundheit identisch mit der Balance zwischen diesen drei Komponenten, die natürlich andererseits nicht als voneinander getrennt gesehen werden dürfen.

Das alles klingt sehr vereinfacht; so einfach ist es aber nicht, gesund zu sein. Die Struktur der Persönlichkeit wird schon sehr früh, wie neuere Erkenntnisse zeigen, schon im Mutterleib geprägt. Man weiß aus der Tiefenpsychologie, daß vieles, was in der Zeit um die Geburt und in den ersten Lebensjahren geprägt wurde, dem Bewußtsein nicht zugänglich ist, und daher liegt es kaum in der Hand des einzelnen, die wünschenswerte Harmonie des Seelenlebens zu erlangen. Denn zu jenen frühen Abspaltungen können unter anderem ja auch positive Gefühle wie Freude, Vertrauen, Geborgenheit und andere mehr zählen. Zweifellos bedarf es einer sehr gründlichen Arbeit an sich selbst, um an derartige *Früherfahrungen* heranzukommen.

Rührt vielleicht daher die tiefe Resignation mancher Kranker? Das kann sein. Aber wir dürfen nicht vergessen, daß die Entscheidung für oder gegen Krankheit und somit für oder gegen die Gesundheit im Bereich unserer eigenen Verantwortung liegt. Wenn mancher Arzt andeuten mag, daß dieser oder jener Patient nicht mehr lange zu leben habe, dann mag das aus seiner Sicht vielleicht stimmen, denn was er weitergibt, hat Erfahrungswert. Es gibt aber auch eine andere Erfahrung, und die besagt, daß sehr viele Kranke, auch Krebskranke, sich plötzlich aufgerafft haben, um den Weg der Genesung zu gehen, und auch genasen. Die Entscheidung über den Tod liegt noch immer in einer höheren Hand.

Nicht der verzweifelte innere Aufschrei – »Wer hilft mir? Wer macht mich gesund?« kann weiterhelfen. Solchen Gedankengängen liegt bereits ein folgenschwerer Fehler zugrunde, nämlich der, daß der Kranke sich selbst aufgibt und sich anderen überantwortet, anstatt eigenverantwortlich zu handeln mit dem Entschluß: »Ich werde alles tun, um gesund zu werden.« Deshalb braucht man sich einer ärztlichen Behandlung nicht zu entziehen, jedoch sollte man gleichzeitig auch nach alternativen Möglichkeiten suchen. Es ist absolut notwendig, daß der Kranke Kräfte in sich entwickelt, die ihn aus der Hoffnungslosigkeit herausreißen und ihm einen vielleicht anfänglich nur zaghaften Antrieb geben, mehr für sich selbst zu tun.

Dr. SIMONTON und sein Team haben ein Programm entwickelt, das dazu dienen soll, im Hinblick auf Körper, Geist und Psyche der Kranken eine größtmögliche Ausgeglichenheit herzustellen und somit Harmonie in ihre Lebensführung zu bringen. Dieses Programm läßt dem Patienten jedoch auch die Zeit für eine *sanfte Veränderung der eigenen Persönlichkeit*, und es zeigt ihm einen Weg, wie er lernen kann, sich so zu akzeptieren, wie er ist. Ein solches Programm ist im allgemeinen für einen Zeitraum von zwei Jahren entworfen und besteht aus übergreifenden therapeutischen Maßnahmen, die die einzelnen Patienten jeweils an ihre spezifischen Bedürfnisse anpassen müssen. Dr. Simonton empfiehlt körperliche Übungen, Diät, Imagination, Spiel, Beratung und auf der Vergegenwärtigung spiritueller Inhalte beruhende Meditation.

Natürlich ist es schwierig, dieses auf sanfte Veränderung hin angelegte Langzeitprogramm jemandem zu erklären, der vielleicht nur noch eine Lebenserwartung von vier Monaten hat. Jedoch bleibt auch einem solchen Patienten keine andere Wahl, als sich auf eine allmähliche Veränderung einzustellen. Wenn er sich wegen seiner möglicherweise nur noch kurzen Lebenserwartung so unter Zwang sieht, daß er die seelischen Wandlungsprozesse in panischer Eile vollziehen will, dann wird ein Genesungsprozeß kaum eintreten können. Denn was sein Leben lang die innere Uhr schneller ticken ließ, war ja gerade sein übertriebener Ehrgeiz, und gerade von ihm soll er ja herunterkommen. Wer seelische Harmonie im Schnellverfahren herbeizwingen will, verfällt wiederum in den Fehler, etwas leisten beziehungsweise etwas haben zu wollen: nämlich baldige Gesundheit, anstatt endlich zu begreifen, daß der Schlüssel zum Erfolg im ganzen Sein liegt.

6. Die Steigerungstechnik

Verfolgen wir diese Technik anhand eines *Beispiels aus der Praxis*. Der Therapeut fordert seine Patientin auf, ihre Augen zu schließen und sich entspannt und ruhig zu fühlen. Nach einigen Augenblicken der Entspannung fordert er sie auf, sich bei der Arbeit zu »sehen«. »Stellen Sie sich vor, daß Sie jetzt in der neuen Abteilung arbeiten. Lassen Sie sich Zeit. Versuchen Sie sich bei der Arbeit zu ›sehen‹. Was sehen Sie?«

Die Patientin beschreibt eine Reihe von Tätigkeiten: den Umgang mit Kunden, die Beratung des Verkaufspersonals, Gespräche mit Vertretern, die Ermittlung der Verkaufszahlen sowie das Bestellen von Waren. All diese Szenen rufen in ihr nicht im geringsten ein Gefühl des Unwohlseins hervor. Therapeut und Patientin stehen vor einem Rätsel.

Der Therapeut beschließt, ein stärkeres Bild einzusetzen. »Stellen Sie sich vor, Sie werden innerhalb der Firma noch weiter befördert. Sie sind jetzt stellvertretende Direktorin der Firma geworden.« Nach einigen Minuten setzt sich die Patientin wieder aufrecht hin und öffnet die Augen. »Langsam beginne ich zu begreifen, was mich stört.«

Eine wichtige Tatsache ist ihr bewußt geworden. In dem Augenblick, da sie sich selbst als stellvertretende Direktorin gesehen hat, findet sie diese Aussicht gar nicht so abwegig. Sie könnte, überlegt sie, sehr wohl innerhalb von etwa zwei Jahren eine leitende Position erreichen. Einige Augenblicke hängt sie diesem Gedanken nach. »Hier liegt nämlich das Problem«, sagt sie dann. »Für die nächsten fünf Jahre habe ich die unterschiedlichsten unausgegorenen Pläne. Die Vorstellung, daß ich durch meine derzeitige Stelle ›verführt‹ werden könnte, empfinde ich als sehr erschreckend. Geht es mir zu gut, werde ich möglicherweise bei dieser Firma bleiben – und diesen Schritt später bereuen.«

Nachdem dieser Aspekt genauer erörtert worden ist, fügt sie hinzu: »Ich will meine Arbeit gut verrichten und dabei Erfolg haben; doch ich habe auch Angst davor, zu erfolgreich zu sein und möglicherweise am Ende nur aus finanziellen und aus Prestigegründen einer ungeliebten Tätigkeit nachzugehen.« Anschließend unterhalten Therapeut und Patientin sich eingehend und suchen nach einer vernünftigen Lösung ihres Problems.

Wir haben es hier mit der sogenannten Steigerungstechnik zu tun, wie sie von Professor ARNOLD LAZARUS praktiziert wird. Die inneren Bilder können aufgrund dieser Methode zu Diagnosezwecken herangezogen, vor allem aber auch zur *Selbsthilfe* eingesetzt werden. Wer für seine eigenen Gefühle und Handlungen keine Erklärung findet, der sollte versuchen, Situationen, die diese Gefühls- oder Verhaltensreaktionen auslösen, über innere Bilder herzuholen. Ergeben sich keine Antworten, können Sie die Steigerungstechnik verwenden, das heißt, Sie können mit Ihren Vorstellungsbildern einige Schritte über die wirkliche Situation hinausgehen. Wahrscheinlich werden Sie dabei einiges über sich selbst entdecken, das Ihnen bislang verborgen war.

Ein wesentlicher *Vorteil der Steigerungstechnik* besteht darin, daß sich mit Hilfe dieser Technik eine natürliche Widerstandsbarriere überwinden läßt. Unangenehmen Gedanken, Bildern, Gefühlen und Ereignissen auszuweichen ist menschlich. Widerwärtige und unangenehme Situationen versuchen wir zu vermeiden; vermeiden wir es jedoch, über unsere negativen Gefühle nachzudenken oder sie auszuloten, so wird es uns kaum gelingen, sie zu überwinden. Eine Steigerung der möglichen Konsequenzen einer bestimmten Gefühlshaltung bedeutet nicht nur, daß wir der Realität ins Gesicht sehen, sondern daß wir auch die Situation transzendieren und sie deshalb leidenschaftsloser betrachten können. So sind wir dann erst in der Lage, klare Einsichten zu gewinnen und Methoden zur Aufgabe unserer Fehlhaltung zu entwickeln.

Lazarus geht mit seiner Steigerungstechnik sogar noch weiter, indem er den Belzebub mit dem Teufel austreiben will. Bei Prüfungsangst steigert er die Ängste der bei ihm Hilfesuchenden so sehr, daß die tatsächliche Angst vor der Prüfung den Kandidaten nicht mehr so groß erscheint. Ich muß gestehen, ich halte von dieser Erweiterung der Steigerungstechnik nicht allzuviel. Denn jeder beliebige Angstzustand eines Patienten wird mit dieser Methode auf die gleiche Weise behandelt, wobei die eigentlichen Ursachen der Angst jedoch im dunkeln bleiben, das heißt, eine innere, echte Auseinandersetzung findet nicht statt.

8
Türen nach innen

1. Das neue Zentralanliegen: der Mensch schlechthin

Lange Zeit hat die Psychotherapie ihre Aufmerksamkeit auf das Problem eingeengt, wie man psychisch kranken Menschen dazu verhelfen kann, gesund zu werden. Aber neuere therapeutische Verfahren bleiben immer weniger bei dieser Fragestellung stehen. Für sie sind »psychisch Kranke« nur die Spitze eines Eisberges. Es geht allgemeiner um die Frage, wie Menschen ihre psychischen Schwierigkeiten besser in den Griff bekommen und wie sie ihre Persönlichkeitsentfaltung in jenen Bereichen wieder in Gang setzen können, wo sie zum Stehen gekommen ist.

Dieser Ansatz psychologischen Bemühens geht davon aus, daß fast jeder Mensch mehr oder weniger stark unter *neurotischen Fehlanpassungen* zu leiden hat, die ihn sein Leben lang vor Schwierigkeiten stellen, sei es im Umgang mit anderen Menschen, sei es, wenn es darum geht, sich einer veränderten Lebenssituation anzupassen. Die Auflösung solcher psychischen Blockaden geschieht in einem langen Entwicklungsprozeß, wobei wir uns immer wieder mit den blinden Flecken, Sackgassen und Löchern in unserer Persönlichkeit auseinandersetzen müssen. Persönliches Wachstum, Selbstverwirklichung, Persönlichkeitsentfaltung sind Zentralbegriffe der von den USA ausgehenden humanistischen Psychologie.

Als eine neue Richtung, als sogenannte vierte Kraft der Psychologie, hat sich in den letzten Jahren, zunächst in den USA dann jedoch auch in Europa, die *transpersonale Psychologie* entwickelt, die sich besonders mit den psychischen Wirkungen religiöser, mystischer und bewußtseinserweiternder Erfahrung beschäftigt. Ihr Ziel ist Bewußtseinserweiterung und Heilung durch Erfahrungen, in denen die individuelle

Person transzendiert wird und ein Einheits- und Geborgenheitsgefühl mit der ganzen Menschheit erlebt werden. Diese Richtung beschäftigt sich mehr als alle anderen psychologischen Verfahren mit den Methoden der traditionellen esoterischen Psychologie und versucht, jahrtausendealte Techniken mit Hilfe moderner wissenschaftlicher Begriffe zu durchleuchten sowie sie für den heutigen Menschen nutzbar zu machen.

Alle Richtungen der Psychologie und Psychotherapie erfassen wichtige und bedeutsame Aspekte des Menschen. Jede legt auf ihre Weise den Akzent auf einen besonderen Teilbereich menschlicher Selbstentfaltung. Während es den traditionellen tiefenpsychologischen Therapien, die auf SIGMUND FREUD und seine Schüler zurückgehen, mehr auf die Beseitigung psychischer Blockaden und die Heilung psychischer Krankheiten ankam, legen die humanistische und die transpersonale Psychologie mehr Gewicht auf die Frage: Wie ist psychische Gesundheit beschaffen und wie kann der Mensch im allgemeinen (und nicht bloß der Kranke) den *Zustand seelischer Ganzheit und Harmonie* erreichen?

Dieses Ziel steht auch hinter den Imaginationspraktiken. Sie sollen dem »normalbelasteten« Menschen ebenso wie dem Kranken helfen, bestimmte Schwierigkeiten zu beseitigen.

Die Anforderungen, die Gesellschaft und Zivilisation an den einzelnen stellen, führen bei vielen Menschen zu einer Belastung, die ihren Körper und ihre Psyche bis an die Grenzen der Belastbarkeit beansprucht. Gemeint ist damit nicht nur unser Tribut an die Leistungsgesellschaft, also Streß und Entfremdung im Beruf, Hektik und Ruhelosigkeit des Großstadtlebens, Umweltverschmutzung und die Vielfalt der Reize, die uns überfluten. Auch die Anforderungen, die die gesellschaftlichen Normen an uns stellen, eine repressive Erziehung, die starren Umgangsformen im zwischenmenschlichen Bereich, die Zerstörung der natürlichen Gemeinschaften und die damit verbundene Isolation des Individuums verhindern oder erschweren zumindest die natürlichen Entfaltungs- und Reifungsprozesse der Persönlichkeit und tragen zu einer immer

1. Das neue Zentralanliegen: der Mensch schlechthin

größeren *Innenweltverschmutzung* bei, wie es der deutsche Psychologe JÜRGEN VOM SCHEIDT ausdrückt.

Angesichts solcher Verhältnisse ist wohl kaum ein Mensch frei von äußeren oder inneren Belastungen. Viele sind innerlich einsam, ängstlich und meist darauf bedacht, diese Angst und Unsicherheit hinter einer starren und förmlichen Fassade zu verbergen, so daß selbst bei einer Vielzahl von Kontakten oder Begegnungen das Erlebnis intensiver und vertrauensvoller Nähe zu anderen Menschen nur selten oder gar nicht zustande kommt.

Der ewige Traum vieler Männer: die verträumte, romantische Frau.

2. Die Befreiung von Angst- und Spannungszuständen

Wie in den vorangegangenen Kapiteln bereits erläutert wurde, kann der Imaginierende mittels innerer Bilder zu den Problemen in sich hingeführt werden. Auch aus Streßsituationen resultierende seelische Verkrampfungen lassen sich derart lösen. Es kommt jedoch eigentlich nicht auf das Durchlebte, sondern auf die mit dem seinerzeitigen Erlebnis verbundenen subjektiven Gefühle an.

Das Aufsteigen der entsprechenden Bilder ist vom Willen unabhängig und ähnelt in vielem dem Traumvorgang. Die Bilder sind also nicht immer bildhaft-konkrete Erinnerungen an Vergangenes, sondern eher *symbolische Verdichtungen bestimmter Gefühle,* die uns in solchen Bildern begegnen. Das Erleben solcher Bilder kann unterschiedlich stark von Gefühlen begleitet sein; sie können von beunruhigender oder erfreulicher Art sein.

In der Imaginationstherapie kann sich die Phantasiewelt nach allen Richtungen hin bewegen; der Imaginierende kann, wie wir sehen konnten, eine Landschaft durchwandern und dabei anderen Personen begegnen. In der therapeutischen Einzelsitzung ist der Patient ständig in Kontakt mit seinem Therapeuten, dem er, während er sie erlebt, seine Eindrücke schildert. Der Therapeut übernimmt dabei die Funktion eines »Reisebegleiters«; er versucht, den Patienten zu schützen und Hilfestellung zu geben, falls diese benötigt wird.

Der Therapeut kann den Patienten behutsam an angsterregende Situationen heranführen, in bedrohlichen Situationen unterstützend eingreifen oder bei Blockierungen den Fluß des Geschehens wieder in Gang bringen: Alle diese Verfahren bewirken eine *Desensitivierung.* Die angstauslösenden Reize sind in diesem Fall Bilder, die die verschiedensten Gefühle des Patienten symbolisieren. Der Patient verliert auf dieser symbolischen Ebene allmählich die Angst vor seinen eigenen unbewußten Gefühlen. Auf dieser symbolischen Ebene kann er lernen, sich seinen Gefühlen zu stellen, die Auseinandersetzung

zung nicht länger zu vermeiden und allmählich seine Handlungsfreiheit zu erweitern.

So kann ein Mensch beispielsweise im Zuge seiner Imagination an einen Tümpel geraten, der ihm unerklärliche Angst bereitet. Er hat das Gefühl einer unbestimmten Bedrohung. Wahrscheinlich wird er automatisch zunächst versuchen, diese Bedrohung zu umgehen, indem er sich von dem Tümpel fernhält. Da diese Bedrohung jedoch Ausdruck eines stets gegenwärtigen Gefühls ist, wird er ihr auf seiner Reise in anderer Form wieder begegnen. Vielleicht nimmt dann die Bedrohung die Gestalt eines Löwen an, der ihn angreift. Im Umgang mit solchen Symbolen kann er allmählich lernen, das Wesen der Bedrohung zu erforschen, und Mittel und Wege finden, mit ihr umzugehen. Es ist dabei nicht unbedingt nötig zu wissen, was der Tümpel oder der Löwe in der realen Welt des Patienten bedeuten. Die Konfrontation auf der Bildebene und die *symbolische Bewältigung* genügen häufig schon zur Lösung tiefverwurzelter Angst- und Spannungszustände sowie zur Beseitigung anderer psychischer Störungen.

Eine weitere Folge solcher Imaginationstherapie ist, daß die innere Welt, die Welt des bewußten Erlebens und des Gefühlslebens, erweitert und vertieft wird. In dem Maße, wie das Individuum lernt, die Erlebnissituationen und Gefühle, die auf dieser Bilder- und Vorstellungsebene ablaufen, zuzulassen, intensivieren sich auch im Alltag seine Fähigkeiten zum intensiven Erleben und Fühlen. Überraschend ist es auch zu sehen, wie Menschen, die sich für ausgesprochen wenig schöpferisch und kreativ halten und sich nie zugetraut hätten, ein Bild zu malen oder eine Geschichte zu schreiben, in der Darstellung und Schilderung ihrer inneren Bilder eine fesselnde und geradezu künstlerische Ausdruckskraft erreichen.

Die Befreiung von angstbedingten Verkrampfungen kann auch durch die *Konfrontation mit abstrakten Symbolen* erreicht werden. So schildern Lutz Schwäbisch und Martin Siems einen Fall aus ihrer Praxis: Der betreffende Patient imaginierte ständig eine Spirale, deren Anblick ihn in Angst versetzte. Erst durch das wiederholte Erleben verlor er allmählich die Angst; er konnte die Spirale schließlich angstfrei erleben und dann trat sie nicht mehr auf. Auch in diesem Fall sind Begreifen und Erklären nicht notwendig; allein die Konfrontation mit diesem Angstsymbol, der Spirale, reicht für den Betreffenden aus, diese Angst allmählich zu verlieren.

Wie schon erörtert wurde, kann ein *Entspannungszustand* für die Imagination sehr nützlich sein. Der Entspannungszustand befreit uns nicht nur von unserem momentanen Streß und verschafft uns eine kleine Ruhepause, wir können ihn vielmehr auch dazu nutzen, alte unbewußte Streßzustände abzubauen. Der Entspannungszustand ist überaus hilfreich, wenn es darum geht, altes, ganz tief eingelagertes seelisches Material »aufzuweichen«. Denn zum einen setzt ein solcher Zustand den Widerstand gegen unbewußtes Material (seelische Verdrängung ist von muskulärer Anspannung begleitet) herab, so daß wir uns mit ihm in der Entspannung konfrontieren können, und zum anderen läßt sich im Zustand der Entspanntheit Angst besonders leicht abbauen. Die entstressende Wirkung von Entspanntheit wird in den Imaginationstherapien besonders gefördert.

3. Das den Instinkten entfremdete Bewußtsein

Was wir heute Bewußtsein nennen, hat sich nur allmählich von den Instinkten getrennt. Aber die Instinkte sind trotzdem nicht verschwunden; sie haben lediglich den Kontakt zu unserem Bewußtsein verloren und sind deshalb gezwungen, sich auf indirektem Weg bemerkbar zu machen. Das kann im Fall einer Neurose in Form körperlicher Symptome geschehen oder auch in Form unerklärlicher Launen, Vergeßlichkeit oder sprachlicher Fehlleistungen.

Der Mensch glaubt zwar sehr oft, er sei Herr über seine Seele. Aber solange er unfähig ist, seine Stimmungen und Emotionen zu beherrschen, und solange er nicht erkennt, daß

3. Das den Instinkten entfremdete Bewußtsein

sich unbewußte Faktoren in seine Entscheidungen hineindrängen, solange ist er sicher nicht Herr seiner selbst. Diese unbewußten Faktoren verdanken ihre Existenz der *Autonomie der Archetypen*. Der moderne Mensch schützt sich systematisch davor, seinen eigenen zwiespältigen Zustand sehen zu müssen. Bestimmte Bezirke des äußeren und des inneren Lebens werden gleichsam in getrennten Schubladen aufgehoben und nie zusammengebracht.

Eine bestimmte Richtung der Psychologie interessiert sich in erster Linie für den Unterschied zwischen den »natürlichen« und den »kulturellen« Symbolen.

Die *natürlichen Symbole* leiten sich von den unbewußten Inhalten der Psyche her und repräsentieren daher eine enorme Anzahl von Variationen der wesentlichen archetypischen Bilder. In vielen Fällen kann man sie bis zu ihren archetypischen Wurzeln zurückverfolgen, das heißt auf Ideen und Bilder, die man schon in den ältesten Zeugnissen der Menschheitsgeschichte antrifft. Die *kulturellen Symbole* andererseits sind solche, die man bewußt verwendet hat, um »ewige Wahrheiten« auszudrücken; sie werden noch immer in vielen Religionen gebraucht. Sie haben viele Umformungen und sogar einen mehr oder weniger bewußt geförderten Entwicklungsprozeß erlebt und sind auf diese Weise zu kollektiven Bildern geworden, die mehr oder weniger in allen zivilisierten Gesellschaften anerkannt sind.

4. Der Symbolreichtum der inneren Welt

Am Schluß dieses Buches habe ich ein »Lexikon der Symbole« zusammengestellt. Es soll dem interessierten Laien, vor allem aber auch Therapeuten, die künftig mehr mit der Imaginationstherapie arbeiten wollen, Hilfe bieten. Bei der Benutzung dieses Lexikons sollte man jedoch nicht vergessen, daß die aufgeführten Symbole nur im Zusammenhang des Einzelschicksals ihre wahre Bedeutung erlangen.

Schauen wir uns abschließend den Reichtum der Symbolik an, wie er sich in einer Imaginationssitzung offenbarte, die einer meiner Patienten bei sich zu Hause durchführte und anschließend aufschrieb. Der Mann litt zum Zeitpunkt der Behandlung unter einer chronischen Stirnhöhlenentzündung und an starken körperlichen Verspannungszuständen. Ich hatte ihm geraten, daheim täglich eine Körperreise zu machen:

»Ich versuchte in die Rose des Urvertrauens zu gehen. Es geht – zehn Dornen zählend – leicht hinunter in eine liebliche Ideallandschaft. Da sie mir nicht eindrücklich genug ist, zähle ich mich noch weitere zehn Stufen hinunter. Als ich jetzt den Rosenstengel verlasse, finde ich mich in einer unerwarteten Gegend: Ich stehe auf schwarzem, ebenem Boden, um mich herum ist schwarze Nacht. Auf dem Boden entdecke ich einzelne weiße Punkte. Bei näherem Hinsehen erkenne ich ›Totenschädel‹. Einen Augenblick danach werden die Punkte zu den Punkten von Dominosteinen, die in der Landschaft stehen. Vor mir entsteht aus dicken, graubraunen Rauchschwaden ein ›Dämon‹, der riesenhaft anwächst, mit fratzenhaftem Gesicht. Ich frage ihn, wer er sei. Er antwortet: ›Deine Hölle!‹ Aus ihm wird schließlich ein riesenhafter Kopf mit aufgerissenem Maul; der erinnert mich an den Höllenrachen in Dantes Inferno. Ich beschließe hineinzugehen und schlage ein großes Kreuz in der Luft, das ich ihm in den Rachen stelle, damit der nicht herunterklappt. Das erscheint noch nicht genug. Ich schlage ein männliches und ein weibliches Dreieck darüber, die zusammen einen Judenstern in der Mitte des Kreuzes ergeben. Zum Schutz lege ich noch eine Rüstung an und stecke ein Schwert ein, dann gehe ich in den Höllenrachen hinein. Als ich drinnen bin und begreife, daß ich wirklich in der Hölle bin, fällt der Rachen hinter mir zu, aber ich weiß, daß mir nichts passieren kann.

Ich gehe durch eine gallertartige Flut von Schleim, die mir bis an die Knie reicht, bis ich an einen großen Strom von gelbem Eiter gelange. Ich trete bis an das andere Ufer, der Eiter geht mir dabei bis zum Hals ... Das Ufer ist kahl und rötlich,

4. Der Symbolreichtum der inneren Welt 207

als brenne es von innen. Ich begreife plötzlich, daß der Eiterstrom aus meiner Stirnhöhle kommt und sehe für einen Augenblick, daß das Ufer entzündetes Fleisch ist. Ich gehe kilometerweit den Strom aufwärts, bis ich an eine gewölbte Felswand komme. Aus einem engen Loch in ihr quillt der Strom. Ich zwänge mich durch den Eiter hinein und befinde mich in einer engen Kammer, in der der Eiter von Boden, Decke und Wänden herabläuft. Dann sehe ich den Ursprung: eine fette, widerliche Frau, aus deren Geschlecht und noch

Die Symbole bringen unsere ursprüngliche Natur ans Licht – unsere Instinkte und eigenartigen Denkweisen.

mehr aus den Brüsten der Eiter strömt. Auf meine Frage, wer sie sei, grinst sie nur widerlich. Ich gebe ihr eine Rose, ich berühre sie mit dem Zauberstab, es hilft nichts. Ich steche ihr mein Schwert in den Bauch, ich töte sie. Sofort sind sie und der Eiter verschwunden.

Die Kammer ist jetzt mit rotem Samt dunkel ausgekleidet. Ich setze mich auf einen Stuhl im Hintergrund und warte. Eine blaue Blume, die ich für ein Veilchen halte, die aber aussieht wie eine Glockenblume oder ein Enzian. Es kommen immer mehr blaue Punkte auf rotem Samt. Alles ist angenehm. Dann sehe ich für einen Moment, daß der Samt gesundes rotes Fleisch ist, die Blumen blaue Blutäderchen. Ich suche die ursprüngliche blaue Blume: in ihr ist ein Tautropfen, der zur Perle wird. Ich nehme die Perle und schlucke sie hinunter. Ich ziehe vorsichtig die blaue Blume heraus und gehe mit ihr in die rechte Stirnhöhle hinüber. Hier ist alles normal, kein Eiter, keine Blumen, nur rote, gesunde Wände. Vorsichtshalber pflanze ich die blaue Blume ein, und sofort sprießen mehrere andere hervor, und sofort empfinde ich ein angenehmes Gefühl in dieser Kammer. Es wachsen auch noch andere Blumen: Goldschlüsselchen, deren Sinn ich nicht verstehe. Schießlich ziehe ich diese blaue Urblume wieder heraus, ebenso die Urgoldschlüsselchen. Dazu pflücke ich einen Strauß weiterer Goldschlüsselchen. Die gepflückten Blumen streue ich in die linke Kammer, damit sie auch dort wachsen – sie tun es auch.

Ich überlege, wohin ich jetzt gehen soll. Die Schulterpartie und der Nacken sind heute fest verspannt, also begebe ich mich dorthin. Ich sehe, daß die Wirbelsäule eine Palme ist; die Palmensegmente entsprechen den einzelnen Wirbeln. In der Schulter-Nacken-Gegend entdecke ich starke Stahltrossen, die um die Palme geschlungen sind und sie erdrosseln. Die Trossen spannen sich bis in die Schulterenden. Ich berühre die Trossen: sie werden zu grünen Lianen, aus denen kleine, rosa-weiße Blüten blühen. Die Lianen lösen sich von der Palme ab, rollen sich zu grünen Kugeln zusammen und fallen nach unten weg.

4. Der Symbolreichtum der inneren Welt

Die Schultern und Schulterblätter sind jetzt Flügel – Schwingen, die bis in die Hände reichen. Ich gehe die Wirbelsäule abwärts, berühre die Palme zur Entspannung mit der blauen Blume. Die Palme endet in der Lendengegend, ihre Wurzeln gehen durch beide Beine. Ich gehe zum After, der ringförmig, stark lila geschwollen und stark ausgestülpt ist. Ich berühre ihn mit der blauen Urblume, worauf er sich selbst zu einer blauen Blume mit langem Kelch verwandelt, die sich langsam im Rhythmus öffnet und schließt. In der Lendengegend wird die Palme ebenfalls von starken Stahltrossen gewürgt. Ich berühre sie mit der Blume, und auch hier verwandeln sich die Trossen in Lianen, die sich zu grünen Kugeln zusammenrollen.

Ich gehe nun zu meinen Hoden, die lang und stark wie bei einem Bullen sind. Ich gehe in den Penis, der stark und locker muskulär ist, leicht gehoben. Dort ist alles in Ordnung. Ich gehe das linke Bein hinunter, berühre die Muskelfasern zur Entspannung, weiter in die große Zehe, unter der ich Fußnagelpilz habe. Der Nagel sieht gelb und zerfallen aus. Ich berühre ihn mit der blauen Blume, das reicht nicht aus. Ich lasse die Goldschlüsselblume zu einem goldenen Schlüssel werden; da es aber nichts aufzuschließen gibt, zerreibe ich ihn zu Goldstaub, den ich auf den Nagel streue. Aber auch das scheint noch nicht zu reichen. Das gleiche in dem anderen Bein und Fuß. Ich gehe zurück in den Beckenraum: dort sind noch einige dünnere Stahltrossen wie Wäscheleinen durch den Beckenraum gespannt. Ich löse sie wie die anderen auf. Ich schaue noch einmal die Palme hinauf und stelle zu meinem Erstaunen fest, daß sie zu einer blauen Schlange geworden ist, deren Schwanz im Beckenraum ringförmig liegt, die Schwanzspitze mündet in meinen Penis. Der Kopf der Schlange erhebt sich über meinem Kopf, ihr Kobrakopf bläht sich wie ein Schirm über dem Kopf. Sie ist sehr stark und elastisch.

Ich betrachte nunmehr meine Kehle, da meine Stimme oft nicht ganz frei ist. Die Kehle besteht aus übereinanderliegenden Ringen, die oberen eisern, die mittleren bronzen, die unteren golden, in goldene Fäden auslaufend. Ich schlage mit einem kleineren goldenen Hammer an die Ringe, in der Hoffnung, der gemeinsame Ton werde sie alle golden werden lassen. Es hilft aber nicht. Daraufhin gehe ich in die Gegend des Sonnengeflechts. Dort ist ein riesiger Gong, der ausgehängt an der Wand lehnt. Ich hänge ihn wieder auf und schlage mit einem großen Schlegel dagegen. Der Gong läßt die Ringe am Kehlkopf golden werden. Ich gehe hinauf und berühre sie mit einer roten Rose. Da öffnet sich die Körpermitte, und ich spüre, wie eine Kraft in mir zu strömen beginnt.

Ich verlasse jetzt wieder meinen Körper durch mein Lächeln.«

Ich möchte diesem Beispiel CARL GUSTAV JUNGS Feststellung, die zugleich ein *Appell an uns alle* ist, nachsetzen: »In dem Maße, wie unser wissenschaftliches Verständnis zugenommen hat, ist unsere Welt entmenschlicht worden. Der Mensch fühlt sich im Kosmos isoliert, weil er nicht mehr mit der Natur verbunden ist und seine emotionale ›unbewußte Identität‹ mit natürlichen Erscheinungen verloren hat. Diese haben allmählich ihren symbolischen Gehalt eingebüßt. Der Donner ist nicht mehr die zornige Stimme eines Gottes und der Blitz nicht mehr sein strafendes Wurfgeschoß. In keinem Fluß wohnt mehr ein Geist, kein Baum ist das Lebensprinzip eines Mannes, keine Schlange die Verkörperung der Weisheit, keine Gebirgshöhle die Wohnung eines großen Dämons. Es sprechen keine Stimmen mehr aus Steinen, Pflanzen und Tieren zu den Menschen, und er selbst redet nicht mehr zu ihnen in dem Glauben, sie verständen ihn. Sein Kontakt mit der Natur ist verlorengegangen und damit auch die starke emotionale Energie, die diese Verbindung bewirkt hatte.

Dieser Verlust wird durch die Symbole in den Träumen [und Imaginationen] wieder ausgeglichen. Sie bringen unsere ursprüngliche Natur ans Licht – ihre Instinkte und eigenartigen Denkweisen. Leider drücken sie jedoch ihre Inhalte in der Sprache der Natur aus, die uns fremd und unverständlich geworden ist. Daher müssen wir diese Sprache in die rationalen

4. Der Symbolreichtum der inneren Welt

Worte und Begriffe unserer modernen Redeweise übersetzen, die sich von ihren primitiven Anhängern befreit hat, insbesondere von der mystischen Teilnahme an den Dingen, die sie beschreibt. Wenn wir heutzutage von Geistern und anderen numinosen Dingen sprechen, beschwören wir sie nicht mehr herauf. Die Kraft und die Herrlichkeit solcher einst mächtigen Worte sind vergangen.«

Aber wir können sie wiedererleben in den Imaginationen, wie das in diesem Kapitel wortwörtlich wiedergegebene Beispiel gezeigt hat. Natürlich gilt es, die Gestalten einer magischen Welt nicht um der Beschwörung selbst willen zu beschwören. Es gilt zu erkennen, daß alle Geister und Dämonen nichts anderes sind als abgespaltene Teile unserer Persönlichkeit und daß die von C. G. Jung gemeinte Energie das ist, was wir den »eigenen inneren Strom« nennen. Denn unsere inneren Bilder sind nichts anderes als zugleich Bilder und Emotionen.

9
Symbole und Wandlung

1. Die Symbole des Individuationsweges

Die Sufis erzählen eine alchimistische Allegorie, eine Geschichte vom großen Werk der Umwandlung; es ist eine faszinierende Geschichte. Ein munter sprudelnder Bach erreichte die Wüste und fand, daß er sie nicht überqueren konnte; seine Wasser versickerten zu schnell in dem feinen Sand. Laut sagte er: »Es ist meine Bestimmung, diese Wüste zu überqueren, aber ich sehe nicht wie.«

In geheimnisvoller Sprache antwortet die Wüste: »Der Wind geht über die Wüste hin, das ist auch dein Weg.«

Der Bach: »Aber sooft ich es versuche, trocknet der Sand mich weg. Und selbst wenn ich Anlauf nehme, schaffe ich nur ein kurzes Wegstück.

»Der Wind stürmt nicht gegen den Sand der Wüste an.«

Der Bach: »Aber der Wind kann fliegen und ich nicht.«

»Du denkst in der falschen Richtung. Erlaube dem Wind, dich über den Sand zu tragen.«

Der Bach: »Aber wie soll das gehen?«

»Geh auf im Wind!«

Das gefiel dem Bach gar nicht. Er fürchtete, auf diese Weise seine Individualität zu verlieren. Würde er dann überhaupt noch existieren?

Dies, sagte der Sand, sei ein Denken, das mit der Realität nichts zu tun habe. »Der Wind nimmt deine Feuchtigkeit auf, trägt sie über die Wüste und läßt sie dort auf die Erde niederregnen. Und der Regen wird wieder ein Bach.«

»Aber woher weiß ich, daß das auch wahr ist?«

Der Sand: »Es ist so, und du mußt es glauben, sonst wird der Sand dich weiterhin aufsaugen, bis du nach ein paar Millionen Jahren ein Sumpf wirst.«

1. Die Symbole des Individuationsweges

»Aber wenn das so ist, werde ich dann derselbe sein wie jetzt ... drüben?«

Der Sand: »Jedenfalls kannst du nicht genau so bleiben, wie du jetzt bist. Aber du hast gar keine Wahl; das scheint dir nur so. Der Wind wird von dir nehmen, was ungreifbar ist, dein Wesen. Wenn du jenseits der Berge wieder ein Bach wirst, mag wohl der Mensch da drüben dich so oder anders nennen, aber du wirst wissen, daß du im Innern derselbe bist. Du magst dich heute als einen Bach dieser oder jener Art bezeichnen, doch du weißt nicht, welcher Teil von dir dein Wesen ist.«

So erhob sich der Bach in die geöffneten Arme des Windes, der ihn langsam und behutsam aufnahm, über die Wüste trug und auf den Berggipfeln eines fernen Landes sanft und sicher absetzte. »Jetzt«, sagte der Bach, »weiß ich wirklich, wer ich bin.«

Eine Frage aber beschäftigte ihn noch: »Warum konnte ich das nicht selbst herausfinden, warum hat der Sand es mir sagen müssen? Was wäre geschehen, wenn ich dem Sand nicht zugehört hätte?«

Wispernd kam die Antwort, es war die Stimme eines Sandkornes: »Nur der Sand weiß es, er hat es sich ereignen sehen, und er erstreckt sich vom Fluß bis in die Berge. Er ist die Verbindung, und er erfüllt seine Aufgabe wie jedes Ding. Der Weg, den der Strom des Lebens auf seiner Reise nimmt, ist in den Sand geschrieben.«*

Der Sand, das ist der Psychotherapeut, der einem in Lebensschwierigkeiten geratenen Menschen weiterhilft. Und der Weg ist das, was CARL GUSTAV JUNG den *Individuationsweg* nannte. Jungs Denken hat die moderne Psychologie weit mehr beeinflußt, als gemeinhin angenommen wird. Sein bedeutendster Beitrag zum psychologischen Denken ist seine Konzeption des Unbewußten, das nicht – wie SIGMUND FREUDS Unterbewußtsein – bloß eine Art Aufbewahrungsort für verdrängte Wünsche darstellt, sondern eine Welt, die ein ebenso

---

* Zitiert nach Idries Shah *Die Sufis*, Eugen Diederichs Verlag, Köln, 1980.

realer und wesentlicher Bestandteil des individuellen Lebens ist wie die bewußte Welt des Ego, nur unendlich viel umfassender und reicher.

Die Sprache des Unbewußten ist, wie schon an anderer Stelle dargestellt, die der Symbole, denen wir in Träumen und Imaginationserlebnissen begegnen. Nach C. G. JUNG wird der Mensch erst dann ganz und in sich ruhend, kreativ und glücklich, wenn der Individuationsprozeß abgeschlossen ist, das heißt, nachdem Bewußtsein und Unbewußtes gelernt haben, friedlich miteinander zu leben und sich gegenseitig zu ergänzen.

Das seelische Zentrum, von dem aus das seelische Wachstum und der innere Reifungsprozeß gesteuert werden, nennt Jung das »Kernatom der Seele«. Man könnte es auch den Erfinder und Ordner unserer Traum- und Imaginationserfahrungen nennen. Jung hat dieses Zentrum als das »Selbst« bezeichnet. Es stellt die *Ganzheit unserer Psyche* dar im Gegensatz zum Ich, das nur einen kleinen Teil unserer seelischen Funktionen ausmacht. Am Anfang unseres Weges ist dieses Zentrum nicht mehr als eine Möglichkeit; jedoch kann es sich im Laufe unseres Lebens immer mehr verwirklichen – oder auch nicht.

Jung hat diese Entfaltungsmöglichkeit einmal am Beispiel einer Bergföhre verdeutlicht: In jeder Bergföhre ist das Bild eben der Bergföhre mit all ihren Möglichkeiten gleichsam schon im Samen angelegt. Aber jeder wirkliche Föhrensamen fällt zu bestimmter Zeit an einen bestimmten Ort, und da sind viele spezielle Umstände von Wichtigkeit: Erdbeschaffenheit, Windlage des Hanges und Zeit der Sonnenbestrahlung. Die einzelne Föhre reagiert auf ungünstige Wachstumsbedingungen zum Beispiel mit krummem Wachstum oder Schieflage infolge Hinneigung zur Sonne, und so kommt dann jene einmalige, nicht wiederholbare individuelle Föhre allmählich zustande, welche die einzig wirkliche ist, denn die »Föhre an sich« ist ja nur eine Möglichkeit, eine Idee.

Dieses Wachstum des einzelnen als etwas Einmaliges ist es, das Jung beim Menschen als Individuationsprozeß bezeichnet, wobei man allerdings an zwei Aspekte denken muß. Zunächst handelt es sich dabei um einen unbewußt verlaufenden *Wachstumsprozeß*, der im Menschen wie in jedem anderen Wesen stattfindet und in dem der Mensch sein Menschsein erlebt; aber im eigentlichen Sinn wird dieser Prozeß erst eine Wirklichkeit, wenn der Mensch sich dessen bewußt wird. Wir wissen nicht, ob die Föhre etwas davon weiß, ob sie leidet oder sich freut, wenn ihr die jeweiligen Bedingungen ihres Seins aufgezwungen werden, aber der Mensch kann die entsprechenden Prozesse bewußt mitmachen und erlebt dabei sogar, daß er im einzelnen aufgrund freier Willensentscheidungen mitwirken kann. Und darin besteht der Individuationsprozeß im eigentlichen Sinne.

Auch kommt – beim Menschen – etwas hinzu, was bei Pflanze und Tier nicht vorhanden zu sein scheint: der Individuationsprozeß ist mehr als nur das Zusammenwirken des Ganzheitskeimes und der Lebensbedingungen oder »Schicksalsumstände«. Jung erklärt das folgendermaßen: »Erlebnismäßig ist es so, als ob beim einzelnen etwas Göttliches, Schöpferisches eingreifen und mitwirken würde, und zwar in persönlicher, individueller Art. Man hat das Gefühl, als ob etwas einen anschaue, etwas, das ich nicht sehe, vielleicht jener ›Große Mann‹ im Herzen, der dir in Form von Träumen seine Ansichten mitteilt.«

Allerdings kann sich dieser schöpferische Aspekt nur entfalten, wenn sich das Ich von jedem Nützlichkeits- und Zweckdenken befreit, um diesem eigentlicheren und vertiefteren Sein näherzukommen; es muß sich zwecklos diesem inneren Wachstumsdrang hingeben.

Der Mensch reintegriert in der Individuation jene Teile seiner Persönlichkeit, die er in der ersten Phase seines Lebens von sich abgespalten hat. Der Weg zum Kern der eigenen Persönlichkeit ist mit »Steinen« und anderen Hindernissen gepflastert; und es ist leider auch eine Tatsache, daß es nicht jedem Menschen gelingt, seine Individuation zu vollenden. Es ist nämlich ein Weg, auf dem der Mensch in der Not seiner

Konflikte, oft erst im Zustand seelischer Erkrankungen, zu ahnen beginnt, daß seine Psyche Wichtiges mit ihm vorhat, nämlich ihn auf den Weg der möglichen Ganzheit zu drängen. Jeder Psychotherapeut weiß, welche Widerstände diesem Prozeß entgegengesetzt werden. Der Weg der Individuation ist der Weg, von dem es in der Bibel heißt, daß »einer die enge Straße gehen« soll.

2. Die »Persona« als Maske des Individuums

CARL GUSTAV JUNG sagte einmal: »Die Persona ist ein Kompromiß zwischen Individuum und Sozietät über das, was einer zu sein scheint.« Der Akzent liegt hier deutlich auf »scheint«. Das geht Hand in Hand mit dem volkstümlichen Sprichwort: »Mehr sein als scheinen.« Mit der Persona ist jene Rolle gemeint, die die Umwelt dem einzelnen Menschen – zu Recht oder Unrecht – zuschiebt. An der Gestaltung dieser Rolle hat ein Mensch seinen bestimmten Anteil. Der Mensch, in dem der Wandlungscharakter dominiert, stellt entwicklungsmäßig eine höhere oder »bessere« Form des Menschseins dar. In ihm ist der matriarchalische Charakter des Weiblichen, in dem die Beziehung zum Partner ebenso wie die zum Ich und zum Individuum noch unentwickelt ist, überwunden.

Denn wenn der Wandlungscharakter des Weiblichen in der Eigenerfahrung der Frau bewußt wird und sie nicht mehr nur sein unbewußter Träger ist, sondern ihn in sich realisiert hat, dann überwiegt in ihr die Bezogenheit zur individuellen Persönlichkeit des Partners, das heißt, sie ist zu einer echten Beziehung fähig. Das gleiche gilt für den Mann.

Die Persona ist die Maske der Menschen, die sie gegenüber ihrer Umwelt zeigen. Einerseits steht die Persona für die Erscheinung des Individuums nach außen, andererseits verdeckt sie sein inneres Sosein vor der Neugier der Mitmenschen.

Wenn ein Mensch sich aufmacht, bewußt den Individuationsweg zu gehen, dann wird er bald seine »Masken« aufge-

2. Die »Persona« als Maske des Individuums

ben wollen, ein Unterfangen, das sich viel leichter anhört, als es wirklich ist. Denn in der unbedingten Ehrlichkeit sich selbst und anderen gegenüber beginnen die Schwierigkeiten des Individuationsweges. Die Maske abzulegen heißt ja nichts anderes, als die Verantwortung für sein Tun nicht mehr bei anderen suchen zu wollen, und es bedeutet auch, andere Menschen nicht mehr manipulieren zu wollen.

Da dem menschlichen Urteil eine gewisse Trägheit innewohnt und man seine Meinung über einen Mitmenschen weder gerne differenziert noch umorientiert, ist dieses Persona-Bild

Die Persona, das ist die Maske des Menschen, die er gegenüber der Umwelt zeigt.

oft festgefügt. Zu ihm gehört die äußere Erscheinung, das Gehabe, die Leistungen, soweit sie bekannt sind, die gesellschaftliche Stellung – all das, was einem aus der Privatsphäre eines Individuums bekannt ist, wie auch die öffentliche Geltung.

An diese Persona werden nun bestimmte Anforderungen gestellt. Wir wissen, was wir dem Träger einer Persona zumuten und was wir von ihm nicht erwarten »dürfen«. Wir sagen: »Typisch Margot«; aber wir sagen auch: »Das hätte ich ihr nie zugetraut.« Damit kleben wir einem Menschen ein *bestimmtes Etikett* auf. Er hat sich so zu verhalten, wie seine Umgebung es wünscht. Will er diese »öffentliche Meinung« nicht beleidigen, will er sie nicht beunruhigen, aus dem Konzept geraten lassen, dann muß er sich so verhalten, wie man es von ihm erwartet. Er muß seine Rolle weiterspielen, er darf seine Maske nicht abnehmen, er darf sich nicht demaskieren. Für die Umgebung, für die Gesellschaft, für die Familie, für die Kollegen am Arbeitsplatz, für die Nachbarn ist das Zusammenleben mit uns immer leichter, wenn wir uns so verhalten, wie sie es von uns gewohnt sind. So bleiben wir Persona – so aber werden wir auch nie zur Persönlichkeit.

Sehr viele Menschen haben sich in die Rolle ihrer Persona dermaßen eingelebt, daß sie die Rolle beispielsweise des Fachmannes spielen, des Draufgängers, des immer still Bescheidenen, des Dulders, des Streiters und dergleichen mehr. Durch derartige Rollenspiele werden die eigentlichen Kernpunkte der Persönlichkeit vernachlässigt, wir kommen nicht zum Sein. Wir sind ein *Ich, aber kein Selbst*. Wir leben das, was die Umwelt seit unserer frühen Kindheit von uns erwartet, wir gehen die »breite Straße, den bequemen Weg«; wir machen uns nicht auf, uns selbst zu finden.

Aber eines Tages kommt die große seelische Erschütterung, die uns in unseren Grundfesten erzittern läßt. Das kann sein infolge Scheidung, infolge des Todes eines geliebten Menschen, des Verlustes unseres langjährigen Arbeitsplatzes, den wir bis zum Lebensende zu haben wähnten. Wir stehen einfach hilflos und nackt vor dem inneren Menschen, wir stehen vor einem Scherbenhaufen; und wir haben jetzt die Chance, unser Leben in eine neue Richtung zu lenken, wir können den *Weg der Wandlung* gehen, diesen Individuationsweg, unseren einzigartigen Weg zu uns selbst. Es führen viele Wege nach Rom – unser Selbst ist jedoch nicht Rom –, und daher gibt es nur einen Weg dorthin, den Individuationsweg. Jeder Mensch hat einmal die Rolle der Persona gelebt; sie zeigt sich am deutlichsten in der Jugend. Der junge Mensch lebt meistens mehr nach außen. Es ist meist die Lebensmitte, die uns aufruft, eingefahrene Wege zu verlassen, um unserem Lebensschiff einen neuen Kurs zu geben.

3. Der »Schatten« als Kehrseite der bewußten Persönlichkeit

Der Schatten ist nach Ansicht vieler primitiver Völker das *zweite Ich* oder die eigentliche Seele des Menschen. Der Mensch ist eigentlich zweimal da: in seiner wahrnehmbaren Erscheinung und in seinem unsichtbaren Abbild.

Nicht aufgrund der Erscheinungen des Empfindens, Wollens, Wahrnehmens und Denkens im wachen und bewußten Menschen, sondern aufgrund der Erfahrung eines scheinbaren Doppellebens im Traum, in Imagination und Ekstase hat sich der Schluß auf das Dasein eines zweiten lebendigen Seins im Menschen, auf die Existenz eines selbständigen »zweiten Ich« im Innern des täglich sichtbaren Ich geradezu aufgedrängt.

In der Psychologie C. G. JUNGs wird diese aus dem Unbewußten auftauchende *archetypische Figur* als der »Schatten« bezeichnet. Er ist gleichen Geschlechts wie das Subjekt oder Ego, aber von anderer Beschaffenheit; denn er entspricht in etwa dessen dunklem Spiegelbild, das – dem Alltagsbewußtsein verborgen – die unbekannte Seite des menschlichen Wesens darstellt, die auch unentwickelter ist als die bewußte Persönlichkeit.

Der Schatten steht als Spiegelbild immer auf der »anderen Seite«, dort, wo das Ego nicht steht, und verkörpert daher die Gegenwerte des Ego als dessen »alter Ego«, als dunkler Bruder, der das Ich-Bewußtsein überallhin begleitet und es ergänzt. Der Schatten verhält sich somit komplementär zur bewußten Persönlichkeit.

Die Reaktionen der von Jung als »Schatten« definierten Figur entsprechen, wie sich zeigen wird, der Verhaltensweise der in Imaginationserlebnissen auftauchenden Gestalt des dämonischen Sohnes des magischen Urelternpaars- oder Götterpaars, wobei der Schatten als dunkler Bruder oder auch Gegenspieler des Helden auftritt. In dieser Figur erscheint, meist in der Gestalt von Tieren, Dämonen oder Menschen, wie in einem Konzentrat das ganze magische Reich, das allerdings erst bei tieferem Eindringen seine übrigen Aspekte offenbart. Wie schon an anderer Stelle gezeigt, ist der Held diesem Widersacher nicht einfach wehrlos ausgeliefert; es besteht vielmehr eine geheime, schwer abgrenzbare Wechselwirkung zwischen ihm und seinem Gegenspieler.

So verlockend es auch wäre, aus Imaginationsgeschehnissen allgemeine Gesetzmäßigkeiten des unbewußten Seelenlebens abzuleiten, so unmöglich erweist sich jedoch dieser Versuch in der Praxis, da allen *angeblichen Gesetzmäßigkeiten* eine andere Regel entgegensteht, die sie wieder aufhebt; sie sind alle zugleich richtig und falsch. Nichts widerspricht mehr dem Geist der Imagination als eine eindimensionale moralische Bewertung des imaginierten Geschehens. Häufig ist zum Beispiel blinder Gehorsam gegenüber den magischen Figuren in der Imagination richtig, bisweilen führt aber gerade eine Gehorsamsverweigerung zu heilbringenden Umwegen und Komplikationen, aufgrund deren der Imaginierende erst eigentlich die tieferen Schichten seiner Seele erlebt und wirkliche Fortschritte macht. Immer aber bleibt das *Unbewußte* gegenüber den Strebungen des Ich die stärkere Macht, und daher ist es entscheidend, seine Absichten zu verstehen und in das eigene Bewußtsein zu integrieren.

3. Der »Schatten« als Kehrseite der bewußten Persönlichkeit

Das ständig um Dominanz und Selbsterhaltung kämpfende Ego muß sich gleichsam aufgeben und sich vom Unbewußten in der gleichen Weise führen lassen, wie sich in der geschilderten Sufigeschichte der Bach dem Wind überläßt. Die Reise führt jedoch ins Unbekannte.

Das Unbewußte erscheint auf den ersten Blick wie ein moralisch, ästhetisch und intellektuell indifferentes Naturwesen und gibt sich nur dem demütig Suchenden zu erkennen. Einer meiner Kollegen beschrieb den richtigen Umgang mit dem Unbewußten einmal folgendermaßen: »Wir sind erfüllt von Einem, das mächtiger, unheimlicher und größer ist als wir selbst. Man kann nur versuchen, sich gut mit ihm zu stellen, indem man ihm tägliche Aufmerksamkeit entgegenbringt in kultisch verehrendem Umgang. Auf die Regelmäßigkeit des Umgangs kommt es an; sonst entschlüpft uns das Mächtige, vielgestaltig, dunkel, geschmeidig. Es entzieht sich, neckt, überrascht und plagt uns mit unerwünschter An- und Abwesenheit, Verlarvung und Drohung. Gegen unsere Bedürfnisse bleibt es aus, wird uns beziehungsfremd, feindlich und koboldhaft, läßt sich nicht mehr ansprechen und erbitten. Durch den täglichen, ehrfürchtigen Umgang mit ihm, versichert man sich seiner als nahe und geneigt.«

Ob der Schatten zum *Freund oder Feind* wird, hängt von uns selber ab. Nicht immer ist der Schatten unser Feind. Er ist genau wie jeder Mensch, der uns in der Außenwelt begegnet, ein Wesen, mit dem man durch Zugeständnisse, Abwehr oder Liebe – je nachdem – auskommen muß. Er wird nur feindlich, wenn man ihn ganz verständnislos behandelt oder links liegenläßt.

In der Imagination eines Menschen, der seine natürlichen Affekte und Emotionen zu stark auslebt, kann der Schatten als kalter Intellektueller erscheinen. Er verkörpert dann giftige Urteile und böse Gedanken, die zurückgedrängt wurden. Mit einem Wort: Der Schatten stellt immer die »andere Seite« des Ich dar und verkörpert meistens gerade die Eigenschaften, die man an anderen Leuten geradezu verabscheut.

Es wäre verhältnismäßig einfach, wenn der Schatten durch ehrliche Bemühungen um Einsicht bewußtgemacht und in das Alltagsleben integriert werden könnte. Oft aber »nützen« solche Bemühungen nichts, das heißt, es ist eine so starke Leidenschaft und Getriebenheit mit dem Schatten verbunden, daß die Vernunft mit ihm nicht fertig wird. Bisweilen hilft da nur eine bittere Erfahrung, das heißt, es muß uns erst »etwas auf den Kopf fallen«, wir müssen einen Autounfall erleben, oder ein lieber Mensch muß sterben, bevor wir unsere Schattengetriebenheit abstellen, oder es bedarf eines heroischen Entschlusses, sozusagen einer Stimme aus dem tiefen Inneren, die uns sagt, wie wir uns dem Schatten annähern können.

Wenn der Schatten wertvolle Lebenselemente enthält, sollten wir sie ins Leben einbauen und nicht bekämpfen. In diesem Fall muß das Ich vielleicht ein Stück moralischen Hochmutes opfern und etwas ausleben, das ihm zwar dunkel erscheint, es in Wirklichkeit jedoch nicht ist. Ein solches Opfer kann ebenso heroisch sein wie die Überwindung der Triebe. Die moralischen Probleme, welche die Begegnung mit dem Schatten aufwerfen kann, sind sehr schön im achtzehnten Kapitel des *Korans* beschrieben:

Moses begegnet in der Wüste Chidr, »dem Grünen«, dem ersten Engel Gottes, und sie wandern zusammen weiter; aber Chidr warnt Moses, er Moses, werde seine Taten nicht ohne Empörung mitansehen können, und wenn er es nicht könne, müsse er, Chidr, ihn verlassen. Tatsächlich versenkt Chidr die Boote armer Fischerleute, er erschlägt grundlos vor Moses Augen einen hübschen Jüngling und bringt eine Stadtmauer »sinnlos« zum Einsturz. Moses empört sich moralisch immer wieder, und Chidr muß ihn verlassen, erklärt ihm aber im Weggehen, wie der wirkliche Sachverhalt gewesen ist: Die Boote der Fischer wurden durch sein Tun vor nahenden Räubern gerettet, weil sie die Fischer nach deren Abzug ja wieder heben können; der Jüngling war auf dem Weg, seine Eltern zu ermorden, und so wurde seine Seele gerettet; und durch den Einsturz der Stadtmauer wurde der vergrabene

Schatz zweier junger Leute freigelegt. Nun sah Moses zu spät ein, daß sein moralisches Urteil übereilt gewesen war.

JOLANDE JACOBI, langjährige Mitarbeiterin C. G. JUNGS, bemerkt zu dieser Geschichte: »Naiv besehen wirkt Chidr wie ein gesetzloser, böser, launischer Schatten des gesetzestreuen Moses, aber er ist es nicht, er verkörpert geheimnisvolle schöpferische Wege Gottes.«

Wer auf der Suche nach sich selbst, auf dem Weg zur Ganzheit, dem Schatten in das oft unschöne, häufig auch leidende Antlitz schaut, der möchte manchmal wegsehen, sich wieder auf die Außenwelt konzentrieren. Aber es wird ihm alles nichts nützen, denn zwangsläufig wird er wieder von seinem Innern angezogen. Wer sich einmal auf den *Weg der Selbstfindung* gemacht hat, der kann nicht mehr umkehren; irgend etwas ist in ihm, das ihn vorwärtsdrängt, das ihn wie ein Magnet anzieht. Der Weg kennt keine Umkehr.

4. *Die weibliche Seite des Mannes: die Figur der »Anima«*

Die geheimnisvolle Frau trägt in der Imagination göttliche, dämonische oder auch tierische Züge. Sie entspricht der weiblichen Seelenfigur, die im Imaginations- und Traumgeschehen des Mannes aufzutreten pflegt und von CARL GUSTAV JUNG mit dem Begriff »Anima« versehen wurde. Sie verkörpert, psychologisch gesehen, beim Mann sein irrationales und ihm *meist unbewußtes Gefühl* und kann daher unlogische Affekthandlungen verursachen. Zugleich personifiziert sie – genau wie der Schatten – das Unbewußte mit seinen bedrohlichen und freundlichen Inhalten; sie ist gewissermaßen das dem Mann unbewußte Bild seines seelischen Charakters und verhält sich zu seiner bewußten Einstellung komplementär.

Dieser elfische Charakter der Erscheinung zeigt sich in den Imaginations- und Trauminhalten des einzelnen in der *Doppeldeutigkeit der Figur;* bald ist sie positiv, bald negativ, einmal alt, einmal jung, einmal Mutter, dann wieder Mädchen, einmal

Fee, dann wieder Hexe. Die Anima hat ein geheimnisvolles Wissen um die magische Welt und verleiht eine gewisse Hellsichtigkeit gegenüber den Geheimnissen des Unbewußten. Sie besitzt das »Heilmittel der Unsterblichkeit« und ist, da sie außerhalb der Zeit steht, selbst unsterblich.

Nicht immer wird die Begegnung mit der Animagestalt als ein positives Erlebnis empfonden, nämlich dann nicht, wenn die menschliche Form dabei zerbricht.

Nähren, Schützen, Wärmen und Festhalten sind die Funktionen, in denen sich der Elementarcharakter des Weiblichen dem Kind gegenüber zeigt. Wobei auch hier die gegenseitige Bezogenheit von Mutter und Kind die Voraussetzung der eigenen Wandlungserfahrung ist. Nach der Geburt kommt es zu einem Mysterium des Weiblichen: der Wandlung des Blutes in die Milch. Diese Wandlung ist die Grundlage für alle Urmysterien der Nahrungsverwandlung.

Neben diesen Erfahrungen des Weiblichen, in denen es den *Wandlungscharakter* des Seins an seiner eigenen Körperlichkeit erlebt, stehen solche, in denen sich der Wandlungscharakter in der Beziehung zum Du zeigt. Das Männliche erfährt diese Seite des Weiblichen direkt und indirekt als provozierend, motivierend und zur Wandlung zwingend. Dabei ist es gleichgültig, ob eine positive oder eine negative Faszination, ob Abwehr oder Anziehung durch das Weibliche die Wandlung des männlichen Elements veranlassen.

Das schlafende Dornröschen und die gefangene Prinzessin wie auch die aktive Inspiration und die dem Neuen zur Geburt verhelfende Kraft des Weiblichen sind Exponenten des Wandlungscharakters der Psyche, der zu seiner reinsten Form in der Figur der Anima kommt. Die Anima, die Seelenfigur, die das Männliche am Weiblichen erfährt, ist als seine eigene innere Weiblichkeit und Seelenhaftigkeit eine Funktion der Psyche des Mannes. Dabei ist aber die Anima – worauf C. G. Jung von Anfang an hingewiesen hat – ebensosehr durch die personale und archetypische Erfahrung, die das Männliche am Weiblichen macht, mitgeformt. Deshalb ist die Animafigur des

4. Die weibliche Seite des Mannes: die Figur der »Anima«

Mannes Ausdruck *echter Erfahrung vom Wesen des Weiblichen* und nicht nur der Manifestationsort von Projektionen des Männlichen auf die Frau.

Die individuelle Erscheinungsweise der Anima im Mann ist zunächst von seiner Mutter geprägt. Hat er sie negativ erlebt, dann wirkt sich die Anima als depressive Laune, Reizbarkeit, ewige Unzufriedenheit und Empfindlichkeit aus. Wenn der Mann diese Negativität überwindet, kann die Anima aber gerade auch seine Männlichkeit verstärken. Eine negative Mutter-Anima-Figur wird dem Mann im Innern stets zuflüstern: »Ich bin nichts!«, »Es hat doch keinen Sinn!«, »Bei anderen ist es eben anders.« Die Anima hat so viele *positive und negative Gesichter*, daß es ganze Bücher füllen würde, wollte man das Wesen der Anima in all ihren Variationen darstellen.

Die Anima hat viele negative, aber sie hat ebenso viele positive Seiten. Sie entscheidet unter anderem auch darüber, ob der Mann die richtige oder die falsche Frau findet. Sie bewirkt außerdem, daß er überall im Halbdunkel des Unbewußten, in dem sein Verstand nicht klar sieht, die Werte und Unwerte unterscheiden kann. Noch lebenswichtiger ist jedoch, daß ihm diese Gestimmtheit auf die richtigen Werte den Weg in die eigene Tiefe freigibt. Die Animafigur stellt dabei die Verbindung her zu der Stimme des »inneren größeren Menschen«.

Die Anima ist Mittlerin zwischen dem Ich und dem Selbst. Der Wandlungsprozeß, der sich in der analytischen Psychotherapie vollzieht, findet seinen Abschluß darin, daß die Anima wieder das wird, was sie ursprünglich war und immer hätte sein sollen: *die »innere Frau« des Mannes*, die ihm die lebenswichtigen Botschaften seines Selbst übermittelt.

Ich möchte Ihnen zur Illustrierung des Gesagten die Beschreibung eines imaginierten Geschehens vorlegen, das ein junger Mann erlebte, der unter Partnerschaftsschwierigkeiten litt:

»Da ist ein Tunnel, der sieht aus wie ein geöffneter Rachen. Weit hinten sind drei Türen. Die mittlere sieht aus wie eine

Schranktür mit eisernen Beschlägen. Ich öffne diese Tür und komme in einen dunklen Raum. Weit hinten erkenne ich einen Lichtschimmer. Plötzlich nehme ich die Konturen eines großen Frauengesichts wahr. Daraus entwickelt sich eine Frau, die am Boden hockt. Gleich daneben gewahre ich einen an einen Baum gefesselten Mann. Über dem Ganzen schwebt ein gütiges Auge. Die Frau liegt am Boden und hebt die Beine in die Höhe. Sie lacht in einem fort.«

Der Patient wurde nun aufgefordert, den gefesselten Mann loszubinden. Das war zunächst nicht so einfach; es stellten sich immer wieder Schwierigkeiten ein, da die Bilder hinter einer Nebelwand verschwanden. Schließlich gelang es ihm, die Bilder wieder klar einzustellen.

»Nachdem ich den Mann losgebunden habe, sieht die Frau aus wie eine alte Hexe, eine trauernde Hexe. Der Mann wirkt verändert, selbstbewußter, freier, der Frau überlegen. Die Frau wendet sich von dem jungen Mann ab, als wäre sie verärgert. Über dem ganzen Bildgeschehen schwebt ein alter Mann, der mit der Entwicklung zufrieden zu sein scheint.

Der junge Mann besteigt ein Pferd, das einen sehr wilden Eindruck macht. Er bezwingt es und nimmt ein sehr junges Mädchen mit. Der Alte geht auch noch mit. Der junge Mann trägt an einer Seite ein großes, langes Schwert. Er wirkt jetzt kräftiger und unternehmungslustiger. Jetzt reitet er durch eine Baumallee, die Bäume sind hoch gewachsen. Es ist Schnee auf der Wiese, der Himmel ist sehr klar. Eine Ortschaft kommt in Sicht. Der junge Mann und das Mädchen reiten an einem Vogelhäuschen vorbei, in dem sich drei Vögel befinden. Neben dem Vogelhäuschen ragt eine Tulpe aus der Erde. Kaum ist die sichtbar, schmilzt der Schnee weg. Es fängt an, Frühling zu werden. Die Natur wandelt sich.

Jetzt ist da ein Bauernhof, ein Gockel besteigt die Henne. Der Bauer mistet den Stall aus. Neben dem Bauernhof sehe ich auf einer Wiese eine Wäscheleine, an der weiße Wäsche hängt. Ich sehe die junge Bäuerin, und ich sehe einige lachende Kinder.

Jetzt kommt ein gewaltiger Stier mit riesigen Hörnern. Er ist kraftvoll und gewaltig. In seinem Nacken hockt eine Raubkatze. Mich wundert das; es scheint nämlich dem Stier nichts auszumachen. Ich habe das Gefühl, die Raubkatze will den Stier gar nicht angreifen. Komisch, die scheinen zusammenzugehören ...«

5. Die männliche Seite der Frau: die Figur des »Animus«

Wie die Gestalt der Anima innerhalb der männlichen Psyche eine zentrale Stellung einnimmt und sogar das wichtigste Bild ganzer Imaginationsketten sein kann, so stoßen wir parallel dazu in Imaginationen, die Ausdruck weiblicher Seelenprobleme sind, auf eine männliche Gestalt, welche C. G. JUNG als »Animus« bezeichnet hat.

Dieses archetypische Bild könnte man als den Niederschlag aller Erfahrungen der Frau mit dem Mann und darüber hinaus auch als die äußerlich nicht gelebte, innere *männliche Komponente der Frau* bezeichnen, besonders aber als Symbol und Antrieb ihres geistigen Lebens. Mythologisch gesehen ist diese Gestalt »der Sohn des Urelternpaares«, wie die Anima dessen »Tochter« ist. Er entspricht dem Erdfeuergeist, der, wie EMMA JUNG ausführt, »als Sohn der unteren Mutter der Frau nah und bekannt ist«. Daß er »Sohn« der unteren Mutter ist, besagt, daß er der magischen Welt entstammt, und diese Zugehörigkeit zum Unbewußten der Frau verleiht ihm – ungleich dem präzisen Bewußtsein des Mannes – den Charakter eines Naturgeistes und macht ihn zum Symbol eines mehr allgemein ahnenden Wissens.

Im negativen Sinne verkörpert der Animus in der Frau jene halbbewußten kalten, ruchlosen Überlegungen, die sich manche Frauen in stillen Stunden gestatten, besonders dann, wenn von ihnen irgendwelche Gefühlsverpflichtungen vernachlässigt wurden. Auch eine tiefe Gefühlslähmung, eine tiefe Selbstunsicherheit sind oft das Werk eines nicht anerkannten

Animusurteils im eigenen Innern der Frau. In der Tiefe flüstert ihr dann ihr Animus zu: »Das kannst du nicht!«, »Wozu willst du es versuchen?« oder: »Du schaffst es doch nicht.«

Die Lieblingsthemen, die der Animus der Frau in ihrem Inneren aufdrängt, sind Vorstellungen wie diese: »Ich suche nichts als Liebe, aber ›er‹ liebt mich nicht.« Oder: »Es gibt nur zwei Möglichkeiten in dieser Situation« – die jedoch beide unerfreulich sind.

Der Animus der Frau wird von ihrem Vater geprägt, und wenn dieses Bild von Anfang an negativ war, dann hat es ein zukünftiger Ehemann sehr schwer, es einer solchen Frau recht zu machen. Wie die Anima im Mann so erzeugt auch der Animus in der Frau Besessenheitszustände. In Mythen und Märchen ist dies dadurch veranschaulicht, daß oft der Teufel oder ein »Alter der Berge«, das heißt ein heidnischer Gott, die Heldin gefangenhält und sie dazu zwingt, alle Männer, die sich ihr nähern, zu töten oder an den Dämon auszuliefern. Oder der Vater der Heldin sperrt sie in einen Turm, einen Sarg oder sonstwo ein, wo sich ihr niemand nähern kann. Häufig kann die Heldin dann nichts anderes tun, als auf den Erlöser zu warten, der sie aus dieser Lage befreit.

Auch im wirklichen Leben verlangt die Bewußtmachung des Animus der Frau viel Zeit und das Ertragen einiger Leiden ab. Doch wenn es ihr gelingt, sich von ihrer »Animusbesessenheit« zu befreien, verwandelt er sich in einen inneren Gefährten von höchstem Wert, der ihr die positiven männlichen Eigenschaften wie Initiative, Mut, Objektivität und geistige Klarheit verleiht.

Wie die Anima im Mann so erscheint auch der Animus in der Frau in vier Entwicklungsstufen: Zuerst als Symbol physischer Kraft, beispielsweise als sportlicher, kraftvoller Held. Auf der nächsten Stufe besitzt er auch Initiative und gerichtete Tatkraft, und auf der dritten Stufe wird er zum »Wort« und deshalb auf geistige Größen wie den Arzt, den Pfarrer, den Professor projiziert. Auf der vierten Stufe schließlich verkörpert er den »Sinn« und wird zum Vermittler schöpferischer und religiöser Erfahrungen, durch die das Leben einen individuellen Sinn erhält. Er gibt dann der Frau eine geistige Festigkeit, die ihr an sich weiches Wesen kompensiert. Der innere Mann in der Seele der Frau kann, wenn er sich projiziert, zu ähnlichen Schwierigkeiten in Ehe und Partnerschaft führen wie die Anima im Manne.

6. Die Notwendigkeit Gottes

»Gott schuf den Menschen nach seinem Bilde!« Wenn wir diese Feststellung der Genesis psychologisch betrachten, dann müssen wir darunter verstehen, der Mensch sei etwas harmonisch Gegliedertes, ein Ausgewogenes, eine runde Ganzheit. Das Mandala ist die beste symbolische Wiedergabe dieses Zustands. Mandala ist ein Sanskritwort und heißt ungefähr »magischer Kreis«; in ihm ist ein Zentrum, das *Selbst*, ein Symbol des »heiligen Bezirks der inneren Persönlichkeit«, das Abbild Gottes, behütet.

Die Beziehung zu Gott ist eine in der menschlichen Seele angelegte Notwendigkeit, eine archetypische Bezogenheit, die nicht ohne schwere Schädigung der psychischen Gesundheit übergangen werden kann. Vermag sich nämlich das jedem Menschen innewohnende *archetypische Wissen* von einem »Gott« nicht in der entsprechenden Weise zu konkretisieren, so macht sich das in einer Verarmung oder einer Leere der Seele und, als Folge derselben, in neurotischen Symptomen geltend.

Die Menschen haben nie ohne Götter zu leben vermocht; und wenn sie meinen, ohne Gott auskommen zu können, dann schlüpft durch die Hintertür die Gestalt eines Gegenspielers, des Teufels, oder eines Ersatzgottes mit seinen leicht durchschaubaren Riten und Zeremonien in ihr Innerstes, und die Neurose ist sein Begleiter.

Im Bereich der psychologischen Empirie – die sich der theologischen Terminologie enthält – ist es das *Selbst*, das für die »Imago Dei« (das Ebenbild Gottes) steht, von der C. G.

Jung sagt, sie sei Mittelpunkt und zugleich Peripherie der Psyche. Das heißt, das Selbst stellt jene virtuelle Mitte dar, der alles seelische Leben entfließt und in die es mündet; es umfaßt per definitionem den bewußten und den unbewußten Bereich der Psyche, ein Paradoxon, in dem unser begrenztes Ich und das allmächtige Ewige in eins verwoben sind, in dem der transzendente und der immanente Gott ihren gemeinsamen Ausdruck finden. Dementsprechend wird das Gottesbild eines Menschen jeweils vom Wahrnehmungs- und Gestaltungsvermögen seines Bewußtseins, vom Wirkungsgrad und von der Wirkungstiefe seines Selbst beziehungsweise von seiner Imaginationsfähigkeit abhängen.

7. Weitere Symbole des Selbst

Imaginationsfiguren sind sehr häufig der alte weise Mann oder die weise Frau; das sind Symbolfiguren für das Selbst. Heute leiden mehr und mehr Menschen, besonders diejenigen, die in Städten leben müssen, unter Langeweile und Leere. Es ist ein Zustand, als ob man ständig auf etwas wartet, das nicht kommt. Die vielen Zerstreuungen, die uns die Städte bieten, lenken uns zwar für eine Weile ab; aber immer wieder kehrt man von ihnen müde und enttäuscht in die »Öde der eigenen vier Wände« zurück.

Das einzig wirklich lebendige Abenteuer findet nur im Menschen selbst statt, in seiner Auseinandersetzung mit sich selbst. Wenn man dem inneren Selbst tägliche Beachtung schenkt, so ist es, als ob man auf zwei Ebenen lebte. Wir richten zwar wie zuvor unsere Aufmerksamkeit auf die Aufgaben, die uns die Außenwelt und unser Alltag abfordern, zugleich jedoch auch auf alle Winke und Zeichen, durch die – vermöge unserer Imagination, in unseren Träumen oder auch aufgrund unserer Sicht der Ereignisse – unser Selbst uns seine Absichten und Entwicklungstendenzen kundtut. Wer auf diese Winke, Ratschläge und Führungen der *inneren Stimme*

7. Weitere Symbole des Selbst

seines Selbst hört, der geht unweigerlich den Individuationsweg.

Wenn der Mensch aber den Kontakt mit dem ordnenden Zentrum seiner Seele verliert, so hat dies in der Regel folgende Gründe: Es drängt ihn ein bestimmter Instinktantrieb oder ein übermächtiges Gefühl in eine einseitige Haltung. Ein weiterer Grund ist ferner die unverhältnismäßig ausgeprägte Dominanz des Wachbewußtseins. Obwohl nämlich ein diszipliniertes Bewußtsein für fast alle Kulturleistungen erforderlich ist – jeder weiß, was passiert, wenn ein Schrankenwärter träumt –, so hat eine solche Bewußtheit dennoch den Nachteil, daß sie dazu tendiert, Impulse und Winke des Selbst zu mißachten oder zu verdrängen. Darum kreisen so viele Imaginationserlebnisse um das Thema der Wiederherstellung des Kontaktes mit dem Unbewußten und seinem Kern, dem Selbst.

Schauen wir uns einmal eine Auseinandersetzung an, die unter Führung der archetypischen Figur des »alten Weisen« stattfand. Die Imagination stammt von einer etwa fünfzigjährigen Frau.

»Ich sehe Landschaften ... eine Wiese. Ich rieche den starken Duft von frisch gemähtem Gras. Da sind Wolken, auf denen ich davonfliege. Ich sehe eine entleerte hohlraumartige Kugel ... und da bin ich ... Ich sitze in der Kugel. Nur mein Kopf schaut heraus. Erde und Wolken vermischen sich, aber ich habe das Gefühl, den Kopf einziehen zu können. Um mich herum spüre ich eine Art Schutzhülle, einen weißen, durchsichtigen Dunst.

Jetzt sehe ich in meinem Bauch eine schwarze Kugel. Dahin möchte ich mich zurückziehen und schlafen. Der Weise aus der Kapelle« – es handelt sich um eine schon in einer früheren Sitzung aufgetauchte Imaginationsfigur – »erscheint und weckt mich aus dem Zustand. Er nimmt mich bei der Hand, und ich steige aus der Kugel heraus. Wir gehen händehaltend am Waldrand entlang. Ich bekomme ein bißchen Kraft, aber sehr dosiert. Er sagt mir, daß ich da alleine durch muß, daß er aber im Hintergrund steht und mich abfängt.

Der Widerstand gegen das Leben ist so stark, daß ich kaum, aber nur mit dem bißchen Kraft über die Runden komme. Auf dem Weg ist plötzlich wieder der Leichnam, und der Alte sagt, ich soll mich von dem nicht irritieren lassen; dieser Leichnam hätte etwas mit einem Übergangsstadium zu tun. Er sagt, ich müsse weitersuchen, auch wenn ich zunächst keine Hilfe bekomme. Ich frage ihn, ob ich aktiv oder passiv sein solle. Ich soll aufmerksam sein und selbst entscheiden. Es gibt immer Anzeichen.

Ich sehe mich plötzlich als grazilen Affen, ich turne herum und habe das Gefühl der Leichtigkeit. Das ist der Zustand, den ich nie in meinem Leben gehabt habe. Die Einigkeit mit dem Kosmos, ohne irgendwie zu reflektieren. Jede Menge Lebewesen sind um mich herum. Ich habe nicht das Gefühl, aufgefressen zu werden, ich darf sein. Ich tobe herum und schlage Purzelbäume, diese Schwingung macht mich frei. Ich hangele abwechselnd mit Händen und Füßen von Baum zu Baum. Jetzt sehe ich den alten Weisen wieder, und er sagt mir, daß es eine Therapie ist, über die Runden zu kommen; nur geht es nicht alleine, es wird durch ihn ausgelöst. Er sagt, daß dieser Zustand eines Tages vom rein Animalischen ins Menschlich-Geistige umschlägt. Den Weg verrät er mir nicht.

Die Kugel im Bauch muß so lange schwarz bleiben, meint er, bis sie sich organisch lichtet. Ich darf mit Menschen wie früher wieder in Verbindung kommen, wenn ich die schwarze Kugel in Licht verwandle, damit ich keinen Schaden anrichte...«

Wenn ein Mensch sich ehrlich seiner Seele und ihrer Erkenntnis zuwendet, indem er ihre Äußerungen, also was er träumt und imaginiert, beachtet, wird früher oder später das Bild des Selbst auftauchen und dem Ich seine Möglichkeit der Lebenserneuerung zeigen. Das schwierige Problem, das sich in diesem Zusammenhang stellt, ist nun aber die Tatsache, daß allen genannten Erscheinungsweisen des Unbewußten, das heißt Schatten, Animus, Anima und dem Selbst eine helle und eine dunkle Seite anhaften. Der Schatten kann eine verwerfliche und zu besiegende Triebhaftigkeit darstellen oder aber ein

Stück Leben, das zur Verwirklichung drängt. Ebenso sind Animus und Anima unter dem gleichen Doppelaspekt zu sehen: sie können auf lebendige Weiterentwicklung und kreatives Schöpfertum oder auch auf Erstarrung und den Tod hinweisen. Aber auch das Selbst, dieses umfassendste Symbol des Unbewußten beziehungsweise psychischer Ganzheit, hat einen negativen Aspekt. Man könnte sogar sagen, daß die gefährliche Seite des Selbst beinahe überwiegt, weil es auch die größte innere Macht darstellt.

Die Symbole des Selbst sind nicht leicht zu erkennen. Es kann das runde, mandalaförmige Rad sein oder ein Stein, ein Diamant, eine Landschaft und vieles mehr.

8. Die Wiederherstellung der schöpfungsgerechten Ordnung

In der Psychotherapie haben wir immer wieder die Erfahrung gemacht, daß neurotische Störungen, die gleichsam unangreifbar schienen, durch das Bewußtmachen, Erleben und Verstehen der ihnen zugrunde liegenden Situationen verschwanden. Der Mensch hat jedoch eine unaussprechliche Scheu vor solcher Bewußtwerdung. Denn seine Begrenztheit zu sehen und somit auch sein *Angewiesensein auf Gott* anzuerkennen, erfordert Demut, die uns meist erst in tiefer Leiderfahrung zuteil wird. Um sich nicht verantwortlich fühlen zu müssen, verbleibt der Mensch, wenn er nicht aufgerüttelt wird, lieber im gedämpften Schonlicht von Unwissenheit und Unbewußtheit. Aus Angst vor der Begegnung mit den wahren Gründen seiner seelischen Schwierigkeiten, die ihn mit einer unerträglichen Seite seines Wesens konfrontieren würden, treten dann an Stelle des Leidens am eigentlichen Konflikt diverse uneigentliche neurotische Symptome auf.

Die jeder Psyche innewohnende Tendenz zur Wiederherstellung der schöpfungsgerechten Ordnung, die vom Selbst und der in ihm wirkenden Gottesinstanz ausgeht, treibt allerdings unausgesetzt mehr oder minder drängend zur Überwindung der Unbewußtheit. Sie stellt in den Inhalten unserer Träume und Imaginationen, in zahllosen Bildern und Symbolen jeder Art, jene Gegenkräfte heraus, die zur Bewußtwerdung führen können.

Zu einer solchen Konfrontation und dadurch zu *Selbsterkenntnis und Selbstbesinnung* wollen auch die Bilder aus dem Unbewußten, die im Zuge der in diesem Buch erörterten Imaginationstherapien auftauchen, den Weg weisen. Daß bei der Gestaltung beziehungsweise Provozierung ebenso wie bei der Betrachtung solcher Bilder große Widerstände überwunden werden müssen, ist im Hinblick auf die menschliche Zwiespältigkeit, die einerseits zwar zur Bewußtwerdung treibt, diese andererseits aber ebenso fürchtet und zu vermeiden sucht, nicht erstaunlich.

Dieser innere Kampf ist jedoch unvermeidlich, und nur er bringt für uns die Möglichkeit mit sich, über die Gegensätze hinauszuwachsen und sie zu überwinden.

Hinweis des Autors

Weitergehende Informationen erteilt das

Institut für kooperative Psychologie
Holzwiesenstraße 16 a
8000 München 83
Telefon 0 89 / 6 37 75 75

10
Lexikon der Symbole und ihrer archetypischen Bedeutungen

1. Die wichtigsten Natursymbole

ABGRUND
Das Grund- und Bodenlose symbolisiert Zustände, die nicht oder noch nicht Gestalt gewonnen haben oder vom Standpunkt des durchschnittlichen Bewußtseins aus unvorstellbar sind: also sowohl die im dunkeln liegenden Ursprünge der Welt als auch ihr Ende; die Unbestimmtheit der frühen Kindheit und die Auflösung der Person im Tod; es steht aber auch für das Einswerden des Individuums mit dem Absoluten in der Unio mystica. Bei C. G. Jung erscheint das Symbol des Abgrundes in Verbindung mit dem Archetypus der liebenden und zugleich schrecklichen Mutter sowie mit den Kräften des Unbewußten. Das Bild des Abgrundes kann ein Gefahrensignal sein. Es kommt jedoch stets auf den gesamten Bildzusammenhang an. Führt der Weg an einen Abgrund und nicht weiter, ist Umkehr angezeigt. Andererseits kann ein schmaler, steiniger, beschwerlicher Weg in einen Abgrund eine Aufforderung sein, die Beschwerlichkeit und Tiefe einer Situation zu erkennen und anzunehmen. Gibt es eine Brücke über einen Abgrund, ist das ein positives Zeichen. Der Abgrund symbolisiert in diesem Fall Lebensschwierigkeiten, die aber überbrückt werden können.

ACKER
Ein gepflügter Acker symbolisiert den weiblichen Schoß, ein ungepflügter kann gelegentlich Symbol für Jungfräulichkeit sein. Das Bild eines Ackers in der Imagination ist doppelsinnig. Der Acker kann ein Hinweis darauf sein, daß eine

fruchtbare Lebensphase beginnt. Darüber hinaus kann der Acker auch andeuten, daß ein bestimmtes Problem noch bearbeitet werden muß. Ein brachliegender Acker zeigt an, daß auch im Imaginierenden etwas »brachliegt«.

Apfel

Nach der Bibel ist der Apfel die »verbotene Frucht«, die Eva vom Baum der Erkenntnis pflückte. So steht es in der deutschen Übersetzung des *Alten Testaments*. Im Urtext der Bibel ist jedoch vom Apfel nicht die Rede. Es heißt da lediglich »die Frucht«. Seine negative Bedeutung als Symbol des Sündenfalls, verbunden mit der Vertreibung des Menschen aus dem Paradies, erhielt der Apfel erst in der christlichen Mythologie. Doch zeigen mittelalterliche Bilddarstellungen Christus, wie er von seiner Mutter Maria einen Apfel annimmt. So gesehen hat der Apfel die positive Bedeutung eines Erlösungssymbols.

Für die Freudsche Psychoanalyse gilt der Apfel – wegen seiner Ähnlichkeit mit der Form der weiblichen Brust – als ein typisches Sexualsymbol. Das mag richtig sein, wenn der Apfel in den Bildern jüngerer Personen in einem erotischen Zusammenhang erscheint. Für die Deutung ist dann wichtig, ob es sich um reife oder unreife Äpfel handelt und Ähnliches mehr. In den Bildern reifer Menschen hat der Apfel jedoch die Symbolbedeutung geistiger Fruchtbarkeit.

Auster

Die Auster ist als Muschel ein Fruchtbarkeitssymbol. In China heißt sie Perlenbauch, weil sie – schwanger von der Perle – dem befruchteten Schoß einer Frau ähnelt. Bei primitiven Volksstämmen tragen die Frauen zur Hochzeit Gürtel, die mit Austerschalen verziert sind.

Wegen ihres Phosphor- und Nukleinsäuregehaltes wird die Auster seit dem Altertum als potenzfördernde Speise geschätzt. Sie hat auch die Bedeutung eines Sexualsymbols. In den inneren Bildern symbolisiert sie uns Fruchtbarkeit. Sie kommt in allen Meeren unserer Welt vor und stützt als archetypisches Symbol die Theorie, der zufolge der Ursprung des Lebens aus dem Wasser stammt.

Baum

Der Baum ist ein uraltes archetypisches Symbol des Lebens. Bei fast allen Völkern hat er die Bedeutung des Lebensbaumes. Noch heute ist es auf dem Lande üblich, bei der Geburt eines Kindes einen Baum zu pflanzen. Da das Leben des Menschen aus der Mutter hervorgeht, kommt dem Baum auch der Aspekt eines Muttersymbols zu. Die große Mutter, die alles Leben aus sich entstehen läßt, ist vor allem die Mutter alles Pflanzlichen. Die Erdfruchtbarkeitsrituale und -mythen der ganzen Welt fußen auf diesem archetypischen Zusammenhang. Die Mitte des vegetativen Symbolbezirks ist der Baum. Als fruchttragender Lebensbaum ist er weiblich, gebärend, wandelnd und nährend, ebenso wie die Blätter, Äste und Zweige Bezug auf ihn nehmen und abhängig von ihm sind.

Der Schutzcharakter des Baumes wird im Baum-»Dach« deutlich, das Nester und Vögel in sich birgt. Aber außerdem ist der Baum als Stamm ein Enthaltendes, »in« dem sein Geist wohnt wie die Seele im Körper. Die weibliche Natur des Baumes bestätigt sich auch dadurch, daß der Baumwipfel ebenso wie der Stamm gebären kann. Aber der Baum ist daneben auch ein Erdphallus, der männlich aus der Erde herausragt; in dieser Bedeutung überwiegt der Zeugungscharakter den des Geborgenseins und des Enthaltens. Dies gilt besonders für Bäume, die, wie Zypressen, im Gegensatz zu den weiblich betonten Wipfeln der Frucht- und Laubbäume ihrer Form nach stammbetont und phallisch sind. Diese phallische Natur des Baumes, die den Gefäßcharakter nicht ausschließt, wird am deutlichsten bei dem Begriff Stammbaum und Wörtern wie »entstammen«, »abstammen«, »Stammhalter« und so weiter. In diesem Sinne sind der Pfahl und der Pfeiler phallisch-männlich aber auch enthaltend-weiblich.

Als Imaginationssymbol kann der Baum auf die persönliche Entwicklung und das Wachstum des Imaginierenden hindeuten; er kann aber auch auf die Familiensituation über mehrere Geschlechter hin anspielen, wie es sich aus dem Begriff Stammbaum ergibt.

Zu beachten sind die Art des Baumes – Laubbaum oder immergrüner Nadelbaum oder andere Arten von Bäumen –, die Gestaltung von Wurzeln, Stamm und Krone und die Beziehung der Imaginationshandlung zu dem Baum. Wenn es sich um einen Obstbaum handelt, ist es wichtig zu wissen, ob er Früchte trägt. Sind die Äste verdorrt oder gar abgebrochen? Alle diese Merkmale haben eine Bedeutung hinsichtlich vergleichbarer Situationen im Leben des Imaginierenden oder seiner Familie.

BERG

Im religiösen Empfinden sind Berge dem Göttlichen näher als die Ebene. Wegen ihres Aufragens gen Himmel erscheinen die Berggipfel als sichtbarer Aufenthaltsort des unsichtbaren Gottes, dessen Majestät von den Wolken verhüllt wird. Die Religionsgeschichte kennt zahllose heilige Berge, von denen man jeweils glaubte, daß sie als kosmisches Zentrum Himmel und Erde miteinander verbinden. Der Götterberg wurde im Orient häufig Vorbild für den nach Art eines Berges angelegten Tempel, beispielsweise trifft dies bei den babylonischen Zikkurats zu. Nach einer ägyptischen Überlieferung entstand die Welt mit dem Auftauchen des Urhügels aus dem Urwasser. In den Pyramidentexten wird der Schöpfergott Atum selbst als Hügel angesprochen. Der sumerische Hauptgott Enlis hatte den Beinamen »großer Berg«.

Uralt ist die Vorstellung, daß der Hügel als Kraftzentrum der Erde einen Anspruch auf Verehrung hat; bei den Völkern des alten Orients bestand der Glaube, daß die Erde dort, wo sie sich erhebt, lebe. Besonders vulkanische oder mit ewigem Schnee bedeckte Berge wurden ursprünglich als göttlich verehrt. Später wurden sie als Wohnstätten der Götter angesehen, zum Beispiel der Olymp. Die Menschen wohnen im Tal, auf den Bergen wohnen die Götter. In der Imagination haben vereiste Gipfel eine andere Bedeutung. Sie symbolisieren das Einfrieren von Beziehungen, seelische Kälte und die Gefahr der Vereinsamung.

Tempel, Kirchen und Burgen wurden in früheren Zeiten auf Bergen angelegt. Die Lage auf einem Berg oder Hügel verschafft nicht nur größere Sicherheit, sondern auch eine bessere Übersicht. Der Weg auf einen Berg deutet in der Imagination auf die Annäherung an ein wichtiges Problem hin. Die Beschwerlichkeit des Weges versinnbildlicht entsprechende Schwierigkeiten in der Lebenswirklichkeit. Entscheidend ist, was der Imaginierende auf dem Berg vorfindet und was dort geschieht. Anders hingegen ist die Situation zu deuten, wenn es sich bei der Besteigung eines Berges um eine schroffe, wilde Felslandschaft handelt, die innere Verhärtung andeuten kann. Die Bergbesteigung kann eine Identifikation mit dem Vater (Gott) oder einer anderen väterlichen Figur bedeuten. Indem jemand den Gipfel eines Berges anstrebt und erreicht, stellt er sich gewissermaßen an den Platz, der dem (Gott-)Vater zusteht. Das zeigt dann ganz deutlich Konflikte mit dem eigenen Vater auf. Die Unfähigkeit, einen Berg zu besteigen, weist auf erhebliche Störungen hin. Der Ausblick vom Gipfel reflektiert gleichfalls innere Zustände. Der weite, freie Ausblick zeugt von innerer Weite und Harmonie.

BLITZ/DONNER
Zu den eindrucksvollsten Naturerscheinungen gehört das Gewitter. Um den Zorn des mächtigen Urhebers zu beschwichtigen, suchte man diesen wohlwollend zu stimmen. Hilflos ist der Mensch dem zuckenden Blitz ausgesetzt, weshalb man in ihm die Waffe Gottes erblickte: die Doppelaxt der ägäischen Gottheiten, das dreigezackte Blitzbündel der hurritischen Teschub, der Donnerkeil des Indra, sie alle symbolisierten den Blitz. Das Zucken des Blitzes und das Grollen des Donners galten als mahnende Zeichen des himmlischen Strafgerichts. Vom Himmel läßt der Höchste es blitzen, so daß seine Feinde in Verwirrung geraten. Gleich einem blitzenden

Pfeil trifft Gottes Zorn die Frevler. Das Donnern kündet von Gottes unbegreiflicher Macht. Bei dem Erscheinen Gottes auf dem Berg Sinai »brachen Donner los und Blitze zuckten, Gewitterwolken hingen über dem Berg, und überaus starker Posaunenschall war zu hören; das ganze Volk im Lager betete«. Nach dem Wort Jesu wird seine Wiederkunft am Jüngsten Tage dem Zucken eines Blitzes am Himmel vergleichbar sein: »Wie der Blitz aufblitzt und von einer Seite des Himmels bis zur anderen leuchtet, so wird es auch mit dem Menschensohne sein an seinem Tage.«

Wenn wir die Ankunft eines Gewitters beobachten, so erhalten wir den Eindruck: Es braut sich etwas zusammen. Genauso ist allgemein das Gewitter in der Imagination zu deuten. Es symbolisiert eine Konzentration des Konflikts oder einen Energiestau. Ebenso aber steht es für die Lösung von Spannungen, denn ein »Gewitter reinigt die Luft«. Auch drückt das Gewitter manchmal die intuitive oder »blitzartige« Erkenntnis aus. Je nach Gesamtzusammenhang bedeutet das Gewitter also, daß die seelischen Spannungen unerträglich werden oder, im Gegenteil, daß sich eine Lösung dieser Spannungen anbietet.

Erde

Der Boden trägt nicht allein Berge, Wälder und Fruchtgärten, er trägt auch den Menschen, er trägt alles Lebende schlechthin: »Aus Erde bist du, zur Erde kehrst du zurück.«

Die Erde ist das Symbol der Wandlung. Sie ist von allem der »Grund«. Aus dieser Wurzel stammen Begriffe wie »Gründung« und »Begründung«, welche die konkrete Erfahrung eines Bodens, auf dem man stehen kann, auf die philosophisch-abstrakte Ebene übertragen.

Der Urgrund ist die in uns verborgene Tiefe mit ihren reichhaltigen Schätzen. Damit erhält das Symbol Erde die Bedeutung ermeßlichen Reichtums – sowie des Wachsens und der Fruchtbarkeit. Alles Lebendige wird genährt von dem, was die Erde hervorbringt. So kommt es zu der Vorstellung von der

1. Die wichtigsten Natursymbole

nährenden, helfenden, allgegenwärtigen Mutter Erde und ihrem fruchtbaren Schoß. Die großen weiblichen Gottheiten sind nicht nur Projektionen des weiblichen Geschlechts und der Mutterschaft, sondern ebenso die Personifizierung der Erde als der Magna Mater, der hohen Frau, der Gattin des (männlich empfundenen) Himmels mit seiner (ebenfalls männlichen) Sonne, der in ewiger Hochzeit über ihr ausgebreitet ist. Sie ist fruchtbar, weil sie ständig von ihm empfängt: Licht und Regen.

Weil mütterlicher Schoß, wird die Erde nicht nur verehrt, sondern auch als Stätte der Zuflucht und des Segens gesucht. Durch ausdrückliche körperliche Verbindung mit ihr will der Mensch seine Kraft erhalten oder neu gewinnen. Neugeborene werden auf den Boden gelegt, Gebärende wie Sterbende liegen auf ihm, Betende berühren ihn, werfen sich nieder.

Am Ende kehrt alles zur Erde zurück. Blüten und Früchte fallen nieder. Pflanzen, Tiere und Menschen gleichen sich durch Verwesung der Erde wieder an. Der Schoß wird zum Grab. Das Grab wiederum erhält dem zyklischen Weltverständnis der Alten gemäß die Bedeutung des Schoßes, aus dem neues Leben keimt (Auferstehung).

Alles steht unter dem Zwang zur Tiefe hin. Alles erfährt seine Schwere, seine Hinfälligkeit, sein Zurückfallen. Daß der Planet Erde selbst nur Teil eines größeren Kraftfeldes ist, hat die Wissenschaft zwar längst nachgewiesen, doch geht diese Erkenntnis nicht in unser Erleben ein, sowenig wie die Bedeutung des Kreisens der Erde um die Sonne. Die negativen Aspekte des Erdsymbols wurden schon erwähnt: Der Grund vertieft sich zum Abgrund, zum Grab, das Ende und Nichts bedeutet. Die Unterwelt ist das Reich der Abgeschiedenen, der Schatten, der schlimmen Geister. Unten ist nach christlicher Symbolik die Hölle. So ist die Unterwelt Abbild dessen, was wir fürchten und verabscheuen.

Neben dem beständigen Werden stehen das ständige Vergehen und der Verfall. Leben mischt sich mit Tod. Das Wort, »Erde« ist uraltes Synonym für das Vergängliche, Unbeständige, Trügerische. Auch die Bilder der toten und todbringenden Wüste, des unfruchtbaren Sandes am Meer, der Eisregion, des steinigen Flußbodens, sie alle sind dem Bild des fruchttragenden Ackers diametral entgegengesetzt.

Die Gestalt der Erde wird als weit sich erstreckende kreisrunde Scheibe von uns wahrgenommen. Die Erde erscheint also mit der kreisrunden und kreisenden Sonne verbunden, einem Bild höchster Vollkommenheit. Diese Ähnlichkeit weist auf eine Verwandtschaft hin. Diese Polarität wie Verwandtschaft umfaßt alle Aspekte des menschlichen Lebens und ist daher für das Unbewußte identisch mit der Fülle und Erhabenheit des Lebens selbst.

Feuer

Die zwei Wirkungen des Feuers – einerseits die wärmende und erleuchtende und andererseits die zerstörende – ließen es zum Symbol des Göttlichen wie auch des Dämonischen werden. Der sumerische Gott des Feuers, Gibil, galt als Lichtbringer; dank der läuternden Kraft der Flamme kann er sich von Unreinheit befreien. Die unheimliche, zerstörerische Macht des Feuers spielt in den Jenseitsvorstellungen der ägyptischen Sargtexte eine große Rolle: Feuerströme und feuerspeiende Wesen bedrohen das Weiterleben nach dem Tode.

Im *Alten Testament* ist das Feuer ein beliebtes Bild für Gottes Sein und Wirken. In einem brennenden Dornbusch offenbarte sich der Herr dem Mose, und in der Gestalt einer Feuersäule zog er des nachts vor seinem aus Ägypten ausziehenden Volke einher.

Auch im *Neuen Testament* ist das Feuer eine häufig verwandte Metapher. Im Hebräerbrief erscheint Gott im Bild eines verzehrenden Feuers. Johannes der Täufer weissagt vom Messias, daß er mit heiligem Geist und mit Feuer taufen werde.

Vielen Völkern gilt das Feuer als heilig, reinigend, erneuernd. Das ist der positive Aspekt im Feuersymbol. Häufig steht daher das Feuer in Verbindung mit der Sonne, dem Licht, dem Blitz. In der Regel gilt es als vom Himmel kommend. Die griechische Naturphilosophie sah im Feuer entweder den Ursprung allen Seins, oder sie hielt es für eines der Elemente.

Das Feuer steht aber auch mit dem Destruktionskomplex in Zusammenhang, mit dem Krieg, dem Bösen, Teuflischen, der Hölle oder dem göttlichen Zorn.

Allgemein gesehen ist das Feuer ein Symbol psychischer Energie. Es kann auch als Symbol seelischer Reinigung auftauchen und ebenso als ein Erneuerungs- und Wiedergeburtssymbol. Die positive, lebenserhaltende Bedeutung des Feuers finden wir auch in der Gleichsetzung des Lebens mit dem Bild der Lebensflamme. Ein zerstörender Brand signalisiert dagegen stets eine Gefahr. Das kann eine verzehrende Leidenschaft sein, aber auch anzeigen, daß starke negative Energien sich freisetzen wollen.

Fluss
Wegen ihrer Bedeutung für die Fruchtbarkeit wurden Flüsse, beispielsweise bei den Griechen und Römern häufig als lokale männliche Gottheiten verehrt. Allgemein steht der Fluß auch in enger Verbindung mit der Symbolik des Wassers. Wegen des Fließens ist er Symbol für Zeit und Vergänglichkeit, aber auch für ständige Erneuerung. Der Zusammenfluß aller Flüsse im Meer gilt als Symbol der Vereinigung und Individuation. Im Buddhismus und im Hinduismus steht das Meer für das Absolute, das heißt für das Aufgehen im Nirwana. Der von den Bergen herabkommende Fluß wurde bei den Juden als himmlische Gnade angesehen.

Die Umgangssprache kennt den Ausdruck »Strom des Lebens«; in dieser Bedeutung tauchen auch Flüsse und Ströme in der Imagination auf. Allgemein symbolisieren sie den Strom psychischer Energie. Die Fahrt auf ihnen – in einem Boot oder Schiff – stellt gleichnishaft die Lebensreise dar. Andererseits ist Wasser auch Symbol des Unbewußten. Ausufernde Flüsse oder reißende Ströme und Bäche, die sich dem Imaginierenden als Hindernisse entgegenstellen, deuten auf Hindernisse aufgrund von Vorstellungen oder Verhaltensweisen, die unbewußt sind. Zu beachten ist bei derartigen Traumbildern die Gestaltung des Ufers. Ist es unzugänglich, so ist ein tief im Unbewußten verankerter Komplex zu vermuten. Ist das Ufer dagegen kultiviert und durch Stein- oder Betonmauern eingefaßt, so wäre dies ein Hinweis auf eine Einengung der Persönlichkeit des Imaginierenden. Wichtig für die Interpretation ist, ob in der Imagination eine Brücke erscheint, die die beiden Ufer verbindet. In einem solchen Fall ist eine Überbrückung der Schwierigkeiten im Leben angezeigt. Der Fluß symbolisiert auch eine Änderung der Lebenseinstellung. *Siehe auch »Brücke« und »Wasser«.*

GARTEN

Der Garten ist das Symbol des irdischen und himmlischen Paradieses oder, allgemeiner, der kosmischen Ordnung. Des weiteren ist er ein Bild für den sündenfreien Urzustand des Menschen. Das *Hohe Lied* Salomos vergleicht die Geliebte einem Garten. In seiner Abgeschlossenheit, als Refugium gegenüber der Welt, steht der Garten symbolisch der Oase und der Insel nahe. Der ummauerte Garten, der nur durch eine schmale Pforte betreten werden kann, steht auch bildhaft für die Schwierigkeiten und Hindernisse, die vor Erreichen einer höheren seelischen Entwicklungsstufe überwunden werden müssen.

Der Garten gehörte in früheren Zeiten zu jedem Haus, wurde in der Regel von den Eheleuten gemeinsam kultiviert und lieferte einen Großteil der benötigten Nahrung. Aber auch Blumen werden im Garten gepflanzt; sie bereiten Freude und schmücken das Haus. So ist der Garten auch ein Symbol der ehelichen Verbindung. Im positiven Sinne zeigt er Wachstum, Fruchtbarkeit und Lebensfreude an. Umgekehrt kann, was im Garten wächst, welk, wüst und verdorrt sein. Solche Öde beziehungsweise Unordnung deutet regelmäßig auf tiefere Konflikte.

Siehe auch »Wiese«, »Baum« und »Haus«.

HIMMEL

Der Himmel hat als Symbol eine umfassende und im allgemeinen positive Bedeutung. In den Mythologien aller Völker ist er der Wohnsitz der Götter. In der Imagination steht er für das Reich des Geistes und für das schöpferische Prinzip schlechthin. Vom Himmel kommt der befruchtende, lebenspendende Regen, der Himmel bringt furcht- und ehrfurchterweckende Naturerscheinungen wie Gewitter, Kometen und Meteoriten hervor. Häufig begegnet uns die Vorstellung, Himmel und Erde seien einst vereint gewesen. Unter diesem Aspekt repräsentiert der Himmel die eine Hälfte der gesamten Welt, und zwar das männlich-aktive Prinzip, wogegen die Erde als passiv empfangend gilt. Infolge der Befruchtung der Erde durch den Himmel entstehen alle irdischen Wesen. Das gibt dem Himmel auch einen Fruchtbarkeitsaspekt. Im Sinne der Imaginationstherapie können wir den Himmel auch als oben (Aufstieg) und die Erde als unten (Abstieg) bezeichnen.

HÖHLE

Seit ältesten Zeiten wurden in Höhlen kultische Handlungen vorgenommen. Die Symbolbedeutung der Höhle hängt sowohl mit dem Bereich des Todes (der dunkle Raum) wie mit dem der Geburt (mütterlicher Schoß) zusammen. Eine Höhle, besonders wenn sich in ihr eine Quelle befindet, war zu allen Zeiten ein heiliger Ort. Sie war der Göttin der Natur geweiht und von Nymphen (weiblichen Naturgeistern) bewohnt. In den Märchen haftet Höhlen stets etwas Magisches an. Die Analogie zum weiblichen Uterus ist naheliegend, denn Höhlen sind in ihrem Innern dunkel, moosig und feucht. Höhlen wurden verehrt als Aufenthalts- oder Geburtsorte von Göttern, Helden, Geistern und Dämonen. Oft wurden sie als Eingang ins Totenreich angesehen.

Eine wichtige Rolle spielten Höhlen in den Initiationsriten, so beispielsweise in den Eleusinischen Mysterien, aber auch in den Orakelriten des Fruchtbarkeitsgottes Trophonius. Das Höhlengleichnis Platons ist eine symbolische Darstellung der menschlichen Erkenntnissituation in der Welt der bloßen Abbilder und des Scheins; Aufgabe des Menschen ist es, aus dieser Höhle heraus und schließlich in das Lichtreich der Erkenntnis zu gelangen. Unter diesem Aspekt stellt die Höhle ein Wiedergeburtssymbol dar. In der Imagination deutet die Höhle meistens auf Schwierigkeiten mit dem Urweiblichen hin.

LICHT
Siehe »Feuer« und »Sonne«.

MEER
Das Meer ist ein archetypisches Sinnbild für den Ursprung des Lebens, und zwar nicht nur des persönlichen Lebens des Imaginierenden, sondern des Lebendigen insgesamt. Das Meer ist in den Weltentstehungsmythen das weibliche Gegenstück zum männlichen Himmel. Wegen der Unergründlichkeit seiner Tiefe und seiner endlosen Weite ist es in der Imagination ein Symbol des Unbewußten, und zwar des kollektiven Unbewußten. Ansonsten ist seine Bedeutung äußerst vielfältig. Es kann den Aufbruch zu neuen Ufern, in seelisches Neuland ebenso symbolisieren wie gefährliche Situationen, die eine Reise über das Meer in sich birgt. Bezieht sich die Imagination auf eine Situation am Meeresufer, so informiert sie über eine Problematik im Grenzbereich zwischen dem persönlichen und dem kollektiven Unbewußten.

MOND
In den einzelnen Mondphasen erweist sich das Nachtgestirn dem Gesetz eines zyklischen »Stirb und werde« unterworfen. Der einfache Mensch glaubt, im Mondzyklus seinen eigenen unabänderlichen Lebensrhythmus zu erkennen. Schon sehr früh entdeckten die Menschen den Einfluß des Mondes auf Ebbe und Flut. Aber man brachte ihn auch in Beziehung zu Krankheit und Tod und ebenso zu Fruchtbarkeit und Auferstehung. In einem babylonischen Hymnus wurde der Mond

gefeiert als Mutterleib, der alles gebiert; die griechische Selene (= Mond) war zugleich Göttin des Wachstums und der Entbindung. Der ägyptische Mondgott Thot galt als Herr der Zeit und als Rechner der Jahre. Der Mond spielt im magischen und bildhaft religiösen Symboldenken der meisten Völker eine bedeutende Rolle. Entscheidend ist dabei vor allem, daß er wegen seiner ständig wechselnden Gestalt »lebt«, daß er mit verschiedenen Lebensrhythmen auf der Erde in offensichtlicher Verbindung steht und daß er zu einem wichtigen Anhaltspunkt der Zeitrechnung wurde. Der Mond steht in enger Verbindung mit der Fruchtbarkeit und dem Regen, den er schickt, überhaupt mit allem Feuchten sowie mit allem Werden und Vergehen. Als Fruchtbarkeitssymbol ist der Mond ebenso wie die Erde dem Ewigweiblichen und Ewigmütterlichen zugeordnet.

QUELLE
In den häufig im Wald oder unter Felsen verborgenen Quellen bricht der dunkle Schoß der Erde auf und läßt das Wasser des Lebens hervorsprudeln. In alter Zeit wurden Quellen oft als göttlich verehrt oder auf andere Weise mit den Göttern in Verbindung gebracht. Bei den Sumerern galt Enki als Süßwasser und Fruchtbarkeit spendender Gott der Quellen. Die Quelle ist primär ein Fruchtbarkeitssymbol. In den Märchen hat sie die Bedeutung von Jungfräulichkeit und Reinheit. Sie ist immer ein Signal für die Zufuhr seelischer Energie. Eine verstopfte Quelle kann auf blockierte Emotionen hinweisen, sie kann jedoch auch auf Potenzängste oder Frigidität hindeuten.

REGEN
Der Regen ist ein Fruchtbarkeitssymbol. In der Mythologie ist der Regen der Same des Himmels, der die Erde befruchtet. In der Imaginationstherapie hat der Regen vorwiegend die Bedeutung einer geistigen Befruchtung im Sinne neuer und schöpferischer Ideen.

Regenbogen

Der Regenbogen umfaßt alle Farben des Lichtspektrums. Damit ist er ein Symbol seelischer Ganzheit. In der Mythologie ist der Regenbogen die Götterbrücke zwischen Himmel und Erde. Diese mythische Grundbedeutung zusammen mit dem Ganzheitsaspekt verleiht dem Regenbogen auch den Charakter einer symbolischen Vereinigung der Gegensätze.

Rose

Die Rose gilt schon seit Urzeiten als Blume der Liebe. So war sie beispielsweise für die alten Griechen identisch mit der Liebesgöttin Aphrodite. Im Bilderleben verkörpert die Rose das Weibliche in seiner Gefühlsfunktion. Im Mittelalter wurde die Rose zu einem Symbol der Gottesmutter und der himmlischen Liebe. In der mittelalterlichen Alchimie zeigt die Rose die Rubedo, die letzte Stufe des alchimistischen Wandlungsprozesses zur Erlangung des Lebenselixiers an. Außerdem war die siebenblättrige Rose für die Alchimisten ein Symbol für die sieben Planeten, die ihnen entsprechenden Metalle und schließlich für die sieben Stufen des alchimistischen Prozesses.

In der Imaginationstherapie ist die Rose Hinweis auf seelische Entfaltung. In der Gestalt des Rosenkranzes symbolisiert die Rose die volle, blütenhafte Entfaltung der seelischen und geistigen Kräfte. Wenn Rosen sich nicht öffnen, ist das ein Zeichen für starke innere Widerstände. Das gleiche ist der Fall, wenn eine Rose verwelkt oder sich nicht deutlich zeigt.

Same / Blüte / Frucht

Das Samenkorn ist zunächst unscheinbar. Es ist ein Symbol der Zukunft und der Hoffnung. Aber es ist auch eine Todes- und Auferstehungssymbolik im Samenkorn enthalten: »Wenn das Weizenkorn nicht in die Erde fällt und stirbt, bleibt es allein; wenn es aber stirbt, bringt es viele Frucht« (Johannes 12, 24). So betrachtet ist der Same Sinnbild einer grundlegenden ethischen Forderung: Er steht für Selbstaufgabe und Hingabe; denn nur wer sich selbst aufgibt, wird sich gewinnen. Selbst-

1. Die wichtigsten Natursymbole

überwindung, Selbstlosigkeit erfahren im Symbol des Samens ihre positive Interpretation.

Die Blüte repräsentiert einen ganz anderen Aspekt der Lebenswirklichkeit. Die Rose, zu der wir alle rosenartigen Blumen rechnen dürfen, hat auch eine dem Mandala entsprechende Bedeutung. Ihre Blütenblätter sind um eine verborgene Mitte herum gruppiert. Es besteht aber auch eine Analogie zwischen Rose und Sonne oder Himmelskörper. Haben Blüten die Gestalt einer Glocke, eines Bechers, Schuhs, Herzens, einer Zunge, Flamme, eines Tropfens oder eine andere bizarre Form, dann spielt das Symbol der Mitte keine Rolle mehr. Eine Überfülle von Blumen in Feld und Garten und erst recht der Umstand, daß die meisten Blüten nicht zum Fruchtstand kommen, machen die Blume zu einem Symbol von Reichtum und Verschwendung.

Ihre Kurzlebigkeit unterscheidet die Blume von Baum und Strauch. Doch in ihrer kurzen Lebensspanne entfaltet sie eine solche Herrlichkeit, daß diese Spanne ebenso kostbar erscheint wie die lange Zeit, die ein Baum für sich hat.

Blumen leben vom Licht, sie öffnen sich dem Licht. Es ist, als ob sie das Dunkle fürchteten. Manche von ihnen schließen sich sogar am Abend wie die Augen eines müden Menschen. Doch ebenso lebt die Blume von unten, aus der Erde heraus, in die ihre Wurzeln reichen. Sie wandelt die Tiefenkräfte zu Lichtgebilden. Ihr Wachsen prädestiniert sie zu einem Symbol der Hoffnung.

Die welke Blume widerruft ihr herrliches Dasein und wird darum als besonders störend und häßlich empfunden. Schönheit scheint die wichtigste Eigenschaft der Blume. Weit weg liegt im Zusammenhang mit Blumen der Gedanke der Nützlichkeit und Brauchbarkeit. Darum versinnbildlichen sie auch die Selbstgenügsamkeit des Seins.

Vergleicht man die Blüte mit der Frucht, so drängt sich der Vergleich von Kind und Mann, von Jungfrau und Frau auf. Auch die Frucht ist eine Synthese aus Erdtiefe und Lichthöhe. Sie bezieht ihre Lebenskräfte aus dem Stamm, der in ihr zu seiner Vollendung kommt. So ist die Frucht ein Symbol des Lebens, der Lebensfülle und der Lebenserfüllung.

Im übertragenen Sinn sprechen wir von »fruchtbaren« Gedanken, von der »Frucht« der Arbeit, von der sittlichen »Reife«; damit wollen wir etwas ausdrücken, das gewichtiger und folgenschwerer ist als Blütenträume. Früchte dienen zur Erhaltung des Daseins. Der Mensch phantasiert von Früchten, die volles, seliges und ewiges Leben gewähren.

Sonne

Das älteste Sonnenzeichen ist ein einfacher Kreis oder ein Kreis, der ein Kreuz einschließt; damit ist das später vielfach variierte Bild des Sonnenrades geschaffen. Die Sonne ist für viele Völker Kundgabe und Offenbarung der Gottheit; sie ist unsterblich, da sie sich jeden Morgen neu erhebt und jeden Abend ins Totenreich absinkt; sie ist Quelle des Lichts, der Wärme und des Lebens; ihre Strahlen machen die Dinge erkennbar. Daher ist sie mit der Gerechtigkeit verbunden. Sie ist aber auch zerstörerisch, das Prinzip der Trockenheit, die Feindin des fruchtbaren Regens. In den vorchristlichen Religionen der Kulturvölker des Vorderen Orients war die Sonne der oberste Himmelsgott. Die Sonnenstrahlen symbolisieren den göttlichen Samen, dem die Erde ihre Fruchtbarkeit verdankt. Insgesamt ist die Sonne eines der positivsten Imaginationssymbole. Sie versinnbildlicht stets produktive, schöpferische Energie, die geistige, künstlerische oder Bewußtseinsprozesse in Gang setzt. Den bedrohlichen Charakter der versengenden Tropen- und Wüstensonne hat sie in unseren Breitengraden kaum.

Stein

Der Stein spielt in den meisten Kulturen als Symbol eine bedeutende Rolle. Weltweit verbreitet ist vor allem die Verehrung der Meteoriten als Himmelssteine. Steine galten von jeher als Ausdruck der Verbindung zwischen Himmel und Erde. Wegen seiner Härte und Unveränderlichkeit wird der Stein häufig mit ewigen, unveränderlichen göttlichen Mächten in Verbindung gebracht und als Ausdruck konzentrierter Kraft aufgefaßt. Trotz seiner Härte gilt der Stein jedoch meistens nicht als etwas Starres, Totes, sondern als lebenspendend. Die Antike betrachtete unbehauene Steine als Symbole feindlicher Mächte, verschiedentlich sah man in ihnen auch den Ort, an dem die Kraft oder die Seele eines Toten weiterlebte. Zum Kult der griechischen Muttergöttin Kybele gehörte auch ein heiliger schwarzer Stein. Das Kernstück im kultischen Leben des Islam ist ein schwarzer Meteorit, der Hadschar-al-aswad, in der Kaaba zu Mekka.

Als Imaginationssymbol kann der Stein aber auch auf innere Verhärtungen und Verödungen hinweisen.

UROBOROS

Der Uroboros ist eine sich in den Schwanz beißende Schlange. Gelegentlich übernehmen auch ein oder zwei Drachen ihre Funktion. Er symbolisiert die Unendlichkeit, die ewige Wiederkehr, den Eingang des Geistes in die materielle Welt und seine Rückkehr zu sich selbst. In der Alchimie ist der Uroboros oft das Symbol der sich wandelnden Materie.

WALD

Der Wald spielt in den religiösen Vorstellungen und im Glauben zahlreicher Völker eine bedeutende Rolle als heiliger und geheimnisvoller Bereich, in dem gute und böse Götter, Geister und Dämonen, wilde Männer, Holz-, Moos- und Waldweiblein, Feen und andere geheimnisvolle Wesen wohnen. Heilige Haine, die Asylschutz gewähren, finden sich in vielen Kulturen. Darstellungen des Waldes weisen daher häufig symbolisch auf Irrationales, aber auch auf Geborgenheit. Als Ort der Abgeschiedenheit ist der Wald wie die Wüste bevorzugter Aufenthaltsort von Asketen und Eremiten und insofern auch Symbol für geistige Konzentration und Innerlichkeit. Besonders im deutschen Sprachbereich begegnet uns der geheimnisbergende Wald häufig in Märchen und Sagen, in

Dichtung und in Liedern. Psychologisch gesehen steht der Wald für das Unbewußte. Unter diesem Gesichtspunkt ist er häufig ein mit Angst besetztes Symbol.

Wasser

Das Wasser symbolisiert, wenn es in Imaginationserlebnissen auftritt, unbewußte psychische Energie. Es ist ein archetypisches Sinnbild des Lebenswassers. Wasser steht stellvertretend für alles Flüssige. Dieses unterscheidet sich vom Festen positiv durch seine Geschmeidigkeit und sein Durchdringungsvermögen, negativ durch seine Gestaltlosigkeit, die es auf eine Fassung, ein Gefäß angewiesen sein läßt. Der altgriechische Philosoph Thales (um 600 v. Chr.) hat das Wasser für den Anfang und das Ende aller Dinge gehalten. In der *Genesis* entspricht die Urflut dem Anfang, die Sintflut dagegen dem Weltende, aus dem die Welt erneuert hervorgeht.

Da Wasser in unaufhörlicher Bewegung ist, ist es auch ein Symbol der Bewegung, der Zeit, der Veränderung, des Werdens. Diese Erkenntnis veranlaßte schon den griechischen Philosophen Heraklit (um 500 v. Chr.) zu der Aussage: »Alles fließt.«

Wegen seiner Formlosigkeit ist das Wasser auch Symbol des Chaos, des ungestalteten Anfangs und sich auflösender Formen. Weil es sich rasch verflüchtigt, kann es auch ein Symbol des Unbeständigen, Vergänglichen, Trügerischen sein. Doch andererseits erneuert sich das Wasser aus verborgenen Quellen in beständigem Kreislauf. Das zur Selbstaufgabe tendierende Element erweist auf diese Weise eine unerhörte Kraft der Selbstbehauptung. So erhält es die Bedeutung des Mysteriösen und Widersprüchlichen, Eigenschaften, die die Menschen seit jeher in ihren Bann gezogen haben.

Das Wasser entlockt der Erde das Leben, es erhält Mensch, Tier und Pflanze. Der Begriff »lebendiges Wasser« ist geradezu sprichwörtlich geworden.

Das Wasser ist ein weibliches Symbol. Es wird in Mythen und Märchen bevölkert und beherrscht von weiblichen Gottheiten, Nixen und Nymphen. Es gibt aber auch den Meergott und den Flußgott. So kann man auch von einer Symbolik der Polarität sprechen. Das Wasser enthält mit seinen Fischen ebenso ein phallisch-männliches Element, wie es als bergender Schoß gebärend und nährend erscheint. Die Wassertiefe ist mehr dem weiblichen Element zugeordnet, der Regenfall dagegen mehr dem männlichen. Diese Dualität findet sich auch in den Wasserriten. Das Eintauchen in Wasser hat eine weibliche, das Besprengen hingegen eine männliche Bedeutung. Die Wassertiefe (Tiefe des Unbewußten) ist dunkel, rätselvoll, unheimlich. Darum gehören Ungeheuer wie Schlangen, Drachen und Haifische zum Bezirk des unheimlichen Dunklen. Diese Tiere sind Gestaltwerdung des Chaos und seiner bedrohlichen Macht.

Wasser, das lehrt die Erfahrung ebenfalls, verschlingt und tötet auch. Es überschwemmt das Land und zerstört Hab und Gut. So ist das als Lebenssymbol bekannte Wasser in seiner Kehrseite auch ein Todessymbol. Das Wasser ist nicht nur Schoß, sondern auch Grab.

Wiese
Landschaften symbolisieren Stimmungen. So gesehen gehört die Wiese zu den positiven Symbolen und steht für neues Wachstum und Fortschritt. Sie kann aber auch, zumal im herbstlichen oder winterlichen Bild, auf Gefühlskälte und innere Vereinsamung hinweisen. Außerdem ist zu beachten, daß Grün zwar einen Zustand des Wachsens anzeigt, aber noch nicht der Reife. Wir müssen daher das Gesamtbild der Wiese nach ihrer jeweiligen Erscheinung und der Problematik des Imaginierenden individuell interpretieren.

Wüste
Das Bild der Wüste ist immer ein Warnsignal. In seltenen Fällen deutet es auf notwendige Askese hin. In der Regel steht aber die Wüste für seelische Vereinsamung. Sie ist Ausdruck der Unfruchtbarkeit und des geistig-seelischen Stillstandes.

2. Die wichtigsten Tiersymbole

Das Selbst wird oft als ein Tier imaginiert, das unsere Instinktnatur und deren Verbindung zu ihrer natürlichen Umgebung darstellt. (Darum gibt es auch in den Mythen und Märchen so viele hilfreiche Tiere.) Diese Beziehung des Selbstsymbols zur umgebenden Natur und sogar zum All zeigt, daß dieses »Kernatom der Seele« (das Selbst) irgendwie mit der ganzen inneren und äußeren Welt verwoben ist. Alle uns bekannten höheren Organismen sind ja auf eine bestimmte Umwelt in Raum und Zeit genau abgestimmt. Ein Zoologe sagte einmal, daß die Innerlichkeit des Tieres weit in die Welt hinausgreife und sich in Raum und Zeit »verseele«. Auch das Unbewußte des Menschen ist in ungeahnt tiefer Weise auf seine natürliche und soziale Umgebung und auf die elementaren Lebensvorgänge abgestimmt.

Adler

Der Adler gehört dem unbegrenzten Luft- und Lichtbereich an. So wird er zum Symbol dieser Reiche und der in ihnen vermuteten Welt der Seele. Engel und Genien werden daher auch mit Flügeln abgebildet. Die menschliche Seele wird oft als kleiner Vogel dargestellt, der zum Himmel auffliegt (Vision des heiligen Benedikt) und sich an himmlischen Quellen und Früchten labt. Die Flügelsonne der Ägypter, auch der von Seraphsflügeln umschattete Gekreuzigte in der Franziskus-Vision zeigen den gleichen Zusammenhang. Der Vogel wird wegen seiner Freiheit, Schnelligkeit und Leichtigkeit bewundert, Eigenschaften, die ihn vom Gesetz der Schwerkraft auszunehmen scheinen. Der Adler gilt als König der Vögel und war bereits im Altertum ein Königs- und Göttersymbol. Er ist ein Herrschaftssymbol.

In Imaginationserlebnissen verkörpert er C. G. Jung zufolge eine archaische Gottesvorstellung. Er steht auch für hohe, weitschwingende Gedanken und für eine verzehrende Leidenschaft des Geistes. In erster Linie deutet der Adler auf eine positive geistige Situation. Häufig symbolisiert er den Vater und Autoritätsproblematik im allgemeinen, da er in den Bergen (in der Nähe des Vaters) angesiedelt ist. Der Adler ist ein Symbol der Bewußtheit. Was bewußt werden soll, ergibt sich aus dem jeweiligen Gesamtzusammenhang des Imaginationsinhaltes. Das Bild eines flugbehinderten Adlers beispielsweise deutet auf eine Einengung der geistigen Freiheit oder auf eine Vernachlässigung geistiger Interessen. Der Adler kann aber auch als sexuelles Motiv angesehen werden; das läßt sich dann jedoch meistens deutlich aus dem weiteren Imaginationsverlauf erkennen. Ein warnendes Symbol ist der Adler, wenn er einen Menschen oder ein Tier in seinem Schnabel davonträgt.

Affe

Der Affe ist ein weitverbreitetes Symboltier, vor allem wegen seiner Beweglichkeit und Intelligenz, aber auch wegen seiner Hinterlist und starken sexuellen Erregbarkeit sowie wegen seines Nachahmungstriebes und seines streitbaren Geizes. Im Fernen Osten ist er häufig ein Symbol der Weisheit. Mantelpaviane wurden in Ägypten als göttliche Wesen verehrt. Auf Darstellungen sehen wir sie in der Regel groß und weiß mit erigiertem Penis dahocken. Häufig tragen sie eine Mondscheibe auf dem Kopf. In dieser Haltung sind sie eine Verkörperung des Mondgottes Thot, des Schutzpatrons der Gelehrten und Schreiber, der auch als Götterbote und Seelenführer auftritt.

Entscheidend für die Deutung ist, was der Affe im Traum tut. Der Affe kann beispielsweise sexuelle Handlungen vornehmen oder den Imaginierenden nachahmen. Eine äffische Haltung in Liebesbeziehungen oder ein zu starker Nachahmungsdrang des Imaginierenden sind dann die Bedeutungen. Äußerst positiv ist es, wenn der Affe in der Imagination ein menschliches Gesicht erhält. Das würde bedeuten, daß sich der Träumer eines »äffischen« Verhaltens bewußt wird. Tritt der Affe in der Imagination in einem sexuellen Zusammenhang auf, so bedeutet seine Vermenschlichung, daß eine erotische Beziehung der seelischen Vertiefung bedarf.

Bär

Im Altertum waren die wilden Tiere auch im Vorderen Orient viel zahlreicher als heute; ein gereizter oder von Hunger geplagter Bär gehörte daher zu den schrecklichsten Bedrohungen der Hirten. In Griechenland spielte der Bär eine gewisse Rolle im Kult der Göttin Artemis, deren Priesterinnen teilweise als Bären verkleidet waren. In der Bibel steht der Bär metaphorisch für Zorn und Grimm. Die bösen Knaben, die den kahlköpfigen Elische verspotteten, wurden von zwei Bären zerrissen. Nach nordeuropäischer Überlieferung war nicht der Löwe König der Tiere, sondern der Bär. In Sibirien und Alaska wird der Bär auch mit dem Mond in Verbindung gebracht, weil er als ein Tier, das Winterschlaf hält, kommt und geht. Mit Bezug auf seinen Winterschlaf ist er auch ein Symbol für Alter und Tod des Menschen. In der christlichen Symbolik erscheint der Bär meist als gefährliches Tier, das gelegentlich den Teufel repräsentiert. Darum gilt er hin und wieder auch als Symbol der Todsünde. C. G. Jung sah im Bären die gefährlichen Aspekte des Unbewußten.

Drache

Schon in seiner Gestalt der Natur widersprechend, findet sich der Drache in den frühen Religionen des Vorderen Orients als Symbol der Gottesfeindschaft. Der Sieg über den Drachen bedeutet daher in Mythen und Märchen den Sieg über Chaos und Finsternis. Der Drache ist ein archetypisches Symbol. In Imaginationserlebnissen kann er sich auch in der Gestalt von Baggern, Raupenfahrzeugen und Panzern zeigen.

Als Archetyp steht der Drache auch für die »schreckliche Mutter«, die entweder ihr Kind ablehnt oder es mit sprichwörtlicher Affenliebe verwöhnt und den erwachsenen Sohn nicht an eine andere Frau verlieren will. Allgemein symbolisiert der Drache die bedrohliche und verschlingende Seite des

Weiblichen für den Mann. Der Drachenkampf bedeutet stets einen Kampf, den der Träumer mit sich selbst auszufechten hat.

Esel

Mit dem einerseits als störrisch und dumm verachteten, andererseits als nützlich und gutmütig geschätzten Esel verbinden sich einander widersprechende Vorstellungen. Den Ägyptern galt er als dämonisches Tier, dem bösen Seth zugewandt. Als geiles Tier war er den alten Indern ein Symbol der Unkeuschheit. Dagegen wurde der Esel in Syrien als heiliges Tier verehrt.

Wegen seiner wilden Brünstigkeit wurde der Esel zu einem Bild der Unzucht. Die sprichwörtliche Dummheit, die dem Tier in der Realität angedichtet wird, hat er in der Imagination nicht. Das Reittier, auf dem Jesus in Jerusalem einzog, war einer Eselin Füllen, was zumeist als Symbol der Sanftheit und Demut gedeutet wird.

Elefant

Der Elefant war in Asien Reittier der Herrscher, Symbol der Macht, der Weisheit, des Friedens und des Glücks. Er ist auch das Reittier des indischen Gottes Indra. Ganescha, der populäre Sohn des Gottes Schiwa und Überwinder aller Schwierigkeiten, wird mit einem Elefantenkopf dargestellt. In Indien und Tibet begegnen wir dem Elefanten häufig als Träger des gesamten Universums. Bei weißen Elefanten verbinden sich die symbolischen Bedeutungen des Elefanten im allgemeinen und die der Farbe Weiß. Nach buddhistischer Legende ging der Bodhisattwa als weißer Elefant vor seiner Wiedergeburt als Buddha in den Schoß seiner Mutter, der Fürstin Maja, ein; der weiße Elefant wurde daher zum Symbol des Buddhismus. Auch in Afrika wird der Elefant als Sinnbild der Kraft, des Glücks und des langen Lebens verehrt.

Er gilt außerdem als keusch, da sich der männliche Elefant, wie Aristoteles berichtete, während der zweijährigen Tragzeit seines Weibchens enthaltsam verhält; er wurde daher auch mit der Tugend der Besonnenheit und des Maßes in Verbindung gebracht.

Als Imaginationssymbol kommt dem Elefanten häufig auch die Bedeutung einer Vaterfigur zu.

Fisch

Da die Fische im Altertum, so noch bei Aristoteles, als eingeschlechtlich galten, fanden sie leicht Eingang in die Symbolik der göttlichen Jungfraumutter und ihres Sohnes, des Heilbringers. Nach altbabylonischer Sage kam im ersten Jahr nach der Schöpfung Oannes, der Gott der Weisheit, in Fischgestalt aufs Land, brachte den Menschen die Kenntnis der Feldbestellung und führte sie in die Wissenschaften ein. Nach indischem Mythos soll in der Inkarnation eines Fisches Wischnu den Stammvater des jetzigen Menschengeschlechts aus der Sintflut gerettet haben. Im Kult der syrischen Göttin Atargatis gab es heilige Fischmahlzeiten; möglicherweise hängt dieser Kultbrauch mit der dem Tier des Heilbringers zugeschriebenen Auferstehungssymbolik zusammen. Der Fisch steht symbolisch dem Wasser, seinem Lebenselement nahe; bei vielen Völkern ist er zugleich ein Symbol der Fruchtbarkeit und ein Symbol des Todes. In Altägypten und Kleinasien galt der Fisch als Symbol der Seele. Im Buddhismus ist der Fisch Symbol für geistige Macht.

In der analytischen Psychologie C. G. Jungs gilt der Fisch als Sinnbild des Selbst. Mit diesem Begriff benennt Jung die psychische Gesamtpersönlichkeit des Menschen, die das Unbewußte einschließt. Sofern es der Zusammenhang der Imagination zuläßt, kann der Fisch auch eine sexuelle Bedeutung haben. Da er im Wasser – dem Sinnbild des Unbewußten – lebt, wird es sich in der Regel um unbewußte sexuelle Probleme handeln. Die Nixe, ein weibliches Fabelwesen mit einem Fischschwanz, veranschaulicht die kalte, gefühllose Seite der Sexualität. Haifische, die bedrohlich im Wasser daherschwimmen, offenbaren die Bedrohlichkeit besitzergreifender unbewußter Komplexe.

Frosch

Wegen seiner großen Fruchtbarkeit versinnbildlichte der Frosch bei den alten Ägyptern die Kräfte der Lebensentstehung; die Geburtsgöttin Heket wurde froschköpfig dargestellt. Später erblickte man in dem Amphibium ein Symbol der Wiedergeburt. Im Gegensatz zu seiner positiven Bedeutung im Nilland galt der Frosch den Israeliten als Verkörperung dämonischer Mächte, die aber auch im Dienste Gottes stehen konnten.

In der Natur ist der Frosch ein Tier, das auf dem Lande und im Wasser lebt. Entwicklungsgeschichtlich ist damit eine Übergangsstufe des tierischen Lebens angezeigt. So ist der Frosch in der Imagination ein Symbol der inneren Wandlung, wie es auch im Märchen *Der Froschkönig* zum Ausdruck kommt. Seine Wasserseite deutet auf die kalte, noch unpersönliche Urnatur hin, seine Landseite dagegen auf eine höhere Entwicklungsstufe. In der Imaginationstherapie hat der Frosch meistens die positive Bedeutung eines Wandlungssymbols.

Fuchs

In der Antike galt der Fuchs wegen seiner rötlichen Farbe als Feuergeist. Zur Abwehr des Getreidebrandes wurden Füchse mit brennenden Fackeln an ihren Schwänzen durch die Felder gejagt. Schon im sumerischen Mythos ist der Fuchs als listiges Tier gekennzeichnet; er verspricht, gegen Belohnung die verschwundene Muttergöttin wieder herbeizuschaffen. In der japanischen und chinesischen Mythologie spielte der Fuchs eine Rolle als zauberkundiges, weises, dämonisches, teils gutes, teils böses Tier, das in zahlreichen, vor allem menschlichen Metamorphosen auftritt.

Geier

In mehreren indianischen Kulturen ist der Geier ein Symboltier, das mit der reinigenden und Lebenskraft verleihenden Gewalt des Feuers und der Sonne zusammenhängt; bei den

Mayas ist er jedoch auch Todessymbol. Da er Aas frißt und es damit in neue Lebenskraft verwandelt, gilt der Geier in Afrika verschiedentlich als ein Wesen, das das Geheimnis der wahren Verwandlung wertloser Materie in Gold kennt.

In der Imaginationstherapie ist der Geier gelegentlich ein Sinnbild für Autismus. Autismus darf nicht mit Egoismus verwechselt werden. Er entspricht einer Haltung völliger Selbstversunkenheit, die sich in mangelnder Kontaktfähigkeit äußert. Zum Autismus gehören auch übertrieben selbstsüchtige Forderungen. Schließlich hat der Geier als Aasgeier umgangssprachlich die Bedeutung eines Ausbeuters gewonnen.

Hase

Der Hase ist ein Tiersymbol der Fruchtbarkeit. Seine enorme Fortpflanzungsfähigkeit ist sprichwörtlich. Im Mittelalter war er ein Christussymbol. Drei Hasen in einem Kreis sind ein Symbol der göttlichen Dreieinigkeit, die alles sieht, alles hört und zu allen Zeiten wacht. In China ist der Hase das Tier im Mond. Wegen seiner Fruchtbarkeit steht er auch in enger Verbindung zu der als Mutter aufgefaßten Erde und ist daher auch ein Symbol für die ständige Erneuerung des Lebens. Wegen seiner Furchtsamkeit gilt er gelegentlich als Symbol für Angst und Feigheit. Dagegen machte ihn seine angebliche Fähigkeit, mit offenen Augen zu schlafen, zu einem Sinnbild der Wachsamkeit; wegen seiner Schnelligkeit erscheint er auch als Symbol der rasch dahineilenden Zeit.

Hirsch

Jedes Jahr wirft der Hirsch sein Geweih ab. Wenn das Geweih im Frühjahr nachwächst, scheuert das Tier den sogenannten Bast von den nachwachsenden Stangen ab. In dieser Periode hängt daher blutverschmierter Bast von seinem Geweih. Die alten Völker setzten die rote Farbe in Beziehung zum Feuer und zur Sonne. Wegen des Abwerfens und Nachwachsens seines Geweihs wurde der Hirsch zu einem Sinnbild des

Kreislaufs der Natur, des unaufhörlichen »Stirb und werde«. Dem Buddhismus gilt der (goldene) Hirsch als Symbol der Weisheit und Askese. In der Antike und bei den Kelten galt er als Seelenführer. Gelegentlich ist er auch ein Symbol der Melancholie, weil er die Einsamkeit liebt. In der christlichen Symbolik ist der Hirsch ein Christussymbol und Sinnbild der Erlösung. Sein Geweih stellt die Himmelsleiter dar. In manchen alten Mythen tritt der Hirsch auch als Partner des sagenhaften Einhorns auf. Beide zusammen symbolisieren Seele und Geist.

Hund
In der Imagination charakterisiert der Hund einen Bereich zwischen Wildnis und Zivilisation, in ethischer Hinsicht reicht seine Bedeutung von Gut bis Böse, und in der Dimension des Religiösen steht er auf der Schwelle zwischen Diesseits und Jenseits. Im altmesopotamischen Glauben war er Begleiter der Heilgöttin Gula, andererseits wurden der Krankheit und Tod verursachenden Dämonin Lamastu tönerne Hundebilder geweiht. Der Hund ist im wahrsten Sinne des Wortes ein Tier der Schwelle; er ist der Bewacher des Eingangs zur Unterwelt. Die altägyptischen Vorstellungen vom Herrscher der Unterwelt verschmolzen mit dem Bild vom Hund (Anubis).

Die dem Hund zuerkannte Weisheit ließ ihn in manchen Kulturen zum Ahnvater der Zivilisation und zum Überbringer des Feuers an den Menschen werden. Auf der anderen Seite war es auch die am Hund beobachtete Sexualkraft, die ihn in Zusammenhang mit der Symbolik der Ahnväter und Erzeuger der Menschen brachte. Die noch heute sprichwörtliche Treue des Hundes machte ihn zu einem Sinnbild der Treue. Der Hund kann Symbol einer guten Ehe sein, aber ebenso auch Ausdruck von Aggression und Angriff.

Katze
Die Katze ist ein ambivalentes Symboltier. In Japan gilt der Anblick einer Katze als böses Omen. In der Kabbala und im

Buddhismus steht die Katze symbolisch der Schlange nahe. In Ägypten wurde die häusliche, wendige und nützliche Katze als heiliges Tier der Göttin Bastet, der Beschützerin des Hauses, der Mütter und Kinder verehrt. Im Mittelalter galten vor allem schwarze Katzen als Hexentiere, besonders der schwarze Kater war ein Sinnbild des Teufels. Der Aberglaube sieht daher in der schwarzen Katze einen Unglücksbringer.

Die Katze ist ein überaus sensibles Tier. In der Imagination informiert sie über die Gefühlsseite des Imaginierenden. Die Verspieltheit der Katze kann sich auch auf das sexuelle Verhalten des Imaginierenden beziehen. Die Katze geht ihre eigenen Wege und unterwirft sich dem Menschen nur insoweit, als sie es für gut befindet. So gesehen weist ihr Bild in der Imagination auch auf Individualität hin. Sie kann aber auch auf einen egozentrischen Zug des Imaginierenden aufmerksam machen. In der Imagination gestörter Frauen kann die Katze auch auf eine Vaterproblematik hinweisen.

Kuh

Als fruchtbares, die lebenswichtige Milch produzierendes Haustier ist die Kuh ein allgemeines Symbol der mütterlichen Erde, der Fülle und des bergenden Schutzes. In der Imagination erscheint die Kuh als Sinnbild umsorgender, mütterlicher Weiblichkeit. In den Träumen von Frauen signalisiert sie häufig der Imaginierenden die Notwendigkeit, eine vernachlässigte mütterliche Seite zu beachten. In der Imagination von Männern deutet die Kuh meist auf eine zu starke Mutterbindung hin. Wenn Imaginierende beispielsweise eine Kuh nicht melken oder die Milch nicht trinken können, weist das auch darauf hin, daß in der Kindheit wahrscheinlich Schwierigkeiten zwischen der nährenden Mutter und dem Imaginierenden bestanden haben.

Lamm / Schaf

Wegen seiner Einfalt und Duldsamkeit galt das Schaf von jeher als fromm und stand in unmittelbarer Verbindung mit einer anderen Metapher der religiösen Sprache: dem göttlichen Hirten. Lamm und Schaf gelten wegen ihrer schlichten Einfalt und der weißen Farbe ihres Fells als Symbol der Sanftmut, Unschuld und Reinheit. Im Altertum waren sie neben dem Widder das beliebteste Opfertier. In der Imagination weisen Schaf und Lamm häufig auch auf die Duldsamkeit und Opferbereitschaft des Imaginierenden hin.

Löwe

Die unbezwingbare Kraft, der majestätische Gang und das furchterregende Gebrüll des »Königs der Tiere« imponierten dem Menschen zu allen Zeiten. Man glaubte, daß die Natur des Löwen dem Feuer wesensverwandt sei, aus seinen Augen strahle das Licht der Sonne in gleichsam animalischer Kraft.

Weitere symbolprägende Eigenschaften sind vor allem sein Mut, seine Wildheit und angebliche Weisheit. Als Sinnbild der Macht und Gerechtigkeit begegnet man seiner Darstellung oft in Palästen. Als archetypische Tiergottheit und König der Tiere im Märchen stellt er ein Sinnbild physischer Lebenskraft dar. Der Löwe kann schöpferische geistige Kräfte und Kreativität zum Ausdruck bringen. Doch ebenso kann er ein Symbol der Aggression und Unbeherrschtheit sein. Er signalisiert in Imaginationserlebnissen gelegentlich – je nach seinem Gebahren – das Unvermögen, sich in der Umwelt durchzusetzen.

Pferd

Das schnellste Tier, das sich der Mensch hat untertan machen können, wurde schon früh zu einem Sinnbild des Dahineilens von Sonne und Mond; weiße Rosse deuten auf die Lichtgottheit; schwarze stehen in Bezug zur Nachtgöttin. Das Pferd wurde schon immer mit Feuer und Wasser als den lebensspendenden und zugleich gefährlichen Mächten in Zusammenhang gebracht. So sagte man ihm in vielen Gegenden Europas wie im Fernen Osten nach, es könne mit seinen Hufen Quellen aus dem Erdboden schlagen. Häufig erscheint es auch in Verbindung mit dem lunarischen Bereich. In alten Sagen stand es dem

Reich des Todes nahe und erschien daher auch als Seelenführer.

Die Beziehung zwischen dem Pferd und seinem Herrn dürfte in früheren Zeiten die persönlichste zwischen dem Menschen und einem Tier überhaupt gewesen sein. So wurde der Hengst aufgrund seiner Schnelligkeit und Kraft zum Symbol männlicher Vitalität und Potenz. Die Stute erhielt die Bedeutung eines Muttersymbols. Erst im christlichen Mittelalter wurde das Pferd zu einem Sinnbild dunkler und bedrohlicher Mächte. Der Rappe galt nun als Reittier des Teufels.

Auch ein gewisses übersinnliches Ahnungsvermögen hat man dem Pferd seit altersher zugeschrieben. Pferdeimaginationen sind sorgfältig in allen Einzelheiten zu untersuchen. Dem Pferd kommt im allgemeinen die Bedeutung vitaler Energie zu.

SCHLANGE

Wegen ihres Körperbaus und ihrer Lebensgewohnheiten ist die Schlange dem Menschen eines der unheimlichsten Tiere. Aus Höhlen und undurchdringlichem Dickicht hervorkommend, scheint sie der Unterwelt zugehörig, andererseits wird sie wegen ihrer Liebe zur Sonne mit diesem Gestirn gleichgesetzt. Für C. G. Jung ist sie ein Libidosymbol, in dem sich Kraft, Energie, Dynamik, Triebhaftigkeit und ganz allgemein der Wandlungscharakter der Psyche ausdrücken.

Die Schlange gehört dem chthonischen, sumpfigen, erdnahen und stofflichen weiblichen Bereich an. Sie gilt als Personifikation des Instinkt- und Triebhaften in seinem noch kollektivpersönlichen, vormenschlichen und unheimlichen Aspekt.

Je nachdem in welcher Form und Verbindung man sie antrifft, ist sie ein lichtfeindliches Symbol, eine Verkörperung der niedrigen Seele im Menschen. Des weiteren steht sie für das Sexuelle in seinem »dunklen Drange« entweder im Sinne Sigmund Freuds oder in dem C. G. Jungs, der ihr eine chthonisch-weibliche Bedeutung beimißt und sie daher zugleich mit dem Werdenden, dem Schöpferischen in Beziehung setzt.

Ebenso ist die Schlange ein Sinnbild der Ewigkeit und des ewigen Lebens. Sie gehört zu den archetypischen Symbolen und hat den Doppelaspekt der Giftschlange und der Heilschlange. Daher stammt auch das Bild zweier Schlangen, die sich um den Äskulapstab winden. Für ihre Bedeutung in der Imagination ist das Gesamtbild maßgeblich.

SCHMETTERLING

Der Schmetterling ist wegen seiner Leichtigkeit und bunten Schönheit in Japan das Symbol der Frau. Zwei Schmetterlinge symbolisieren das eheliche Glück. Die wesentliche Symbolbedeutung des Schmetterlings beruht jedoch auf der Metamorphose, die er durchlaufen hat. Er ist daher schon in der Antike ein Symbol für die durch den physischen Tod nicht zu zerstörende Seele (sein griechischer Name ist Psyche) gewesen. In späterer Zeit standen allerdings das Gefällige, Flatterhafte des Schmetterlings und seine Beziehung zum Liebesgott Eros mehr im Vordergrund. Für das Unbewußte symbolisiert der Schmetterling nach wie vor die Seele. Dabei ist sein Flattern Sinnbild für das Umherirren und Suchen der Seele.

SCHWEIN

Im Volksmund hat das Schwein die Bedeutung eines Glückssymbols. In grauer Vorzeit war es das Reittier der »Großen Göttin«, der Herrin der Tiere. Sie war auch Schutzgöttin der natürlichen Geschlechtlichkeit des Menschen und damit der Zeugungsvorgänge sowie der weiblichen Fruchtbarkeit. Eine entsprechende Bedeutung hat das Schwein auch in der Imagination. Nur in seltenen Fällen ist es reines Sexualsymbol; überwiegend steht es für seelische Bereicherung oder geistige Potenz.

SPINNE

Die Spinne ist ein Symboltier mit gegensätzlichen Bedeutungen. Wegen ihres kunstvollen, radial angelegten Netzes und ihrer zentralen Position darinnen gilt sie in Indien als das

Symbol der kosmischen Ordnung und als Weberin der Sinnenwelt. Da sie die Fäden ihres Netzes in der gleichen Weise aus sich selbst hervorbringt wie die Sonne ihre Strahlen, ist sie auch ein Sonnensymbol; das Netz kann unter diesem Gesichtspunkt auch die Emanation des göttlichen Geistes symbolisieren. Weil sie an dem von ihr gesponnenen Faden emporläuft, erscheint sie in den *Upanischaden* auch als Symbol der geistigen Selbstbefreiung.

Ähnlich wie Schlange und Drache kann die Spinne im negativen Sinn ebenfalls ein Angstsymbol sein. Diese Bedeutung geht aus der Art der Nahrungssuche der Spinne hervor. Für die Insekten, die in ihr Netz geraten, ist sie tödlich. Im Volksmund spricht man von einem übervorteilten oder betrogenen Menschen als von jemandem, der der Spinne ins Netz gegangen ist.

Die Spinne ist jedoch auch ein Symbol der »Großen Mutter«. Ebenso sind Netz und Schlinge typische Waffen der furchtbaren Macht des Weiblichen, zu fesseln und zu binden, und das Knüpfen des Knotens ist eine der gefährlichen Künste der Zauberin.

Stier

Im Altertum gehörte der Stier zu den heiligen Tieren. In Ägypten und auf Kreta war er ein Symbol des Sonnengottes. In der Imagination erscheint der Stier als Sinnbild der männlichen Kraft und Potenz. Eine vergleichbare Bedeutung kommt in den USA dem Büffel zu.

Die Stierkämpfe in Spanien und Südfrankreich haben ihren Ursprung im archaischen Stierkult. Auf Kreta war es üblich, daß anläßlich der kultischen Stierfeste nackte Jünglinge den Stier bei den Hörnern packten und sich auf dessen Körper schwangen. Die symbolische Bedeutung dieser kultischen Spiele ist eindeutig. Der Jüngling muß lernen, seine animalische Triebkraft zu meistern. Erst dann gilt er als Mann. Eine entsprechende Bedeutung hat das Bild des Stieres auch in Imaginationserlebnissen.

TAUBE

Die Form ihrer Liebeswerbung, das Schnäbeln wie auch ihr Gurren, ist eine Besonderheit der Taube. Der Taubenruf wurde teils als Liebesruf, teils als Klagelaut gedeutet.

Die Taube hat heute die Bedeutung eines Friedenssymbols. Die Taube mit dem Ölzweig, die der Bibel zufolge Noah erschien, um ihm das Ende der Sintflut zu verkünden, war ein Erneuerungs- und Glückssymbol. Eine ähnliche Bedeutung hat auch die Taube, die in der christlichen Symbolik den Heiligen Geist verkörpert. In Indien, aber auch bei den Germanen galt eine dunkle Taube als Seelen- oder als Unglücksvogel. Im Zusammenhang mit den vier Kardinaltugenden symbolisiert die Taube das rechte Maß.

VÖGEL

Vögel im allgemeinen gelten seit altersher wegen ihres Flugvermögens als Mittler zwischen Himmel und Erde und als Verkörperung des Immateriellen, namentlich der Seele. Im Taoismus stellte man die Unsterblichkeit in Gestalt von Vögeln dar. Verbreitet war auch die Auffassung, die Seele verlasse den Körper nach dem Tod als Vogel. In der Imagination verkörpert der Vogel geistige Inhalte des Unbewußten.

3. Symbole des menschlichen Lebens

AUGE

Augen sind mehr als Fenster, durch die wir hinaussehen und durch die das Licht in uns hineinfällt. Sie öffnen sich der Welt und ziehen sie gleichsam in die Seele. Das Auge ist das wichtigste unserer Sinnesorgane. Darum erregt der Blinde ein so spontanes und intensives Mitleid; er lebt in ewiger Dunkelheit und bleibt angewiesen auf Hören und Tasten und Geführtwerden und ist deshalb aufs empfindlichste eingeschränkt.

Die noch heute mancherorts tief verwurzelte Furcht vor dem bösen Blick, die vielerlei Abwehrmechanismen hat entstehen lassen, ist nicht grundlos. Wer neidisch und boshaft, lauernd und gierig blickt, beunruhigt, stört und verletzt den Mitmenschen. Ein harter Blick kann demütigen, ein spähender Blick schon ein Angriff sein. Umgekehrt kann ein guter, freundlicher Blick ermuntern, trösten und helfen; denn in ihm offenbart sich Anteilnahme, in ihm schenkt sich die Seele längst, ehe eine Hand geöffnet, eine Gabe gereicht oder ein Wort gesprochen wird.

Das Auge steht in einem symbolischen Zusammenhang mit dem Licht, der Sonne, dem Geist. Es ist Sinnbild der geistigen Schau, aber auch – als Spiegel der Seele – Instrument des seelisch-geistigen Ausdrucks. Das rechte Auge wurde verschiedentlich mit der Aktivität, der Zukunft und der Sonne, das linke mit der Passivität, der Vergangenheit und dem Mond in Verbindung gebracht. Weinen wir aus Wut, Zorn und Aggressivität, dann entströmen dem rechten Auge mehr Tränen, weinen wir hingegen, weil wir traurig oder mutlos sind, dann ergießen sich die Tränen mehr aus dem linken Auge.

Der Buddhismus kennt das »dritte Auge« als Symbol der inneren Schau. Im Altertum hatte das Auge häufig die Bedeutung eines Sonnensymbols. Das Auge symbolisiert darüber hinaus Weitsicht und Allwissenheit. Ein Auge in einem Dreieck symbolisiert Gottvater in der Dreifaltigkeit. Das Auge hat in der Imagination die symbolische Bedeutung der inneren Bewußtwerdung. Eine Behinderung der Sehfähigkeit deutet beispielsweise darauf hin, daß der Imaginierende ein bestimmtes Problem nicht sehen will.

BLUT
Was das Wasser für den Erdboden und der Saft für die Pflanzen ist das Blut für den Leib. Das strömende Blut ist Lebensstrom, also Urkraft, nach alter Anschauung geradezu die Materialisierung des Lebens und des Lebensgeistes. Es stellt die höchste Stufe des flüssigen Elements dar. Seine belebende Macht erweist es besonders durch sein unausgesetztes Pulsieren und seine stete Selbsterneuerung.

Wie ein unterirdisches Gewässer ist Blut im Körperinnern verborgen. Für die Antike wie für die mittelalterliche Alchimie war das Blut Sitz der Seele, allerdings nur im Sinne einer Körperseele. Die Geistseele hingegen hatte nach ältester Auffassung ihren Sitz in der Leber und später im Kopf. Auch im Volksglauben wird dem Blut eine magische Kraft zugeschrieben. So gesehen symbolisiert das Blut auch Liebe und Feuer. Bei verschiedenen Völkern tranken Seher, um sich in Ekstase oder in den Zustand der Verzückung zu versetzen, Blut.

Das Trinken oder der Austausch von Blut in der Imagination symbolisiert die Notwendigkeit einer seelischen Vereinigung, wie sie auch in dem Ritual der Blutsbrüderschaft, dem Ritzen der Haut und in der Vereinigung der Blutstropfen ihren Ausdruck findet. Ein Blutverlust in der Imagination kann einen Liebesverlust signalisieren, doch ebenso die Notwendigkeit eines seelischen Opfers anzeigen. Eine Bluttransfusion würde dementsprechend auf eine Zunahme seelischer Energie hindeuten.

BROT

Brot und Wein sind der Inbegriff von Lebensspeise und Lebenstrank. Schon in Babylon bildeten sie die Elemente des kultischen Mahles; Adapa galt als göttlicher Bäcker. Das durch Backen des Mehlteigs und vorausgegangenes Mahlen der Körner gewonnene Brot wurde dem unter die Oberfläche schauenden Menschen zum Symbol der Verwandlung des lebenden Grundstoffes, durch dessen Verzehr allein das Leben erhalten werden konnte. Brot ist auch Symbol für geistige Nahrung. In der Imagination ist das Brot ein Bild der Lebensspeise. Es gibt Auskunft über die seelische Nahrungszufuhr und Stärkung. Es hat praktisch immer eine positive Bedeutung.

BRUST

Die Brust ist ein ursprüngliches Symbol des Mütterlichen, der lebenerhaltenden und nährenden Seite des Weiblichen. Eine sexuelle Bedeutung hat die Brust in der Imagination fast nie. In den vorchristlichen Religionen wurde die »Große Mutter«, die Verkörperung der göttlichen Natur, in Bildwerken stets mit vollen Brüsten dargestellt. In Kreta war die Enthüllung der Brüste eine zum religiösen Kult gehörende, heilige Handlung. In der Bildersprache der mittelalterlichen Alchimie war die Brust ein Symbol für die Zufuhr von geistiger Nahrung und Erkenntnis.

Als Imaginationssymbol kann die Brust – bei männlichen Personen – außer den genannten archetypischen Bedeutungen auch schlicht eine zu starke Mutterbindung signalisieren. Sigmund Freud hat in seinen *Drei Abhandlungen zur Sexualtheorie* den Begriff der Oralsexualität geprägt. Er zeigte, daß die Versagung der Mutterbrust in der ersten Lebensphase des Kleinkindes Ursache vieler Neurosen im späteren Erwachsenenalter sein kann. Die klinische Erfahrung hat diese Vermutung bestätigt.

FRAU, UNBEKANNTE
Die Figur einer unbekannten Frau, in welcher Gestalt sie auch immer erscheint, ist ein Symbol der unbewußten weiblichen Seite in der Seele des Imaginierenden. C. G. Jung hat für diese psychische Funktion den Begriff des »Schattens« geprägt, sofern die unbekannte Frau in der Imagination einer Frau oder eines Mädchens auftaucht. Das imaginierte Verhalten der unbekannten Frau ist ein Hinweis auf unbewußte Eigenschaften oder Verhaltensweisen der Imaginierenden.

In der Imagination von Männern symbolisiert die unbekannte Frau die in jedem Mann vorhandene weibliche Komponente. Diese weibliche Persönlichkeitsseite in der Psyche des Mannes bezeichnete Jung als »Anima«. Die Figur der Anima verkörpert gewissermaßen die weiblichen Seeleneigenschaften des Mannes, seine Gefühle, Stimmungen, Ahnungen wie auch den Charakter seiner Liebesbeziehungen zu einer Frau in der Lebenswirklichkeit. In seiner Entwicklung und Festlegung wird dieses »innere Seelenbild« der Frau im Mann naturgemäß durch das Verhalten der Mutter geprägt. Es handelt sich dabei um ein unbewußtes Bild oder auch Verhaltensmuster, das sich von den Vorstellungen des Wachbewußtseins erheblich unterscheidet.

In der Imagination wird dieses unbewußte Bild der Anima in den verschiedensten Gestalten sichtbar. Die Möglichkeiten reichen von der Heiligen bis zur Dirne und von der Märchenprinzessin bis zum emanzipierten Blaustrumpf. Ihre Imaginationshandlungen offenbaren die Vorstellungen, die der Imaginierende in der Realität des Lebens auf seine Partnerin überträgt. Erfahrungsgemäß entstehen die meisten Partnerschaftskonflikte dadurch, daß die Frau in der Realität nur selten mit dem auf sie projizierten Animabild übereinstimmt.

Fuss
Der Fuß ist der mit der Erde am engsten verbundene Körperteil. Er steht als Organ der Fortbewegung, des »Ausschreitens«, und steht in enger symbolischer Verbindung mit dem Willen. So galt es beispielsweise früher in Volksbrauch und -recht als Zeichen der Besitznahme, wenn man den Fuß auf etwas setzte. Besonders in der Antike war es üblich, als Zeichen der totalen Unterwerfung den Fuß auf einen besiegten Feind zu stellen.

Entblößte Füße sind häufig ein Zeichen der Demut, beispielsweise beim Betreten einer Moschee oder eines Heiligtums. Der Fußkuß gilt besonders bei Höhergestellten als ein Symbol tiefster Unterwerfung. Die Fußwaschung ist im Orient ein Akt der Gastfreundschaft, wenn sie durch einen Höhergestellten ausgeführt wird, ansonsten ein Symbol der Demut und Liebe. Nach Freudscher Auslegung ist der Fuß auch ein Phallussymbol.

Geburt
Geburt und Tod schließen das gesamte individuelle irdische Dasein ein: Das Neugeborene hat schon zu sterben begonnen; denn das Sterben beginnt nicht erst in der Todesstunde, sondern ist bereits im Anfang enthalten. Das Leben ist ein Sein

zum Tod. Geburt und Tod haben daher die symbolische Bedeutung des Schicksals überhaupt.

Wie das Gebären für die Mutter, so ist das Geborenwerden für das Kind ein gefahrvoller Vorgang, schon vom Tod überschattet. Mit dem Bild einer Geburt zeigt die Imagination die Entstehung von etwas Neuem an. Diese Botschaft bezieht sich jedoch nur in den seltensten Fällen auf eine reale Geburt. In der Regel deutet ein solches Bild auf neue Möglichkeiten hin. Welcher Art diese sind, läßt sich nur aus dem jeweiligen Gesamtzusammenhang erschließen.

GEFRESSEN- ODER VERSCHLUNGENWERDEN

Das Gefressen- oder Verschlungenwerden ist ein weitverbreitetes archetypisches Motiv, das in Sagen, Märchen und Mythen unzählige Male anzutreffen ist. Das bekannteste Beispiel dafür ist die Geschichte des Jonas, den der Walfisch verschlang. Der Wal ist mit dem Drachen verwandt, und dieser erscheint wiederum oft als Symbol des Wassers und versinnbildlicht das sonnenverschlingende – und wiedergebärende Meer. Die Hexe, die die Kinder verzehrt, der Wolf, der die Geißlein frißt, sind wohlbekannte Märchengestalten ähnlichen Sinngehaltes. Alchimistische Vorstellungen wie jene vom Löwen, der die Sonne frißt, oder von Gabricus, der in den Leib seiner Schwester Bea eingeht und dort in Atome aufgelöst wird, gehören ebenfalls zu dieser Symbolik.

Das Verschlungenwerden ist symbolisch gesehen eine Art Abstieg in die Unterwelt, ein Zurücksinken in den Mutterleib, was das Auslöschen des Bewußtseins, also den Tod des Ich zur Folge hat, indem es von der Finsternis des Unbewußten verschluckt wird, das ja ebenfalls ein Symbol der furchtbaren Mutter ist, die den gefräßigen Todesschlund darstellt. Psychologisch und funktionell verstanden bedeutet dieser Vorgang das Versinken der Libido im Unbewußten. Um sich aus dieser tödlichen Umschlingung zu befreien, bedarf es einer »Errettung«, wie sie in den mannigfachen Heldensagen beschrieben wird.

Hand

Die Hand ist das körperliche Instrument des Handelns. Entsprechend sind alle Aktivitäten der Hand in der Imagination zu deuten. Eine Verwundung oder gar der Verlust der Hand weist auf eine Einschränkung oder den Verlust der Handlungsmöglichkeiten hin.

Haus

Das Haus ist der wichtigste Aufenthaltsort des Kulturmenschen. In seinem Haus fühlt sich der Mensch im Mittelpunkt der Welt, ja das Haus wird ihm zum Abbild der ganzen Welt. Das *Awesta* (die Heilige Schrift der Parsen) nennt den Himmel ein Haus. Für die Stoiker ist das Haus gemeinsame Welt der Götter und Menschen. Unter dem schützenden Dach des Hauses erblickt der Mensch das Licht der Welt. In Ägypten war das Haus zugleich ein Bild für den Mutterschoß; die Göttin Hathor ist das Haus des Horus.

Auf manchen Bildern ist der Mensch in der Gestalt eines Hauses dargestellt. Mit dem Haus wird gewissermaßen das Gebäude der Seele versinnbildlicht. Diese Symbolbedeutung hat das Haus auch in der Imagination. Entsprechend informieren die einzelnen Räume über einzelne seelische Funktionen. Der Keller verweist auf das Unbewußte, die Küche repräsentiert den Bereich des Weiblich-Mütterlichen; sie ist außerdem ein Ort seelischer Informationsverarbeitung und reflektiert gewisse Wandlungsvorgänge. Der Schlafraum ist der Ort des ehelichen Sexuallebens. Die Wohn- und Arbeitsräume deuten auf seelische Alltagssituationen wie auf geistige Aktivität. Die Räume in den oberen Stockwerken stehen für das Verstandesleben. Der Dachboden ist der Ort vergessener oder verdrängter Gedächtnisinhalte. Das Dach selbst kann als die das Gehirn schützende Schädeldecke verstanden werden.

Herd

Der häusliche Herd war bis vor kurzer Zeit der Zentralbereich des Familienlebens. Er ist seit altersher auch ein inneres Bild der Ehe und bezeichnet die Mütterlichkeit der Frau. Auf dem Herd wird die Nahrung der Familie zubereitet. Da Kochen ein Wandlungsprozeß ist, so hat auch der Herd in der Imagination die Bedeutung eines Wandlungssymbols. Erlischt die Herdflamme im Bild, dann kann das ein Signal für blockierte Energien sein.

HERZ
Im Glauben der Völker galt das Herz seit je als Zentrum des individuellen Lebens. Es bezeichnet den ganzen inneren Menschen im Gegensatz zur äußeren Person. Der altmesopotamische Heros Gilgamesch sucht das Kraut des Lebens, denn »die Furcht vor dem Tode ist eingekehrt in sein Herz«. Den alten Ägyptern galt das Herz als Mittelpunkt aller geistigen Regungen; es war Sitz des Willens, des Gefühls, auch des Verstandes, ja es war ein Symbol des Lebens schlechthin. Im Juden- und Christentum gilt das Herz vor allem als Sitz der gemüthaften Kräfte, besonders der Liebe, aber auch der Intuition und der Weisheit. Der Islam sieht im Herzen den Ort der Kontemplation und Spiritualität, es gilt als eingehüllt in verschiedene Schichten, deren Farben in der Erregung sichtbar werden.

Für die alchimistische Symbolik des Mittelalters war das Herz das Abbild der Sonne im Menschen. Daher auch der Name »Sonnengeflecht« für den Brustbereich des vegetativen Nervensystems, dessen Fehlfunktion in unmittelbarem Zusammenhang mit psychogenen Erkrankungen steht. Ebenso treten bei Liebeskonflikten häufig Herzneurosen auf.

HINKEN
Das Hinken signalisiert eine psychische Behinderung. Der Hinkefuß ist in vielen Märchen ein Attribut des Teufels. Diese Zutat hat er von Hephaistos, dem göttlichen Schmied der alten Griechen, einem Sohn des Zeus. Der Schmied ist ein Symbol der Kreativität und des geheimen Wissens. Selbst der Teufel im Märchen erweist sich – wenn auch unfreiwillig – stets als hilfreich. Im Sinne der Individualpsychologie Alfred Adlers

verhilft die Psyche bei körperlichen Behinderungen aufgrund ihres Ausgleichsstrebens zu besonderen Leistungen auf geistigem Gebiet. Das Beispiel des Hinkens zeigt, wie subtil bei der Deutung von Imaginationsbildern vorzugehen ist.

Hochzeit

Zahlreiche Hochzeitsbräuche sind magischen oder religiösen Ursprungs. Lärm und Lichter sollen die Dämonen fernhalten. Bei Völkern mit lebendigem Ahnenkult sind auch die Vorfahren in die Hochzeitsfeier mit einbezogen. Es ist uralter Glaube, daß in der Hochzeit die Pole des Seins miteinander verbunden werden: Mann und Frau, Himmlisches und Irdisches, ja in gewissem Sinne auch Leben und Tod, woraus dann wieder das Leben hervorgeht.

Im Sinnbild der Hochzeit erscheint der Archetypus der Vereinigung. Derartige Imaginationsbilder sind stets bedeutungsvoll, daher sorgfältig zu untersuchen. In der Regel tauchen sie bei Ehe- oder Partnerschaftskonflikten auf. Zeigt die Imagination in der weiteren Handlung ein Opferritual, so ist das ein Hinweis auf Gewohnheiten und Verhaltensweisen, die der Imaginierende um einer harmonischen Zweisamkeit willen aufgeben sollte.

Kind

Das Kind ist das Symbol neuer Möglichkeiten. Es ist auch ein Erlösungssymbol, wenn wir an die überragende Rolle des göttlichen Kindes in allen Religionen der Menschen denken. Ein Kind ist als Imaginationsbild in der Regel ein äußerst positives Symbol, doch sind bei der Deutung alle Begleitumstände zu beachten. Ein krankes oder gebrechliches Kind deutet auf seelische Störungen hin. C. G. Jung sagt über das Symbol des Kindes: »Indem das Symbol des Kindes das Bewußtsein fasziniert und ergreift, tritt die erlösende Wirkung ins Bewußtsein über und vollführt jene Abtrennung von der Konfliktsituation, deren das Bewußtsein nicht fähig war. Das Symbol ist die Antizipation einer erst werdenden Bewußtseinslage.«

KLEID

Die Kleidung ergänzt das Bild des äußeren Menschen; sie ist nicht zufällig, sondern spiegelt etwas vom Wesen des inneren Menschen wider. In alten Zeiten glaubte man, sich durch das Anlegen bestimmter Kleider verwandeln zu können; so hoffte man, wenn man sich ein Löwenfell umhänge, erlange man die Kraft eines Löwen. Das Kleid ist eine Art alter Ego; der Kleiderwechsel kann das Auswechseln des inneren Ich bedeuten. Um seine Krankheit loszuwerden, sollte nach einer altbabylonischen Ritualtafel der Kranke sein Gewand ausziehen. Der Kleiderwechsel bewirkt eine Erneuerung des Menschen und ist in vielen religiösen Gesellschaften Vorbedingung zur Teilnahme am Kult. Die Kleider symbolisieren in Imaginationserlebnissen häufig die »Persona« des Menschen, seine Maske, C. G. Jung zufolge die der Welt zugekehrte Seite der Persönlichkeit. Die Art der Kleidung, ihr Zustand, ihre Farbe oder ihre Zweckmäßigkeit im Zusammenhang mit einer bestimmten Imaginationshandlung ergeben eine Vielfalt von Deutungsmöglichkeiten, die sich mit Hilfe vergleichbarer Alltagssituationen leicht präzisieren lassen.

KÖRPERHALTUNG

Nicht nur durch Wort und Blick gibt der Mensch Auskunft über sich, sondern auch durch die Weise, wie er sich im Raum hält und bewegt. Er hat nicht nur einen physischen Ort, sondern gleichermaßen eine bestimmte Haltung beziehungsweise Stellung:

Stehen: Der Stehende muß sich aufrecht halten; dies ist der Preis für Würde und Hoheit. Es ist bezeichnend, daß Wahrhaftigkeit mit Geradheit und Aufrichtigkeit gleichgesetzt wird; wer sich stellt (einer Frage, einem Gericht), ist auf dem Wege der Wahrheit, eben weil er nicht entläuft und sich nicht duckt wie einer, der nicht gesehen werden will. Standhaftigkeit sehen wir als hohe Tugend an; eine Stellung verlassen, fliehen, ausweichen, mag klug sein, ehrenvoll ist es nie. Beständigkeit sehen wir positiv als Verläßlichkeit und setzen ihr als negativ gegenüber Flüchtigkeit, Sprunghaftigkeit, Wendigkeit. Bestehen heißt, eine eindeutige Position einzunehmen. Auf etwas bestehen heißt, seine Sache ausdauernd zu vertreten, ohne zurückzuweichen. Entstehen aus – heißt, aus der Verborgenheit in Erscheinung zu treten, also eine sichtbare Stellung einzunehmen. Gestehen heißt für etwas einzustehen.

Gehen: Gehen heißt, in aufrechter Haltung einen Ortswechsel vorzunehmen. Wegen der im Gehen sich ausdrückenden Ortsveränderung benutzt man das Wort auch, um Veränderungen oder »Vorgänge« auf der zeitlichen Ebene zu beschreiben. Darum sprechen wir vom »Gang der Ereignisse« oder vom »Lauf der Geschichte«. Der Gehende hat meistens ein bestimmtes Ziel. Hingehen und Hinstreben haben ihr Gegenstück im Weggehen, Fliehen. In beiden Fällen ist ein bestimmter Punkt im Raum Objekt der Hoffnung oder der Furcht.

Der Mensch ist ständig von Hoffnung und Furcht getrieben. Er bewegt sich auf ein Ziel zu oder von einem Gefahrenpunkt weg. Interessant ist die Redewendung »sich gehenlassen«; sie meint das Gegenstück von sich zusammennehmen. Vergehen ist Bildwort für verschwinden, aber auch für Verirrung, Verfehlen des richtigen Weges. Den Vollzug der einzelnen Schritte benennt das Wort »treten« (betreten). Wir nennen denjenigen betreten, der betroffen ist von einem unerwarteten Schritt. Während Zertreten an die vernichtende Macht des Fußtritts, des Zerstampfens, erinnert, meint Vertreten, daß jemand an die Stelle eines anderen tritt und seinen Platz einnimmt.

Sitzen: Wir setzen uns, um zu rasten oder auszuruhen. Wir sitzen zu Tisch und beim Gespräch, bei der Lektüre und beim Anhören von Musik. Wir verharren dabei in der Mitte zwischen Anspannung und Entspannung und wahren damit Überblick und Überlegenheit. Wer etwas besetzt – zunächst handelt es sich dabei nur um die jeweilige Sitzfläche –, nimmt es in seinen Besitz. Eine belagerte Festung entsetzen heißt, sie aus einer Zwangslage, in der sie festsitzt, zu befreien. Sich entsetzen heißt, außer sich zu geraten, sich also nicht mehr in Besitz, nicht mehr in der Gewalt zu haben.

Liegen: Liegen ist das Gegenteil von Stehen. Ihm entsprechen die Horizontale, das sich Erstreckende, das Zuständliche (auf sich Beruhende), Vorfindliche, Undynamische. Wer liegt, sich gelagert, in die Ruhelage versetzt hat, gleicht sich so gut wie dem Grund an, zu dem er sich in seiner ganzen Länge herabgelassen hat. Er hat seine Haltung und Stellung aufgegeben, seine Glieder sind gelöst. So liegen der Schlafende und der Imaginierende, der Kranke und der Genesende, der Ohnmächtige, so endgültig der Sterbende und der Tote. Immer erinnert das Liegen, dieses Hinsinken und Darniederliegen aller Kräfte, an den Tod.

Es liegen aber auch die Liebenden. In diesem Zusammenhang wandelt sich der Sinngehalt des Liegens von einem Symbol des Todes in eines des Lebens. Über- und Unterlegenheit bezeichnen jedoch wohl eher die Situation von Kämpfenden als von im Liebesakt vereinten Menschen. Liegend gibt der Mensch sich auf; besonders deutlich wird diese Bedeutung im Wort »Niederlage«. Wendet er dabei gar noch das Gesicht zu Boden, so drückt er damit völlige Preisgabe aus.

Sichbeugen: Wer sich beugt, begibt sich aus seiner aufrechten Haltung und erniedrigt sich. Er nähert sich – und sei es nur durch das Senken des Blickes – dem Boden. In symbolischer Bedeutung stehen der Akt der Verbeugung oder das Gebeugtgehen ebenso wie ihr Gegenteil, das Stehen, im Zusammenhang mit der Frage der Wahrhaftigkeit. Sie wird ja durch Worte bezeichnet, die der Haltung des Stehenden entsprechen: aufrecht, aufrichtig, gerade, geständig. Dem scheinen die willkürliche Verkürzung und Verkrümmung der Gestalt wie etwas Unwahres zu widersprechen.

Wer jedoch in Erkenntnis eines Höheren, einer Majestät, einer Autorität, die eigene relative Geringfügigkeit ausdrückt, gibt damit der Wahrheit der Ungleichheit und Abhängigkeit Raum. Die Demut, die es ihm nicht erlaubt, sich auf gleicher Stufe mit dem Gegenstand seiner Ehrerbietung zu halten, ist eine tiefere Wahrheit als diejenige, die sich aus einer isolierten Betrachtung der eigenen Würde ergibt. Der eigene Wert wird nicht verkleinert oder geringer eingeschätzt, wenn seine Beziehung zum höheren Wert anerkannt wird. Demut und Selbstbewußtsein sind zwei Seiten ein und derselben Wahrhaftigkeit.

Gebeugtes Gehen spricht von körperlicher oder seelischer Last oder von Schwäche, die sich nicht mehr voll aufrecht zu erhalten vermag. Einen negativen Beigeschmack haben die beiden Wörter »sich bücken« und »sich ducken«; sie deuten auf Heimlichtuerei und einen nicht ganz einwandfreien Umgang mit der Wahrheit hin.

Mahl

Die Mahlzeit symbolisiert in Imaginationserlebnissen die Zufuhr seelischer Energie. Ein gemeinsam mit anderen Personen eingenommenes Mahl ist Sinnbild seelischer oder geistiger Kommunikation. Die bei dem imaginären Mahl gebotenen Speisen weisen bildhaft auf ihnen entsprechende seelische Funktionen oder Problemstellungen hin. Zu beachten ist in diesem Zusammenhang auch die Zahl der anwesenden Personen. Bei Menschen in der zweiten Lebenshälfte bestehen häufig Zusammenhänge zwischen dem Bild des Mahles und religiösen Problemen.

Je nach der religiösen Einstellung des Imaginierenden stehen solche Bilder für das christliche Abendmahl oder für entsprechende Rituale anderer Religionsgemeinschaften.

Mann, unbekannter

Ein in der Imagination in welcher Gestalt auch immer auftauchender Mann ist ein Symbol für die unbewußte männliche Seite des Imaginierenden. C. G. Jung zufolge verkörpert er eine nicht bewußte Schattenseite der Persönlichkeit des Imaginierenden. Entsprechend ist die Figur zu deuten.

Taucht der unbekannte Mann hingegen in den Imaginationserlebnissen einer Frau auf, so handelt es sich um ihren »Animus«. Im Gegensatz zur Anima im Mann äußert sich der

Animus in der Frau nicht so häufig als erotische Phantasie oder Stimmung, sondern eher als »heilige Überzeugung«. Wenn diese Überzeugung laut und männlich energisch geäußert wird, ist daran die Wirksamkeit der männlichen Seite der Frau leicht erkennbar; eine solche Überzeugung kann aber auch in einer sehr weiblich wirkenden Frau als stille, aber eisern unerbittliche Macht auftreten. Plötzlich stößt sie dann in sich auf etwas, das kalt, verhärtet und eigensinnig wirkt. Auch eine seltsame Gefühlslähmung, eine tiefe Unsicherheit, ist oft das Werk eines nicht erkannten Animusurteils. In der Tiefe flüstert dann der Animus der Frau zu: »Du bist ein hoffnungsloser Fall, wozu versuchst du es überhaupt? Es nützt doch alles nichts. Dein Leben kann und wird nie anders werden.«

Wenn solche Gefühle ins Bewußtsein der Frau treten, meint sie zumeist, sie selber habe solche Gedanken und Gefühle, und ihr Ich fühlt sich mit ihnen sogar soweit identisch, daß es sich ohne fremde Hilfe nicht mehr mit ihnen auseinandersetzen kann.

Das Bild des Mannes wird beim Mädchen in der Regel durch den Vater geprägt. Zur Zeit der Pubertät und im heiratsfähigen Alter erscheint der Animus in der Imagination häufig als Lehrer, Wissenschaftler, Dichter, aber auch als Filmschauspieler und dergleichen mehr. Der Animus kann jedoch auch als archetypische Figur des Helden erscheinen, ebenso als Märchenprinz.

Dem Animussymbol kommt eine besondere Bedeutung zu, da dieses Persönlichkeitsmuster in der Lebenswirklichkeit auf den Mann der Wahl projiziert wird. Entspricht der Ehemann oder Geliebte dann in der Realität dem unbewußten Animusbild der Frau überhaupt nicht, so sind Enttäuschungen und Ehekonflikte die Folge. Die unbewußte Projektionstätigkeit erklärt die häufig zu beobachtende Wahl eines unpassenden Partners.

Ein unbekannter Mann in der Imagination eines Mannes deutet auf die Schattenfigur hin. *Siehe auch unbekannte »Frau«.*

Mund / Lippen / Zähne

Der Mund verkörpert als Organ des Wortes und Atems sinnbildlich die Macht des Geistes und der Schöpferkraft, vor allem das Einhauchen der Seele und des Lebens. Als Organ des Essens, Fressens und Verschlingens ist er auch Symbol der Vernichtung, vor allem als der Rachen eines Ungeheuers. Die Zeremonie des Mundöffnens, die in Ägypten an den Mumien vorgenommen wurde, sollte es dem Verstorbenen ermöglichen, vor den Göttern die Wahrheit zu sprechen, und ihn instand setzen, weiterhin zu essen und zu trinken.

Die Lippen sind die Doppelschwelle, über die das Wort tritt. Je nach Gefühlslage wechselt ihr Ausdruck zwischen leichter Eleganz, Vertrautheit und Härte. Schmerz, Sorge und Ärger nehmen den Lippen das Beredte, das seltsam Schwebende.

Hinter den Lippen beginnt der Mundinnenraum. Die Beschaffenheit dieses Mundinneren ist jener der Teile des Körpers, die für das geschlechtliche Leben von Bedeutung sind, sehr ähnlich. Der Kuß kann Vorspiel, Ersatz und Symbol für die geschlechtliche Vereinigung sein. Küssen kann Geben und Empfangen in einem sein, ist ein Austausch und daher ein besonderes Symbol der Liebe.

Im Gegensatz dazu sind die Zähne das einzige, das aus unserem Fleisch hart hervortritt. Funktion der Zähne ist es, die Nahrung zu ergreifen und zu zerkleinern. Das ist ein aggressiver, aber notwendiger Vorgang. Auf eine positive Aggressivität im Sinne von Lebensvitalität deuten daher Zahnimaginationen. Das Ausfallen der Zähne signalisiert demgegenüber Potenzverlust, allerdings nicht nur in sexueller Hinsicht.

Mutter

Die Figuren der eigenen Mutter oder mütterlicher Frauen aus dem Umfeld des Imaginierenden weisen ihn auf jene unbewußten Erwartungs- und Verhaltensstrukturen hin, die durch das Vorbild der Mutter während der Kindheit geprägt worden sind. Die bewußten wie die unbewußten Erfahrungen mit der Mutter prägen jedem Menschen ein unauslöschliches Vorstellungsbild ein, das seine Beziehungen zum Partner des Gegengeschlechts im späteren Leben bestimmt. Das Mutterbild wirkt auf die Psyche wie ein Muster, das vom Unbewußten gesteuert, das Erleben und Verhalten des einzelnen gewissermaßen programmiert.

Die Mutter erscheint in Imaginiationsinhalten nicht nur direkt als Figur einer Frau, sondern auch in anderen Bildern. Sie ist im Baumsymbol enthalten, in der Kuh und in vielen anderen Symbolen. Erscheinen in der Imagination unbekannte Mutterfiguren, so symbolisieren sie häufig die mütterlichen Funktionen oder Institutionen der Gesellschaft wie Sozialeinrichtungen, Ansprüche auf Versorgung, geradezu den Wohlfahrtsstaat. Als Archetyp, das heißt als symbolischer Ausdruck einer menschlichen Urerfahrung verkörpert die Mutter neben der lebenspendenden und nährenden Schützerin aber auch den negativen Aspekt der bedrohlichen, fordernden und verschlingenden Mutter.

NABEL

Der Nabel gilt in den verschiedenen Mythen der Völker als Symbol für das Zentrum der Welt, von dem aus die Schöpfung ihren Anfang genommen haben soll. Berühmt ist der Omphalos von Delphi, ein zylindrischer, nach oben sich verjüngender Stein, der zugleich ein Sinnbild für die Verbindung zwischen Göttern, Menschen und Totenreich war. Als Nabel des Himmels wird gelegentlich der Polarstern gedeutet, um den sich das Himmelsgewölbe zu drehen scheint. Die Nabelschau als Meditation über kosmische und menschliche Grundprinzipien findet sich sowohl im indischen Yoga wie gelegentlich auch in der Ostkirche. Die Nabelschnur steht als Symbol für die Aufrechterhaltung der Bindung zwischen Mutter und Kind.

Der Nabel symbolisiert als archetypisches Bild die Mitte, und zwar die Mitte des Leibes der Erdmutter. In der Imagination versinnbildlicht ein Nabel meist einen Mutterkomplex. Bei der Frau kann der Nabel ein Hinweis auf gleichgeschlechtliche Liebe sein.

NACKTHEIT

Das Unverhülltsein deutet auf das Fehlen irdischer Bindungen. Durch das Lösen von Knoten und Schlingen hoffte der naturnahe Mensch, sich der Hilfe magischer Kräfte zu versichern und Dämonen abzuwehren. Die Entblößung gleicht einem schutzlosen Sichausliefern an die höheren Mächte und soll sie freundlich stimmen. Kleidung und Schuhe können – als Produkte des Menschen – im Kontakt mit dem Heiligen hinderlich sein. Sakrale Nacktheit war in den alten Kulturen des Vorderen Orients und in der Antike gelegentlich bei Gebet, Opfer und Prophetie üblich.

Nacktheit ist ein Symbol der Verführung, der Wollust, häufig ist sie Bestandteil von Liebeszauberpraktiken. Als Unverhülltheit und Unverstelltheit ist sie Symbol der Reinheit und der Wahrheit (die »nackte« Wahrheit). Als Verzicht auf Kleidung, die ihrerseits ein Sinnbild für Weltverhaftetheit sein kann, ist Nacktheit häufig auch ein Symbol der Askese; sie erinnert daran, daß wir alle nackt geboren werden, und ist somit ein Sinnbild der bedingungslosen Unterwerfung unter den Willen Gottes. In der Imagination bedeutet Nacktheit den ursprünglichen Naturzustand des Menschen. Wenn sich der Imaginierende nackt im Bild sieht, hat das fast nie eine sexuelle Bedeutung. Die Peinlichkeit, die gelegentlich bei solchen Szenen empfunden wird, hat ihre Ursache in der seelischen Entblößung.

NEGER

Für den Europäer symbolisiert ein Neger (schwarzer Mann) Lebensvitalität auf einer noch ursprünglichen Bewußtseinsebene. Die größere Nähe des schwarzen Menschen zum Unbewußten, sein Glaube an magische Kräfte, seine betont rhythmische Musik sowie seine erotisierende Art zu tanzen sind es, die dem Schwarzen die beschriebene Symbolbedeutung verleihen. Als Land der Hitze und der tropischen Vegetation galt Afrika bereits in der Antike als ein Ort dunkler, animalischer Leidenschaften. In diesem Sinn verkörpert der

Afrikaner in Imaginationserlebnissen auch die triebhaft unbewußte Schattenseite des Imaginierenden.

Rücken und Vorderseite des Körpers
Der Rücken, die Kehr-, Hinter- und sozusagen Schattenseite des Menschen, hat natürlich eine vorwiegend negativ gestimmte symbolische Bedeutung. Er ist zwar nicht ungestalt, und die ihn gliedernde Wirbelsäule (das Kreuz) trägt den ganzen Körper, aber vom Hinterhaupt angefangen bis zu den Fersen hinunter sind alle Funktionen, verglichen mit jenen der Vorderseite, wenig auffallend.

Der Mensch lebt vorwärts. Darin liegt sein Sinn, nämlich in der Orientierung auf die Zukunft, auf Ziele hin. Er läuft vorwärts, vorne hat er die Augen, die Hände greifen nach vorne und zur Seite; vorne sind seine Fortpflanzungsorgane. Alles ist nach vorn gerichtet, der Zukunft zugewandt. Unter diesem Gesichtspunkt verkörpert der Rücken die Vergangenheit. Was hinter dem Rücken geschieht, bekommt man außer bei Spiegelungen nicht zu Gesicht, und man kann seiner nicht habhaft werden, weil es eben vorbei ist.

Der Rücken ist ungeschützt, denn Augen und Hände sind in die entgegengesetzte Richtung orientiert. Darum gilt als besonders verwerflich, wer hinterrücks, also hinterlistig angreift.

Schmuck
Sich zu schmücken hatte in früherer Zeit nicht nur den Zweck der Zurschaustellung und der Steigerung des Ansehens, sondern es sollte den Träger des Schmuckes schützen und ihm höhere Kräfte zuführen. Schon seinem Material nach war jedes Schmuckstück ein magisches Mittel. Ketten und Ringe dienten als Talismane; Metallen und Edelsteinen wurden geheimnisvolle Kräfte zugeschrieben. Da Steine das Selbst symbolisieren, versinnbildlicht beispielsweise der Diamant in der Imagination die seelische Ganzheit, die das Unbewußte und das Wachbewußtsein umfaßt.

3. Symbole des menschlichen Lebens

Entsprechend sind Szenen, in denen bestimmte Steine vorkommen, zu deuten. Der Smaragd gehört neben dem Diamanten und dem Rubin zu den kostbarsten Edelsteinen. Er symbolisiert höchste seelische Werte. Seine grüne Farbe verleiht ihm auch den Sinngehalt geistigen Fortschritts.

In grauer Vorzeit galt das Gold als ein Geschenk der Götter. Sein kosmischer Vater ist die Sonne. Das Gold war heilig, sein Besitz dem gewöhnlichen Menschen verboten. In der Frühzeit der menschlichen Kulturen durfte Gold nur zur Herstellung von Tempelgeräten und von Trink-, Speise- oder Schmuckgegenständen des Königs verwendet werden. Die Könige der Frühzeit aber waren göttlicher Abkunft und Priesterkönige.

Gold widersteht allen Natureinflüssen. In der Erde vergraben, behält es über Jahrhunderte und Jahrtausende seinen Glanz. Daher war das Gold auch immer ein archetypisches Symbol der Unsterblichkeit. Psychologisch gesehen symbolisiert Gold Werte von höchster Kostbarkeit, und zwar Ganzheit und Vollständigkeit. Imaginierte Goldfunde und Goldgeschenke haben meist die äußerst positive Bedeutung des Gewinns von großen Erkenntnissen und von Bewußtseinserweiterung.

Im Altertum galt das Silber als Geschenk der Mondgottheit. Seine Farbe gleicht der des Mondlichts. Als Mondmetall und Schwester des Goldes hat das Silber eine weibliche Symbolbedeutung. Silberne Münzen verkörpern weibliche Tugenden.

Ebenso wie das Silber hatte auch die Perle eine mondhaft-weibliche Bedeutung. Wegen ihrer Kugelform und ihres unnachahmlichen Glanzes gilt die Perle verschiedentlich auch als Symbol der Vollkommenheit. Wegen ihrer Härte und Unveränderlichkeit ist sie in China und Indien ein Symbol der Unsterblichkeit. Die »flammende« Perle galt in China als Sonnensymbol und Sinnbild höchsten Wertes. Ihre tiefsinnigste und zugleich am weitesten verbreitete symbolische Bedeutung verdankt die Perle jedoch der Tatsache, daß sie in der Muschel (in der Dunkelheit) verborgen am Meeresgrund heranwächst. Sie ist damit das Symbol des im Mutterleib heranwachsenden Kindes, vor allem aber ein Sinnbild des in der Finsternis scheinenden Lichts. Die Perlenkette ist ein Symbol der zur Einheit zusammengefaßten Vielfalt.

Tanz

In vielen Religionen ist neben dem Opfer der Tanz die wichtigste Kulthandlung. Der Tanz kann unmittelbare Äußerung dessen sein, was Menschen innerlich bewegt; so etwa ist er Gestalt gewordene Freude. Im altägyptischen Totenkult war der Tanz Ausdruck der Auferstehungshoffnung. »An der Tür des Grabes« eilten die mit Schilfkronen geschmückten Tänzer dem Toten, der mit Osiris identifiziert wurde, entgegen und begrüßten ihn mit Jubel.

Rituelle Tänze galten in vielen Kulturen als Mittel, eine Verbindung zwischen Himmel und Erde herzustellen, also Regen, Fruchtbarkeit, Gnade und andere Wohltaten herbeizuflehen oder – vor allem bei Tänzen von Schamanen und Medizinmännern – Einblick in die Zukunft zu gewinnen. Verbreitet sind auch gestische Symbolbewegungen beim Tanzen, insbesondere mit den Händen; der Sinn solcher Bewegungen ist meistens nur Eingeweihten verständlich. Der Tanz gehört zu den ältesten symbolischen Ausdrucksweisen des Menschen. Er stellt gewissermaßen eine Körpersprache dar. In der Imagination wird über das Bild des Tanzes signalisiert, daß psychische Energie in Bewegung geraten ist und bestimmte psychische Inhalte mit »seelischer Kraft« aufgeladen werden.

Tod

In der Imagination ist der Tod nicht ein Signal für das Lebensende, sondern für einen Wandlungsvorgang. An die Stelle dessen, was im Bild stirbt oder sterben soll, tritt erfahrungsgemäß etwas Neues.

Vater (Animus)

Der Vater verkörpert als Symbol traditionelle Ordnung und natürliche Autorität. In den Imaginationserlebnissen von

Frauen bedeutet der Vater das durch ihn im Verlauf der Kindheit geprägte Bild des Männlichen, das jede Frau als inneres Seelenbild in sich trägt. Der innere Mann (der »Animus«) in der Seele der Frau kann, wenn er sich projiziert, zu ähnlichen Schwierigkeiten in der Ehe führen wie eine der Wirklichkeit unangemessene »Anima« im Mann. Was die Situation dann häufig erschwert, ist die Tatsache, daß Animus und Anima sich gegenseitig reizen, so daß jede partnerschaftliche Auseinandersetzung automatisch auf ein niedriges emotionales Niveau absinkt, wie der stereotype Verlauf jedes Liebesstreits zeigt.

Aber der Animus der Frau kann sie gleichermaßen zu Mut, Unternehmungsgeist, Wahrhaftigkeit und in seiner höchsten Form zu geistiger Tiefe und Verinnerlichung führen; dies ist jedoch nur möglich, wenn sie die Objektivität aufbringt, ihre eigenen »heiligen« Überzeugungen in Frage zu stellen und die von diesen wegleitenden Winke ihrer Imaginationserfahrung zu befolgen, und zwar auch dann, wenn sie ihren bewußt vertretenen Überzeugungen widersprechen. Nur so kann das Selbst als die innerpersönliche Erfahrung des Göttlichen zu ihr durchdringen und ihrem Leben einen Sinn verleihen.

In der Imagination jüngerer Menschen erscheint der Vater häufig als Gegenspieler innerhalb des Generationenkonflikts. Verblüffenderweise zeigt sich dann der Vater in der entsprechenden Imagination meist ganz anders, als ihn der Imaginierende kennt. Damit will das Unbewußte dem Individuum helfen, sein kindliches Vaterbild zu überwinden und den Vater als den Menschen zu sehen, der er in der Lebenswirklichkeit ist. Die Problematik des Vaters ist jedoch so vielfältig und seine Erscheinungsform in der Imagination so mannigfaltig, daß nur der Gesamtzusammenhang seine sinnvolle Deutung ermöglicht.

4. Symbole der Dingwelt und symbolische Vorgänge

AMPUTATION

Mit dem Bild eines amputierten Gliedes informiert das Unbewußte über den Verlust von Eigenschaften oder Verhaltensmöglichkeiten, die sich aus der Symbolbedeutung des betreffenden Körperteils ergeben. Der Verlust eines oder beider Beine ist ein Hinweis auf Stagnation oder den Verlust des bisherigen geistigen oder seelischen Standortes. Es kommt sogar vor, daß einer Imaginationsfigur der Kopf abgeschlagen wird. Das kann – wörtlich genommen – die harmlose Bedeutung haben, daß der Imaginierende in einer bestimmten Situation »den Kopf verloren« hat, wie man sich im Volksmund ausdrückt; ebenso kann es aber auch ein Hinweis darauf sein, daß der Imaginierende den Kopf, das heißt sein rationalistisches Denken aufgeben soll, um besser an seine Gefühle zu kommen. Eine zutreffende Deutung ist nur möglich, wenn man den gesamten Imaginationszusammenhang kennt.

BALL

Der Ball ist wie die Kugel ein Ganzheitssymbol. Wenn wir an die Begriffe Erdball und Sonnenball denken, so wird verständlich, daß der Ball in der Imagination auch ein Symbol konzentrierter psychischer Energie sein kann.

Da in Bewegung geratene psychische Energie Veränderungsvorgänge auslöst, kann der Ball auch die Bedeutung eines Wandlungssymbols haben. Ein bekanntes Beispiel dafür ist das Märchen vom *Froschkönig*. In dieser Erzählung ist der Prinzessin ein goldener Ball in den Brunnen gefallen. Der Froschkönig erscheint und verspricht ihr, den Ball unter einer Bedingung aus dem Brunnen zu holen: Die Prinzessin muß ihn von ihrem goldenen Tellerchen essen und in ihrem Bett schlafen lassen. Sie ist einverstanden und erhält den Ball zurück. Doch als es soweit ist, ekelt es sie vor dem Frosch, und sie weigert sich, ihr Versprechen zu halten. Doch ihr Vater, der König, besteht darauf, daß sie ihr Wort hält. Zu ihrer Überraschung verwandelt sich der kalte Frosch in ihrem Bett in einen strahlenden jungen Prinzen.

Fälschlicherweise hat die Freudsche Schule diesem wie auch vielen anderen Märchen eine sexuelle Bedeutung untergeschoben. Das hat mit dem archetypischen Inhalt des Märchens nichts zu tun. Seine Bedeutung ist, daß die Prinzessin dem Frosch – als einem Symbol ihrer eigenen kalten, egozentrischen Schattenfigur – mit Liebe und Wärme begegnen soll. So gelangt sie zu einer ganzheitlichen und selbstlosen Liebe und erlöst in dem häßlichen Frosch sich selbst zu warmer Weiblichkeit.

BAUER / BAUERNHOF
Der Bauernhof deutet auf das Naturverhältnis des Imaginierenden hin. Lebt der Imaginierende auf dem Lande, so hat das Bild wahrscheinlich einen ziemlich konkreten Bezug zu seiner sozialen Umgebung. Handelt es sich aber um einen Menschen, der in einer großen Stadt lebt, dann könnten solche Bilder bedeuten, daß der Imaginierende sich wieder mehr der Natur öffnen sollte. Bäuerliche Tätigkeiten stehen in Imaginationen häufig stellvertretend für das Berufsleben überhaupt oder für geistige Aktivitäten. Wir müssen das immer im Zusammenhang mit dem Gesamtbildgeschehen betrachten. *Siehe auch »Acker«, »Wiese« und die entsprechenden Tiere.*

BESEN
Der Besen dient nicht nur profanen, sondern auch kultischen Zwecken. In vielen Kulturen wurde er auch zur symbolischen Reinigung des Tempels verwendet. Im negativen Sinne ist der Besen ein Gegenstand, auf dem Hexen reiten. In diesem Fall symbolisiert er jene Mächte, die er vertreiben kann, die sich jedoch in der gegebenen Situation seiner bemächtigt haben.

BETT
Wie man sich bettet, so liegt man, heißt es im Volksmund. Ähnlich ist auch das Bild eines Bettes in der Imagination zu

verstehen. Das Bett gibt immer Hinweise auf die Einstellung zur Sexualität des Betreffenden. Der Imaginierende wird also mit seiner Sexualität konfrontiert. Ein riesengroßes Bett könnte ein Hinweis darauf sein, daß der Imaginierende der Sexualität eine übergroße Bedeutung beimißt. Das Gegenteil ist bei einem zu kleinen Bett der Fall. Die Imagination eines Bettes kann aber auch auf eheliche Schwierigkeiten hindeuten.

BRÜCKE

Die Brücke verbindet zwei ansonsten voneinander getrennte Punkte; in diesem Sinne ist sie ein weitverbreitetes Symbol der Verbindung und Vermittlung. Bei vielen Völkern findet sich die Vorstellung von einer Himmel und Erde verbindenden Brücke, oft in der Gestalt des Regenbogens.

Häufig ist die Brücke der Weg, den die Seelen der Verstorbenen nach dem Tod zu gehen haben. Im Islam beispielsweise ist sie »schmaler als ein Haar und glatter als eine Schwertklinge«, so daß die Verdammten in die Hölle abstürzen, wogegen die Auserwählten mehr oder weniger schnell – je nach ihren Verdiensten – auf ihr ins Paradies gelangen. Diese Vorstellung belegt anschaulich die Doppelbedeutung des Brückenbildes; sie verbindet nicht nur, sie »überbrückt« auch im Sinne einer Überwindung.

Ebenso informiert die Brücke auch über die Möglichkeiten von Kommunikation überhaupt beziehungsweise über den Sinn einer Wiederaufnahme bestimmter Beziehungen. Sie ist ein recht positives Imaginationssymbol, das normalerweise eine Vereinigung signalisiert. Zu berücksichtigen ist natürlich der Zustand der Brücke, ob sie beispielsweise begehbar oder befahrbar ist, ob das Geländer fehlt oder ob andere mögliche Gefahren erkennbar sind.

BRUNNEN

In ihrer allgemeinsten Bedeutung stehen Brunnen und Quellen mit fließendem Wasser für körperliche und geistige Stärkung und Reinigung. Der Ort der Erfrischung ist ein irdisches Bild

4. Symbole der Dingwelt und symbolische Vorgänge

paradiesischer Freuden. Mit der Kaaba zu Mekka, dem islamischen Hauptheiligtum, ist ein heiliger Brunnen verbunden; aus ihm trinken Pilger und nehmen noch zusätzlich heiliges Wasser in ihre Heimat mit.

Der Brunnen steht also erstens in einem Zusammenhang mit dem Wasser, dann jedoch auch mit der Tiefe eines Geheimnisses und mit dem Zugang zu verborgenen Quellen. Das Hinabsteigen in den Brunnen symbolisiert im Märchen wie auch in der Imagination häufig den Zugang zu tiefer Erkenntnis oder zumindest zum Bereich des Unbewußten. Das Eintauchen in das Wasser des Brunnens entspricht symbolisch oft dem Trinken eines besonderen Elixiers; es verleiht Gesundheit und Jugend (Jungbrunnen), ja Unsterblichkeit.

Buch / Schrift

Für den der Schrift unkundigen Menschen sind die Bilder und Zeichen der Schrift etwas Übernatürliches, Machterfülltes. Als Erfinder der Schrift galten im allgemeinen die Götter, bei den Ägyptern Thot, bei den Babyloniern Nabu. Die heiligen Bücher sind daher ebenfalls göttlichen Ursprungs, sei es durch Emanation aus der Gottheit, sei es aufgrund eines göttlichen Schöpfungsaktes oder infolge Offenbarung.

Dem altorientalischen Menschen war die Vorstellung von himmlischen Schicksalstafeln, auf denen die Geschicke der Irdischen vorgezeichnet sind, ganz selbstverständlich. Nach ägyptischem Glauben soll Thot die Anzahl der Regierungsjahre der einzelnen Könige auf die Blätter des Ischeldbaumes geschrieben haben.

Das Buch ist ein Symbol der Weisheit, des Wissens, auch Sinnbild der Totalität des Universums (als aus vielen einzelnen Blättern und Schriftzeichen zusammengefügter Einheit). Verschiedentlich begegnen wir auch der Vorstellung von einem »Liber Mundi«, einem »Weltbuch«, in dem die Gesamtheit aller Gesetze, deren sich die göttliche Weisheit bei der Schaffung der Welt bediente, aufgezeichnet ist. Die Vorstellung von einem Buch, in dem die Geschicke der Menschheit aufgezeichnet sind, basiert auf dem bereits erwähnten orientalischen Glauben an die göttlichen Schicksalstafeln. Das Buch mit den sieben Siegeln der *Offenbarung* ist ein Symbol esoterischen Geheimwissens.

Das Essen eines Buches oder einer Buchrolle bedeutet Aufnahme des göttlichen Wortes in das Herz. Das Bild eines geschlossenen Buches deutet in Imaginationserlebnissen gelegentlich auf noch nicht verwirklichte Möglichkeiten oder auf Geheimnisse.

Burg / Schloss

Die zur Verteidigung meist auf einer Anhöhe errichtete Burg ist ein Bild der Unzugänglichkeit und Unerschütterlichkeit. Eine Burg oder ein Schloß symbolisieren einen Bereich des seelischen Lebens, der mit altertümlichen, märchenhaften und abenteuerlichen Vorstellungen sowie phantasievollen Ideen verknüpft ist. Häufig erscheint auch das Schloß als archetypisches Muttersymbol. Denn Burg und Schloß waren von jeher Wohnsitz von Königinnen und Landesmüttern.

In vielen Fällen symbolisieren Burg und Schloß einen Mutterkomplex.

Chaos

Das Chaos – hebräisch Tohuwabohu (wüst und leer) – ist Sinnbild für den Zustand der Welt vor ihrer Entstehung. Nach altägyptischer Vorstellung existierte vor Schaffung der Welt das Chaos in Gestalt des Urozeans Nun. Seither umgibt es sie als ständige Kraft- und Erneuerungsquelle.

Bilder des Chaos sind wörtlich zu deuten. Solche Bilder können C. G. Jung zufolge einfache geometrische Figuren sein, die noch eine gewisse Formung und Gestaltungskraft zulassen. Der Individuationsprozeß des Imaginierenden ist in diesem Fall noch stark durch ein allgemeines unbewußtes Begehren gehemmt. Normalerweise erscheinen im Zuge der Imagination nach anfänglichen Bildern des Chaos Symbole der Ordnung.

FACKEL

Die Fackel ist gleichsam eine konzentrierte, auf einen Gegenstand reduzierte Form des Elements Feuer und als solche symbolisch weitgehend gleichbedeutend mit diesem.

FELSEN

Je gewaltiger und sonderbarer bestimmte Steine und Felsen wirken, desto größer ist der Eindruck, den sie auf den naturnahen Menschen ausüben. Der Fels ist ein Symbol der Festigkeit und Unveränderlichkeit. In der Bibel ist er ein Symbol der Stärke und Treue des schützenden Gottes.

Im positiven Sinn ist der Fels das Symbol für Festigkeit und Beständigkeit. Er kann aber auch im negativen Sinn Hinweis auf innere Verhärtungen und Verklemmungen sein. In diesem Fall zeugt dann der Fels davon, daß bestimmte Teile der Persönlichkeit erstarrt sind. Er ist darüber hinaus ein übermächtiges Vatersymbol. Frauen, die ihren Animus in ihre Gesamtpersönlichkeit integriert haben, werden kaum noch Felsenbilder imaginieren.

FLUGZEUG / FLIEGEN

Das Flugzeug ist das schnellste Verkehrsmittel unserer Zeit, doch werden Flugreisen als nicht ganz ungefährlich erachtet. Auch das Unbewußte signalisiert mit den Reisen im Flugzeug häufig Gefahr. Das Flugzeug kann unter Umständen aber auch als Übermittler weitreichender Gedanken und Ideen auftauchen oder allgemein auf einen vehementen Freiheitsdrang hinweisen.

Das Fliegen ohne Flugzeug oder sonstiges Fluggerät – also das Dahinschweben des Imaginierenden über eine Landschaft – ist ein Bild dafür, daß sich der Imaginierende mit seinen Gedanken und Vorstellungen im wachen Alltagsleben über die Lebensrealität hinaushebt. Er macht es sich zu leicht, wenn er über gewisse Probleme oder Konflikte einfach hinwegfliegt. Eine derartige Imagination ist eine Warnung; der Betreffende sollte auf dem Boden der Tatsachen bleiben.

Gefängnis

Mit dem Bild des Gefängnisses informiert das Unbewußte über geistige, seelische oder auch materielle Einschränkungen oder Behinderungen. Die Vorstellung eines Gefängnisses und des Gefangenseins deutet in vielen Fällen darauf hin, daß der Betreffende in Bewußtseinsvorstellungen gefangen ist, die mit der Lebenswirklichkeit nicht übereinstimmen.

Gefäss

Der eigentliche Sinn des an sich hohlen Gefäßes »er-füllt« sich erst mit seinem Inhalt. Die symbolische Bedeutung von Gefäßen kann je nach Material, Form und Zweck verschieden sein. Das Tongefäß kann ein Bild der Zerbrechlichkeit sein, ein goldener Kelch dagegen Ausdruck königlicher Würde. In Mesopotamien dienten in sumerischer Zeit vasenförmige Ständer, in denen Palmzweige steckten, die von Priestern begossen wurden, als Altar.

Gefäße spielen auch in der Opfersymbolik eine Rolle. Ägyptische Tempelreliefs zeigen, wie der König den Göttern in zwei Kugelvasen Milch und Wein darbringt. Aus vor- und frühgeschichtlicher Zeit stammen im Mittelmeerraum gefundene anthropomorphe Gefäße. Besonders der weibliche Körper galt dem symbolischen Denken als Gefäß; hier sei an den griechischen Pandora-Mythos erinnert. Pelops wurde im heiligen Kessel gekocht und gelangte mit Hilfe der Schicksalsgöttin Klotho zur Lebenserneuerung.

Das Äongefäß ist bildhafte Darstellung der irdischen Natur des Menschen und seiner Abhängigkeit vom Schöpfer. »Wir sind der Ton, du unser Bildner, und wir alle sind das Werk deiner Hände« (Jesaja, 64, 8).

Glas

Die Glätte, Festigkeit zugleich Durchsichtigkeit des Glases entsprechen dem unsichtbaren und doch wirklichen, aber nicht greifbaren Wesen der magischen Welt. Dieser Aspekt des Unbewußten wird in der östlichen Meditation als einer der höchsten Zustände angesehen. Daher heißt es in dem *Geheimnis der goldenen Blüte* bei der Besprechung des Resultats der Meditation über die Errichtung des Fundaments: »Die große Welt ist wie Eis, eine gläserne Juwelenstadt. Der Lichtglanz kristallisiert sich allmählich.« Dies bezieht sich, wie C. G. Jung in seinem Kommentar ausführt, auf die Festigkeit eines klaren, unbeteiligten Bewußtseins. Trotzdem ist diese Welt paradoxerweise nicht tot, sondern enthält eine Fülle blühenden Lebens.

Das Bild des Glases enthält aber auch den volkstümlichen Aspekt: »Glück und Glas – wie leicht bricht das.« So gesehen kann Glas in der Imagination auf die Zerbrechlichkeit einer Beziehung oder auf eine Überempfindlichkeit des Imaginierenden hindeuten. Eine Glaswand, die zwischen dem Imaginierenden und anderen Figuren steht, hat ebenfalls eine negative Bedeutung. Der Imaginierende kommt an die anderen Personen und an das, wofür sie stehen, nicht heran. Glasgefäße hingegen haben meistens eine positive Bedeutung. Ein Glasfenster symbolisiert die Entstehung eines neuen seelischen Elements. Es gewährt Ausblick auf eine befreiende Situation.

GLETSCHER

Ein Gletscher steht in Imaginationserlebnissen für Gefühlskälte. Das Versinken in einer Gletscherspalte wäre demnach ein Versinken in geistiger oder emotionaler Erstarrung. Bei einem solchen Bild ist besonders der Schlußteil der Imagination zu betrachten. Die Überwindung des Gletschers oder die Errettung aus der tödlichen Gletscherspalte wären in diesem Sinn als positive Signale zu deuten.

GRENZE

Bilder von Grenzen, Zollstationen und Zöllnern symbolisieren innere Begrenzungen und Hindernisse. Solche Bilder sind Hinweise auf innere Einschränkungen. Mit einem Grenzübergang versinnbildlicht das Unbewußte den Übergang in neue Situationen.

Hindernis

Das Bild eines Hindernisses ist wörtlich zu nehmen. Das Hindernis steht für eine Behinderung. Für die richtige Bedeutung ist entscheidend, welcher Art die Behinderung ist und in welcher Situation sich dem Imaginierenden eine Behinderung in den Weg stellt. So kann es zum Beispiel passieren, daß der Betreffende entgegen der Fahrtrichtung eine Einbahnstraße durchfährt. Ein solches Bild deutet darauf hin, daß der Imaginierende in einer bestimmten Lebenslage in die falsche Richtung geht.

Hinrichtung

Eine Hinrichtung versinnbildlicht in der Imagination keine Lebensgefahr. Das Unbewußte weist mit einem solchen Bild auf die Notwendigkeit einer seelischen und geistigen Neuorientierung hin. Die bisherige Lebenseinstellung oder die Gestaltung bestimmter Beziehungen hat sich als unrichtig erwiesen und ist daher revisionsbedürftig. Besonders in der Zeit der Nachpubertät und in der Lebensmitte erscheinen solche Bilder.

Horn

Den alten Völkern galt das als Angriffs- und Verteidigungswaffe gefürchtete Horn als Symbol physischer Kraft und übermenschlicher Macht. Im alten Ägypten dienten Hörner in Verbindung mit der Krone vielen Göttern als Kopfputz und galten dem einfachen Volk als Inbegriff des Schreckens, der das Übernatürliche umgibt. Eine besondere symbolische Beziehung besteht zwischen dem Horn und der Sonne. Nordafrikanische Felsbilder zeigen Widder und Büffel, die zwischen ihren Hörnern die Sonnenscheibe tragen. Die altägyptische Himmelsgöttin Hathor trägt auf ihrem Kopf das Rindergehörn mit der Sonnenscheibe.

Gehörnte Tiere galten von jeher als Fruchtbarkeitssymbole – Hörner wurden bei vielen Völkern auch als Amulette zum Schutz gegen feindliche Mächte angelegt. Das Horn, das in seiner Gestalt an eine Mondsichel erinnert, steht auch im Zusammenhang mit der Mondsymbolik. In negativer Bedeutung erscheint das Horn als Ausdruck teuflischer Macht. C. G. Jung hat auf die ambivalente Bedeutung der Hörner hingewiesen. Wegen ihrer Kraft und Form verkörpern sie das männliche, aktive Prinzip, wegen ihrer lyraförmig offenen Form können sie aber auch zugleich das weiblich-empfangende Prinzip symbolisieren und daher auch ein Symbol für seelische Ausgeglichenheit und Reife sein.

Küche

Die Küche ist der Ort der Hausfrau und der Raum, in dem die tägliche Nahrung der Familie zubereitet wird. Diese positive Bedeutung hat sie auch in der Sprache der Imagination. Die negative Einstellung mancher Frauen gegenüber den drei K – Küche, Kinder, Kirche – hat auf der Imaginationsebene keine Bedeutung. Sie ist, psychologisch gesehen, das Ergebnis einer Bewußtseinsverkrampfung.

Als Ort der Nahrungsumwandlung symbolisiert die Küche für den Imaginierenden auch die seelische Funktion der Umwandlung von psychischer Energie. Ansonsten deuten die Geschehnisse in einer Küche auf die Situation von Ehe und Familie.

Kuss

Seit je hat der Kuß eine über das Profane hinausreichende Bedeutung gehabt. Das ursprüngliche Motiv des Kusses dürfte das der Kraftübertragung gewesen sein; jedoch spielen auch das Bedürfnis nach Vereinigung und das der Verehrung eine Rolle. In antiken Kulturen gab es den sakralen Kuß der Tempelschwelle, des Altars und des Götterbildes.

Der Kuß wurde ursprünglich auch als Anhauch durch die im Atem lebende Seele verstanden; daher galt er auch als kraftübertragend und lebensspendend.

In der Imagination versinnbildlicht der Kuß eine innige Annäherung. Natürlich kann er auch eine erotische Bedeutung haben. Diese Bedeutung kommt aber dem Kuß viel seltener zu, als gemeinhin angenommen wird. Der Mund ist, psychologisch gesehen, ein Organ der Sprache. Und mit dem Kuß meint das Traumbewußtsein in der Regel eine geistige Kommunikation. Die Bedeutung des Ausdrucks einer geistigen Verbundenheit haben ja auch Bruderschaftsküsse.

Lähmung
Das Bild einer Lähmung ist wörtlich zu nehmen. Es ist ein Zeichen für eine Behinderung seelischer oder geistiger Art, die sich im einzelnen aus dem Imaginationszusammenhang ergibt.

Lanze / Speer
Lanze und Speer sind wie alle Waffen Kriegs- und Machtsymbole. Sie symbolisieren jedoch ebenfalls den Sonnenstrahl und den Phallus. In Imaginationserlebnissen weisen Tiere, die von Lanzen durchbohrt werden, häufig auf Laster hin, die es zu überwinden gilt. Die Personifizierungen der Tugend sind aus diesem Grunde mit Lanzen als Attributen dargestellt.

Die Freudsche Auffassung des Phallussymbols ist zu einseitig. Bei jugendlichen Menschen kann die Lanze durchaus eine sexuelle Bedeutung haben. Für ältere Menschen dagegen trifft in der Regel eine ethisch-religiöse Deutung zu.

Leiche
Die sprichwörtliche Leiche im Keller ist auch in der Imagination ein äußerst ungünstiges Bild. Während Begräbnisse und aufgebahrte Tote seelische Veränderungen und Wandlungen symbolisieren und häufig positive Hinweise geben, ist ein – eventuell schon in Verwesung befindlicher – Leichnam ein deutliches Warnsignal des Unbewußten. Es weist mit diesem Bild auf eine schwerwiegende seelische Störung hin. Die Leiche erscheint als Symbol einer abgestorbenen und unbeseelten Seite der Persönlichkeit, eines zutiefst im Unbewußten vergrabenen Komplexes, der von der Psyche unerledigt, unverarbeitet mitgeschleppt wird.

LEITER

Eine Erde und Himmel verbindende Leiter war den Ägyptern eine vertraute Vorstellung. Zunächst galt die Leiter dem Osiris, dem Gott der Auferstehung und des Aufstiegs. Später wurde Osiris selbst zur symbolischen Himmelsleiter für die Gläubigen. In den persischen Mithrastempeln erinnerte eine aus acht übereinandergestellten Toren zusammengesetzte Leiter an den Weg, den die Seele zurücklegen muß, bis sie, von allen Mängeln und aller Verhaftung in der Sinnenwelt befreit, in den obersten Himmel gelangt. In einem Midraschtext (Auslegung des *Alten Testamentes* durch jüdische Schriftgelehrte) wird der Baum des Lebens mit einer Leiter verglichen, auf der die Seelen der Gerechten auf- und niedersteigen.

In der Imaginationstherapie symbolisiert die Leiter eine Übergangssituation. Das kann ein Abstieg oder ein Aufstieg sein.

MASKE

Eine Maske verhüllt die Persönlichkeit des Trägers. Sie ist bei allen Naturvölkern ein Mittel, um im kultischen Tanz Götter und übermenschliche Mächte darzustellen. In der griechischen Tragödie trugen die Schauspieler Masken; denn die Tragödienspiele waren eine Fortsetzung der früheren Dionysosfeiern, und der Gott Dionysos wurde nie ohne Maske gezeigt. Der Gott hinter der Maske ist identisch mit der hinter den Dingen der Erscheinungswelt verborgenen Lebenskraft. Die Maske verbirgt die wahre Persönlichkeit und erleichtert es ihrem Träger, die engen Grenzen der individuellen Existenz zu sprengen. Wegen der Anonymität, die die Maske dem Träger verleiht, wird dieser Teil einer unerkennbaren Masse. In dieser Masse löst sich das Alltagsbewußtsein des Individuums auf, und die Gefühle nehmen ihren »natürlichen« Lauf. Das erleichtert die Abfuhr aufgestauter psychischer Energien.

In Imaginationserlebnissen symbolisiert die Maske den Abbau aufgestauter Aggressionen. Sie repräsentiert meist archetypische Figuren des kollektiven Unbewußten, die

Gewalttätigkeit verkörpern. Eine positive Bedeutung hat die Maske selten. Nur zu oft weist sie auf Größenwahnvorstellungen hin.

Milch

Wegen ihrer elementaren Bedeutung für die Ernährung – vor allem des Säuglings – erhielt die Milch die Bedeutung eines Lebenstrankes, der in besonderem Maße den Göttern zusteht. Altägyptische Texte und Bilder zeigen, wie der König von einer Göttin, meist Isis, gesäugt wird. Auf anderen Darstellungen trinkt der König die Milch von einer Himmelskuh. Die Milch ist Symbol für Fruchtbarkeit und seelisch-geistige Nahrung. Wegen ihrer Farbe und ihres milden Geschmackes wird sie oft mit dem Mond, der im Gegensatz zur Sonne mildes, weiches Licht aus- beziehungsweise zurückstrahlt, in Verbindung gebracht. Die Milch deutet auf den nährenden und sorgenden Aspekt des Weiblichen hin. Wenn ein erwachsener Mann sie erhält, so steht dieses Bild symbolisch für eine Zufuhr von Wissen und Erkenntnis, die ihm zuteil werden.

Operation

Mit dem Bild einer Operation weist das Unbewußte auf psychische Erkrankungen hin. Die Art der notwendigen Operation enthält die Hinweise auf die entsprechenden seelischen Funktionen, die behandlungsbedürftig sind. So deuten beispielsweise Herzoperationen auf Gefühlskonflikte hin. Eine Beinoperation zeigt an, daß die Lebenseinstellung des Betreffenden falsch ist und einer neuen Ausrichtung bedarf. Eine Magenoperation deutet darauf hin, daß der Imaginierende seine Probleme nicht richtig »verdaut« hat.

Ring

Die symbolische Bedeutung des Ringes ergibt sich aus seiner runden Form und berührt sich darin mit der des Kreises. Das ägyptische Schriftzeichen für Ewigkeit ist ein Ring, der eine gewisse Ähnlichkeit hat mit der kreisförmig gelegten Schnur,

4. Symbole der Dingwelt und symbolische Vorgänge

deren Endteile durch einen Knoten verbunden sind. Im ganzen Vorderen Orient sollten Zauberringe vor Krankheiten und sonstigem Unheil schützen. In Griechenland war das Tragen eines Ringes das Vorrecht des freien Mannes. In Rom waren goldene Ringe als besondere Würdenzeichen den Senatoren und Jupiterpriestern vorbehalten. *Siehe auch »Kreis«.*

Salz

Dank seiner konservierenden und würzenden Eigenschaften galt das Salz von jeher als Träger einer besonderen Lebenskraft. Nach altägyptischer Überlieferung lernten die Menschen den Umgang mit dem Salz von den Göttern. Wegen seiner reinigenden Wirkung spielt das Salz auch im Kult eine Rolle. In Rom war es Sitte, einem Neugeborenen Salz auf die Lippen zu streuen; dadurch sollte das junge Leben vor drohenden Gefahren geschützt werden. Überhaupt lehrt alter Volksglaube, daß Salz den Dämonen zuwider sei. In der Alchimie werden Geist und Salz zusammengestellt. Salz und Brot wurden auf dem Lande früher dem Gastfreund überreicht, ebenso der Braut bei der Hochzeit. Wie das Brot im Traum die seelische Nahrung darstellt, so symbolisiert das Salz gewissermaßen die geistige Würze. Hat jemand in der Imagination eine versalzene Suppe auszulöffeln, so ist dies ein Hinweis darauf, daß er die Probleme zu sehr intellektualisiert.

Schiff

Da verschiedene Völker den Himmel mit einem Ozean verglichen, findet man entsprechend auch das Bild des Himmelsschiffes, in dem die Götter auf Reisen gehen. Die Gestalt der Mondsichel, die in Mesopotamien fast waagrecht am Firmament steht, hat Anlaß zu der Vorstellung von der Himmelsbarke des Mondgottes Sin gegeben. Die alten Ägypter waren von dem Wunsch erfüllt, nach ihrem Tod im Boot des Sonnengottes Re mitfahren zu dürfen, und so die Todesnacht zu überwinden. Den Griechen und Römern war die »Schiffsreise des Lebens« eine vertraute Vorstellung; den letzten Teil der Reise legte man nach ihrer Vorstellung im Nachen des Fährmanns Charon zurück. In der Imaginationstherapie steht das Schiff für die Lebensreise.

Schmiede

Im Altertum brachte die geheimnisumwitterte Kunst der Bearbeitung der Metalle und ihrer Verwandlung in strahlenden Schmuck und in gefährliche Waffen die Schmiede in den Ruf, mit übernatürlichen Mächten in Verbindung zu stehen. Dabei überwog der negative Aspekt, was sich bis heute in Redewendungen wie »Ränkeschmied« oder eine »Lüge schmieden« gehalten hat.

Der Schmied erscheint aber auch häufig als Bezwinger des Feuers, als Heiler von Krankheiten und als Regenmacher. Seiner negativen Seite entspricht die weitverbreitete Vorstellung vom Schmied als einem Zauberer, der mit den Kräften des unterirdischen Feuers, mit schwarzer Magie und der Hölle in Verbindung steht.

In der Imaginationstherapie kommt der Schmiede die gleiche Bedeutung zu wie der Küche: sie ist ein Ort der Wandlung und Verwandlung.

Schuh

Der Schuh ist ein Teil der Kleidung. Fällt er in der Imagination durch Besonderheiten auf, so ist er als Personasymbol zu deuten. Der Reitstiefel tritt häufig als Statussymbol in Erscheinung, der klobige Soldatenschuh signalisiert Grobheit und Grausamkeit. Der Pantoffel ist ein Symbol weiblicher Herrschsucht und männlicher Abhängigkeit von der Frau. Der spitze Damenschuh oder Stiefel mit übertrieben hohen, dünnen Absätzen signalisieren sexuelle weibliche Aggression; für den echten Fetischisten ist ein solcher Stiefel Gegenstand der sexuellen Begierde selbst, das heißt, seine Sexualität ist an das Objekt fixiert. Der Fetischist-Masochist kann nur sexuelle Erfüllung finden, wenn seine Partnerin ihn mit ihrem Stiefel traktiert.

Allgemein deutet der Schuh – also der Alltagsschuh – auf die geistige oder seelische Einstellung des Betreffenden hin. Der Schuh zeigt den Standort an. Zu beachten sind bei der Deutung solcher Bilder der Zustand des Schuhs und seine Eignung für den jeweiligen Zweck.

Schule

Mit Bildern aus dem Bereich der Schule verweist das Unbewußte auf vergleichbare Situationen im Leben; denn das Leben selbst ist ein unaufhörlicher Lernprozeß, nur ist den meisten Menschen diese Tatsache kaum bewußt. Das Unbewußte erinnert mit Bildern aus dem Schulleben an diese Tatsache.

Schwert

Das Schwert ist zunächst ein einfaches Symbol militärischer Tugend. Es symbolisiert männliche Kraft und Tapferkeit und ist somit auch zugleich Symbol der Macht unter dem Gesichtspunkt des aktiven männlichen Prinzips sowie der Sonne hinsichtlich ihrer schwertähnlich blitzenden Strahlen. Im negativen Sinn symbolisiert das Schwert die Schrecken des Krieges; viele Kriegs- und Gewittergötter tragen das Schwert als typisches Attribut. Als scharf schneidendes Instrument ist es aber ebenfalls ein Symbol der Entscheidung und der Trennung von Gut und Böse und damit ein Sinnbild der Gerechtigkeit. Das Bild der Justitia mit Schwert und Waage ist allgemein bekannt.

In der Imaginationstherapie hat das Schwert meist die Bedeutung eines Instruments des Teilens und Unterscheidens psychischer Inhalte oder eines Aufspaltens von Komplexen mit dem Ziel einer Bewußtwerdung.

Der Kampf mit dem Schwert, wie er früher unter Rittern üblich war, erforderte ein hartes Training und ein Höchstmaß an Körperbeherrschung und Konzentration. Das Schmieden eines Schwertes war ein kultisch sakraler Vorgang, dem rituelle Reinigungszeremonien vorausgingen. Die berühmten Schwerter der Helden in den mittelalterlichen Rittersagen trugen besondere Namen. Es wurde ihnen ein Eigenleben zugeschrieben. Meist galten diese Schwerter als Geschenk der Götter oder Schicksalsmächte. Den Auserwählten machten sie unbesiegbar, dem Unwürdigen wurden sie zum Verhängnis.

Stab

Die Bedeutung des Stabes hängt mit seiner Herkunft vom lebentragenden Baum zusammen. Einerseits vermittelt der Stab Fruchtbarkeit und Leben, andererseits dient er der Abwehr des Bösen. Der als Donnerkeil bezeichnete Stab des indischen Brahmanen vertreibt die Dämonen. Das Zepter der ägyptischen Götter und Könige war der Krummstab (ursprünglich Hirtenstab), als Schriftzeichen hatte er die Bedeutung von »herrschen«. Der Zauberstab vermag Wunder aller Art zu wirken. In der Hand orientalischer und antiker Herrscher wurde das Zepter zum Zeichen der Würde und Macht.

Aus dem Hirtenstab, der in der christlichen Symbolik auch Christus, den Propheten und Heiligen zugeordnet ist, entwickelte sich der Krummstab der Bischöfe und Äbte.

Strick

Zahlreiche altorientalische Denkmäler zeigen, wie Gefangene an Stricken in die Sklaverei geführt werden. Der Totenherrscher der wedischen Religion Jama fängt die daumengroße Seele des Sterbenden mit einer Schlinge. Als Bild für das moralische Schuldigwerden hat sich bis heute der Ausdruck »Verstrickung« erhalten. Die Versuchungen des Lebens werden auch heute noch mit Schlingen verglichen, in denen man sich verfangen kann.

Treppe

Die Treppe verbindet in der Lebenswirklichkeit die verschiedenen Etagen und Räume eines Hauses. Eine entsprechende Bedeutung hat sie auch in der Imagination. Sie kann Aufstieg wie auch Abstieg versinnbildlichen. Aufstiegsbilder deuten auf eine Bewußtwerdung hin.

5. Symbole der Zeit und des Raums

ABEND
In der Imaginationseinleitung erscheinen häufig abendliche Landschaftsbilder. Solche Bilder sind für den Betreffenden ein Hinweis darauf, daß er sich dem Unbewußten nähert. Bei Personen in der zweiten Lebenshälfte können sie auch ein Verweis auf den Lebensabend sein.

ANFANG / ENDE
Ein geschlossener Raum hat Anfang und Ende, Eingang und Ausgang. Die begrenzte Strecke hat zwei Enden, von denen eines je nach dem Standpunkt des Betrachters als Anfang angesehen wird. Das Wort »Anfang« leitet sich von dem Verb »fangen« her und deutet auf Aktivität. Das gleiche gilt für das Wort »Schluß«, das ja von »schließen« hergeleitet ist.

Endlichkeit ist eine menschliche Grunderfahrung; das Bewußtsein der Endlichkeit stammt aus der Wahrnehmung des Verfalls, aus der Begegnung mit dem Tod, ebenso aber aus dem Erlebnis des Beginns. Etwas wird, was vorher noch nicht war; etwas ist auf einmal nicht mehr, was vorher noch da war. Die menschliche Existenz wird erfahren als Wegstrecke mit Anfang und Ende. Sie ist von beiden Enden her bestimmt; vom Ursprung, vom Erbe, von der Überlieferung, von der Vergangenheit und vom Ende, vom Ziel her, das seine Schatten vorauswirft. So sind Vergangenheit und Zukunft im flüchtigen Durchgang des gegenwärtigen Augenblicks immer vereint, die beiden Endpunkte berühren sich fortgesetzt. Vergangenes entwirft sich auf die Zukunft hin, Zukunft zieht Vergangenes zu sich. Freilich kommt es nie zur vollen Identität von Vergangenheit und Zukunft; diese gibt es nur im Ewigen, diesem »stehenden Jetzt« reiner Gegenwart.

AUF / ZU (OFFEN / GESCHLOSSEN)
Die Innenwelt gilt als geschlossen, die Außenwelt als prinzipiell offen. Hegung schließt den Innenraum ab und gibt ihm

Schutz, Übersichtlichkeit und Ordnung. Darum enthält das Symbol der Geschlossenheit alle erfreulichen Elemente, die wir mit Haus, Heimat, Gestalt, Ordnung, Stadt und Staat verbinden. Schließlich ist es der Mensch selbst, der den Raum umgrenzt und umschließt. Tür und Tor sind wie der öffnende und schließende Schlüssel dinghafte Symbole von Offenheit und Geschlossenheit, also doppelsinnige Symbole.

Das Offene dehnt sich nach außen, der Fremde, der unbekannten, unermeßlich weiten Welt zu. Es ist demnach zunächst das Unbestimmte und Unbestimmbare, ein Bereich unzähliger unübersehbarer Möglichkeiten. Der Mensch kann nicht völlig ins Offene hinein leben, nicht alle Türen und Fragen offenlassen, denn das Gefüge eines abgeschlossenen Raumes ist Voraussetzung geordneten, überschaubaren Handelns.

Doch kehrt sich die Wertung um, wenn wir Geschlossenheit für Verschlossenheit, Enge und Abgeschiedenheit von Verbindungen setzen. Mauern und verriegelte Tore bedeuten schließlich Gefangenschaft; Schranken werden zu Beschränkungen und Hindernissen. Demgegenüber ist Offenheit soviel wie Freiheit, Öffnung, Befreiung.

Aussen / Innen

Außen ist die bergende Schale, inwendig der verborgene Kern. Reines Innen gibt es nicht, bloßes Außen nur im Sinn der Attrappe, der vorgetäuschten Wirklichkeit, der Äußerlichkeit, des Anscheins.

Wichtig ist dieses Symbolpaar für das Verständnis der Figur des Kreises: Als innerer Kern gelten das Haus, eine Familie, ein Freund oder Interessenkreis, die Heimat, aber auch ein ganzes Land. Der Außenstehende dagegen ist derjenige, der nicht dazugehört, der nichts verloren hat und daher auch nichts zu suchen hat im Kreis, der also auch keinerlei Anrecht hat und mit Mißtrauen als Eindringling betrachtet wird. Der Außenstehende ist der Ferne, der Fremde; drinnen ist der Eingeweihte, der Nahe und Nächste. Dieser wertende Zug verstärkt sich sogar noch, wenn man davon ausgeht, daß der vertraute innere Kreis geordnet und heimisch ist; was jenseits der Grenzen liegt, wird häufig nicht nur als fremdartig, sondern auch als gegensätzlich, ja sogar feindlich, zumindest jedoch als bedrohlich angesehen. Immer hat das Unbekannte einen Zug des Bedrängenden – wie man an Kindern sehr gut beobachten kann –, und zwar schon aus dem Grund, weil es noch nicht in einen inneren Bezug zum Subjekt getreten, noch nicht eigentlich angenommen ist.

BAUCH
In der Vorstellung des vorwissenschaftlichen Menschen beherbergt der Brustkorb als »obere Hälfte« des Rumpfes die edleren Organe wie Herz und Lunge; in der »unteren Region« des Bauches hingegen sitzen die Triebe. Die erste biblische Erwähnung des Bauches ist mit der Verfluchung der Schlange verknüpft: »Auf deinem Bauch sollst du kriechen und Staub fressen dein Leben lang« (1. Mose 3, 14). Die Schlange wird der unteren Seinshälfte zugeordnet, ihr Wirkungsbereich ist die Triebsphäre. Alles, was auf dem Bauch kriecht, galt nach der Anschauung des Menschen früherer Zeit als unrein und durfte nicht gegessen werden. Bauch und Erde (das Irdische) stellen hinsichtlich ihrer symbolischen Bedeutung eine Einheit dar.

Der Bauch ist aber auch die Leibeshöhle, die das Innerste und Wertvollste enthält: die Organe des Lebens. »Wer an mich glaubt, aus dessen Leib werden Ströme lebendigen Wassers fließen« (Johannes 7, 38). Ebenso ist der Bauch Symbol mütterlicher Wärme und mütterlichen Schutzes (Gebärmutter), aber auch grausamen Verschlungenwerdens. Das Bild des Bauches als Sitz des Magens ist auch ein symbolischer Hinweis auf Gefräßigkeit und materialistische Lebenseinstellung. In der bildenden Kunst des Buddhismus, vor allem in Japan, symbolisiert ein nackter Bauch bei männlichen Figuren – beispielsweise Glücksgöttern – Freundlichkeit, Ruhe und Wohlergehen. Der Bauch wird aber auch häufig die »Küche des Leibes« genannt. Er ist also in entsprechenden Imaginationen der Ort, wo die seelische »Verdauung« stattfindet. Die Küche ist weiblicher Herrschaftsbereich. Weiblich sind die Impulse und Emotionen, die aus der dunklen Küche des Bauches emporsteigen.

Im Bauch befindet sich auch die Leber, und diese hält als »chemisches Laboratorium« dem Vergleich mit der Küche stand. Sie ist auch der größte »Umschlagplatz« für psychosomatische Ereignisse. Wenn jemand sagt: »In mir kocht es«, dann ist er wütend, dann sind Leber und Galle beteiligt. Der Volksmund kennt den Ausdruck »Wut im Bauch«. So betrachtet ist der Bauch ein Kessel von Emotionen, und ein »Bauchmensch« ist nicht immer ein gemütlicher Mensch, sondern hat im Gegenteil im Bauch eine Menge negative Emotionen gespeichert.

Knoten

Der Knoten ist ein Symbol der Verknüpfung, Verbindung, auch Bindung an schutzverleihende Mächte, er ist jedoch auch Sinnbild für Komplikationen und Hindernisse. Bei den Ägyptern war der Knoten ein Symbol des Lebens und der Unsterblichkeit; der Isis-Knoten, eine Art Ankh (= Lebensschlüssel) mit nach unten geklappten Armen, war ein verbreitetes Amulett.

Als Sinnbild der Liebe und Ehe begegnet uns der Knoten häufig in Hochzeitsbräuchen. Die islamische Welt kennt den Knoten als Schutz verleihendes Symbol; arabische Männer knüpfen sich beispielsweise verschiedene Knoten in den Bart als Mittel gegen den bösen Blick. Weit verbreitet ist es, aus der Art, wie ein Knoten sich löst, Schlußfolgerungen über die Zukunft zu ziehen. Der Buddhismus vergleicht das Sichlösen des Weisen aus der Welt des bloßen Scheins mit der Auflösung eines Knotens. Auch der Tod wird gelegentlich mit dem Lösen eines Knotens verglichen. In der Imagination kann ein Knoten auf Komplexe und seelische Verfestigungen hinweisen, die Lösung eines Knoten hingegen auf die entsprechende Bewältigung von Problemen.

Kreis

Alle Punkte der in sich selbst zurückkehrenden Linie des Kreises sind gleich weit vom Zentrum entfernt; es gibt unter ihnen keine Vorrangstellung. Deshalb ist der Kreis das einfachste Sinnbild des In-sich-Geschlossenen, des Unendlichen und Ewigen. Der kosmische Urkreis findet seine Verkörperung im Bild der Schlange, die sich in den eigenen Schwanz beißt (Uroboros). Die runde Gestalt war den alten Völkern Symbol der kosmischen Harmonie; die ägyptische Bezeichnung für die Welt lautete »Das, was die Sonne umkreist«. Aus dem Kreis lassen sich alle anderen geometrischen Figuren konstruieren, genau wie aus der Unendlichkeit Gottes alle Geschöpfe entbunden werden. In Anknüpfung an diese Vorstellung ist der Kreis ein Symbol für die Erschaffung der Welt und für ihren Schöpfer.

Der Kreis ist ein Ganzheitssymbol. Seit Urzeiten wird dem Kreis eine magische Wirkung zugeschrieben. Bereits die Steinzeitmenschen legten Heiligtümer in Kreisform an. In Mythen und Märchen hat der magische Kreis die Bedeutung eines Schutz- und Abwehrzaubers. Einen vergleichbaren Sinngehalt hat der Kreis auch in Imaginationserfahrungen. Alles, was sich in einem Kreis abspielt, hat eine besondere Bedeutung. Allgemein signalisiert das Unbewußte mit dem Kreis eine Konzentration psychischer Energie.

Kugel

Die Kugel entspricht in ihrer symbolischen Bedeutung weitgehend dem Kreis; sie ist ein Symbol der Erdkugel, des Sternenhimmels, des Universums, der Gesamtheit der alles umfassenden kosmischen Einheit.

Die Kugel ist in der Realität der vollkommenste geometrische Körper. Sie hat nur eine endlose Seite, und die Entfernung aller Punkte ihrer Oberfläche vom Mittelpunkt ist gleich. So ist die Kugel seit Urzeiten das archetypische Bild der Vollständigkeit und Ganzheit. Die Kugel hat wie alle kugelförmigen Objekte immer eine positive symbolische Bedeutung. Sie versinnbildlicht je nach dem Zusammenhang auch eine psychische Dynamik in Richtung auf die vollständige Integration der Persönlichkeit.

Labyrinth

Das Umherirren in den Straßen einer unbekannten nächtlichen Großstadt und das endlose Wandern durch Straßen, die einander alle gleichen und weder Namens- noch Richtungsschilder tragen, symbolisieren einen Zustand der Hilflosigkeit und Verwirrung.

Das archetypische Muster des Labyrinths ist uralt. Im Urmythos ist das Labyrinth Sinnbild für den Leib der Erdmutter. Das Eindringen in das Labyrinth kommt einer mystischen Rückkehr in den Mutterschoß gleich. Im Labyrinth finden vielen Mythen zufolge Götterhochzeiten statt, die meist eine inzestuöse Vereinigung darstellen. Daher ist das Labyrinth als Imaginationssymbol manchmal auch Ausdruck eines Mutterkomplexes.

Leere / Fülle

Fülle ist identisch mit Reichtum und Überfluß. Demgegenüber ist Leere Mangel und Not: man denke nur an das »leere, hohle Wort«, die »leere Geste«, das »leere Versprechen«. Bilder der Einöde, Wüste, Finsternis, scheinbar leerer Welträume lösen Angst aus.

Diese Wertung ändert sich jedoch, sobald wir zum Beispiel an einen leeren oder einen besetzten Platz denken, an einen leeren oder einen überfüllten Raum. Wenn uns kein Platz vergönnt ist, fühlen wir uns beengt, bedrängt, unerwünscht oder überflüssig. In Abstand und Zwischenraum sehen wir unter solchen Umständen positive Werte, da zur Abgrenzung immer auch die räumliche Distanz, also Leere gehört.

Das Überflüssige, über das Maß Hinausquellende, ist das Unwichtige, Lästige, Nicht-sein-Sollende. Überfluß kann ersticken, kann zum Chaos werden, in dem der Mensch zugrunde geht. Völlerei (umgangssprachlich bezeichnen wir

Trunkenheit auch als Vollsein) hat eine durchaus negative Bedeutung; sie durchbricht das Maß, die Ordnung. Redewendungen wie »vollstopfen«, »überfüllen«, »überladen« deuten in die gleiche Richtung.

Im Gegensatz dazu gewinnt die Leere eine positive Bedeutung als Raum der freien Bewegung, als Luft zum ungehinderten Atem. Das leere Gefäß vermag noch alles aufzunehmen. Das leere Haus steht offen für Bewohner. Die leeren Hände sind trotz aller negativen Implikationen auch fähig zu empfangen, während volle Hände nichts Neues mehr aufnehmen können.

Licht

Die Voraussetzung der visuellen Wahrnehmung ist das Licht; es offenbart die Schönheit und die vom Menschen unabhängige Ordnung der Natur. Das Licht vermag auch den physisch Blinden innerlich zu durchstrahlen, es ist Ausdruck des Immateriellen und somit besonders geeignet, die Geistigkeit Gottes zu versinnbildlichen. Wie sehr der Mensch vom Licht abhängig ist, geht aus der Umschreibung des Geborenwerdens hervor: der Mensch »erblickt das Licht der Welt«.

Ohne Licht kein Leben. Immer wieder berichten die altorientalischen Mythen vom Kampf des Lichthelden gegen die Finsternis, deren Niederlage die Erschaffung oder Erlösung der Welt ermöglicht. Das Licht ist eine allgegenwärtige Erscheinung, die uns in ihren Wirkungen vertraut, in ihrem Wesen jedoch weitgehend unfaßbar ist. Als Imaginationssymbol steht »Licht« meistens für »Erleuchtung«, denn es symbolisiert Erkenntnis. Diesen Aspekt meint auch die bekannte Redewendung: »Mir geht ein Licht auf.«

Mittag

In südlichen Ländern, im antiken Griechenland beispielsweise, galt früher die Mittagszeit als die Geisterstunde. In der flirrenden Hitze des Mittags ist der Mensch benommen; diesen Zustand machen sich gewisse Dämonen zunutze, um ihm einen gehörigen Schrecken einzujagen. Der Mittag ist die Zeit, da die Sonne ihren höchsten Stand erreicht hat. Dieses Bild drückt daher häufig die Bewußtwerdung bis dahin unbewußter seelischer Inhalte aus. Unter Umständen kann aber damit auch die Lebensmitte eines Menschen gemeint sein.

Der Sonnengang bestimmt den Zeitablauf in unserer Tagwelt. Die Stellung der Sonne besagt daher, wo der Imaginierende in seinem Leben steht: am Morgen, am Mittag oder am Abend.

Morgen

Der symbolische Gehalt des Morgens ist eng mit dem der aufgehenden Sonne verknüpft. Im Altertum war das an die Sonne gerichtete Morgengebet weit verbreitet. Da – nach altägyptischer Vorstellung – der Sonnengott sich vor jeder Tagesfahrt im Himmelsozean reinigt, nahm auch der König im »Morgenhaus« sein Bad. Nach der den abgründigen Mächten verschwisterten Nacht erinnert der Morgen an die paradiesische Urzeit, in der noch alles gut war, an den Schöpfungsmorgen.

Der Morgen, die Morgendämmerung, die Morgenröte haben eine recht günstige symbolische Bedeutung. Diese Tageszeit deutet auf Bewußtwerdung hin.

Majestätisch fährt die Sonne am Morgen in ihrem Feuerwagen in das Blau des hochgewölbten Himmels hinauf. Sie ist das mächtigste, das strahlendste Energiegleichnis. Wo ihr Licht hinflutet, herrschen männliche Bewußtheit und Kraft. Und das will uns das Bild des Morgens ebenfalls symbolisieren: morgendliche Frische und Kraft durch Zufuhr psychischer Energie.

Nacht / Tag

Tag und Nacht entsprechen dem Gegensatz von Licht und Finsternis. Dabei ist die geheimnisvolle, ja unheimliche Nacht für den Menschen der Frühzeit oft bedeutsamer als der Tag, den guten wie den bösen Geistern, aber auch dem Ursprung des Menschen besonders nahestehend. Urnacht war es, bevor Sonne und Mond erschaffen wurden. Nach dem Glauben der Antike kann der Mensch sich in der Dunkelheit mit geheimen Mächten verbünden, die Zukunft erforschen und Schätze finden. Ihre gleichnishafte Verbindung mit ethischen Vorstellungen ließ die Nacht zur Genossin des Bösen und des Todes werden. Nach einem altmesopotamischen Mythos wandert der Sonnengott während der Nacht durch die Unterwelt, wo er den Toten Speise und Trank bringt. Die Sonne ist ein Symbol für die Klarheit des Bewußtseins. Wenn in der Imagination die Sonne scheint, bezeichnet sie Bewußtheit. Wenn es dagegen Abend wird und die Dämmerung den Übergang zur Nacht vorbereitet oder sich gar in ihrer Schwärze die Nacht entfaltet, da tritt Unbewußtheit symbolisch in Erscheinung. »Die Sonne bringt es an den Tag«, heißt es. Und ebenso sagt man: »Das Schweigen der Nacht hüllt alles ein.«

QUADRAT
Das Quadrat ist eines der am weitesten verbreiteten Symbole; es ist sowohl ein statisches als auch ein dynamisches Symbol und steht oft in Bezug und im Gegensatz zum Kreis. Es ist Sinnbild der Erde im Gegensatz zum Himmel oder des Begrenzten im Gegensatz zum Unbegrenzten. Weiterhin ist es ein Symbol der vier Himmelsrichtungen.

Das Quadrat ist als gleichseitiges, rechtwinkeliges Viereck ein Symbol seelischer Ausgewogenheit und Ganzheit. Im Zusammenhang mit kreisförmigen Gebilden kann es aber auch auf die »Quadratur des Kreises« und damit auf unlösbare Konflikte hinweisen. Ein Rechteck ist in diesem Sinne ein gestörtes Quadrat. Es signalisiert eine zu starke Ichhaftigkeit. Ist es horizontal, also in die Breite gedehnt, so fehlt es der Persönlichkeit an Höhe und Tiefe.

RECHTS / LINKS
Die Richtungsangaben rechts und links sind ein uraltes archetypisches Orientierungsmuster. »Links« ist die Seite des Her-

zens und verweist auf den Gefühlsbereich; es symbolisiert auch den Bereich des Unbewußten. »Rechts« steht für Bewußtheit, Aktivität und geistige Interessen. In älteren Zeiten war der Platz der Frau an der linken Seite des Mannes. So können »links« und »rechts« auch Hinweise auf weibliche und männliche Aspekte sein.

Reise

Die Reise gilt als zielgerichtetes Zurücklegen eines Weges, auf dem außerdem oft Hindernisse überwunden werden müssen. So ist die Reise auch häufig ein Symbol des Lebensweges; sie steht jedoch auch für die Suche nach geistigen Zielen, die oft verkörpert erscheinen als das »gelobte Land«, als die »Inseln der Seligen«, als Schlösser und Heiligtümer.

Die Imagination von Bahnhöfen, von Geleisen und Zügen, von Schiffen und anderen Verkehrsmitteln, von Abschied und Verspätung, von Gepäck und von Mitreisenden sind besonders häufig. Diese Häufigkeit resultiert aus der Erlebnisdichte all dessen, was mit dem Bild der Reise zusammenhängt. Hinter solchen Vorstellungen steht eine Reihe von seelischen Vorgängen, die sich in den Erscheinungen des modernen Verkehrs ausdrücken. Selbst eine kleine Reise stellt eine Veränderung des seelischen Ortes dar; sie ist immer Abschied von Erlebtem und Erwartung des Kommenden. Die Bedeutung des Bildes der Reise als Symbol der Lebensreise ist evident; die Einzelheiten der Bedeutung der Reise sind jedoch nur im Zusammenhang der jeweiligen Imagination verständlich. So können beispielsweise Geleise die »Eingleisigkeit« und damit Begrenzung einer Reise symbolisieren.

Spirale

Die Spirale ist ein Symbol psychischer Dynamik. Ihre kreisförmige Bewegung zeigt ein Umkreisen von Problemen von allen Seiten an. Doch im Gegensatz zur Kreisbewegung, die immer wieder zum Ausgangspunkt zurückkehrt, führt die Spirale, einwärts gerichtet, zum Zentrum. In der Imaginationstherapie gehört das Bild der Spirale zu den positiven Symbolen. Wenn sie nach Phasen eines seelischen, geistigen oder sonstigen Stillstandes auftaucht, zeigt sie stets einen Fortschritt an. Häufig zeigt sich die Spirale auch in Form eines Bohrers, der die Aufforderung symbolisiert, in noch tiefere Schichten vorzudringen.

Uhr

Die Uhr ist in der Imagination als Erinnerung an die verrinnende Zeit zu verstehen. Besonders zu beachten ist dabei die Uhrzeit. Die Zeitangabe kann durchaus eine prognostische Bedeutung für das reale Leben haben. Ebenso können die angezeigten Ziffern ein Hinweis auf Tages-, Monats- oder Jahresdaten zukünftiger Ereignisse sein.

Wir leben in der dahineilenden Zeit, und die Zeit setzt unserem Lebensweg sein Ende. Mancher weiß nicht, wieviel die Uhr auf seinem Lebensweg geschlagen hat, wie es mit seiner Seelenzeit bestellt ist. Um das Individuum an seine Aufgaben in der endlichen Zeit zu erinnern, tauchen in manchen Imaginationserlebnissen Uhren auf.

Vier Jahreszeiten

Die häufigsten Imaginationsbilder sind Landschaften. Eine Frühlingslandschaft, das bedarf keiner besonderen Erwähnung, hat eine positive Bedeutung, und zwar selbst dann noch, wenn die Stimmung eher düster ist. Der Frühling ist ein Symbol des Aufbruchs, des Neuen, der Geburt, der Wiedergeburt. Das alles signalisiert uns auch eine Frühlingslandschaft. In uns will etwas Neues werden, wenn wir auch noch die Düsternis und Kälte des Winters spüren.

Die Jahreszeiten dürfen wir als Symbole wörtlich nehmen. Der Frühling signalisiert etwas Neues, wogegen der Sommer eher auf Reife, auf Ernte, auf den Lebenssommer hindeutet. Der Herbst kann uns den schon beginnenden Lebensabend ankündigen, während der Winter Nacht und Tod symbolisiert, wobei nicht unbedingt der tatsächliche Tod gemeint sein muß. Das Bild des Winters mit Eis und Schnee sagt vielmehr aus, daß bestimmte Gefühle abgestorben sind, die durch »einen neuen Frühling« neu belebt werden müssen.

Die Symbolik der Jahreszeiten bezeichnet nicht nur die jeweilige Station unserer Lebensreise; sehr häufig weist sie auch auf Teilbereiche in uns hin, die nachreifen müssen und können.

Weg / Strasse

Wie alles Geschöpfliche befindet sich der Mensch in ständiger Bewegung, und jede in Raum und Zeit sich abspielende Bewegung beschreibt einen Weg. Jedes Handeln des Menschen ist Teil seines Lebenswerkes. Die Ägypter erblicken einen sichtbaren Verweis auf ihren eigenen Lebensweg im Lauf der Sonne; aus ihm schöpften sie die Hoffnung auf ein Weiterleben nach dem Tode. Alle Religionen versuchen, ihren Anhängern den rechten Weg durchs Leben zu weisen.

Der Weg oder die Straße steht in der Imagination für den Lebensweg. Kreuzwege signalisieren eine notwendige Entscheidung; das gilt auch, wenn ein Weg sich gabelt. Wegweiser und Straßenschilder sind Richtungshinweise für eine psychische oder geistige Neuorientierung. Infolge der Wichtigkeit solcher Imaginationsbilder für die seelisch-geistige Entwicklung des Imaginierenden sind alle Besonderheiten der Reise und auch die Art des Fortkommens auf der Straße und des verwendeten Fahrzeuges von Bedeutung.

Wind

Das Säuseln des Windes und das Heulen des Sturmes veranlaßten den einfachen Naturmenschen dazu, diese Naturerscheinungen zu personifizieren, zumal ihre eigentlichen Ursachen noch nicht bekannt waren. Der Wind galt als Atem der Erde und war somit ein Symbol kosmischen Lebens. Im unsichtbaren Wind, der der groben Stofflichkeit entrückt scheint, glaubte man eine höhere Macht verborgen. Zahlreiche Völker haben ihre eigenen Sturmgötter und Windgeister. Wegen seiner Ungreifbarkeit und seines oft raschen Richtungswechsels ist der Wind Symbol der Flüchtigkeit, der Unbeständigkeit und Nichtigkeit; als Sturm ist er auch Symbol göttlicher Mächte oder menschlicher Leidenschaften. Als Hauch hat er die Bedeutung göttlicher Geistigkeit. Aus dieser Sicht wird der Wind auch als Engels- oder Götterbote aufgefaßt.

WOLKE
In heißen Gegenden sind die Wolken willkommen als Schattenspender und als Regenbringer. Sie verdecken die Strahlen des himmlischen Lichts und werden doch von ihnen durchtränkt. Sie sind bedeutungsschwere Omen, die Segen oder Fluch ankündigen. Um Bergeshöhen und unter dem Himmel sich ausbreitend, verhüllen sie die Wohnstätte Gottes. Die Fähigkeit der Wolke, Objekte unsichtbar zu machen, ließ sie zum Gleichnis des Verschleierns, der Dunkelheit und der Depression werden. Eine Reise auf Wolken kann andererseits Einsichten von einer höheren Warte aus gewähren.

6. *Kult- und Ritualsymbole*

BAD UND WASCHUNG
In fast allen kultischen Handlungen spielt das Wasser als Symbol der Reinigung eine wichtige Rolle. Sünde gilt in vielen Kulturen als Schmutz; daher bezeichnet in vielen Sprachen ein und dasselbe Wort Sünde und Schmutz. Dieser Schmutz wird durch das heilige, beseelte Element des Wassers getilgt. Sein »Mana« ist stärker als das Tabu der Sünde, daher wirkt es als Gegenzauber. Wie eine desinfizierende Lösung alle Krankheitskeime abtötet, so merzt auch das Wasser alle Sündenkeime aus. Die Theorie heutiger Hygiene der Desinfektion ist nur eine Weiterführung der primitiven magischen Vorstellung von der Reinigung. In der Welt des vorwissenschaftlichen Menschen fließen Magie, Medizin und Hygiene ineinander.

Die wirksamste Reinigungsprozedur ist das Tauchbad, wobei häufig fließendem Wasser die größere Reinigungskraft zugeschrieben wird. Im Hinduismus ist nach jeder Verunreinigung ein Bad erforderlich, ebenfalls nach dem Schlaf, der ja verunreinigt, desgleichen vor jeder heiligen Handlung. Einem rituellen Bad mußten der jüdische Hohepriester und der Bockführer sich am Versöhnungstage unterziehen. Den Synagogen war früher immer ein Bad angegliedert. Besonders wichtig waren Reinigungsbäder bei den Essenern und in der Täufersekte des Ostjordanlandes. In den *Sibyllinischen Büchern* (der Sibylline von Cumae) heißt es: »Badet den ganzen Leib in immer fließenden Flüssen, und die Hand zum Himmel austreckend bittet um Vergebung.«

Angedeutet ist die Waschung in der rituellen Besprengung, auch in der Form, wie sie die katholische Kirche noch heute kennt.

Neben den periodisch wiederkehrenden Waschungs- und Reinigungsriten steht der einmalige Initiationsritus der Taufe. Sowenig wie irgendein anderer christlicher Ritus ist die Taufe, insbesondere die Kindertaufe, etwas ausschließlich Christliches. Eine Taufe der Kinder durch die Hebamme erfolgte auch im alten Mexiko. Die Germanen tauften die Kinder in eiskaltem Flußwasser.

Das Waschen ist die wichtigste Form der Reinigung, nicht nur von körperlichem Schmutz, sondern – im Glauben der Völker – auch von seelischer Befleckung. Die Babylonier umschreiben das Wasser als »das Reinigende«. Die alten Ägypter personifizierten den reinigenden Wasserüberguß als Göttin Kebechet, die in den Pyramidentexten als Helferin des Himmelsaufstieges des Königs erscheint. Die Reinigung durch Wasser kann demnach zur Auferstehung, zum Weiterleben nach dem Tode verhelfen. Durch die kultische Waschung wird einerseits das Unreine, die Sünde weggenommen, andererseits Heil zugeführt und neues Leben ermöglicht.

Auch in der Imagination hat das Bad, wie in allen Mythen und Märchen, die Bedeutung eines Reinigungssymbols. Häufig taucht das Bild eines Bades oder eines Baderaumes vor entscheidenden Wendungen im Leben des Betreffenden auf. Meist hat das Bad in der Imagination eine kreisrunde oder quadratische Form, was als symbolischer Hinweis auf die Ganzheit des Lebens zu verstehen ist. Das Wasser im imaginierten Bad ist kein gewöhnliches Wasser, sondern es hat die Bedeutung von seelischer Energie. Bei der Interpretation ist zu beachten, wo sich das Bad befindet und was sich alles darin abspielt. Eine äußerst positive Bedeutung hat das Bad in freier Natur, in einem kleinen runden Teich beispielsweise.

Ebenso ist die Taufe ein Imaginationssymbol einer seelischen Reinigung und geistigen Erneuerung. Das Taufwasser ist als Lebenswasser zu verstehen. Das Bad symbolisiert die Befreiung von Fehleinstellungen und weist auf eine seelische Wandlung hin. Es informiert über das Wesen der seelischen Neuorientierung.

EINIGUNGSRITEN
Die tiefste Sehnsucht des Menschen zielt auf die Vereinigung mit dem Göttlichen; die heiligsten Riten sind Kommunikationsriten. Die einfachste Form ist die Berührung des sinnenfällig erscheinenden Göttlichen, sei dies nun ein heiliges Naturobjekt, ein Fetisch, der Herd, der häusliche Tisch, der Altar, eine Reliquie oder sei es ein Mensch oder ein Götterbild.

Besonders verbreitet ist das Küssen eines heiligen Gegenstandes. Der Kuß ist in den vorchristlichen Religionen »Austausch von magischer Seelensubstanz« durch Hauch und Speichel. Man küßte heilige Steine, Amulette, Bäume, den Erdboden, den häuslichen Tisch, die Tempelschwelle, Altäre und Götterbilder. Das Küssen der Füße des gottgleichen Herrschers gehört ebenfalls in diesen Zusammenhang. Der Moslem küßt den Koran. Das Küssen des schwarzes Steines bildet im Islam den Höhepunkt der Wallfahrt nach Mekka.

Dieselbe Bedeutung wie das Küssen heiliger Objekte hat der wechselseitige Kuß zwischen Menschen: Samuel küßt Saul bei der Königsweihe und überträgt durch den Kuß auf ihn sein

Mana, seinen Geiststoff. Damit verbindet sich die Bedeutung des Seelentausches.

Nicht nur Berührung und Kuß, sondern auch Segnung und Weihe sind Kraftübertragung. Das Segnen ist eine Übertragung magischer Kraft auf Menschen und Gegenstände, aber auch auf Gott selbst. Die Weihe ist eine potenzierte Kraftübertragung. Im Unterschied zur Segnung hat die Weihe den Zweck, dem Geweihten dauernden Manabesitz zu vermitteln und ihn so in Verbindung mit der Gottheit zu stellen. Segnung und Weihe geschehen durch Berührung mit Kraftsubstanzen, durch Waschung mit heiligem oder geweihtem Wasser, durch Bestreichung mit Blut oder Speichel, durch Salbung mit Öl oder Fett. Die Salbung ist vor allem ein Weiheritus; er verleiht einem Gegenstand oder Menschen auf Dauer eine besondere Kraft: in Babylonien goß der Vater der Braut dem Schwiegersohn Öl aufs Haupt.

Auch von der heilenden Wirkung der Salbung ist häufig die Rede: Schon zu Lebzeiten Jesu »salbten die Apostel viele Kranke mit Öl und machten sie gesund«.

INDIVIDUATIONSPROZESS

Die Entstehung des individuellen Lebensmusters hat C. G. Jung als den Individuationsprozeß bezeichnet. Das seelische Zentrum, das dieses Wachstum lenkt, scheint eine Art »Kernatom der Seele« zu sein; man könnte es auch den Erfinder und Ordner unserer Träume nennen. Jung hat dieses Zentrum als das »Selbst« bezeichnet. Es stellt die Ganzheit der Psyche dar – im Gegensatz zum Ich, das nur einen kleinen Teil unseres gesamten Seelenlebens repräsentiert.

Unter den individuellen Symbolen verdienen jene, die den sogenannten Individuationsprozeß – einen von C. G. Jung beobachteten und durch analytische Arbeit förderbaren, natürlichen und jedem Menschen mitgegebenen, mehr oder minder bewußten, seelischen Entfaltungsprozeß, der auf die Erweiterung des Bewußtseinsfeldes und die Ausreifung der Persönlichkeit zielt – charakterisieren, besonders hervorgehoben zu werden. Sie säumen den Weg der Individuation in bunter Folge und bezeichnen wie Meilensteine seine Etappen. Sie beruhen auf bestimmten Archetypen, die in Imaginationserlebnissen regelmäßig in Erscheinung treten und zu einer Auseinandersetzung mit der in ihnen verkörperten seelischen Problematik drängen. Ihre »Einkleidung« sowie der Moment ihres Auftretens sind für die spezifische Bewußtseinslage des jeweiligen Individuums stets in hohem Maße kennzeichnend. Was solche Symbole im einzelnen bedeuten, hängt von der Situation und Persönlichkeit des Imaginierenden ab. Egal ob negativ oder positiv, immer strahlen solche Bilder eine eigenartige Faszination aus.

Es gibt unter den Symbolen des Individuationsweges einige besonders bedeutsame, die in menschlicher oder in unter- oder übermenschlicher Gestalt auftauchen können und sich in eine Reihe von Typen unterteilen lassen. Die wichtigsten dieser Bilder sind der Schatten, der alte Weise, das Kind (inklusive des kindlichen Helden), die Mutter (Urmutter, Erdmutter) als übergeordnete Persönlichkeit und ihr Gegenteil, das Mädchen; sodann die Anima beim Mann und der Animus bei der Frau, die jeweils den gegengeschlechtlichen seelischen Aspekt darstellen, sowie die Symbole der Vereinigung, die Sinnbilder des psychischen Zentrums, des Selbst. Solche Symbole sind häufig Götterbilder oder andere Sinnbilder des Unzerstörbaren; manchmal treten sie jedoch auch als rein abstrakte geometrische Figuren auf, zum Beispiel das Mandala. In dieser Funktion sind sie reiner Ausdruck der psychischen Urordnung. Eine strenge Abgrenzung zwischen individuellen und kollektiven Symbolen läßt sich jedoch wegen der verblüffenden Ähnlichkeit zwischen beiden nur selten durchführen. Es bedarf daher im Einzelfall einer strengen Überprüfung. Der Individuationsprozeß stellt, wenn bewußt beobachtet und begleitet, eine dialektische Auseinandersetzung zwischen den Inhalten des Unbewußten und des Bewußtseins dar, wobei die Symbole die jeweils nötigen Brücken bilden, indem sie die oft scheinbar unversöhnlichen Gegensätze der beiden »Seiten«

überhöhen und miteinander versöhnen. Wie von Anbeginn jedem Samen das ganze Lebewesen als verborgenes Ziel innewohnt, das mit allen Mitteln erstrebt wird, so ist auch die Seele des Menschen, mag er sich dieser Tatsache auch nicht bewußt sein oder sich gegen ihre Verwirklichung sträuben, auf eine volle Entfaltung, auf »Ganzheit« ausgerichtet.

KÖNIG
In alter Zeit galten die Herrscher als Träger besonderer Kräfte; vor allem glaubte man, sie stünden in ständiger Verbindung mit den Göttern. Häufig erschien auch der König als sichtbarer Gott, als sein Sohn, oder er galt als sein auserwählter Stellvertreter. Als Sohn des Re war der ägyptische König des Sonnengottes »lebendes Bild auf Erden«; er war Garant des irdischen wie auch des kosmischen Lebens, dessen Sinnbild, das Henkelkreuz, er in den Händen hielt. Nach sumerischer Überlieferung kam das Königtum vor undenklicher Zeit vom Himmel herab. Ursprünglich war das Amt des Herrschers meistens mit dem des höchsten Priesters verbunden, so bei den altmesopotamischen Priesterkönigen.

Die Institution des Königtums als eines grundlegenden politisch-sozialen Ordnungsfaktors durchzieht die ganze Menschheitsgeschichte. In Europa begann die Auflösung dieser Institution erst vor weniger als hundert Jahren. Als König bezeichnet man noch immer den souveränen Menschen, der fähig ist, sein Verhalten und Tun gegenüber seiner Umwelt bedingungslos zu verantworten. Ein solcher Mensch ist nur selten der brutale und egoistisch Starke; er ist vorwiegend der liebend allen zugewandte, aus Wesensharmonie heraus Starke. Der ideale König hatte immer ein besonderes »Charisma«, das heißt eine Bewunderung und Vertrauen erweckende Ausstrahlung. Nur ihm traute man zu, das labile Gleichgewicht zwischen menschlicher und göttlicher Ordnung aufrechtzuerhalten. Er mußte sich über kleinliche Parteilichkeit erheben und zum Wohl des Ganzen ohne Rücksicht auf Einzelinteressen handeln. In ihm fand der durchschnittliche Mensch lange jene

Sicherheit und Selbstgewißheit, die er sich persönlich nicht zutraute. Daher kommt die Verehrung, die Königen von jeher entgegengebracht wurde.

Der König erscheint in Imaginationserlebnissen als ein überpersönliches Vatersymbol, als Archetyp des Vaters. Er verkörpert eine oberste Instanz, die in der Regel hilfreiche Hinweise gibt. Auch wenn die imaginierte Figur des Königs bedrohliche oder dämonische Züge trägt, die eine starke, noch kindliche Abhängigkeit des Imaginierenden von seinem Vaterbild verraten, so ist sie doch ein Beweis dafür, daß die Vaterproblematik des Individuums einer positiven Lösung entgegendrängt. In den Träumen von Männern kann der König auch für den innersten Kern der Gesamtpersönlichkeit des Träumers stehen. Alles Nähere ergibt sich nur aus dem jeweiligen Zusammenhang.

Mandala

In der Geschlossenheit und somit auch Abgeschlossenheit liegt das Hauptcharakteristikum, die Hauptkraft des magischen Kreises. Die Kreislinie bewirkt eine Trennung des Kreisinnern von der Umgebung, eine Zweiteilung des Raumes in ein »Innen« und ein »Außen«, wobei das »Innen«, der von der Kreislinie umschlossene Raum, eine eigene Macht- und Wirkungssphäre bildet. Durch sein Einschließen in einen Kreis bekommt man Macht über das Eingeschlossene. Die magische Gewalt über das vom Kreis Umschlossene läßt sich auch dazu benutzen, alles Fremde und Feindliche von ihm auszuschließen und abzuwehren, indem die magische Kreislinie als Grenzlinie gesetzt wird.

Als besondere Art der Kreisbewegung sei der Kreistanz erwähnt, der wie der Kreislauf eine magische Steigerung des Umgehens darstellt. Zu der Macht des Kreises, das außen befindliche Böse auszuschließen und abzuwehren, kommt noch eine reinigende, eine kathartische Kraft hinzu, indem durch Umkreisen einer Sache das in sie bereits eingedrungene und in ihr vorhandene Böse entfernt wird. In manchen Fällen schließt der Kreis eine Handlung von der profanen Umgebung ab zum Zweck, den Ort der Handlung zu schützen und zu weihen. Ursprünglich wohl die natürlichste Form einer Versammlung verleiht die Kreisform außerdem geheime Kraft, schafft einen gebannten Raum, in dem »Friede« herrscht.

In den Kulturen des Ostens gibt es Darstellungen ritueller Kreise, die »Mandala« genannt werden. Das Sanskritwort »Mandala« bedeutet Kreis oder auch magischer Kreis. Für C. G. Jung steht außer Frage, daß das Mandala ursprünglich aus Träumen und Visionen entstanden ist und zu den ältesten religiösen Symbolen der Menschheit gehört. Das Zentrum eines Mandalas enthält in der Regel eine Figur von höchstem religiösem Rang. Um diese hohe Bewertung des Zentrums zu wissen ist nicht unwesentlich, stimmt sie doch mit dem Vorrang des Zentrums in individuellen Mandalaimaginationen überein. Dieses Zentrum steht – psychologisch betrachtet – für eine Mitte der Persönlichkeit, die mit dem Ich nicht identisch ist. Das Mandalasymbol ist nicht nur Ausdruck einer Grunderfahrung, sondern es hat auch eine Wirkung, es hat den Zweck, eine magische Furche um das Zentrum der innersten Persönlichkeit zu ziehen, um das »Ausströmen« zu verhindern oder um die Ablenkung durch Äußeres abzuwehren. Durch das Mandala wird die Aufmerksamkeit oder die Anteilnahme auf einen inneren heiligen Bezirk, der Ursprung und Ziel der Seele ist und die Einheit von Leben und Bewußtsein darstellt, zurückgeführt.

Mythisch-symbolische Darstellungen des Selbst betonen immer wieder die vier Himmelsrichtungen, und in vielen derartigen Bildern ist der »große Mensch« im Zentrum eines viergeteilten Kreises (Mandala) abgebildet. In den östlichen Kulturen werden Mandalabilder hauptsächlich meditativ verwendet; sie dienen dem Zweck, das innere Gleichgewicht wieder herzustellen. Dem Schüler wird ein Mandala vorgelegt, in das er sich versenken soll.

Wie C. G. Jung entdeckte, entwickeln sich solche Mandalas aber auch aus dem Unbewußten von Menschen, die von derartigen Meditationsübungen keine Ahnung haben, und zwar geschieht dies besonders in Situationen, in denen sich der Mensch verwirrt, unglücklich und in »Unordnung« fühlt. Das Auftauchen dieses Symbols bringt meistens ein überwältigendes Erlebnis von innerem Frieden und von Harmonie mit sich.

Mönch und Nonne

Neben dem Priester gilt auch der Mönch als Träger der Heiligkeit. Priester wird ein Mensch durch Geburt oder Weihe, Asket aber aufgrund freien Entschlusses, selbstauferlegten Verzichts und persönlichen Opfers. Der Priester ist Träger einer gewissermaßen dinglichen, der Asket einer persönlichen Heiligkeit. Mönchtum und Priestertum waren ursprünglich nicht miteinander verbunden. Das klassische Land des Mönchtums ist Indien. Ursprünglich gab es dort nur einzelne Asketen.

Das erste Prinzip des mönchischen Lebens ist die Besitzlosigkeit; seine radikalste Form ist das Bettelmönchtum. Das Ideal der völligen Armut wurde gelegentlich so ernst genommen, daß in verschiedenen Orden sogar das Berühren von Geld verpönt war. Die völlige Armut galt diesen Orden als Quelle höchster geistiger Freiheit und tiefsten seelischen Friedens.

Der zweite Grundpfeiler des mönchischen Lebens ist die völlige geschlechtliche Enthaltsamkeit und der Verzicht auf die Ehe. Der Sicherung der Enthaltsamkeit dient häufig die Vermeidung jeglichen Verkehrs mit dem anderen Geschlecht. Die Motive der Ehelosigkeit sind vielfältig: Wie die Armut werden auch Ehelosigkeit und geschlechtliche Enthaltsamkeit als Quelle der geistigen Freiheit angesehen. Das zweite Motiv ist die Sammlung geistiger Kräfte und die Konzentration auf die Erlangung des Heils. Das dritte Motiv ist die völlige Hingabe an Gott als höchstes Gut: »Wer ehelos ist, sorgt, was dem Herrn gehört, wie er dem Herrn gefalle; wer aber heiratet, der sorgt, was der Welt gehört, wie er dem Weibe gefalle« (1. Korinther 7, 32f.). Das vierte Motiv ist die Vorwegnahme des Endzustandes, in dem die Menschen nach Jesu Wort »weder freien noch gefreit werden, sondern wie die Engel sein werden«. Das fünfte Motiv ist die Möglichkeit eines umfassenden Liebeswirkens: der Ehelose vermag nicht nur die vollkommene Gottesliebe, sondern auch die vollkommene Bruderliebe zu verwirklichen, weil seine Liebe und Fürsorge nicht eingeengt sind auf den begrenzten Familienkreis. Neben all diesen Motiven wirkt zweifellos auch der primitive Tabugedanke nach: die Vorstellung einer verunreinigenden Kraft all dessen, was mit dem geschlechtlichen Leben zusammenhängt.

Das dritte Mönchsideal ist der vollkommene Gehorsam gegenüber dem geistigen Führer. Die wichtigste Aufgabe des Mönchs ist das geistige Training, die Versenkung, die Vertiefung.

Mönch und Nonne können in Imaginationserlebnissen zu den Schattenfiguren gehören. Der Schatten hat zwei Aspekte: einen gefährlichen und einen wertvollen. Die jeweilige Bedeutung ist vom Kontext abhängig.

Nacktheit im Kult

Älter als die partielle Entblößung ist die vollständige Nacktheit. In ältesten Zeiten war bei gottesdienstlichen Handlungen völlige Nacktheit des Bittenden und Opfernden erforderlich. Seines gewöhnlichen Lebens entkleidet, sollte der Mensch vor die Gottheit treten wie ein vom Leben noch nicht beflecktes Kind. Auch die Götter wurden ja in der Urzeit noch nackt gedacht; in alten deutschen Märchen und Sagen haben die Wolken- und Wassermädchen unverhüllte Körper und sind oft von berückender Schönheit. Die sakrale Nacktheit war in der antiken Welt üblich beim Gebet, bei Opfer, Totenkult und Tanz, bei Inkubation (Tempelschlaf) und Prophetie. Nachdem die Nacktheit aus dem Kult verschwunden war, lebte sie in der Folklore fort, besonders im Liebes- und Fruchtbarkeitszauber. Das deutsche Mädchen, das in der Andreasnacht ihren zukünftigen Bräutigam schauen will, muß unbekleidet sein. Vor allem ist Nacktheit Voraussetzung für das Gelingen des

Fruchtbarkeitszaubers; bei den Griechen mußten nackte Mädchen mit aufgelöstem Haar und barfuß ein Feld umgehen, damit das Unkraut beseitigt wurde; im deutschen Volksbrauch tanzten nackte Mädchen um den Flachs und wälzten sich in ihm.

Die sakrale Nacktheit lebt in verschiedenen Formen in den Religionen fort, beispielsweise im Asketismus der hinduistischen Mönche und Yogis. Im großen und ganzen jedoch hat die Nacktheit in der höher entwickelten Religiosität nur noch allegorische Bedeutung und steht für innere Ablösung und Läuterung. Plotin sagt: »Wie in den Mysterien derjenige, der das Allerheiligste betritt, sich reinigen, seine Kleidung völlig ablegen und vollkommen nackt eintreten muß, genauso muß auch die Seele alles, was dem Gott fremd ist, von sich abstreifen, um mit ihrem alleinigen Selbst auch das Göttliche in seiner Alleinheit zu schauen, als lauter, einfach rein.«

Opferriten

Grundlage der Opferidee ist die Vorstellung des Austauschs. Der Mensch opfert seinem Gott, um von ihm – wenn möglich – noch mehr zu empfangen. Diese Haltung gilt für das Bittopfer ebenso wie für das Dankopfer, hinter dem ja die Erwartung steht, die Gottheit möge ihren Segen weiterhin geben. Aus der Erkenntnis des geheimnisvollen Zusammenhangs zwischen Leben und Tod ist das Opfer hervorgewachsen, dessen eigentlicher Zweck die Erhaltung der bestehenden Weltordnung und die Sicherung des eigenen Lebens ist. Bevorzugte Opfergaben sind die Erstlinge, das heißt die ersten Früchte, die erstgeborenen Tiere, aber auch menschliche Erstgeborene. Menschenopfer sind die höchste Steigerung des Sühn- und Sündopfers, durch das der göttliche Zorn beschwichtigt werden soll.

Das Menschenopfer war in den alten Hochkulturen weit verbreitet: bei den Aramäern, Griechen, Römern, Germanen und Kelten ebenso wie bei den Mexikanern und Japanern. Es hatte den Zweck, die göttlichen Mächte mit dem Höchsten, das Menschen darzubieten haben, für ihre Wohltaten zu entschädigen und ihr Wohlwollen für die Zukunft zu sichern. In manchen Fällen symbolisierte der geopferte Mensch auch einen Gott, der gemäß dem Jahreszyklus einmal im Jahr starb, um später wiedergeboren zu werden.

Wesentlich weitere Verbreitung als das Menschenopfer hatte das Tieropfer.

Taucht in der Imagination eine Opferhandlung auf, so deutet dieses Bild meistens darauf hin, daß der Imaginierende im Interesse der vollen Entfaltung seiner Persönlichkeit bestimmte Haltungen und Gewohnheiten »opfern« muß.

Priester

Königtum und Priestertum waren ursprünglich eng miteinander verbunden; der Dorf- und Stammeshäuptling oder der Volkskönig waren zugleich meistens auch Priester. In höheren Kulturen waren die Könige die Hohenpriester.

Schon frühzeitig sonderten sich Priester als professionelle Vermittler zwischen Göttern und Menschen von der übrigen Gemeinschaft ab. Diese Funktion war am Anfang der Entwicklung dem Zauberer oder Medizinmann, der Zauberin oder Medizinfrau, dem Schamanen oder der Schamanin vorbehalten. Sie waren Vollzieher der Zauberhandlung, Kenner der Zauberworte, Helfer in Krankheit, Dürre, Kriegsgefahr, Vermittler des Verkehrs mit der übersinnlichen Welt, Enträtseler der Zukunft. Das professionelle Zauberertum ist neben dem Königtum eine der Wurzeln des Priestertums. Die Funktionen des Zauberers und der Zauberin wurden übernommen von Priestern und Priesterinnen.

Der Unterschied zwischen Zauberer und Priester besteht in ihrer jeweiligen Beziehung zum Übermenschlichen. Während es der Zauberer mit den »Mächten« schlechthin zu tun hat, wendet sich der Priester an konkrete Gottheiten.

Der Priester ist wie der König Stellvertreter der Gottheit, Übermittler des göttlichen Willens durch Traumdeutung, Orakel und Mantik, Spender der sakramentalen göttlichen Gnaden, Erteiler des göttlichen Segens, Rezitator der Zauberformeln, Heiler und Arzt in leiblichen und geistigen Nöten. Der Priester ist der »sichtbare Gott«. Zugleich ist er Stellvertreter der Menschen vor Gott, Übermittler ihrer Opfer und Gebete.

In der Imagination ist der Priester immer eine wichtige archetypische Figur. Er kann den negativen oder positiven Animus in der Frau symbolisieren, aber ebenso auch den negativen oder positiven Schatten im Mann. Es gilt angesichts einer Priesterfigur immer zu differenzieren und das Gesamtgeschehen in Betracht zu ziehen.

Segen / Fluch

Die häufigste Form des Segens und Fluchs ist die Zuweisung ihrer praktischen Erfüllung an eine Gottheit, die schenkt oder richtet. Segen und Fluch sind besonders wirksam, wenn sie von machterfüllten Menschen gesprochen werden, vom Familienvater, vom Häuptling, König, Medizinmann, Priester, Propheten oder von einem Sterbenden. Segen und Fluch galten früher als feinstoffliche Übertragung positiver oder negativer »Energie« auf den Leib des Gesegneten oder Verfluchten. Diese Energien umgaben den Betroffenen gleichsam wie eine Aura. Der Segen kehrt, wenn er über einen Unwürdigen gesprochen wird, zum Segnenden zurück.

Der Fluch hat nach der Vorstellung der Menschen früherer Zeit eine ansteckende Macht. Darum ist auch der Verfluchte oder Verfemte tabu. Ein jeder, der mit ihm ißt oder trinkt, wird von dem Fluch angesteckt. Diese Idee lebt fort im Brauch der Exkommunikation in der römisch-katholischen Kirche.

Segen und Fluch spielen in Imaginationen insofern eine Rolle, als von ihnen seelische Energien gemeint sein können, die entweder Förderung verdienen oder aber allmählich umgewandelt werden müssen.

Seherin

Die Seherin ist häufig identisch mit der Kultpriesterin. Germanische Religionen kannten auch sogenannte Opferpriesterinnen. Strabo gibt eine grausame Schilderung von der Schlachtung von Kriegsgefangenen durch die Priesterinnen der Zimbern. Diese weissagten aus dem Blut und den Eingeweiden der Getöteten. Die größte Bedeutung erlangte das weibliche Tempelpriestertum in den großen antiken Religionen. In Ägypten wirkten die Priesterinnen der Nut und Hathor (Liebesgöttin). Im Neuen Reich (1650–950 v. Chr.) war ihre Aufgabe vor allem der Tempelgesang. Sie hießen »Sängerinnen des Gottes«, »Priesterinnen des Amon«, »Kebsweiber (Nebenfrauen) Gottes«, »Sein Harem«. An ihrer Spitze stand die Gattin des Hohenpriesters. Das »Gottesweib«, die »Gotteshand« war eine Dame aus königlicher Familie, die Vertreterin der Göttin Nut.

Besonders wichtig war das weibliche Priestertum in Griechenland. In den Tempeln der Göttinnen, aber auch in den Göttertempeln dienten teils Mädchen, teils ältere Frauen, die dem Geschlechtsverkehr entsagt hatten. Wie die Tempelpriester verrichteten sie meist unblutigen Opferdienst, reinigten und schmückten das Gottesbild, hüteten die Tempelschätze, entsühnten den Tempel bei Verunreinigung, schützten die in den Tempel Flüchtenden und sprachen den Fluch gegen alle, die sich gegen das Heiligtum vergingen. Bestimmte Frauen, die ihre Jungfräulichkeit in der sakralen Prostitution opferten, galten als Garantinnen der Lebens- und Fruchtbarkeitskraft des Volkes. Sie waren Stellvertreterinnen der großen Mutter- und Geschlechtsgöttin, während die Priester als Stellvertreter des männlichen Gottes galten.

Erich Neumann schreibt in seinem Buch *Die große Mutter* über die Seherinnen: »So ist die Frau die ursprüngliche Seherin, die Herrin der weisheitbringenden Wasser der Tiefe (Unbewußtes), der murmelnden Quellen und des Brunnens, denn die oder besser eine Verlautbarung des Sehertums ist die des Wassers. Aber die Frau weiß auch um das Rauschen der Bäume und um alle Zeichen der Natur, mit deren Leben sie eng verbunden ist. Das Murmeln des Wassers der Tiefe ist nur ein Außen des in ihr selber urmurmelnden Sprechens des Unbewußten, das wie das Wasser des Geysirs in ihr ›aufgeistert‹. Weil die ekstatische Situation der Seherin aus ihrem Überwältigtsein durch den in ihr aufsteigenden Geist stammt, der aus ihr spricht oder besser in rhythmisch gesteigerter Sprechbeschwörung aus ihr sich kundtut und singt, ist sie das Zentrum der Magie, des magischen Gesanges und schließlich der Dichtung.«

Siegel

Unter einem Siegel versteht man sowohl den Prägestempel wie auch seinen Abdruck. Ursprünglich dienten Tonzylinder mit eingeritzten Zeichen als Siegel, bald danach kamen auch die Siegelringe oder am Hals getragene Petschafte auf. Die Siegel und ihre Symbolik – meist waren es Zeichen aus der religiösen Bilderwelt – dienten der Sicherung des Eigentums, bei den Sumerern hatten die häufig aus Halbedelsteinen geschnittenen Siegel auch noch die Bedeutung eines Amulettes; sie sollten ihren Träger vor Schaden schützen und ihn den Göttern empfehlen. In der jüdischen Magie sollten Hexagramm und Pentagramm die bösen Geister fernhalten; beide Zeichen wurden vom Islam als »Siegel Salomons« übernommen.

Der Akt des Versiegelns bezeichnet die Handhabung des Siegels und bedeutet soviel wie rechtlich beglaubigen, unterzeichnen. Das Siegel ist etwas ganz Persönliches. Der Siegelabdruck zeigt, daß schon ein Besitzer da ist; das Versiegeln bedeutet also die Unantastbarkeit für andere.

Tod

Nicht nur der lebende, sondern auch der tote Mensch wurde zu allen Zeiten als »heilig«, das heißt als machterfüllt angesehen. In dieser Auffassung verbindet sich der Glaube an ein Fortleben des Menschen nach dem Tod mit der Furcht vor schädigenden Einflüssen durch die Toten, insbesondere vor der Verursachung von Krankheiten.

Die Ahnen galten vorwiegend – obgleich nicht ausschließlich – als freundliche Geister und Schutzgeister. Sie können aber, wenn sie nicht angemessen verehrt werden, dieselben schädigenden Wirkungen hervorbringen wie die Totengeister. Die Verehrung der Ahnen ist gekennzeichnet durch regelmäßige Darbringung von Speiseopfern vor ihren Gräbern oder vor ihren Symbolen und durch regelmäßigen trauten Umgang mit ihnen. Für eine gefährliche Reise durch das Jenseits wird dem Toten durch Zaubersprüche Hilfe geleistet. Die Totenverehrung ist der Hauptaspekt der Religion vieler Naturvölker.

In der Imagination bedeutet das Bild des Todes nicht das Lebensende. Vielmehr ist der Tod ein Wandlungssymbol, in dem sich der ewige Kreislauf des »Stirb und werde« ausdrückt. An die Stelle dessen, was in der Imagination stirbt, tritt erfahrungsgemäß etwas Neues.

Tempel

In alter Zeit war der Tempel nicht primär Versammlungsraum der Gläubigen, sondern Aufenthaltsort und Wohnung der Götter. Meistens war das Allerheiligste mit dem Bild der Gottheit in völliges Dunkel gehüllt, gleichsam das unerforschliche Geheimnis des göttlichen Seins andeutend. Die frühen Tempel des Vorderen Orients hatten auch eine kosmische Bedeutung; so galten die stufenförmigen Zikkurats der Akkader als Abbild des Weltenberges. Bei den ägyptischen Tempelbauten versinnbildlicht der untere Teil die Erde, aus der die Pflanzen (Papyros, Lotus und Palme in Säulenform) hervorsprießen; die mit Sternen und Göttervögeln bemalte Decke deutet auf das Himmelsgewölbe.

Der Tempel entspricht in seinem symbolischen Gehalt weitgehend der Bedeutung des Hauses. Das Tempelinnere ist zwar auch Kultstätte, doch spielt sich das Opfer samt Gesang und Gebet meist im Vorraum, häufig im Freien ab. Wichtig ist der Tempel als Orakel- und Heilstätte, daher rührt die besonders in der Antike weitverbreitete Sitte des Tempelschlafs (Inkubation). Von diesem Schlaf erwartete man eine heilende Wirkung. Diese Sitte lebt im Christentum bis zum heutigen

Tag weiter, beispielsweise in den griechischen Wallfahrtskirchen.

Der Tempel ist auch ein Asyl für Schutzflehende, er ist ein Symbol des Weges. Auf späterer Kulturstufe und bei höher entwickeltem Bewußtsein wird dieser Archetyp des Weges zum bewußten Ritualweg, der zum Beispiel schon durch die Anlage der Tempel – von den Tempeln Ägyptens bis zum Boro Budur Ceylons – den Verehrenden zwingt, einen rituellen Weg von der Peripherie bis zum Zentrum, dem Heiligtum, zu gehen und so das Wegritual zu vollziehen.

Wir finden im Tempel eine Weiterführung des Symbols der Höhle. Die bergende Höhle als Teil des Berges stellte entwicklungsgeschichtlich gesehen die Naturform jener Kultursymbole dar, die als Tempel und Temenos heiliger Tempelbezirk, als Hütte und Haus sowie als Gatter, Zaun und Mauer Schutz und Abgeschlossenheit bedeuten, wobei das Tor und die Tür symbolisch den Eingang zum Schoß des mütterlichen Gefäßes bilden.

Versammlung

Zum Fest gehört es, daß Menschen sich versammeln. In der Zusammenkunft äußert sich innere Übereinstimmung in Glauben und Hoffen.

Die Teilnehmer des Festes versammeln sich, sie werden nicht versammelt. Die Versammlung ist ein Bild jener Freiheit, mit der einer sich entschließt, aus der Isolation herauszutreten und sich mit anderen zusammenzutun. Aus vielen Ich wird ein Wir, eine die einzelnen umgreifende und repräsentierende Ganzheit. Diese Ganzheit ist mehr als eine Summierung von Individuen, mehr als eine regellose, vom Zufall gesteuerte Masse. Es entsteht eine Art Organismus. Es tritt etwas auf wie ein elektrischer Stromkreis, ein Kraftfeld mit bestimmten Konstellationen. Dies beruht auf dem Kontakt der einzelnen miteinander und mit dem Ganzen.

Die Versammlung kann durch die Kreisfigur symbolisiert werden. Sie hat nämlich einen Mittelpunkt und ist geschlossen.

Sie steht nicht grundsätzlich aller Welt offen, obgleich sie, auch im Fall der im strengen Sinn geschlossenen Gesellschaft, immer ein gewisses Maß an Offenheit hat. Alle schauen in die gleiche Richtung, gebunden an die gleiche Mitte. Dabei unterwerfen sie sich bestimmten Regeln, geben also Freiheit preis und erlangen dafür eine Ergänzung durch die anderen.

WALLFAHRT

Wie die Versammlung ist auch der sie vorbereitende Zug, der die Gestalt einer formierten Prozession annehmen kann, eine Figur, die zum Symbolbereich des Festes gehört.

Schon das Zusammenströmen vieler Menschen zum Gottesdienst gleicht einer Wallfahrt. Alle sind aufgebrochen, alle Wege treffen sich, alle haben das gleiche Ziel. Die Auszeichnung eines Zentralheiligtums durch seine Geschichte, ein Gnadenbild, ein berühmtes Grab, sind ein Hauptgrund für die Wallfahrt. Zentralheiligtümer hat jede Religion, und darum hat auch jede ihre großen Wallfahrten.

Die Wallfahrt kann mit einer Psychotherapie verglichen werden. In beiden Fällen erfordert die Erreichung des Ziels große Mühe. Der Weg ist meistens lang und schwierig.

Was für die Wanderschaft im allgemeinen gilt, das gilt ebenso für die Pilgerreise, das gilt vor allem für die Selbstfindung: sie sind die großen Symbole des menschlichen Daseins, wie es der Fromme sieht und zu leben versucht, immer in Bewegung auf das letzte Ziel der Begegnung mit Gott hin und somit im therapeutischen Sinne dem Ziel entgegen, der Begegnung mit dem Selbst.

Literaturverzeichnis

ADLER, Gerhard: Das lebendige Symbol. London 1958.
AMANN, A. N.: Aktive Imagination. Olten 1978.
ASSAGIOLI, Roberto: Handbuch der Psychosynthesis. New York 1971.
BEIT, Hedwig von: Symbolik des Märchens. Bern 1952.
BERGSON, Henri: Die seelische Energie. Jena 1928.
BÜHLER, Charlotte, und BILZ, Josephine: Das Märchen und die Phantasie des Kindes. Frankfurt 1953.
CAUTELA, J. R.: Treatment of compulsive behaviour by covert sensitization. New York 1966.
CONDREAU, Gion (Hrsg.): Die Psychologie des 20. Jahrhunderts. Bd. XV: Transzendenz, Imagination und Kreativität. Zürich 1979.
CORBIN, Henry: De la philosophie prophétique en Islam shiite. Eranos Jahrbuch 1962.
–: Imagination créatrice et prière créatrice dans le soufisme d'Ibn Arabi. Eranos Jahrbuch 1956.
CRAMPTON, M.: The visual »Who am I« method. Psychosynthesis Research Foundation 1968.
DESOILLE, R.: Le rêve éveillé en psychothérapie. Paris 1948.
DYCHTWALD, Ken: Körperbewußtsein. Essen 1981.
ERICKSON, Milton, und ROSSI, E. L.: Hypnotherapie. München 1981.
–: Hypnose – Induktion – Psychotherapeutische Anwendung. München 1978.
FREUD, Sigmund: Die Traumdeutung. Frankfurt 1972.
–: Behandlungstechnik. Frankfurt 1972.
FRETIGNY, R., und VIREL, A.: Imagerie mentale et odeurs. Paris 1967.
FROMM, Erich: The forgotten Language. New York 1951.
GREEN, Elmer und Alice: Biofeedback, eine neue Möglichkeit zu heilen. Freiburg 1978.
HAPPICH, Carl: Das Bildbewußtsein als Ansatzstelle psychischer Behandlung. Zentralblatt Psychotherapie 1932, 5.
HEILER, Friedrich: Erscheinungsformen und Wesen der Religion. Stuttgart 1979.
HEUSSE, Hans (Hrsg.): Instinkte und Archetypen im Verhalten der Tiere und im Erleben des Menschen. Darmstadt 1976.
HOROWITZ, M. J.: Image formation and cognition. New York 1970.
JACOBI, Jolande: Komplex – Archetypus – Symbol. Zürich 1957.
–: Vom Bilderreich der Seele. Olten 1969.

JANOV, Arthur: Gefangen im Schmerz. Düsseldorf 1982.
JUNG, Carl Gustav: Symbole der Wandlung. Zürich 1924.
–: Über die psychische Energetik und das Wesen der Träume. Zürich 1948.
–: Das Geheimnis der goldenen Blüte. Zürich 1948.
–: Der Mensch und seine Symbole. Olten 1968.
KATZENBERGER, Hedwig: Der Tagtraum. Basel 1969.
KESSLER, Herbert: Das offenbare Geheimnis. Freiburg 1977.
KIRCHGÄSSNER, Alfons: Welt als Symbol. Würzburg 1968.
LAY, Rupert: Meditationstechniken für Manager. München 1976.
LANGEN, Dietrich: Kompendium der medizinischen Hypnose. Basel 1955.
LAZARUS, Arnold: In the Mind's Eye. New York 1977.
LEUNER, Hanscarl: Imagination als Spiegel des unbewußten Seelenlebens. Bremen 1974.
–: Katathymes Bilderleben, Grundstufe. Stuttgart 1981.
–: Katathymes Bilderleben – Ergebnisse in Theorie und Praxis. Bern 1980.
–: Katathymes Bilderleben mit Kindern und Jugendlichen. Basel 1977.
MAASS, Hermann: Der Therapeut in uns. Olten 1981.
MASTERS, R. und HOUSTON, J.: Mind Games. New York 1972.
MEIER, C. A.: Experiment und Symbol. Olten 1975.
MEINHOLD, Werner J.: Spektrum der Hypnose. Genf 1980.
MORENO, J. L.: Reflections and my method of group-psychotherapy and psychodrama. New York 1967.
MURPHY, Joseph: Die Macht Ihres Unterbewußtseins. Genf 1969.
NEUMANN, Erich: Die große Mutter. Zürich 1956.
–: Ursprungsgeschichte des Bewußtseins. München 1974.
SARTRE, Jean Paul: Das Imaginäre. Genf 1958.
SCHÄR, H.: Religion and the cure of souls in Jungs psychology. New York 1950.
SCHWÄBISCH, Lutz, und SIEMS, Martin: Selbstentfaltung durch Meditation. Reinbek 1976.
SCHWARTZ, Leni: The World of the Unborn. New York 1980.
SHORR, Joseph E.: Psycho-Therapy through Imagery. New York 1974.
–: The existential Question and the Imagery Situation as Therapy. Existential Psychiatry 1967.
SHAH, Idries: The Sufis. London 1964.
SINGER, J. L.: Daydreaming. New York 1966.
–: Imagery and Daydream Methods in Psychotherapy and Behaviour Modification. New York 1974.
STUMPFE, Ortrud: Die Symbolsprache der Märchen. Münster 1965.
TEPPERWEIN, Kurt: Die hohe Schule der Hypnose. Genf 1978.
TIETZE, Henry G.: Hypnose – Ihre Möglichkeiten und Grenzen. Hannover 1978.
–: Die Kräfte der Hypnose. München 1980.

Literaturverzeichnis

–: Die punktierte Seele – Kreativ und streßfrei durch Alpha-Training. München 1981.
–: Im Spiegel der Träume. München 1981.
–: Lieben Sie sich selbst. München 1983.
WALDEN, Peter: Die hohe Schule der Traumdeutung. Genf 1983.

Namen- und Sachregister

Abend 305
Abgrund 235
Abwehr 137
Abwehrhaltung 137, 144
Acker 235
Adler 254 f.
Affe 255 f.
Affekte 138 f., 159, 221
Affekthandlungen 125, 138
Aktive Imagination 122 ff.
Akzente 142
Alphatraining 180
Alphawellen 54, 57 ff., 137
Alter Weiser 98 f., 231 f.
Ambivalenz 130, 136
Amputation 288
Anfang 305
Angst 19 f., 34, 37 ff., 42 f., 49, 51, 69, 77, 159, 180, 202 f.
Anima 95 ff., 223 ff., 232 f.
Animus 95 ff., 227 ff., 232 f., 287 f.
Anreichern 158, 160
Apfel 236
Archetypen 15, 97 f., 117 f., 131, 205, 219, 235
Assagioli, Roberto 100 ff.
Assimilierung 130
Auf 305 f.
Auge 267 f.
Außen 306 f.
Auster 236
Autogenes Training 55, 137
Autonome Komplexe 125
Autorität 102

Bach 140, 149 ff., 212
Bad 317 ff.
Ball 288 f.
Bär 256
Bauch 307 f.
Bauer 289

Bauernhof 289
Baum 128, 237 f.
Behaviorismus 23
Berg 84, 135, 140, 146 ff., 238 f., 255
Berger, Hans 56
Besen 289
Betawellen 57 f.
Bett 289 f.
Beugen, sich 278
Bick, Claus 65
Bildvermeidungen 68 ff.
Bilz, Josephine 90
Bipolarisation 166
Blitz 239 f., 242
Blockaden 202
Blume 142
Blut 268 f.
Blüte 142, 241, 248 ff.
Brot 269
Brücke 107, 244, 290
Brunnen 290 f.
Brust 269 f.
Buch 291 f.
Bühler, Charlotte 89 f.
Burg 24, 293

Caslant, N. 74
Cautela, Joseph 180 ff.
Chance 188
Chaos 149, 252, 292
Charakter 216, 223
Chidr 222
Corbin, Henry 99
Coué, Emile 54

Dämonen 19, 96, 116, 211
Deltawellen 57
Depression 44, 128 f., 145, 193
Desensibilisierungstechniken 180 ff.
Desoille, R. 74 ff., 135 f.
Dialog 162 ff., 167

Namen- und Sachverzeichnis

Donner 239 f.
Doppelbildimagination 162 ff.
Drache 19, 82, 119, 251, 256 f.
Dual-imagination 162 ff.
Dychtwald, Ken 36 f.
Dynamik 12, 26, 50

Ego 214, 219 ff.
Einigungsriten 319 f.
Ekstase 219
Elefant 257 f.
Emotionen 23, 28, 31, 37, 64, 97, 124, 136, 211, 219
Ende 305
Energie 46 f., 211, 243
Engel 78
Entspannung 180
Erde 46, 67, 84, 240 ff.
Erschöpfen 160, 174
Erzengel 78
Esel 257
Expression 25

Fabel 77
Fackel 293
Fee 78, 96
Felsen 293
Feuer 242 f.
Fisch 113 ff., 258
Fliegen 293
Fluch 329
Flugzeug 293
Fluß 243 f.
Fokussieren 164 ff., 187
Frau 270 f.
Fredeking, N. 74
Frétigny, R. 54, 74
Freud, Sigmund 9, 12, 14, 72, 85, 154, 200, 213
Frosch 259
Frucht 236, 241, 248 ff.
Fruchtbarkeit 240, 243 f.
Fuchs 259
Fülle 310 f.
Fuß 271

Ganzheit 106
Garten 244 f.

Geburt 245, 271 f.
Gefängnis 294
Gefäß 294
Gefressen 272
Gehen 277
Gehirn 67
Geier 259 f.
Geist 67, 211, 241
Geschlossen 305 f.
Gewitter 239
Gipfel 238 f.
Glas 294 f.
Gletscher 295
Gott 78, 96, 106, 116, 229 f., 238, 240 f.
Göttin 26
Grenze 295

Hand 273
Happich, Carl 74, 135
Hase 260
Haus 140, 153 ff., 244, 273
Held 119, 228
Hemisphäre 35 ff.
Herd 273 f.
Herz 274
Hexe 84, 96
Himmel 84, 154, 242, 245
Hindernis 296
Hinken 274 f.
Hinrichtung 296
Hirsch 260 f.
Hochzeit 275
Höhe 77
Höhle 46 f., 84, 119, 123, 128, 141, 245 f.
Hölle 241, 243
Hormone 34
Horn 296 f.
Horus 9
Hund 260
Huxley, Aldous 62
Hypnagoge Bilder 57
Hypothalamus 50

Identifikation 147
Imagination 9 f., 15, 25, 53 f., 56, 75, 82, 85, 110, 124, 137, 162

Imaginationstherapie 9 f., 14 f., 19, 26 ff., 42, 44, 48, 62 ff., 68, 203
Individualität 212
Individuation 94, 110 f., 119, 213, 215 f., 231, 243, 320 ff.
Innen 306 f.
Innenräume 84
Instinkte 204
Intuition 35
Irrational 28
Isis 9

Jacobi, Jolande 93, 223
Jahreszeiten 315 f.
James, William 53
Janov, Arthur 39
Jung, Carl Gustav 9, 11, 15, 40, 85, 93 ff., 97, 106 f., 110, 116 ff., 121 ff., 210 f., 213 f., 219, 223, 227
Jung, Emma 227
Jungfräulichkeit 235

Katathymes Bilderleben 63, 76 f., 135 ff.
Katze 261 f.
Kind 275
Kleid 276
Knoten 308
Kollektives Unbewußtes 85, 94
Komplexe 244
Konditionierung 181
Konflikte 85 ff., 136 f., 141, 147, 155 f., 159, 162, 166 f., 179, 233
Konfrontation 155, 157, 159, 234, 240
König 96, 109 f., 322 f.
Körperhaltung 276 ff.
Kosmos 210, 232
Krebspersönlichkeit 188 f.
Kreis 46 ff., 228, 250, 309
Kretschmer, Ernst 73
Küche 297
Kugel 49, 309 f.
Kuh 262
Kult 12, 109
Kuß 297 f.

Labyrinth 310
Lähmung 298

Lamm 262 f.
Lanze 298
Lazarus, Arnold 182 f.
Leere 310 f.
Leiche 298
Leiter 299
Leuner, Hanscarl 62, 76, 123, 135 ff., 174
Licht 242, 246, 311
Liegen 278
Links 313 f.
Lippen 281
Löwe 262

Mahl 279
Mandala 229, 320 ff.
Mann 228, 279 f.
Märchen 12, 46 f., 77, 84 f., 108, 121, 156, 228, 245, 254
Maske 103 ff., 216 f., 299 f.
Meer 46 f., 243, 246
Meditation 13
Meier, Carl Alfred 63
Milch 300
Mindern 160
Mittag 311 f.
Mitte 29
Mönch 325 f.
Mond 84, 246 f.
Moreno, J.L. 136
Morgen 312
Motive 143 ff., 166 f.
Mund 281
Mutter 97, 237, 281 f.
Mythen 12, 46, 106 ff., 120 f., 228

Nabel 282
Nacht 312 f.
Nacktheit 283, 326 f.
Nähren 158, 160
Natur 11, 41, 46, 102, 106, 109, 153, 156, 237, 254
Naturgeister 46
Neger 283 f.
Neurose 13, 25, 32, 42 f., 50, 88, 144, 148, 204, 229
Nonne 325 f.

Namen- und Sachverzeichnis

Numinos 8, 98
Nymphen 46

Offen 305 f.
Operation 300
Opferriten 327 f.
Organismus 20

Paradies 236, 244
Pawlow, Iwan P. 24
Penfield, Wilder 16, 35
Perle 236
Persona 216 ff.
Persönlichkeit 154, 195
Persönlichkeitsstruktur 194
Phantasie 23 f., 53, 128, 135, 137, 144
Pferd 262 f.
Polarisierung 252
Priester 328 f.
Prinz 96
Projektion 224 f.
Projektionsprozesse 55
Psyche 11 f., 15, 31, 43, 51, 98, 117, 127, 131, 133, 137, 195, 205, 215, 233
Psychoanalyse 12 f., 44, 137, 236
Psychodynamik 138
Psychoimagination 162 ff.

Quadrat 313
Quelle 46, 150 ff., 247

Rank, Otto 85
Raum 305
Rechts 313 f.
Regen 247
Regenbogen 248
Regression 12, 25
Reise 314
Reiz 24
Ribot, Théodule 62
Rigidität 139
Ring 300 f.
Riten 12
Rose 78 ff., 100 ff., 141, 248
Rücken 284

Salz 301
Same 48, 111, 248 ff.

Schaf 262 f.
Schatten 95 ff., 187, 219 ff., 232, 241
Schiff 301 f.
Schlange 119, 251, 264 f.
Schloß 84, 293
Schmerz 37 ff., 50
Schmetterling 265
Schmiede 302
Schmuck 284 ff.
Schoß 236, 241
Schrift 291
Schuh 302 f.
Schule 303
Schultz, J.H. 55
Schwartz, Leni 41
Schwein 265
Schwert 76, 303 f.
See 84
Seele 9 ff., 25, 84, 89, 102, 107, 108, 129, 137, 156, 219, 229, 254
Segen 329
Seherin 329 ff.
Selbst 72, 99, 105 ff., 214, 229 f., 233, 254
Selbstentfaltung 199 f., 223
Sexualität 141, 175 ff., 236
Shorr, Joseph 71, 162 ff.
Siegel 331
Simonton, Carl 21, 188 ff.
Sitzen 277
Somnolenz 55
Sonne 27, 48, 242, 250
Spannung 20
Speer 298
Spinne 265 f.
Spirale 314 f.
Stab 304
Steigerungstechnik 196 ff.
Stein 46, 250 f.
Stier 266
Straße 316
Strick 304
Strukturelemente 95
Sufis 212
Symbole 12, 15 ff., 40, 46, 66, 76, 85, 93 ff., 102, 107 ff., 111 ff., 118, 138, 205, 230
Symbolgestalten 156 ff.

Symbolismus 32, 46, 62
Symboloperation 38, 138
Symbolumwandlung 138, 159

Tag 312 f.
Tanz 286
Task-Imagination 162 f., 174 ff.
Taube 267
Thalamus 50
Thetawellen 57 ff.
Thot 247, 255
Tempel 238, 332 f.
Teufel 229, 256
Tiefenpsychologie 15
Tiere 84, 162 f., 241, 254 ff.
Tod 49, 84, 189, 233, 245, 286, 331 f.
Trance 61
Tranceinduktion 62
Trauer 49
Traumata 32, 37 f.
Träume 9 f., 35 f., 40, 116 ff., 219, 234
Treppe 154, 304
Triebkräfte 13 f.

Uhr 315
Unbewußtes 11
Unio mystica 235
Universum 48
Urerlebnis 41
Urmutter 46, 110
Uroboros 251
Urschmerz 15, 37 ff., 41, 50 f.
Ursituation 43

Urvertrauen 52
Uterus 46 f., 245

Vase 76
Vater 97, 287 f.
Verdrängung 124, 156
Verhaltenstherapie 180 f.
Vermeidung 129 f., 152
Versammlung 333 f.
Verschlingen 272
Versöhnen 135 f.
Virel, A. 54, 74
Visualisieren 184
Vogel 77, 267
Vorderseite des Körpers 284

Wald 84, 141, 156 ff., 251 f.
Wallfahrt 334
Waschung 317 ff.
Wasser 46 ff., 243, 252 f.
Weg 316
Wiedergeburt 49, 84
Wiese 135, 140, 143 ff., 253
Wind 212, 316 f.
Wolke 212, 317
Wüste 212, 253

Zähne 281
Zauberer 82, 97
Zauberschwert 82
Zauberstab 82
Zeit 305
Zentrum 49 f., 85
Zwerge 84, 96
Zu 305 f.

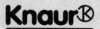

Schicksalsdeutung

Golmyn
DAS SCHICKSAL IN DEN ZAHLEN
Lebenshilfe durch Numerologie

(86011)

NIGEL PENNICK
DAS RUNEN ORAKEL
Mit 25 Runenkarten von Hermann Haindl

Mit einem Vorwort von Rachel Pollack
Knaur Esoterik

ISBN 3-426-26472

Monte Farber
KARMA KARTEN
Die Zukunft erkennen durch Astrologie
Mit 36 Karma-Karten

(4270)

Marie Louise Lacy
DAS FARBORAKEL
Die psychologische und spirituelle Bedeutung der Farben
Mit 28 Farbkarten

(4260)

Nathaniel Altman
DIE PRAXIS DES HANDLESENS
Ein Ratgeber zur psychologischen Handanalyse
Deutsche Erstausgabe

(4166)

Ursula von Mangoldt
Erkenne dich selbst im Bild deiner Hand
Ein Lehrbuch

(4240)

Westliche Wege

Neil Douglas-Klotz
DAS VATERUNSER
Meditationen und Körperübungen zum kosmischen Jesusgebet

(86008)

Thomas Sugrue
EDGAR CAYCE
Die Geschichte eines schicksalhaften Lebens

(4107)

Hanneke und Hans Korteweg
DEM INNEREN LICHT FOLGEN
Chakren, Charakterstrukturen und die sieben Strahlen

(4261)

Katja Wolff
DER KABBALISTISCHE BAUM
Adams Schlüssel zum Paradies

(4223)

Katja Wolff
MAGIE
Kunst des Wollens
Macht des Willens

(4262)

Lex Hixon
EINS MIT GOTT
Mystik jenseits von Religion und Zeit

(4252)

Westliche Wege

(86012)

(86007)

(4275)

(4251)

(86004)

(4269)

Knaur

Lebenshilfe

(4236)

(4276)

(4194)

(86006)

(4264)

(4239)

Knaur

Träume als Wegweiser

(4116)

(4119)

(4242)

(4170)

(4222)

(4151)

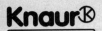

Westliche Pfade

(4174)

(4191)

(4268)

(4279)

(4133)

(4163)

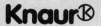

Westliche Wege

Martha Sills-Fuchs
WIEDERKEHR DER KELTEN

(4143)

Ute Manan Schiran
Menschenfrauen fliegen wieder
Die Jahreskreisfeste als weiblicher Initiationsweg
Vorwort von Luisa Francia
Originalausgabe

(4171)

Anne und Daniel Meurois-Givaudan
BERICHTE VON ASTRALREISEN

(4211)

Lois Bourne
Autobiographie einer Hexe
Vorwort von Colin Wilson
Deutsche Erstausgabe

(4173)

Lois Bourne
ERFAHRUNGEN EINER HEXE

(4248)

Paracelsus
DIE GEHEIMNISSE
Ein Lesebuch aus seinen Schriften
Mit Einleitung und Kommentar von Will-Erich Peuckert

(4241)